高等学校"十二五"规划教材

国际贸易实务教程

主　编　王　萍
副主编　宋继华　王宝林
主　审　初凤荣

哈尔滨工业大学出版社

内容简介

本书介绍了国际贸易实务涉及的相关内容,内容全面,结构编排合理,适应国际贸易的新发展、新情况,突出了实用性和新颖性。

本书共分十五章,论述国际货物买卖合同特点、商品的名称、商品的品质、商品的数量、商品的包装、国际贸易术语、国际贸易货物的交接、国际货物运输保险、进出口商品的价格、国际货物买卖货款的支付、国际商务谈判、国际电子商务、国际货物买卖合同的订立、进出口合同的履行、国际贸易方式等内容。

本书主要针对高等学校国际经济与贸易专业的核心课程"国际贸易实务"编写的,同时也可作为其他经济管理类专业的高等学校的本科生及专科生教材。

图书在版编目(CIP)数据

国际贸易实务教程/王萍主编. —哈尔滨:哈尔滨工业大学出版社,2013.1
ISBN 978-7-5603-3907-8

Ⅰ.①国… Ⅱ.①王… Ⅲ.①国际贸易-贸易实务-高等学校-教材 Ⅳ.①F740.4

中国版本图书馆 CIP 数据核字(2012)第 314799 号

策划编辑	王桂芝 贾学斌
责任编辑	贾学斌
出版发行	哈尔滨工业大学出版社
社　　址	哈尔滨市南岗区复华四道街 10 号　邮编 150006
传　　真	0451-86414749
网　　址	http://hitpress.hit.edu.cn
印　　刷	肇东市一兴印刷有限公司
开　　本	787mm×1092mm　1/16　印张 16.75　字数 400 千字
版　　次	2013 年 1 月第 1 版　2013 年 1 月第 1 次印刷
定　　价	28.00 元

(如因印装质量问题影响阅读,我社负责调换)

前　言

国际贸易实务，是一门主要研究国际商品具体交换过程的学科，也是具有涉外活动特点的实践性很强的综合性专业基础课程。

这门课程的主要任务是，从贸易实践和国际法律的角度，分析研究国际商品交换的各种做法，总结国内外贸易实践经验，适应国际贸易的新发展与新变化，更好地进行进出口业务操作。

通过本课程学习，要求学生掌握外贸业务的基本理论、基本知识和基本技能，了解进出口交易程序和国际货物买卖合同条款的拟定方法和技巧，从而在进出口业务活动中，既能正确贯彻我国对外贸易的方针政策，确保最佳经济效益，又能按国际贸易法规办事，成为外贸战线的复合型人才，促进我国经济发展。

本教材突出基本理论和基本知识的阐述以及基本技能的训练，力求学科体系的完整性和科学性，教材内容的新颖性和实用性。

本书由佳木斯大学经济管理学院王萍教授负责统稿并任主编，佳木斯大学经济管理学院宋继华、佳木斯大学经济管理学院初凤荣教授为本书主审，参加本书编写工作的还有佳木斯大学毕鹏和淮阴工学院李爱华。具体分工如下：王萍编写第一章、第二章、第四章、第六章、第七章、第十一章，宋继华编写第三章、第五章、第十二章，王宝林编写第十章、第十四章、第十五章，毕鹏编写第十三章，李爱华编写第八章、第九章及附录一、附录二。

限于编者水平，书中难免有疏漏及不妥之处，敬请读者批评指正。

编　者
2012 年 10 月

目录

第一章 国际货物买卖合同 …………………………………………………… 1
第一节 国际货物买卖合同概述 ………………………………………… 1
第二节 国际货物买卖合同订立所适用的法律、法规 ………………… 2
第三节 国际货物买卖合同的基本内容 ………………………………… 3

第二章 国际货物买卖合同的标的 …………………………………………… 6
第一节 商品的名称 ……………………………………………………… 6
第二节 商品的品质 ……………………………………………………… 7
第三节 商品的数量 ……………………………………………………… 15
第四节 商品的包装 ……………………………………………………… 19

第三章 国际贸易术语 ………………………………………………………… 29
第一节 贸易术语的概述 ………………………………………………… 29
第二节 有关贸易术语的国际贸易惯例 ………………………………… 30
第三节 《2000通则》中的贸易术语 …………………………………… 31
第四节 《2010通则》中的贸易术语 …………………………………… 44

第四章 国际贸易货物的交接 ………………………………………………… 50
第一节 交货时间 ………………………………………………………… 50
第二节 装运港和目的港 ………………………………………………… 53
第三节 运输方式 ………………………………………………………… 56
第四节 运输单据 ………………………………………………………… 62

第五章 国际货物运输保险 …………………………………………………… 66
第一节 海上货物运输保险及保险合同 ………………………………… 66
第二节 海上货物运输保险的险别 ……………………………………… 69
第三节 我国的陆、空、邮运货物保险 ………………………………… 71
第四节 国际货物运输保险程序 ………………………………………… 73

第六章 检验、索赔、不可抗力和仲裁 ……………………………………… 76
第一节 进出口商品的检验 ……………………………………………… 76
第二节 索 赔 …………………………………………………………… 82
第三节 不可抗力 ………………………………………………………… 83
第四节 仲 裁 …………………………………………………………… 86

第七章 进出口商品的价格 …………………………………………………… 88
第一节 商品的价格条件及影响价格的因素 …………………………… 88
第二节 货物的价格 ……………………………………………………… 89
第三节 作价方法 ………………………………………………………… 91

第四节　计价货币的选用 …………………………………… 92
　　第五节　佣金和折扣 ………………………………………… 92
　　第六节　合同中的价格条款 ………………………………… 93
第八章　国际货物买卖货款的收付 ………………………………… 95
　　第一节　结算工具 …………………………………………… 95
　　第二节　汇付与托收 ………………………………………… 98
　　第三节　信用证 ……………………………………………… 102
　　第四节　银行保函 …………………………………………… 106
　　第五节　各种支付方式的选用 ……………………………… 107
第九章　国际商务谈判 ……………………………………………… 109
　　第一节　国际商务谈判概述 ………………………………… 109
　　第二节　国际商务谈判前的准备工作 ……………………… 111
　　第三节　谈判的基本原则 …………………………………… 114
　　第四节　国际商务谈判策略与技巧 ………………………… 117
第十章　国际货物买卖合同的订立 ………………………………… 125
　　第一节　订立国际货物买卖合同的法律步骤 ……………… 125
　　第二节　合同的成立 ………………………………………… 130
第十一章　进出口合同的履行 ……………………………………… 132
　　第一节　出口合同的履行 …………………………………… 132
　　第二节　进口合同的履行 …………………………………… 142
第十二章　违约的救济方法 ………………………………………… 145
　　第一节　一般原则 …………………………………………… 145
　　第二节　对卖方违约的救济方法 …………………………… 154
　　第三节　对买方违约的救济方法 …………………………… 161
第十三章　国际贸易方式 …………………………………………… 166
　　第一节　经销与代理 ………………………………………… 166
　　第二节　寄售、展卖与拍卖 ………………………………… 170
　　第三节　招标与投标 ………………………………………… 174
　　第四节　易货贸易和补偿贸易 ……………………………… 178
　　第五节　国际租赁贸易 ……………………………………… 182
　　第六节　期货贸易与套期保值 ……………………………… 186
　　第七节　来料加工业务 ……………………………………… 190
　　第八节　进料加工业务 ……………………………………… 192
第十四章　电子商务与国际贸易 …………………………………… 194
　　第一节　电子商务的概念及其产生的背景 ………………… 194
　　第二节　国际电子商务在我国对外贸易中的发展状况 …… 197
　　第三节　电子商务对我国对外贸易的影响 ………………… 199
　　第四节　国际电子商务发展面临的新问题 ………………… 201

第十五章　国际技术贸易 ……………………………………………………… 210
　第一节　技术贸易的概念、特征及转让形式 ……………………………… 210
　第二节　当代国际技术贸易迅速发展的原因 ……………………………… 214
　第三节　国际技术贸易合同的基本内容 …………………………………… 215
　第四节　国际技术贸易合同与一般贸易合同的比较 ……………………… 224
　第五节　技术贸易的政策及管理 …………………………………………… 227
　第六节　怎样签订国际技术贸易合同 ……………………………………… 229

附录 …………………………………………………………………………… 234
　附录一　联合国国际货物销售合同公约 …………………………………… 234
　附录二　中华人民共和国合同法(摘要) …………………………………… 248

参考文献 ……………………………………………………………………… 260

第一章 国际货物买卖合同

国际货物买卖是国际经济交往的重要内容,同时也是国际贸易的核心。国际贸易以合同为中心运转,而属于国际贸易性质的合同种类很多,其中以应用国际货物买卖合同最为普遍和重要。国际货物买卖就是通过洽商、订立和履行国际货物买卖合同来实现的。

第一节 国际货物买卖合同概述

一、国际货物买卖合同的含义

国际货物买卖合同是指营业地处于不同国家或地区的当事人所订立的货物买卖合同。货物买卖合同是指卖方为了取得货款而把货物的所有权转移给买方的一种双务合同。所谓"双务"是指合同双方互相承担义务,同时,双方都享有权利,一方所承担的义务正是另一方所享有的权利。即卖方的基本义务是交出货物的所有权,买方的基本义务是支付货款,这是货物买卖合同区别于其他种类合同的一个主要特点。中国在对外经济活动中订立的合同很多,但国际货物买卖合同却是一种基本的涉外经济合同。

二、国际货物买卖合同的特点

1. 合同当事人的营业地处于不同的国家或地区

国际货物买卖合同具有国际性。要判断某项合同是国际货物买卖合同还是国内货物买卖合同,它的鉴别标准有:交易双方当事人的营业地处于不同的国家或地区,或者当事人具有不同的国籍,或者订立合同的行为完成于不同的国家,或者货物经由一国运往另一国。但究竟采用哪一种标准,则各国不一致。按照我国的有关法律规定,其鉴别标准是交易双方当事人的营业地处于不同的国家或地区。

2. 国际货物买卖合同的标的物是货物

国际货物买卖合同的标的物是货物。但究竟什么是货物,或者货物是如何确定的,国际组织对此也曾经过长期探讨。《联合国1980年国际货物买卖合同公约》采取排除法,将下列产品排除在该公约的适用范围之外:①供私人、家属或家庭使用而进行的购买;②经由拍卖方式进行的拍卖;③根据法律执行应进行的买卖;④各种债务或者货币的买卖;⑤船舶、气垫船或收音机的买卖;⑥电力的买卖。

3. 国际货物买卖合同的内容具有涉外因素

由于合同当事人的营业地处于不同的国家或地区,合同当事人关系的产生、变更或消灭的法律行为可能在不同国家或地区境内完成。同时,作为合同的标的货物要越过国境,由一个国家运往另一个国家,涉及长距离的运输过程中可能发生的各种风险,另外还包括货款的支付及外币的使用,其结算方式也比国内结算方式复杂。合同签订后,还可能因为标的物的毁灭、战争、有关对外贸易政策的变化等原因而导致各种风险和争议,所以国际货物买卖合同在订立和履行过程中会遇到许多国内货物买卖合同涉及不到的法律问题。

三、国际货物买卖合同的形式

合同的形式是合同当事人内在意思的外在表现形式。在国际贸易中,交易双方订立合同有以下几种形式。

1. 书面形式

书面形式包括合同书、信件以及数据电文等可以有形地表现所载内容的形式,采用这种形式订立合同,既可以作为合同成立的证据,也可以作为履行合同的依据,还有利于加强合同当事人的责任心,督促全面、正确地履行合同。如果在履约过程中发生纠纷,也便于举证和分清责任,所以书面合同是合同的主要形式。因此,有些国家在法律或行政法规中明确规定必须采用书面形式。

2. 口头形式

采用口头形式订立合同是指交易双方当事人之间通过对话方式,包括当事人之间通过当面谈判或通过电话方式达成协议订立的合同。采用这种方式订立的合同,可以节省时间,对加速成交起着重要的作用。但因缺乏文字依据,一旦发生争议,往往造成举证困难,不易分清责任。这是导致有些国家的法律、行政法规规定采取书面合同的最主要的原因。

3. 其他形式

其他形式是指上述两种形式之外的订立合同的形式,即以行为方式表示接受而订立的合同。例如,根据当事人之间长期交往中形成的习惯做法,再如,通过发运货物,或者预付货款等行为方式表示对合同内容的确认。

从总体上看,上述三种合同的形式均是合同的法定形式。因而都具有相同的法律效力,当事人可以根据自己的需要,做出不同的选择。

根据我国合同法第10条规定:"当事人订立合同,有书面形式、口头形式和其他形式。"法律、行政法规规定采用书面形式的,应该采用书面形式。由此可见,当事人究竟采用什么形式订立合同,应该根据有关的法律和行政法规的规定和当事人双方的意愿行事。

第二节 国际货物买卖合同订立所适用的法律、法规

订立和履行国际货物买卖合同,必须使其符合法律规范,只有这样,它才能既受到法律的约束,同时又得到法律的保护。国际货物买卖合同当事人的营业地处于不同的国家或地区,而不同国家或地区的法律和行政法规规定又不一致,一旦发生纠纷,究竟按照哪个国家的法律或行政法规来解决争议,这是一个值得研究的问题。在长期的国际贸易实践中,各国都对自己的货物买卖合同所适用的法律做出了具体的规定。

有关国际货物买卖合同的各国法律、国际公约和国际惯例很多,但最有影响力的有以

下一些:

一、有关货物买卖的法律

1. 大陆法系国家有关货物买卖的法律

(1)《法国民法典》第 3 卷第 6 编;
(2)《德国民法典》第 2 编第 7 章;
(3)《日本民法典》第 2 章第 3 节;
(4)《瑞士商务法典》。

2. 英美法系国家有关货物买卖的法律

(1)英国 1973 年修订的《货物买卖法》;
(2)美国 1977 年修订的《统一商法典》。

3.《中华人民共和国合同法》

二、有关货物买卖的国际公约

(1)1964 年《国际货物买卖统一法》;
(2)1964 年《国际货物买卖合同成立统一法》;
(3)1980 年《联合国国际货物销售合同公约》,简称《销售合同公约》。

三、有关货物买卖的国际惯例

(1)《1932 年华沙－牛津规则》;
(2)《1941 年美国对外贸易定义修订本》;
(3)《2000 年国际贸易术语解释通则》;
(4)其他。

第三节　国际货物买卖合同的基本内容

书面合同一般由三部分组成:约首、约尾、正文。

一、约首

约首部分一般包括合同名称、合同编号、序言、双方当事人的名称和法定地址、电报挂号、电传号码等项内容。约首部分的内容要注意两点:①要列明双方当事人的全名称和详细地址,因为有些国家的法律规定这是合同正式成立的条件之一;②要明确订约地点。因为在合同中如果没有对合同适用的法律作出规定,则根据某些国家的法律规定和贸易习惯的解释,可适用于合同订立地国家的法律。

二、约尾

约尾部分一般包括订约日期、订约地点、合同使用的文字及双方当事人的签字等项内容。有的合同还根据需要制作了附件在后面,作为合同不可分割的一部分。

三、正文

正文是合同的主体,具体规定了买卖双方各自的权利和义务。可以把它划分为合同的主要条款和一般条款。

1. 合同的主要条款

(1) 品名和品质条款

品名和品质条款是双方当事人对商品品名和商品质量、等级、规格、产地等作出的具体规定。卖方必须按合同规定的品名和品质交货,否则买方有权提出索赔,甚至拒收货物,撤销合同。

(2) 数量条款

买卖双方交易时要订明交易的数量和计量单位。按重量计量的商品,还应该订明所使用的计量方法。有些商品由于自身的特点和受包装、运输条件限制等,有时会出现多装或少装现象。因此针对这类商品,应该规定交货数量的机动幅度,即"溢短装条款"。

(3) 包装条款

包装条款包括商品包装的方式、包装材料、费用负担和运输标志等内容。如果货物的包装和合同规定不符,买方有权提出索赔,甚至拒收货物。

(4) 价格条款

价格条款是确定买方支付货款的依据。一般包括单价和总值两部分内容。

单价由四个部分构成,即计量单位、计价货币、单位价格金额和贸易术语。在价格条款中特别要注意单价和总值使用的货币要一致。

(5) 装运条款

装运条款主要包括运输方式、装运时间、装运港、目的港、运输单据、装运通知等内容。

装运方式有水路运输、铁路运输、航空运输、邮政运输、联合运输、公路运输、管道运输等运输方式。选择好合理的运输方式,是安全、迅速、准确、节省地完成国际贸易货物运输任务的重要保证。装运时间应根据不同的商品、港口、舱位等因素来确定,要规定得明确、具体、适度,不宜过长,也不宜过短。装运港和目的港与价格有着密切关系,一般情况下,装运港由卖方提出,目的港由买方提出,然后再由双方洽商确定。运输单据具体反映同货物运输有关当事人的责任、权利和义务,是货物运输业务中最为重要的证件,也是出口结汇不可缺少的单据之一。装运通知是出口方在货物装船后向进口方发出的通知,其目的是为了买卖双方做好船货的衔接工作,并明确各自应负的责任。按照有关法律和国际惯例,如果出口方未发出或迟发装运通知,给买方造成的经济损失,应由卖方承担。

(6) 支付条款

支付条款是指货款及其从属费用如何计价、结算,以及在什么时间、地点,采取何种方式收付,这是买卖双方交易时讨论的问题焦点。在选择使用何种货币计价或支付时,首先要考虑的是货币是否可自由兑换的货币,因为选用可自由兑换的货币便于调拨和运用,有助于转移汇价风险。一般情况下,出口方总是希望选用"硬币",进口方选用"软币",这是减少外汇风险的一种可行措施。

(7)保险条款

保险条款的规定方法与合同所采用的价格条件有着直接的联系,它主要规定由谁负责投保和支付保险费,以及投保的险别和投保的金额等。被保险人向保险公司按一定金额投保一定的险别,交纳一定金额的保险费后,如果被保险的货物发生承保范围内的损失,保险公司按规定应该承担这部分经济损失。

2.合同的一般条款

(1)检验条款

国际贸易中的商品检验是指商品检验机构对与买卖合同有关的商品的品质、重量、包装、标记、产地、残损等情况实施查验分析和公证鉴定,并出具相关的检验证明的行为。对商品实施检验,其目的在于通过有资格的非当事人出具证明,作为买卖双方交接货物、支付货款和处理索赔的依据。检验条款内容包括:检验机构、检验权与复验权、检验和复验的时间、地点、检验标准、检验方法、检验证明等等。

(2)索赔条款

在履行国际货物买卖合同过程中,交易双方往往因为彼此间的责任和权利问题而引起争议。无论是买方还是卖方,一旦违反了合同规定的义务,在法律上都构成违约行为,都应向遭受损害的一方承担赔偿责任。索赔条款的主要内容包括索赔期限和索赔依据。

(3)不可抗力条款

不可抗力条款是国际货物买卖合同中普遍采用的一项例外条款。它的内容主要有不可抗力事故的范围,不可抗力事故的后果,发生事故后通知对方的方式,出具事故证明的机构。它主要反映了买卖双方签订合同后,如果发生一些事先无法预见或无法预防的意外事故致使一方当事人不能履行或不能如期履行合同时,该当事人可以免除履行合同的责任或延期履行合同。

(4)仲裁条款

在国际货物买卖合同中订立仲裁条款,目的是为了解决贸易中发生的争议。争议双方自愿把争议交给彼此都同意的第三者进行裁决。仲裁条款内容主要包括仲裁范围、仲裁地点、仲裁机构、仲裁程序、仲裁费用的负担以及仲裁裁决的法律效力。

在长期的国际贸易实践中证明,订立合同时一定要细密周详,认真慎重协商,在履行合同时,就可以不走或少走弯路。否则,不认真协商而仓促签约,或者合同订立的含糊,准备在履约时再作些微小的变动,就会留下很多隐患,其后果往往是难以挽回的。

第二章　国际货物买卖合同的标的

在国际贸易中，进入贸易领域的货物种类繁多，即使是同一种商品，也可因品种、花色、质量、产地、外形等的不同给价格带来差异，甚至影响到运输和用途。因此，明确规定标的物及其品质要求，是签订国际货物买卖合同时必须首先解决的问题。再者，合同的标的必须以一定的数量来表示，不同的数量是构成一项有效的买卖合同所不可缺少的内容。此外，在国际贸易中，商品的包装也是一项不可忽视的重要问题。包装不仅是保护商品在流通过程中的品质完好和数量完整的重要条件，而且还会对货物的运输和销售产生影响。这些交易条件都直接关系到当事人双方的权益，因此，均须在买卖合同中做出具体规定以明确责任。

第一节　商品的名称

一、列明商品品名的意义

国际贸易同国内零售贸易不同。在国际贸易中，除国际拍卖、国际展卖等看货成交、立即成交的贸易方式外，绝大多数的交易是远期合约交易。从签订合同到交付货物往往相隔一段较长的时间。而且，交易双方在洽商交易和签订买卖合同时，通常很少见到具体商品，一般只是凭借对拟行买卖的商品作必要的描述来确定交易的标准。因此，在国际货物买卖合同中，列明商品的名称，就成为必不可少的条件。

按照有关的法律和惯例，对交易标的物的描述，是构成商品说明的一个主要组成部分，是买卖双方交接货物的一项基本依据，它关系到买卖双方的权利和义务。从业务上看，对标的物的描述是交易的物质基础与前提。只有在确定标的物的前提下，卖方才有可能凭以安排业务、加工或收购；买卖双方才有可能据以决定包装、运输方式和保险险别，并在此基础上就价格问题进行磋商。若卖方交付的货物不符合约定的品名或说明，买方有权提出赔偿要求，直至拒收货物或撤销合同。因此，列明合同标的物的具体名称，具有重要的法律和实践意义。

二、品名条款的内容

国际货物买卖合同中的品名条款没有统一划定的格式，可由交易双方酌情商定。

合同中的品名条款一般比较简单。有的合同在开头的显要位置专门标明是"某某商品买卖合同"；有的是在合同主要条款的"商品名称"或"品名"栏里载明买卖双方同意交易的商品的名称；有的合同将"商品名称及规格"写成一栏；有的甚至将"商品名称、规格及包装"合在一个栏里。还有的只是在合同的序言部分用简要的文句说明双方同意交易的某种商品。

一项合同如果只涉及某一种商品的买卖,其产品名称栏里就只能写明该项商品的名称。但在许多情况下,买卖双方在洽谈合同时,可能同时就两种或两种以上的商品达成交易,这时,只要双方同意,也可以将有关产品的名称分列在同一栏里,并分别写明各自的数量、单价、总值等项。

三、规定品名条款时应注意的事项

国际货物买卖合同中的品名条款,是合同中的主要条件,在规定此项条款时,应注意下列事项。

1. 必须明确、具体

品名要能反映标的物的特点,切忌空泛、笼统。命名商品的方法多种多样,如有些商品以其主要用途命名,有些以其使用的主要原材料或主要成分命名,有些以其外观造型或制造工艺命名,有些结合人名或地名命名等等。因此,在规定品名条款时,必须订明交易标的物的具体名称,从而确切地反映商品的用途、性能和特点,以便于合同的正确履行。

2. 尽可能使用国际上通行的名称

有些商品的名称,有好几种叫法,而且各地叫法不一,为了避免误解,正确履行合同,应尽可能使用国际上通行的名称。如果使用地方性的名称,交易双方应事先就其含义达成共识。对于某些新商品的定名或译名,应力求准确、易懂,并符合国际上的习惯称呼。

3. 恰当地选择商品名称有利于降低关税和运费

有些商品具有不同的名称,因而同一种商品因名称不同,海关征收关税的标准也不一致,国际上的班轮运输收费,如果名称不同,其收费率可能也不一样。所以为了减低关税,方便进出口和节省运费开支,在确定合同的品名时,应当尽量选用对我方有利的名称。

4. 在交易中,做不到或不必要的描述性的词句,都不应列入品名条款

针对商品实际作出实事求是的规定,条款中规定的品名,必须是卖方能够供应而买方所需要的商品,凡做不到或不必要的描述性词句,都不应列入,以免给履行合同带来麻烦。

第二节　商品的品质

一、商品品质含义、作用和要求

1. 商品品质的含义

商品的品质又称商品的质量,是指商品的内在素质和外观形态的综合,是对某项商品的质量、品质、规格、性能或其生产者、产地等的综合说明。一般说来,商品的内在素质表现为商品的化学成分、物理和机械性能、生物特性等。商品的外观形态则表现为商品的外形、结构、色泽、味觉等。在国际贸易中,往往是按照每种商品的不同特点,选择一定的质量指标来表示不同商品的品质,如机床以性能、用途、功率、自动化程度等;煤炭以灰分、含水、含硫、发热量、粒度等;服装以面料和辅料、款式、颜色、工艺等;大豆以含油量、含水量、的评审工作。凡取得评审合格证的出口企业必须接受商检局的监督检查。对于合同规定、外商要求和我国规定应提供质量体系评审合格证书的出口商品,商检部门则凭评审合格证受理出口检验,这有利于全面加强出口商品的质量管理,从而确保我国出口商品质量符合合同规定。

为确保出口商品质量,应切实把好质量关。

(1)在出口方面

①要从国际市场的实际出发,使出口商品适应当地市场的需求。由于各国经济发展不平衡,各国的生产技术水平、生活水平、消费水平和消费结构及各民族爱好也互有差异。因此,我们要从国外市场的实际需要出发,搞好产销结合,使出口商品的品质、规格、花色、式样等适应有关市场的消费习惯和消费水平。

②不断提高出口商品的质量。凡质量不稳定和质量不过关的商品,不要轻易出口,以免败坏声誉。即使质量较好的商品,也不能满足现状,要不断改进,更新换代,以赶上和影响世界的消费潮流,增加竞争力。

③要适应进口国的有关法律与条例的规定。世界各国对进口商品的质量,有具体的规定与要求。凡不符合法令规定和要求的商品,都不准进口,有的甚至要就地销毁,并由卖方承担由此引起的各种费用。因此,要使我国出口商品能顺利进入国际市场,就必须充分了解各国对进口商品的法令规定和管理制度。

④适应国外的销售季节、销售方式和自然条件。由于季节销售方式和自然条件的不同,国外市场对某些商品的品种或品质的规定往往也会有不同的要求。同时,在运输、装卸和存储的流转过程中,气候的变化也会引起某些商品的物理和化学的变化或反应。因此,注意自然条件、季节变化和销售方式的差异,掌握商品在流转过程中的变化规律,使我国出口商品质量适应这些方面的不同要求,也是我们扩大出口的重要条件之一。

(2)在进口方面

应从实际情况和国家有关的法令规定出发,确定合同的品质要求,并在订货、运输、卸货、保管和索赔等环节中,把好质量关,切实保证进口商品的质量符合合同的规定。

二、表示商品品质的方法

在国际贸易中,由于交易的商品种类繁多,特点各异,因此表示商品品质的方法也不相同,归纳起来,主要可以分为两大类。

1. 以实物表示商品的品质

以实物表示商品的品质是指以作为交易对象的商品的实际品质或以代表商品的样品来表示商品的品质。前者为看货买卖,后者为凭样品买卖。

(1)看货买卖

看货买卖即根据交易商品的实际品质买卖。采取这种成交方法,交易往往是在卖方所在地进行。由买方或其代理人看货,只要他认为商品的品质符合购买意图,就可以凭看货成交。如果卖方所交付的是所验看的商品,买方就不得对品质提出异议。在国际贸易中,由于交易双方一般相距较远,买方到卖方所在地看货有诸多不便,即使到现场看货,也难以逐件查验,因此在实际交易中采用看货成交方式有限,一般多限于寄售、拍卖和展卖业务。

(2)凭样品买卖

样品通常是指从一批商品中抽取出来,或由生产、使用部门设计、加工出来,足以反映和代表整批商品品质的少量实物。凡是以样品来表示商品品质并以此作为交货依据的,称为凭样品买卖。凭样品成交,有两个基本要求:

①样品是作为交货品质的唯一依据;

②卖方所交货物必须与样品一致。在国际贸易中,按照样品提供者的不同,凭样品买卖又分下列几种情况:

a.凭卖方样品。凡凭卖方样品作为交货的品质依据者,称为凭卖方样品买卖。在此情况下,在合同中应订明:"品质以卖方样品为准。"日后,卖方所交整批货物的品质,必须与样品相同。样品一般为两份,一份交买方,一份由卖方自己留底,叫复样。根据需要样品一式三份时,另一份交给我国商检部门,以作为出口报验或处理纠纷的依据。

b.凭买方样品,又称"来样成交"。买方为了使其订购的商品符合自身要求,提供样品交由卖方依样承制,如卖方同意按买方提供的样品成交,称为"凭买方样品买卖"。在这种情况下,在合同中应订明:"品质以买方样品为准。"日后卖方交货,必须与买方样品相符。凭买方样品加工,要注意:来样不能是反动的、丑恶的,例如宣传日本军国主义或日军战犯、希特勒、纳粹等;要考虑卖方的原料、出口条件、加工能力等,能否达到要求。

c.对等样品。在国际贸易中,谨慎的卖方往往不愿意承接凭买方样品交货的交易,以免因交货品质与买方样品不符而导致索赔或退货。在此情况下,卖方可以根据买方提供的样品,加工复制出一个类似的产品交买方确认。这种经确认后的样品,称为"对等样品"或"回样",如果买方确认了"回样",交易的性质就由凭买方样品买卖,变成了凭卖方样品买卖,使卖方处于比较有利的地位。

在国际贸易中,买卖双方为了发展贸易关系,往往采取互相寄送样品的做法,这种仅以介绍商品为目的的样品,最好标明"仅供参考"字样,以免与标准样品混淆。在寄送"参考样品"的情况下,如合同未订明交货品质以该样品为准,而是规定了其他方法来表示品质,这就不是凭样品买卖。凭样品买卖,容易在交货品质问题上发生争议,一般很少使用。我国出口商品采用凭样品成交,一般多为难以用科学方法表示品质的工艺品、服装和一部分轻工产品等。

在我国出口贸易中使用凭样品买卖时,应注意以下几点:

①对外寄送的样品必须具有代表性。应在大批货物中选择中等的实物作为样品,避免由于样品与日后所交货物品质不一致,引起纠纷,造成经济损失。

②对外寄送样品应留有复样,以备交货或处理纠纷之用。

③应尽量争取把"凭买方样品买卖"变为按"对等样品"方式成交,使我方处于有利地位。

④由于凭样品买卖多属品质难以规格化、标准化的商品,要求交货品质与样品完全相符,有时很难办到。因此,在签订出口合同时,应规定:"交货品质与样品大体相符",以防被动。

⑤应该了解和掌握有关法律对凭样品买卖的具体规定。《联合国国际货物销售合同

公约》第35条规定："货物的质量与卖方向买方提供的货物样品或样式相同"。英国《1893年货物买卖法案》对凭样品买卖作了如下规定：

a. 在一项买卖合同中，如有条款明示或默示地说明是凭样品买卖时，该合同即为凭样品买卖合同。

b. 在凭样品买卖合同中，应包括以下默示条件：卖方所交货物的品质应与样品相符；买方应有合理的机会去对货物和样品进行比较；所交货物不应存在合理检查样品时不易发现的有导致不合商销的瑕疵。我国《合同法》第168条也规定："出卖人交付的标的物应当与样品及其说明质量相同"。

2. 以说明表示商品品质

凡以文字、图表、图片等方式来说明商品的品质者，均属凭说明表示商品品质的范畴，具体可分为以下几种：

(1) 凭规格买卖

商品规格是指用来反映商品品质的一些主要指标，例如化学成分、含量、纯度、性能、长短、粗细等。买卖双方在洽谈交易时，可以通过提供具体规格来说明一种商品的基本品质状况。在国际贸易中，用来说明商品品质的指标因商品不同而不同。如大同煤的出口规格是：干态发热量6 900大卡/千克以上，最低6 600大卡/千克，水分85%以下，干态挥发分25%以上，干态灰分10%~1.2%，干态硫分1%以下，粒度10~50 mm。中国黄豆国外主要用于榨油，个别国家，如日本也用来做豆腐和酱油，代表中国黄豆的质量，一般有4项规格：

① 含油量——国外主要为了榨油用，因此含油量多少就成为主要规格项目；

② 水分——水分含量高，易发霉变质；

③ 杂质——杂质含量多，大豆颗粒就减少；

④ 不完善粒——指不成熟的豆粒和破碎豆粒，影响出油率。

目前我国东北黄豆出口规格一般为：含油量最低18%，水分最高15%，杂质最高1%，不完善粒最高9%。即使是同一种商品，由于用途不同，对规格的要求也会有差异。如作榨油用的大豆就要求列明含油量，而用于食用时，则不一定列出含油量，而可能把蛋白质的含量作为重要的指标。

由于用规格表示商品品质的方法比较科学，具有简单易行、明确具体，而且可以根据每批成交货物的具体情况做出灵活调整的特点，所以在国际贸易中应用较广。在确定规格时应注意：如果规格规定偏高，交货有困难；如果规格规定偏低，在价格上将会吃亏。

(2) 凭等级买卖

商品的等级是指同一类商品，按其规格的不同，分为品质优劣不同的若干等级。通常用大、中、小；重、中、轻；甲、乙、丙；A、B、C；1、2、3等文字、数码或符号来表示。例如我国出口的冻带骨兔肉规格：新鲜、去皮、去头、去爪及去内脏、带或不带腰和肝，冷冻适宜，分为特级(每只净重不低于1 500克)，大级(每只净重不低于1 000克)，中级(每只净重不低于600克)，小级(每只净重不低于400克)。

凭等级买卖时，由于不同等级的商品具有不同的规格，而每一等级的规格一般说来又是固定不变的，因此，如果对方已经熟悉每个级别的具体规格，则可在品质条款中，只列明等级,不必再规定其他具体规格。商品的等级一般是由出口商或制造商根据其长期生产经验和了解该项商品,在掌握其品质规律基础上制定出来的。它有助于满足各种不同的消费需求,简化交易手续,做到按质论价,同时又有助于安排生产和加工整理工作的进行。但这种由个别厂商制定的等级并没有约束力,买卖双方在订约时完全可以根据自己的意愿予以调整或改变。

(3)凭标准买卖

商品的标准是指将商品的规格、等级及其检验方法统一化。目前,世界各国政府或工商团体已就许多商品制定和公布了统一的等级及具体的规格要求和检验方法,在一定范围内(如一个国家、一个部门或一个行业)实施,作为评定同一产品品质的依据。根据标准适用领域和范围的不同,标准可分为国家标准、部颁标准和企业标准。

从法律上看,目前世界上的各种标准有一些是有约束性的,凡品质不符合标准要求的商品不得进口或出口。但有不少标准则没有法律上的效力,仅供买卖双方参考使用,双方可另行规定品质的具体要求。不过,在国际贸易中,对一些已经被广泛接受的标准,一般倾向于按该项标准进行交易,不另定标准。

在国际贸易中,凡我国无规定标准的商品,为了便于生产和组织货源,通常采用我国有关部门规定的标准成交,但为了增加出口和扩大销路,应根据需要与可能,采用国际上通行的标准。在进口方面,也可根据我国具体国情及经济利益,考虑按国外标准订货。国际上常用的工业品国家标准有:

①ASTMS(American Society for Testing Materials Standard)美国材料试验学会标准;

②DIN(Deutsche Industric Norman)德国工业品标准;

③BSI(British Standard Institute)英国标准协会标准;

④JIS(Japanese Industrial Standard)日本工业标准。

商品品质标准是随着生产和技术的变化而不断修订的。同一种商品,可能有不同年份的版本,版本不同,其内容也有差异。因此在引用标准时,必须列明所采用的标准的年份和版本,如凭药典确定品质时应明确是以哪国药典为标准,并注明该药典的出版年份。

在国际贸易中,对某些品质变化较大,而难以规定统一标准的农副产品,有时还采用"良好平均品质"和"尚好可销品质"来说明。

"良好平均品质"一般是指中等货,但其具体定义在国际上并不统一,大体有两种解释:

①指农副产品每个生产年度的中等货。采用这种解释时,一般是由生产国在农产品收获后,经广泛抽样,制定出该年度的"良好平均品质"的标准和样品,并予以公布,作为该年度的"F. A. Q"的标准。

②指某一季度或某一装船月份在装运地装运出口的同一种商品的"平均品质"。它一般是从各批装运出口的货物中抽样,取其中者作为"良好平均品质"的标准,它可由买卖双方联合抽样,或共同委托检验人员抽样,送交指定的机构检验决定。

在我国出口的农副产品中也有用 F. A. Q 表示商品品质的。但我们所说的"FAQ",一般是指"大路货",是和"精选货"相对而言的。而且在合同中除了标明大路货以外,还订有具体规格。例如"中国桐油,大路货,游离脂肪酸最高4%"。

尚好可销品质一般指卖方所交货物应为"品质尚好,合乎商销"。这种"标准"的含义就更加含糊不清,一般不宜采用,但有时国外开来的信用证上有"良好的"、"可销品质"等品质附加条款,我们对该种货物经检验符合合同规定时,也往往在商检部门证书上加注"良好的"、"可销商品质"字样。

(4)凭说明书买卖

在国际贸易中,有些商品,如机械、电器、仪器、仪表及成套设备等技术密集型产品,由于其结构和性能复杂,对材料和设计要求严格,安装、使用、维修都有一定操作规程,很难用几项简单的指标来表明其品质全貌,而且有些产品,即使名称相同,但由于其所使用的材料、设计和制造技术的某些差别,也可能导致功能上的差异。因此,对这类商品,一般以说明书并附有图样、照片、设计图或分析表及各种数据来详细说明其结构和性能等。按这种方式进行的交易称为凭说明书买卖。

有些凭说明书买卖的机电仪器等产品,在合同中除订有品质检验条款外,还订有品质保证条款和技术服务条款,规定卖方在一定期限内保证其所出售的商品质量符合说明书上所规定的各项指标,如在保证期限内发现品质低于说明书规定的指标,或部件的工艺质量不良,或因材质内部有隐患而产生缺陷,卖方有义务消除缺陷或更换有关零部件,并承担由此而引起的各项费用,否则,买方有权提出索赔或退货。

(5)凭商标或牌号买卖

商标是生产者和商号用来识别它所生产或售出的商品的标志。它可以由一个或几个具有特色的字母、数字、单词、图形和图片等组成。牌号是工商企业给其所制造和销售的产品所起的名称,以便与其他企业的同类产品区别开来。如柯达胶卷,解放牌汽车,大庆石油等,一个牌号可用于一种产品,也可用于一个企业的所有产品。

当前,国际市场上行销的许多商品,尤其是日用消费品、加工食品、耐用消费品等都有一定的商标或牌号。各种不同商标或牌号的商品具有不同的特色,一些在国际上久负盛名的名牌产品,因其品质优良稳定,具有一定的特色且能显示消费者的社会地位,其售价远远高出其他同类产品。因此,商标或牌号本身实际上是一种品质象征。人们在交易中就可以只凭商标或牌号进行买卖,而勿需对品质提出详细的要求。但若一种商标或牌号的商品同时有许多种型号或规格,为明确起见,应在规定商标或牌号的同时,明确型号或规格。

凭商标或牌号买卖,一般只适用于品质稳定并树立了良好信誉的商品。质量不稳定的商品不宜采用此法成交。此外,应指出,如我方接受国外客户订货并按规定印刷其提供的牌号时,应注意其牌号是否合法,以免运往国外触犯进口国家的商标法而引起纠纷。

(6)凭产地名称买卖

在农副产品的交易中,有些产品因生长地区的自然条件、传统加工工艺等因素的影响,在品质方面具有其他产区的产品所不具有的独特风格和特色,对这部分产品,一般可用产地名称来表示商品的品质,如四川榨菜、天津红小豆等。

上述各种表示商品品质的方法,可根据商品的特点和市场交易习惯,单独选用其中一种,也可以两种或几种方法结合使用。但应注意,在两种或几种方法同时使用时,必须明确规定以何者为准。例如,以规格为准时,样品就应注明"样品仅供参考"。因为根据某些国家的法律解释,两种方法都要符合要求,否则,买方有权要求拒收货物,以至撤销合同。

三、合同中的品质条款

1.品质条款的基本内容

品质条款是合同中的一项主要条款,它是买卖双方对商品质量、规格、等级、标准、商标、牌号等的具体规定。卖方以约定品质交货,否则买方有权提出索赔或拒收货物,以至撤销合同。合同中的品质条款也是商检机构进行品质检验、仲裁机构进行仲裁和法院解决品质纠纷案件的依据。因此,规定好品质条款,有着很重要的意义。

品质条款的基本内容是商品的品质、规格、等级、标准和商标、牌号等。在凭样品买卖时,应列明样品的编号和寄送日期,有时还加列交货品质与样品一致或相符或完全相符的说明。在凭标准买卖时,一般应列明所采用的标准及标准版本的年份。

2.规定品质条款时应注意的事项

(1)国外有要求经努力可达到的,可按外销要求规定品质条件,注意要加强与生产部门的联系订出适当的品质条款,要从生产实际出发,实事求是,既不能订得过高,以免造成生产和对外履约的困难,也不能订得过低,以免影响售价和销路,甚至降低我国出口商品的信誉。例如我国出口扎笤帚用的笤帚苗,某业务员在规定品质条件时订有一项"色泽:白色",给组织货源带来很大困难和损失。大家知道笤帚苗上带有红色斑纹,是很自然的现象,纯白色是少数、个别的。如色泽定为"自然色泽"就没有问题了。

(2)不要自找麻烦,凡国外没有要求的内容,一般不要列入。要针对国外市场的用途、销售习惯,确定品质条款内容。例如我国出口大米的规格,一般是:"本粮占99%,杂质不超过1%,破碎粒不超过35%"。但有一次对外报价时,外商并未提出要求,我们自己增加一项"水分15%～16%"。货物在出口检验时,正值连雨天气,水分加大,商检部门不予出证,只好烘干,使费用提高,造成损失。

(3)出口商品的品质确已提高,国外虽无要求,我亦应主动提出。一方面说明我们的进步,另一方面按质论价,品质提高,出口价格也应上调,给国家增加外汇收入。

(4)对某些商品可规定一定的品质机动幅度。在国际贸易中,为避免因交货品质与买卖合同稍有不符而造成违约,可在品质条款中做出某些变通规定:

①规定交货品质与样品大体相等。

②规定品质公差。品质公差是指国际上公认的产品品质的误差。在工业制成品的生产过程中,产品的质量指标出现一定的误差往往是难以避免的(如手表每天出现误差若干秒应视为正常)。这种公认的误差,即使合同没有规定,只要卖方交货品质在公差范围内,也不能算违约。但为了明确起见,应在合同的品质条款中订明一定幅度的品质公差范围。例如,尺码或重量允许有"正负3%～5%的合理公差",如漂布,幅宽35/36英寸,均算合格。

③规定上下限。即最大、最高、最多为多少;最小、最低、最少为多少。例如,在薄荷油中,薄荷脑含量最少50%,卖方交货只要没有超出上述极限,买方就无权拒收。

④对机动幅度内的品质差异,可按交货实际品质规定予以增价和减价。例如在我国

大豆出口合同中规定:"水分每增减1%,则合同价格减增1%,杂质每增减1%,则合同价格减增1%;不完善粒每增减1%,则合同价格减增0.5%;含油量每增减1%,则合同价格增减1.5%。如增减幅度不到1%者,可按比例计算"。

⑤只对品质低于合同规定者扣价。在品质机动幅度范围内,交货物品质低于合同规定者扣价,而高于合同规定者则不增加价格,以约束卖方按合同规定交货。

⑥图案说明应与商品内容、数量完全一致。例如美国《统一商法典》第2-14条第6款规定,货物与容器或标签上所作的允诺和对事实的确认应当相符。过去曾发生我国对美国出口的凤尾鱼罐头上的图案印有5条鱼而罐头内仅装有4条造成对方提出索赔的案例。

采用品质增减价条款时,要分清主次,一般只对价格有重要影响而又允许有一定机动幅度的主要质量指标规定,对于那些次要的质量指标和不允许有机动幅度的指标则不适用。

(5)在确定进口商品的品质条件时,应从我国的实际需要出发,质量过高,影响价格,也未必符合需要;质量偏低,或漏定一些主要质量指标,将影响使用,招致不应有的损失。

(6)对进口货物品质检验方法条款应订得具体。1954~1955年,我国曾向日本订购过磷酸钙,对游离酸度的检验方法,未作具体规定,仅规定为"水抽法"测定,但实际上"水抽法"还分为"滴定法"和"重量法"两种。我商检机构采用"滴定法",检验的结果为不符合合同规定并据此对外索赔,但日方认为如用"重量法"测定,则符合规定。因双方长期争执不下,索赔难以结案。

第三节　商品的数量

在国际贸易中,每笔交易都离不开一定的数量,按照一些国家的法律规定,商品的数量也是交易的重要条件和合同的主要条款,买卖双方必须以通过数量条款所约定的数量作为交接货物的依据。商品的数量是指以一定的度量衡单位表示的商品的重量、数量、长度、面积、体积、容积等。商品不仅表现为一定的质,同时也表现为一定的量。数量的多少既关系到一笔交易规模的大小,亦会影响到消费者的使用和市场的变化。在我国的进出口业务中,正确掌握进出口商品的数量,不仅关系到对外贸易任务的完成,而且关系到对外政策和经营意图的贯彻。同时,在具体的交易中,数量的掌握还是一种斗争的手段,利用得当,可以促成交易的完成,有利于正确掌握价格和进行价格斗争。

按照有些国家的法律规定,卖方所交货物的数量如果少于合同规定的数量,买方有权拒收货物和要求赔偿损失;如果多于合同规定的数量,买方可以拒收超过部分、全部拒收或接受全部货物。按照《联合国国际货物销售合同公约》第52条第2款规定,卖方交付的货物必须与合同规定的数量相符。如果卖方交付的货物数量大于合同规定的数量,买方可以收取,也可以拒绝收取多交部分货物。如果买方收取多交部分货物的全部或一部分,它必须按合同价格付款。如果卖方交付货物少于合同规定,买方可允许卖方在规定的交货期届满之前补交,但不得使买方遭受不合理的不便或承担不合理的开支。英国《1893年货物买卖法》第30条和美国《统一商法典》第2-601条中规定,出口方不论多交或少交,均可构成买方拒收行为,并向出口方追究其不履约的责任。因此,我们必须正确掌握成交的数量,并严格按约定数量交货,以免引起争议和遭受损失。

一、商品数量的计量单位和重量的计算方法

1.商品数量的计量单位

单位是数量的基础,买卖什么东西都得说出计量单位,以便确定数量,确定价格。例如,我们去商店买东西,不能只说"老板,我买'一'"。"一"是什么?是一斤,还是一尺?国际贸易也是如此。在国际贸易中,在约定买卖商品数量时,必须明确计量单位。由于商品的性质不同及各国采用的度量衡制度不同,再加上各地市场的传统习惯差别,采用的计量单位和计量方法也不相同,通常采用的计量单位有以下6种:

(1)重量(weight)。如吨(有公吨 metricton,长吨 longton,短吨 shortton),千克(kilogram),磅(pound),盎司(ounce)等,重量单位多用于矿产品、大宗农副产品以及一部分工业制成品。

(2)数量(number)。如件(piece),双(pair),套(set),打(dozen),罗(gross)等,数量单位多用于一般杂货及工业制品。

(3)长度(length)。如米(meter),英尺(foot),码(yard)等。长度单位多应用于金属绳索、布匹、绸缎等类商品。

(4)面积(area)。如平方米(square meter),平方英尺(square foot)等。面积单位多用于玻璃、地毯、皮革等。

(5)体积(volume)。如立方米或(cubicmeter 立方公尺),立方英尺(cubicfoot)、立方码(cubicyard),体积单位多应用于木材、天然气、化学气体等。

(6)容积(capacity)。如公升(litre),加仑(gallon),蒲式耳(bushel)等。容积单位多应用于小麦、谷物、大部分液体商品。

由于各国采用的度量衡制度不同,同一计量单位所代表的数量也各不相同。目前国际上常用的度量衡制度有:公制、英制、美制和国际标准组织在公制基础上颁布的国际单位制,这是在1960年国际计量大会上通过的。因而同一重量单位就有公吨、长吨、短吨等。根据《中华人民共和国计量法》规定:"国家采用国际单位制。国际单位制和国家选定的其他计量单位,为国家法定计量单位。"我国出口商品,除非照顾对方国家贸易习惯而采用公制、英制或美制计量单位外,应使用我国法定计量单位。我国进口的机器设备和仪器等,应要求使用法定计量单位,否则,一般不许进口。如确有特殊需要,也必须经有关标准计量管理部门批准。

2.重量的计算方法

在国际贸易中,有许多商品是按重量计量的,其计算方法也各有不同,主要有以下几种:

(1)毛重

毛重指商品本身的重量加上包装材料的重量。这种计重方法一般适用于价值较低的商品。

(2) 净重

净重是指商品的实际重量,即不包括皮重。在国际贸易中,以重量计量的商品,大部分都是按净重计价的。但是,有些价值较低的农产品和其他商品有时也可采用"以毛作净"的办法计重。例如,蚕豆 100 公吨,单层麻袋包装,以毛作净。要是人参、鹿茸、黄金这类贵重的东西,木箱装,以毛作净,进口方就不干了,也没有这样做的。所谓"以毛作净",实际上就是以毛重当作净重计价。采用净重计重时,对于如何计算皮重,即包装物重量,国际上有以下四种方法:

①实际皮重。实际皮重是指包装物的实际重量,即将整批货物的包装逐一衡量后所得的总和。例如木箱装,由于箱板薄厚不一,将直接影响每件皮重。逐一过磅虽然准确但费时费力。

②平均皮重。如果商品所使用的包装规格比较统一,重量相差无几,就可以从整批货物中抽出一定的件数,称出其皮重,然后求其平均皮重,再乘以总件数,即可求得整批货物的皮重。近年来,由于技术的发展和包装用料及规格的标准化,用平均皮重计算净重的做法已日益普遍,有人把它称作标准皮重。

③习惯皮重。一些商品,由于其使用的包装材料和规格已比较定型,其皮重已为市场所公认。因此,在计算其皮重时,就无需对包装逐一过秤,按习惯上公认的皮重乘以总件数即可。如麻袋重两磅半,出入很少,双方明确皮重按两磅半计算,并在合同中具体规定。

④约定皮重。即以买卖双方事先约定的包装重量为准,不必过秤。在国际贸易中,净重有时还包括销售包装的重量,如水果糖常常包括糖纸的重量。

但是,有些贵重金属、化工原料等,往往以"纯净重"计算重量。所谓纯净重是指商品本身的重量,不包括任何包装物的重量。国际上有许多计算皮重的方法,究竟采用哪一种计算方法来求得净重,应根据商品的性质、包装的特点和交易习惯等,由双方当事人事先约定并列入合同,以免事后出现争议。

(3) 公量

有些商品,如棉花、羊毛、生丝等有比较强的吸湿性,所含水分受客观环境的影响较大,其重量也就很不稳定。因此,国际上有用科学方法除去货物中所含的实际水分后的干净重,再加上标准水分求得货物重量的做法,用这种方法求得的重量称为公量。

(4) 理论重量

对于某些有固定和统一规格的商品,如马口铁、钢板等,有统一形状和尺寸,只要规格一致,尺寸符合,根据其件数即可推算出总重量。按照《联合国国际货物销售合同公约》第 56 条的规定,在国际货物买卖合同中,如果货物是按重量计量或计价,而未明确规定采用何种方法计算重量和价格时,根据惯例,应按净重计量。

二、合同中的数量条款

1. 数量条款的基本内容

合同中的数量条款的基本内容是规定交货的数量和使用的计量单位。按重量计算的货物,要规定计算重量的方法,如毛重、净重、公量等。数量条款是合同的主要条款之一。卖方承担按合同规定的数量交货的义务,但在实际履约过程中,由于商品的特性,或因自然条件的影响,或受包装和运输条件的限制,卖方要做到严格按合同规定的数量交货是有一定困难的。因此,为了避免因实际交货不足或超过合同规定的数量等而发生争议,对于一些数量难以严格限定的商品,如大宗农副产品、矿产品以及某些工业制成品,买卖双方应事先约定,并在合同中订明交货数量的机动幅度。一般有两种规定方法:

(1)在合同中订有"溢短装条款"

在合同中规定卖方交货的数量可按照一定的机动幅度比合同规定的数量多交或少交若干(百分之几),这种规定通常称为"溢短装条款"或数量增减条款。按照国际商会《跟单信用证统一惯例》(500号出版物)的规定,货物数量的伸缩幅度为5%,但货物的数量按包装单位或个数记数时;此项伸缩则不适用。正如《跟单信用证统一惯例》(500号出版物)第39条B款规定:"当信用证规定的数量以包装单位或个数计数时,此项增减幅度则不适用。"如出口自行车就没有必要规定溢短装条款。

溢短装一般由卖方决定,如在合同中规定:"中国黄大豆10 000公吨,允许溢装或短装500公吨"或者"中国黄大豆10 000公吨,可增减5%",这样就非常明确了。也有时溢短装由买方决定,这多为买方派船时,如果交易数量大,价格又经常变化时,为防止卖方或买方利用溢短装条款,故意多装或少装,可规定溢短装只是为了适应船舶等运输工具的需要才能适用。这是因为交货量的多少与承载货物的船舱容量关系非常密切,在租用船只时,就得跟船方商定。所以在这种情况下,交货的机动幅度一般是由负责安排船只的一方选择,或干脆由船长根据舱容和装载情况做出选择。

对溢短装部分货物的计价方法有两种:一种按合同价格计算,这是比较常见的做法;另一种是按装船时市场价格计算。采用后一种办法,主要是为了防止在市价波动时,享有溢短装选择权的一方故意多装或少装。

(2)约量

在合同交货数量前加上"约","大约","左右","近似"等有伸缩性字眼,来说明合同交货数量只是一个约量,从而使卖方交货的数量可以有一定范围的灵活性。但是应该注意的是,目前在国际贸易中,对于"约","大约","左右","近似"尚无统一的解释。有的解释为2%,有的解释为5%,国际商会《跟单信用证统一惯例》(第500号出版物)第39条规定,凡"约","大约"视为不超过10%的增减幅度。不同行业、不同国家可能有不同的理解,履行起来极易引起纠纷,所以在我国很少采用。如果采用必须由买卖双方就这种约量做出必要的约定,即在合同中明确规定溢短装的百分比。

2.规定数量条款时应注意的事项

(1)正确掌握成交货物的数量

对于出口商品数量的掌握,应考虑以下四点:

①国外市场的供求情况。要正确运用市场供求变化规律,按照国外市场实际需要合理确定成交量,以保证我国出口商品卖得适当的价钱,对于我主销市场和常年稳定供货的地区与客商,应经常保持一定的成交量,防止因成交量过小,或供应不及时,使国外竞争者乘虚而入,使我们失去原来的市场和客户。

②国内货源情况。在有生产能力和货源充足的情况下,可适当扩大成交量。反之,则不应盲目成交,以免给生产企业和履行合同带来困难。

③国际市场的价格动态。当价格看跌时,应多成交,快脱手;价格看涨时,不宜急于大量成交,应争取在有利时机出售。

④国外客户的资信状况和经营能力。对资信情况不了解和资信欠佳客户,不宜轻易签订成交数量较大的合同,对小客户也要适当控制成交数量,而大客户成交数量过小,将缺少吸引力。总之要根据客户的具体情况确定适当的成交数量。

对进口商品数量掌握,要考虑以下三个因素:

①国内的实际需要。应根据实际需要确定成交量,以免盲目成交。

②国内的支付能力。当外汇充裕而国内又有需要时,可适当扩大进口商品数量。如外汇短缺,应控制进口,以免浪费外汇和出现不合理的贸易逆差。

③市场行情的变化。当行情对我有利时,可适当扩大成交数量;反之,应适当控制成交数量。

(2)数量条款的各项内容应订的明确具体

在数量条款中,对计量单位的规定,以"吨"计量时,要订明是长吨、短吨还是公吨;以罗为单位时,要注明每"罗"的打数,力求避免使用含糊不清和笼统的字句,以免引起争议。对于"溢短装"和"约"量必须在合同中订明增减或伸缩幅度的具体百分比。

第四节 商品的包装

一、商品包装的意义和作用

我国近年来的出口包装虽有不少改进,但由于长期计划经济和闭关锁国政策,人们对商品包装的作用和意义仍认识不够。据我国商检和保险部门提供的情况,1982年前后,我国有196.2亿美元的出口商品,因包装不善损失外汇近20亿美元。这就是说,每出口100美元的商品就有10美元的外汇,因包装问题而丢失。至于改革开放以前损失就可想而知了。难怪有的商人评价我国的出口商品是:一等原料、二等质量、三等包装、四等价格。

在包装问题上,由于忽视包装,缺乏常识,曾出现不少问题,造成不应有的损失。

[案例1]某公司出口自行车800辆,合同规定用木箱装,来证也为 Packed in Wooden Case。但在 Case 之后加有 CKD 三个缩写字母,我方所有单据按来证照打,结果货到目的港被海关罚款,并多上税,因而买方向我索赔。

分析意见:根据来证的意思,应将自行车拆散后装入木箱,CKD 是英文 Complate Knock Down 的缩写,意思是将整件商品全部拆开包装,俗称"全拆卸"。由于我方业务人员未弄清原意,既未要求对方改证,也未按来证的要求办,即行装船,从而造成证货不符,当然进口国的海关要课以罚款和征收较高的关税,因为整件和散件的税率不一样,前者税率较高,后者税率较低。

[案例2]PTO 是英文 Please Turn Over 的缩写,意思是接下页或请见背面。我国某出口公司,在一笔出口业务中,合同规定由买方指定《标记和号码》(Mark & No.),俗称"唛头"。在对方开来的信用证第一页,最后一行 Shipping Mark 处,填有 PTO 三个英文字母,我方有

关公司竟将此误认为唛头,致使单证不符,造成损失。

在国际贸易中,大多数商品都需要有一定的包装。商品的包装是生产的延续,绝大多数商品,只有加以必要的包装,才算完成商品的生产,才能进入流通领域和销售,实现商品的价值和使用价值。有些商品甚至离不开包装,商品和包装已经成为不可分割的统一体。例如胶卷、水果糖、香烟等,液体商品和流汁食品必须盛入容器。例如罐头食品必须用容器包装;有些超市卖的牛奶,装入容器,可以直接饮用,不用加热。

商品的包装是确保商品在流通领域中品质良好和数量完整的重要措施。由于国际贸易的商品一般都要经过长途辗转运输,有时还要多次装卸和存储,故其包装比内销商品更为重要。在当今国际市场竞争日趋激烈的情况下,包装的作用已不仅是保护商品的质量和数量,而且发展成对外加强竞争、占领市场的一种手段。良好的包装不仅有利于商品的储存、搬运、装卸、分配、计数和防止偷窃,而且有利于消费者挑选携带和使用。在市场上是货卖一张皮,包装装潢好就明显卖好价,特别是超市这种无人售货方式,就更加突出了包装本身的宣传作用。因为顾客要在短短的时间内,在超市陈列的几千种新老产品中,挑选适合自己需要的商品,只能借助商品包装装潢的吸引力。可见好的包装是节约仓容和运费、减少货损、美化商品、吸引顾客、扩大销售、提高货价、增加外汇收入的重要手段。它从一个侧面反映和体现一个国家的生产、科技和文化艺术的发展水平。

此外,在国际货物买卖中,包装条件还是买卖合同中的一项主要条件。按照某些国家的法律规定,如卖方交付的货物未按约定的条件包装,或者货物的包装与行业的习惯不符,买方有权拒收货物。《联合国国际货物销售合同公约》第35条规定:卖方交付的货物必须与合同规定的数量质量和规格相符,并须按照合同所规定的方式装箱或包装,否则即为与合同不符。我国《合同法》第156条也规定:"出卖人应当按照约定的包装方式交付标的物。"如果货物虽然按照约定方式包装,但却与其他货物混杂在一起,买方可拒收违反规定包装的那部分货物,甚至可以拒收整批货物。

鉴于商品包装的重要,我们必须根据出口商品的特点和国际市场的需要,不断研究和改进包装材料和包装方式,设计和创新包装款式和包装装潢,使之达到科学、经济、牢固、美观、适销和多创外汇的要求。

二、商品包装的种类

国际贸易商品品种繁多,性质、形状、特点各异,从是否需要包装来看,可分为三类:散装货物、裸装货物和包装货物。散装货物是指未加任何包装,直接交付运输以至销售的货物。这种方式通常用于不需要包装即可直接进入流通领域,或不容易包装或不值得包装的货物。例如煤炭、矿砂、粮食、石油等类货物。散装货物可用专门设计的运输工具和装卸设备进行装运和装卸。采用散装方式运输,可节省运费、加快装卸速度,从而降低成本。但散装货物需要运输工具、港口、装卸设备和仓库,如不具备上述条件,则易引起货损、货差。裸运货物是指将货物稍加捆扎或以其自身进行捆扎。这种方式适用于一些品质稳定、不易受外界影响、形态上自然成件、难于包装或不需要包装的货物。如钢材、木材、橡胶、车辆等。包装货物是指按一定的技术方法,采用一定的包装容器、材料及辅助物包裹的货物。包装货物根据包装程度的不同,分为全部包装和局部包装两种。前者是指采用一定的包装材料和包装方法对商品进行全面的包装,后者是指仅对商品需要保护的部位进行包装。绝大部分商品都是采用全部包装。

包装方式并不是一成不变的。同一种商品,既可以用散装,也可以用包装,两者并用也可以。例如,粮食有时用袋装,有时采用散装的同时又要求部分袋装,作为隔舱和压舱之用。随着运输工具和包装方式的改革,对包装的要求也在不断发生变化。例如集装箱运输的发展,已使许多商品的传统包装方式发生了很大变化。商品的包装按其在流通过程中所起的作用不同,可分为下述两种类型。

1. 运输包装

运输包装习惯上称为大包装或外包装,其主要作用在于保护商品,防止在储运过程中发生货损货差。科学合理的包装应能最有效地保护商品,最大限度地避免运输中各种外界条件(气候、装卸作业等)对商品可能产生的影响;方便检验、计数和分拨;符合经济原则,有利于节省舱容、运费和包装费用。

为了适应商品的运输、装卸过程中的不同要求,运输包装又分为单件运输包装和集合运输包装两种。

(1) 单件运输包装

单件运输包装是指货物在运输过程中作为一个计件单位的包装。单件运输包装从不同角度分类,可以分为以下几种:

①按包装造型不同分为:箱、桶、袋、包、捆等。

②按包装用料不同分为:箱有纸箱、木箱等;桶有铁桶、木桶、塑料桶等;袋有纸袋、麻袋、塑料袋等。由于单件包装的造型、容量和使用材料的不同,其要求应由买卖双方商定,并在合同中订明。

(2) 集合运输包装

集合运输包装又称成组化运输包装,是指在单件运输包装的基础上,为了适应运输、装卸工作现代化的要求,将若干个单件运输包装组成一件大的包装或装入一个大的包装容器内。它对于提高装卸效率、保护商品和节省费用都有积极作用。目前,集合运输包装有集装箱、托盘和集装袋等。

①集装箱,又称"货箱"、"货柜",是一种运输货物的容器,它既是货物的运输包装,又是运输工具的组成部分,一般由铁路或轮船公司提供周转使用。目前国际上通用的集装箱规格很多,但最通用的是$(8\times 8\times 20)$英尺和$(8\times 8\times 40)$英尺两种。20英尺集装箱的载货量,最多可达18公吨,其容量为31立方米~35立方米。一般计算集装箱的流量时(包括货运量、吞吐量),通常以20英尺集装箱为一个标准单位,通称"TEU"。

集装箱的种类很多,按其使用的目的分类,有:

a. 干货集装箱,适于装载一般杂货的标准集装箱;

b. 冷冻集装箱,箱内装有冷冻设备,温度可降至$-18\sim 25℃$,适于运送易变质商品;

c. 隔热集装箱,这是一种防止箱内温度上升,保持货物鲜度,主要用于载运水果、蔬菜等类货物的集装箱;

d. 通风集装箱,这是一种为装运不需要冷冻,且具有呼吸作用的水果、蔬菜等类货物,而在端壁上开有通风口的集装箱;

e. 菜货集装箱,适用于装载大豆、大米、面粉、饲料以及水泥、化学制品等散装粉粒状货物的集装箱;

f. 框架集装箱,这种集装箱没有箱顶和两侧,可从箱侧面装载起重货物;

g. 开顶集装箱,这种集装箱没有箱顶,可用起吊机械从箱子上面装卸货物,适用于装载超长的货物;

h. 牲畜集装箱,这种集装箱两侧有金属网,便于喂养牲畜和通风;

i. 罐式集装箱,适于运输油类等液体货物;

j. 平台集装箱,适于装载超长超重的货物,长度可达 6 米以上,载重量可达 40 公吨以上;

k. 汽车集装箱,专供载运汽车的分两层载货的集装箱;

l. 兽皮集装箱,用以贮存渗漏液体,专运生皮等带汁液、有渗漏性的货物。

② 托盘,是按一定规格制成的单层或双层平板载货工具,在平板上将若干单件包装的商品,码在托盘上,然后用绳索、收缩薄膜或拉伸薄膜等物料,将商品与托盘组合加固起来,组成一个运输单位,便于在运输过程中使用机械进行装卸、搬运和堆放。托盘货物一般重 1~1.5 公吨。托盘通常以木制为主,但也有用塑料、金属等制成的。常见的托盘有平板托盘和箱型托盘等。

③ 集装袋和集装包,是一种用合成纤维或复合材料编制成的圆形大包,可容 1~4 公吨货物,最多可达 13 公吨。主要用于装载粉粒状货物,如化肥、矿砂、面粉、食糖、水泥等,有些国家为了提高货物的装卸速度和港口码头的使用效率,常常在信用证上规定进口货物必须使用集合运输包装,否则不准卸货。

关于包装运输应掌握以下几点:

(1) 确保安全

防止破碎、渗漏、变质、受潮、受热、盗窃等等。运输包装要适合商品的特点,每种商品都有自己的特点,如玻璃制品易碎,水泥、面粉怕潮,油类怕漏,仪器怕震等。这就要求运输包装能相应具有防潮、防震、防漏等性能。

(2) 必须适应不同运输方式的要求

例如海运包装要牢固,并具有防挤压和碰撞的功能,铁路运输包装要有防震功能,航空运输包装要求轻便不宜过大,如手提箱长不能超过 60 厘米,托运箱长不能超过 80 厘米。

(3) 节约

在保证坚固的情况下,注意节约原材料,降低费用,这直接影响商品的价值。其次要节约运费。船方收取运费,主要有两种方法,一种是按商品重量(毛重)计价,包装皮越重,运费就越贵;另一种是按商品体积计价,以每一尺码吨(1 立方米)或 40 立方英尺为一计算单位,商品体积越大,运费就越高。因此,包装皮的轻重,包装体积的大小,同运费有密切关系。要尽量减轻皮重,轻泡货要尽量压缩体积。还应注意不同商品不同运价,如果一个包装箱内有两种不同运价商品,船方将按高价计收。故不同运价商品,应分别包装。

(4) 要综合考虑各方面的情况

要了解各方面情况,要考虑有关国家的法律规定和客户要求,要了解有关国家的码头情况。例如装卸设备如何,如果设备不好而商品包装过大过重,则无法搬运。

有些国家对每件包装的重量,有特殊的规定和要求,一些客户就包装运输提出某些特定的要求时,也应根据需要和可能予以考虑。

有些国家不允许以稻草、柳藤、旧报纸等做包装材料,防止带进病虫害。

还要了解国外进口关税情况。包装对关税有直接影响。各国征收关税大体有这么几种：

①从价税——包装价值高,多纳税。
②从量税——包装价值高低与纳税无关。
③按净重征税——包装可不纳税。
④按毛重征税——包装越重税越多。
⑤按"法定重量"征税——即商品重量加直接包装重量(如香烟的盒)。

如减轻直接包装,可少纳税,因为商人要计算成本,他缴纳的关税也要计算在内。买方多纳税,出口交易就可能谈不成,他会去买别人的货。

2. 销售包装

销售包装通常又称小包装或内包装,是指直接接触商品、随商品进入零售市场和消费者见面的包装。销售包装除了必须具备保护商品的性能外,还要具备装潢和宣传的作用,以吸引顾客,促进销售。销售包装作为一种竞争手段,已在许多工业制成品,尤其是日用消费品的销售中占有重要的地位,是直接影响商品的销售和售价的一个重要因素。

(1)销售包装的种类

目前国际上流行的销售包装按其形式和作用可分为三类：

①便于陈列展销类：

a.堆叠式包装：是指商品包装的顶部和底部都设有吻合部分,使之堆叠时可相互咬合,这种包装堆叠稳固性强,适于超级市场堆叠罐头、瓶类、盒类等商品；

b.挂式包装：是指用挂钩、挂孔、吊带等悬挂商品,这类包装可以充分利用货架空间,增加展销面积；

c.展开式包装：是指具有一定特殊结构的盒盖,当盒盖打开时,盒盖图案和商品可相互衬托,具有良好的陈列展销效果。

②便于识别商品类：

a.透明包装和"开窗"包装：是指全部或部分用透明材料和开窗纸盒包装,这种包装可以使购买者直接看到商品的质量和形态；

b.习惯包装：是指采用商品习惯包装造型,使购买者见到包装即可识别商品质量。

③便于消费使用类：

a.携带式包装：商品包装的设计造型有提手等装置便于携带；

b.易开包装：是指密封的包装容器,具有容易开启的特点,常见的有易拉罐、易开盒、易开瓶等；

c.喷雾包装：是指一种液体喷雾装置,使用时按动按钮液体即可自动喷出,这种包装适用于日用消费品如香水、医药等的喷洒；

d.配套包装：是指把经常使用的不同种类、不同规格的商品搭配成套,如套餐具、套茶具等；

　　e.礼品包装：运用一些彩带、花结等装饰材料提高包装档次和商品的身价。

　　(2)包装装潢

　　包装装潢是指按商品的不同属性、形态、数量、销售意图和有关国家法令，设计合理的销售包装造型、画面和文字说明，其中文字说明包括商标、牌名、品名、产地、品质、数量、规格、成分、用途和使用方法等。包装装潢是销售包装的主要组成部分，设计商品包装装潢应注意以下几点：

　　①包装装潢造型要美观大方、新颖，画面设计要突出商品的特点。例如，食品类要引起食欲，甚至垂涎三尺；日用品要使人见后爱不释手。要达到 AIDMA，即 Attention, Interest, Desire, Memory, Action，即要足以引起消费者注意，从而使消费者感兴趣。购买个体即使一时不买，也会牢记不忘，终归会有一天让其采取购买行动。

　　②文字说明要同画面配合，要很好地补充画面，使用外文要准确。

　　③装潢设计要突出宣传商标，形象鲜明，给人以深刻印象。

　　④要注意进口国对包装装潢的规定和习惯爱好。近年来大多数国家对食品、药品服装等商品都订有标签管理条例，这些往往被用作限制进口的手段。如日本政府规定：进口药品必须说明成分、服用方法和功能，否则不能进口；瑞士纺织协会规定，衬衣领上必须有洗涤、熨烫的图示，否则不准进入市场；科威特规定各种食品的包装上都应有阿拉伯文写明生产日期和有效期；出口到美国的产品，必须有原产地标志。1979 年，我对美国出口棉毛衫一批，合同规定每件需标明英文 Made in China，但我方交货时未照办，造成客户无法推销，客户只好另制标志加上，我方赔其费用 1 600 美元；有些国家对使用的语种、商品采用的度量衡等均有具体规定。1978 年我方出口加拿大瓷器 1.4 万套，合同规定每套要有英、法两种文字的贴头，但我方实际交货只有英文贴头，商人不得不重新补贴，我方赔加工费 3000 加元。各国对图案、色彩都有不同的爱好和习惯。例如伊斯兰国家忌用猪或类似猪的动物作图案；日本认为荷花不吉祥；英国忌用象和山羊；北非一些国家忌用狗；意大利忌用菊花；法国忌用黑桃等。捷克规定红三角是有毒的标志；土耳其规定绿三角是免费样品；法国和比利南部禁忌黑绿色，认为是纳粹军服颜色；爱尔兰和意大利喜欢绿色；巴基斯坦忌用黄色，因为那是僧侣的专用颜色；埃及禁用蓝色，认为是恶魔的象征。这些习好和禁忌，随着时间的推移和情况的发展有可能发生变化，我们应不断掌握新资料，做好这一工作。

　　当前销售包装的发展趋势，有一些值得注意的动向，主要反映在：适量小包装大量增加，透明包装日益发展，金属和玻璃容器包装趋向轻便安全，并已部分为塑料和复合容器所代替，吸塑包装、贴体包装、收缩包装、真空包装和喷雾包装的应用范围日益广泛，包装容器的造型结构更加科学化，包装装潢设计更加突出宣传商标、树立名牌等。此外，随着电子扫描和自动化售货设备的发展，要求销售包装有特定的造型，并在一定位置上设计一定符号、图形或文字，以适应新的销售方式。

　　(3)现代商品包装上的条形码

　　商品包装上的条形码是由一组配有数字的黑白及粗细间隔不等的平行条纹所组成，它是一种利用光电扫描设备为计算机输入数据的特殊代码语言。

条形码产生于1949年,是随着计算机技术的发展而出现的一种计算机输入技术。目前,发达国家已普遍在商品包装上使用条形码标志,顾客在超级市场购货后,收款员只需将打印在商品包装上的条形码逐一对着光电扫描器,计算机就能自动、准确地识别条形码上的信息,确定商品的品名、品种、数量、生产日期、制造厂商、产地等,并据此在数据库中查询其单价,进行货款结算并打印出购货清单。在零售商业中采用条形码技术,不仅可以提高结算的效率和准确性,而且可以缩短顾客的等待时间,扩大销售。采用这种技术,有利于发展国际贸易和实现现代化管理。

现代商品包装上使用的条形码,在国际上通用的有两种:一种是 UPC 码,由美国和加拿大组织的统一编码委员会编制;另一种是 EAN 码,由英、法等欧共体12国成立的欧洲物品编码协会编制。1981年,EAN 改名为国际物品编码协会,但仍保留原简称。目前,EAN 的成员已遍及世界五大洲。

EAN 码系统是1977年在引进 UPC 码的基础上发展起来的,与 UPC 系统相兼容。因此,EAN 系统的光电阅读器能阅读 UPC 码,而 UPC 系统的阅读器却不能阅读 EAN 码。

EAN 码系统有标准码和缩短码两种。标准码代表13位数字,缩短码代表8位数字;UPC 系统也有标准码和缩短码两种,分别代表12位数字和7位数字。

条形码的结构形式如下所示:

F1F2F3.M1M2M3M4、1112131415、C/D

F1~F3:国家或地区代码,表示商品的来源,由 EAN 总部分配管理。例如我国香港的代码是"489"。

M1~M4:制造厂商代码,由 EAN 在各国(地区)的分支机构分配管理。

11~15:商品代码,表示商品名称、品种、数量、价格等,由制造厂商根据规定自行编制。

C/D:校检码,用来检验前面输入的数据是否正确,避免误读。

在 UPC 标准码中,第1位数字为编码系统代码,第2~6位数字为制造厂商代码,第7~11位数字为商品代码,最后一位为校检码。

两种系统中的缩短码的数字所表示的内容均与其标准码相同。

我国的商品要打开国外超级市场,不仅在质量、包装方面要符合国际标准要求,同时还要符合国外超市的扫描结算的要求。如果我国出口商品的包装上没有条形码,即使是名优产品,也不能进入国外超级市场,而只能当作低档商品进入廉价商店。为了适应国际市场的需要和实现现代化管理,我国于1991年4月正式加入国际物品编码协会。该会分配给我国的国别号为"690","691","692"。今后,凡标有"690","691","692"条形码的商品,即表示是我国生产的商品。

三、商品运输包装的标志

运输包装标志简称运输标志,是指在运输包装的外面书写、压印、简单图形、文字和数字。其作用是方便运输、仓储、商检和验关工作的进行,便于发货人和承运人、承运人和收货人之间的货物交接,避免货物错发错运。运输标志按其用途不同,可分为下述三种。

1. 识别标志

识别标志是运输标志的基本部分,是运输过程中区别一批货物同其他货物的主要依据。其具体内容包括:

(1) 主要标志

主要标志英文又叫 Shipping Mark,俗称"唛头",多用几何图形并配以简单的文字或代号组成。其主要内容包括:

① 目的地的名称或代号。

② 收、发货人的代号。

③ 件号、批号。

此外,有的还包括原产地、合同号、许可证号和体积与重量等内容。鉴于其内容差异较大,为适应运输方式的变革和计算机在运输与单据流转方面的应用的需要,联合国欧洲经济委员会简化国际贸易程序工作组,在国际标准化组织和国际货物装卸协调协会的支持下,制定了一套运输标志向各国推荐使用。该标准运输标志包括:

a. 收货人或买方英文缩写字母或简称;

b. 参考号:如运单号、订单号或发票号;

c. 目的地;

d. 件号。

至于根据箱种需要而需在运输包装上刷写的其他内容,如许可证号等,则不作为运输标志必要的组成部分。

(2) 目的地标志

一般不能用简称或代号,如目的地的名称是重名的,还应加列国名,以免错运。如需中途转船或转运,则应加上转运字样和转运地名称,如 Transit Hong Kong 或 London via Hong Kong。

(3) 原产地标志

通常是用来标明制造、生产、加工的国别,现在不少国家的海关要求所有进口货物,都必须标明原产国,否则不准进口。

(4) 件号标号

在货物交付运输时,货主对每件货物都要按顺序编号,如一批货物总数为 200 箱,则可编为 1/200,2/200…另外每件上都写 1/200 也是允许的。

(5) 体积和重量标志

体积和重量标志用以表示每件货物的体积和重量,以便计算运费、装卸和积载。

2. 指示标志

指示标志又称"保护标志",操作标志,是根据商品的特性,对一些易碎、易损、易变质的商品,用醒目的图形和简短的文字提示有关人员在装卸、运输和存储过程中应注意的事项。一般使用进口和出口国两种文字,例如"此端向上"、"小心搬运"、"请勿用钩"等。为了统一各国指示标志,国际标准化组织、国际航空运输协会和国际铁路货运会议分别制定了包装储运指示标志,建议各国采用。

3.警告标志

警告标志又称危险品标志,是指在易燃品、爆炸品、有毒品、腐蚀性物品、氧化剂和放射性物品等危险品的运输包装上清楚地刷制所规定的用于各类危险品的标志,以示警告,使有关人员在货物的运输、装卸和保管过程中,根据货物的性质,采取相应的防护措施,以确保货物和人身的安全。对此,各国一般都有规定,如我国制定有《危险货物包装标志》,联合国海事协商组织公布有《国际海运危险品标志》等,我方在出口危险品货物时,除应刷写我国危险品标志外,还应刷写国际海运危险品标志。

四、中性包装和定牌

1.中性包装

中性包装是指在商品包装和商品本身,既不标明生产国别、地名和厂商名称,也不标明原有商标和牌号。也就是说,在出口商品包装的内外,都没有原产地和出口厂商的标记。在国际贸易中,使用中性包装的目的主要是为了打破进口国家和地区实行的各种限制和政治歧视,是扩大商品出口的一种竞争手段。目前,某些出口商品使用中性包装已成为国际贸易中的一种习惯做法。我们采用它,有利于打破某些国家和地区对我国商品实行的关税和不合理的配额限制,使我国商品能进入这些国家和地区的市场。

2.定牌

定牌是指卖方按买方要求在其出口商品或包装上使用买方指定的商标或牌名的做法。在我国出口贸易中,使用定牌有下述三种情况:

(1)对某些国外大量的长期的稳定的定货,为了扩大销售,可以接受买方指定的商标,不加注生产国别的标志,即定牌中性包装。

(2)接受国外买方指定的商标或牌名,但在商标或牌名下标明"中华人民共和国制造"或"中国制造"。

(3)接受国外买方指定的商标或牌名,同时在商标或牌名下注明由买方所在国家工厂制造,即定牌定产地。

在定牌业务中,要特别注意买方指定的商标是否存在商标侵权行为。为避免被动,可在合同中规定:"买方指定的商标,当发生被第三者控告侵权时,应由买方与控告者交涉,与卖方无关。由此给卖方造成的损失应由买方负责赔偿。"

五、合同中的包装条款

在国际贸易中,除一些商品因其本身特点不需要包装或不值得包装外,绝大多数商品都需要有一定的包装,以保持商品在流通过程中品质完好和数量完整。因此,凡买卖需要包装的商品,交易中必须在合同中对包装条款做出明确规定。根据《联合国国际货物销售合同公约》的规定,商品的包装是确定所交货物与合同或使用的规格是否相符的内容之一。该《公约》第35条规定:"卖方交付的货物必须与合同所规定的数量、质量和规格相符,并须按照合同所规定的方式装箱或包装。"同时还规定,除双方当事人业已另有协议外,除非货物按照同类货物通用的方式装箱或包装,如果没有此种通用方式,则按照以保全和保护货物的方式装箱或包装,否则即为与合同不符。一方违反规定,另一方有权拒收货物或要求损失赔偿。所以,包装条款也是合同的主要条款。

包装条款一般包括包装材料、包装方式、包装规格、包装标志和包装费用负担等内容。

1. 包装材料和包装方式、规格

在合同中要明确规定包装材料、包装方式和规格,例如,包装:纸箱包装,每箱6块,每块5 lb。包装:镀锌桶装,每桶净重175千克。

约定包装时,应明确具体,不宜笼统规定。在国际贸易中,有时也使用"海运包装",或习惯包装等术语,但这种术语内容不明确,各国理解不一,应避免使用。如要使用,应要订明使用什么包装材料。

2. 包装费用负担

按照国际贸易惯例,包装费用是包括在货价内的,一般在合同包装条款中勿需另行订明。但在某些情况下,例如,有些商品本不需要包装,但买方坚持要求包装,或不愿接受卖方的通常包装,而要求特殊的包装,导致包装费用超出正常的包装费用,或包装物料过好而使成本增加等,则需要在包装条款中订明其超出的包装费用应由买方负担。如卖方同意接受买方提供包装时,在包装条款中还要订明寄送包装的方法、送达的日期、逾期到达的责任及运送包装的费用负担等。

3. 运输标志设计的确定

按照国际贸易习惯,运输标志一般由卖方设计确定。但如买方要求由他指定运输标志,卖方一般也可接受,但需在合同中规定提出运输标志的时间,否则卖方可自行决定。

第三章　国际贸易术语

在国际贸易中,买卖双方通过洽商,明确各自应承担的责任和义务。在买卖双方货物交接过程中,要涉及许多问题,如有关风险、责任和费用的划分问题,这些问题直接关系到商品的价格。在长期的国际贸易实践中,逐渐形成了各种不同的贸易术语,通过使用贸易术语加以确定。学习和掌握各种贸易术语,对于正确运用这些术语来明确当事人的义务和合理确定价格,具有十分重要的现实意义。

第一节　贸易术语的概述

一、贸易术语的含义

贸易术语在我国又称贸易条件、价格术语,它说明价格的构成及买卖双方有关风险、费用和责任的划分,从而确定买卖双方在交货和接货过程中应尽的义务。

国际贸易具有线长、面广、环节多、风险大等特点。线长是指货物的运输距离长;面广是指交易中要涉及许多方面的工作;环节多是指货物从出口国到进口国要经过许多道关卡,办很多手续。在这期间货物遭遇自然灾害或意外事故而导致损坏或灭失的风险自然要大一些。因此,买卖双方在洽商、订立合同时,必然要遇到以下几个问题:

(1)卖方在什么地方办理交货?
(2)货物发生损坏或灭失的风险何时由卖方转移给买方?
(3)谁负责办理货物的运输、保险以及通关手续?
(4)由谁负责承担上述事项时所需的各种费用?
(5)买卖双方需交接哪些有关货运单据?

在交易过程中,这些问题都是必须明确的,贸易术语正是用来解决这些问题的。在国际贸易中,确定商品的成交价,不仅取决于其本身的价值,还要考虑有关手续由谁办理、费用由谁负担以及风险如何划分等一系列问题。因此,国际贸易术语具有二重性:一方面它是用来确定交货条件,另一方面又用来表示该商品的价格构成因素。二者是紧密相关的。

贸易术语是在国际贸易实践中产生的,它的出现,可以简化交易过程,缩短洽商时间,节省费用开支。因此,学习和掌握各种贸易术语的含义和运用,是从事国际贸易的基础。

二、贸易术语的发展

贸易术语是在长期的国际贸易实践中产生的,不论在数量,名称及含义等方面,都发生了很大的变化。随着国际贸易的发展及需要,新的贸易术语不断应运而生,旧的过时的贸易术语也逐渐被淘汰。国际商会于 1936 年首次制订和公布了《1936 年解释贸易条件的国际规则》,订出了 9 种贸易术语,以后经过几次修改。进入 20 世纪 80 年代为了适应电子数据交换(英文缩写 EDI)通讯的应用和集装箱及多式运输的扩大,到了 1990 年国际商会又推出了《1990 年国际贸易术语解释通则》,简称《90 通则》。确定了 13 种贸易术语。近几年来,国际商会又根据最近出现的无关税区的广泛发展、交易中使用电子信息的增多以及运输方式的变化,对已使用了 10 年的《90 通则》作了进一步的修订,在此基础上又推出了《2000 通则》。新通则保留了原来的 13 种贸易术语,只是对某些术语在对当事人的有关义务的规定方面作了适当的变更,使贸易术语的规定更加细致、明确、清楚。

第二节　有关贸易术语的国际贸易惯例

贸易术语是在长期的国际贸易实践中产生的,相当长的一段时间内,在国际上没有形成对各种贸易术语的统一解释。不同的国家和地区对同一种贸易术语有着不同的解释和做法,这样一来交易双方往往产生很多分歧。为了解决这一问题,国际商会、国际法协会及美国著名商业团体,分别制订了解释国际贸易术语的规则,而且是目前比较成形的规则,在国际上被广泛应用。下面分别加以介绍。

一、《1932 年华沙-牛津规则》

《华沙-牛津规则》是国际法协会专门为解释 CIF 合同而制定的。19 世纪中叶,CIF 贸易术语在国际贸易中得到广泛应用,然而对这一贸易术语,国际上没有统一的解释和规定。为此,1928 年国际法协会在波兰华沙开会,以英国贸易习惯及判例为基础,制定了 CIF 买卖统一规则,称为《1928 年华沙规则》共计 22 条。其后,在 1930 年的纽约会议,1931 年的巴黎会议及 1932 年国际法协会在国际商会协助下,在牛津会议上,对此规则进行了修订,共计 21 条,并定名为《1932 年华沙-牛津规则》,沿用至今。这一规则对 CIF 的性质、买卖双方所承担的风险、责任和费用的划分以及货物所有权转移的方式等问题都作了较详细的解释。

二、《1941 年美国对外贸易定义修订本》

1919 年美国由代表美国商会、美国进口商全国协会和美国对外贸易协会等 9 个商业团体的联合委员会,共同制定了《美国对外贸易定义》。原称为《美国出口报价及其缩写条例》。1941 年在美国第 27 届全国对外贸易会议上作了修订,并改称为《1941 年美国对外贸易定义修订本》。该修订本经美国商会、全国进口商协会和全国对外贸易协会所采用,并由全国对外贸易协会予以发行。

《1941 年美国对外贸易定义修订本》主要在美洲国家应用广泛,由于它对贸易术语的解释,与国际商会制定的《国际贸易术语解释通则》有明显的差异,所以,在同美洲国家进行交易时应该引起注意。近年来在美洲,国际商会的解释通则,逐渐取代美国定义修订本的趋势越来越明显。

三、《2000 年国际贸易术语解释通则》

《2000 年国际贸易术语解释通则》(简称《2000 通则》)是国际商会为了统一对各种贸

易术语的解释而制定的。最早的《通则》产生于1936年,后来为适应国际贸易业务发展的需要,国际商会进行过多次修改和补充。现行的《2000通则》是国际商会根据近10年来形势的变化和国际贸易发展的需要,在《1990年通则》的基础上修订产生的,并于2000年1月1日起生效。

《2000通则》中指出,在进行国际贸易时,除订立买卖合同外,还要订立保险合同、运输合同等,这些合同相互关联,互相影响,而《通则》仅限于对货物买卖合同中交易双方权利义务的规定,而且该货物是有形的。买卖合同的卖方,基本义务为交货、交单和转移货物的所有权,而《2000通则》仅仅涉及前两项内容,它不涉及所有权和其他产权的转移问题,也不涉及违约及其后果等问题。

《2000年通则》与《1990年通则》相比,改动不大,带有实质性变动的仅涉及三种术语,即FCA,FAS,DEQ。主要表现在以下几个方面。

第一,FAS和DEQ清关责任和费用的承担不同。FAS在《90通则》中规定:出口由买方承担;而《2000通则》中规定:出口由卖方承担。DEQ在《90通则》中规定:进口由卖方承担;而在《2000通则》中规定:进口由买方承担。

第二,FCA的交货条件不同。《90通则》分为铁路、公路、内河、海运、空运、未指明运输方式、多式联运等不同情况分别对交货条件作出规定。

第三,对于买卖双方义务的编排方式不同。《90通则》采取相互对应的标准化规定方法,将买卖双方的义务分别用10个项目列出。买方为A1…A10,卖方为B1…B10。

第四,《2000通则》将各种常用的专业词语,作了明确的解释。如"发货人"、"交货人"、"通常的"等。

在内容和结构上,《2000通则》保留了《90通则》的13种贸易术语,仍将13种术语按不同类别分为E、F、C、D四个组。

在有关贸易术语的国际贸易惯例中,《2000通则》包括的内容最多,使用范围最广,影响力最大。

由于《通则》已多次进行修改和变更,如果交易双方当事人采用《2000通则》,应在合同中注明本合同适用《2000通则》。

第三节 《2000通则》中的贸易术语

按照《2000年国际贸易术语解释通则》将贸易术语分为13种,按开头字母的不同,分列在E组、F组、C组、D组。下面分别加以介绍。

一、E组的贸易术语

E组仅包括一种贸易术语,即EXW,英文全文是Ex Works(…named place),即工厂交货(……指定地点)。

这一术语代表了卖方在其所在地交货的各种交货条件。按这一条件达成交易,在性质上类似于国内贸易,因为卖方是在本国的内地完成交货,他所承担的责任费用和风险等也都局限于出口国国内。由此可见,采用EXW条件成交时,卖方承担的风险、责任以及费用都是最小的。在交单方面,卖方只需提供商业发票或具有同等作用的电子信息。至于货物出境所需的出口许可证或其他官方证件,卖方无义务提供。但在买方的要求下,并且买方承担风险和费用的情况下,卖方可以协助买方取得上述证件。

根据《2000年通则》解释,EXW术语适用于各种运输方式。

1. 买卖双方的主要义务

(1)卖方主要义务

①在合同规定的时间、地点将符合合同规定的货物置于买方的控制之下,就算完成了交货义务。

②承担将货物交给买方控制之前的一切费用和风险。

③提供商业发票或具有同等作用的电子信息。

(2)买方主要义务

①在合同规定的时间、地点,受领卖方提交的货物,并支付货款。

②承担受领货物之后的一切费用和风险。

③办理货物出境和入境的一切手续和费用。

2. 注意事项

按EXW成交时,卖方承担的责任、风险最小,费用最少。EXW不是国际贸易中的常用术语,只在陆地接壤国家之间使用。但由于按这一价格术语成交的价格是最低的,因而对买方具有一定的吸引力。在业务中选用这一贸易术语时,应注意下列事项。

(1)关于货物的交接

在使用该术语时,一般要对交货的时间和地点做出具体规定。为了做好货物的交接,卖方在交货前应给予买方合理的通知,说明货物何时可以置于买方的控制之下。如果双方约定,买方有权确定在一定的时间和地点受领货物时,买方应及时通知卖方。如果买方没有能够在规定的时间、地点受领货物,或者在他有权确定受领货物的时间、地点时,没有及时给予适当通知,那么只要货物已被特定化合同项下的货物,买方就要承担由此产生的费用和风险。

(2)关于货物的包装和装运

作为买方,在签约时应根据运输的实际情况,提出对货物包装的具体要求及包装费用由谁负责的问题做出明确规定,以免事后引起争议。针对货物的装运问题,按《2000通则》的解释,由买方负责运输工具到交货地点接运货物,一般情况下,卖方不承担将货物装上运输工具的责任及费用,但如果双方约定,由卖方负责将货物装上买方安排的运输工具并承担相应的费用,应在签约时做出明确规定。

(3)关于办理出口手续

在使用该术语条件下,办理货物出口手续的责任在买方,尽管有时卖方可以代办,但风险由买方承担,如货物被禁止出口的风险。因此,在成交前,买方应熟悉和了解出口国政府的有关规定,由于该术语卖方不负责出口清关,如果买方不能直接或间接办理出口手续,则不应使用EXW术语,而宜用FCA术语。

二、F组的贸易术语

本组的贸易术语包括FCA、FAS和FOB。

1. FCA 术语

(1) FCA 术语的含义

FCA的英文全文是 Free Carrier(…named place)即货交承运人(……指定地点)。

采用这一贸易术语时,买方要自费与承运人签订自指定交货地点至目的地的运输合同,并及时通知卖方,承担卖方交货后的一切费用和风险。卖方负责在合同规定的时间和地点将符合合同规定的货物交给买方指定的承运人,并办理了出口手续后,就算完成了交货义务,承担交货前的一切费用和风险。

FCA适用于各种运输方式,包括多式联运在内,但无论采用哪种运输方式,买卖双方各自承担费用和风险均以货交承运人为界,即卖方承担货交承运人之前的一切费用和风险,买方承担货交承运人之后的一切费用和风险。风险转移后,与运输、保险相关的责任和费用也相应转移。

(2) 买卖双方的基本义务

①卖方义务

a. 按合同规定的时间和地点,将合同规定的货物置于买方指定的承运人控制下,并及时通知买方。

b. 承担货交承运人之前的一切费用和风险。

c. 办理货物出口手续,自负风险和费用,取得出口许可证或其他官方证件。

d. 提供交货凭证、商业发票或具有同等作用的电子信息。

②买方义务

a. 签订从指定地点至目的地的运输合同,支付运费,并将承运人名称及有关情况及时通知卖方。

b. 按照合同规定的时间和地点受领货物并支付货款。

c. 承担受领货物之后一切费用和风险。

d. 自负风险和费用,取得进口许可证或其他官方证件,并且办理货物进口手续。

(3) 使用FCA术语应注意的事项

①关于承运人和交货地点

在该术语条件下,是由买方安排承运人,并与其订立运输合同,并将承运人的情况通知卖方。该承运人可以是真正拥有运输工具的,也可以是运输代理人。按照《2000通则》的解释,交货地点的选择直接影响到装卸货物的责任划分问题。如果双方约定的地点是在卖方所在地,卖方负责把货物装上买方安排的承运人所提供的运输工具即可;如果交货地点是在其他地方,卖方就要将货物运交给承运人,在自己所提供的运输工具上完成交货义务,而不负责卸货。

②关于风险转移

按该术语成交时,买卖双方的风险划分是以货交承运人为界。通常情况下是由买方负责订立运输合同,并将承运人名称及有关事项及时通知卖方,卖方才能如约完成交货义务,并实现风险的转移。而如果买方未能及时给予卖方上述通知,或者他所指定的承运人在约定的时间未能接受货物,其后的风险是否仍由卖方承担呢?《2000通则》的解释是,自规定的交付货物的约定日期或期限届满之日起,由买方承担货物灭失损坏的一切风险,但以货物已被划归本合同项下为前提条件。可见,对于FCA条件下,风险转移的界限问题也不能简单片面地理解为一概于交承运人处置货物时转移。

③关于责任和费用的划分

FCA适用于各种运输方式,卖方交货的地点也因采用的运输方式不同而异。不论在何处交货,按照《2000通则》的解释,卖方都要自负风险和费用,并办理货物出口的一切手续。这一规定对一些在出口国的内地口岸就地交货和交单结汇的做法是十分适宜的。

按照FCA术语成交,一般是由买方自行订立从指定地点到目的地的运输合同,但是,如果买方有要求,并由买方承担风险和费用的情况下,卖方也可以代替买方指定承运人并订立运输合同。当然,卖方也可以拒绝订立运输合同,如果拒绝,应立即通知买方,以便买方另行安排。

在FCA条件下,买卖双方承担的费用一般也是以货交承运人为界进行划分,即卖方负担货物交给承运人控制之前的有关费用,买方负担货交承运人之后的各项费用。但是,在特殊情况下,买方委托卖方代办一些本属自己义务范围内的事项所产生的费用,以及由于买方的过失所引起的额外费用,均应由买方负担。

2. FAS 术语

(1)FAS 术语的含义

FAS英文全文是 Free Alongside Ship(...named port of shipment)即船边交货(……指定装运港)。

通常将FAS称作装运港船边交货。这一价格术语是卖方要在合同规定的交货期内将符合合同规定的货物交到指定的装运港买方所指派船只的船边,就算完成了交货义务。买方双方承担的责任、费用和风险均以船边为界。如果买方所派的船只不能靠岸,卖方则要负责用驳船把货物运至船边,仍在船边交货。装船的责任和费用仍由买方承担。

(2)买卖双方的基本义务

①卖方义务

a.在合同规定的时间和装运港口,将符合合同规定的货物交到买方所派船只的旁边,并及时通知买方。

b.承担货物交至装运港船边的一切费用和风险。

c.自负费用和风险,取得出口许可证或其他官方证件,并且办理货物出口手续。

d.提交商业发票或具有同等作用的电子信息,并提供交货凭证。

②买方义务

a.订立从指定装运港口运输货物的合同,支付运费,并将船名和要求交货的时间及时通知卖方。

b.在合同规定的时间、地点,受领卖方提交的货物,并按合同规定支付货款。

c.承担受领货物后所发生的一切费用和风险。

d.自负费用和风险,取得进口许可证或其他官方证件,并办理货物进口的手续。

(3)使用 FAS 术语应注意的事项

①对 FAS 的不同解释

根据《2000 通则》的解释,FAS 仅适用于包括海运在内的水上运输方式,交货地点只能是装运港。但是,按照《美国对外贸易定义》的解释,FAS 代表 Free Along Side,即指交到各种运输工具的旁边,因而,含义较广,只有在 FAS 后面加上"Vessel"字样,才能表示"船边交货"。对此,要予以注意。

②办理出口手续的问题

按照《2000 通则》的规定,采用 FAS 成交时,办理货物出口报关的风险、责任和费用由卖方承担,而按照《90 通则》的规定是由买方承担。而《90 通则》的规定在实际操作时,给买方带来很多麻烦和不便。

③注意船货衔接问题

因为在 FAS 条件下,从装运港至目的港的运输合同要由买方负责订立,买方要及时将船名和要求装货的具体时间、地点通知卖方,以便卖方按时做好备货出运工作。卖方也应将货物交至船边的情况及时通知买方,以利于买方办理装船事项。

3. FOB 术语

(1) FOB 术语的含义

FOB 英文全文是 Free on Board(... named port of shipment),即船上交货(……指定装运港),通常称为装运港船上交货。

装运港船上交货是国际贸易中常用的贸易术语之一,在外贸业务中习惯上称为"离岸价格"。采用这一价格术语时,在它的后面要注明装运港的名称,例如:FOB 大连。这一价格术语含义是指由买方负责派船接运货物,卖方应在合同规定的装运港和规定的期限内,将货物装上买方指派的船只,并及时通知买方。货物在装船时越过船舷,风险即由卖方转移至买方。

根据《2000 通则》的解释,FOB 术语只适用于海运和内河运输。

(2)买卖双方的义务

在采用 FOB 价格术语时,买卖双方各自承担的主要责任如下:

①卖方义务

a.负责在合同规定的装运港和装运期限内,符合合同规定的货物装到买方指派的船上,并向买方及时发出装运通知。

b.承担货物在装运港越过船舷为止的一切费用和风险。

c.负责办理出口手续,提供出口所需的各种证件。

d.提交商业发票和自费提供证明卖方已按规定交货的清洁单据,或具有同等作用的电子信息。

②买方义务

a.订立从指定装运港口运输货物的合同,支付运费,并将船名、装货地点和要求交货的时间及时通知卖方。

b.根据买卖合同的规定受领货物并支付货款。

c.承担受领货物之后所发生的一切费用和风险。

d.自负风险和费用,取得进口许可证或其他官方证件,并办理货物进口所需的海关手续。

(3)使用FOB术语应注意的问题

①"船舷为界"的确切含义。以装运港船舷作为划分风险的界限是FOB、CFR和CIF同其他贸易术语的重要区别之一。"船舷为界"表明货物在装上船之前的风险,包括在装船时货物跌落码头或海中所造成的损失,均由卖方承担。货物装上船之后,包括在起航前和在运输过程中所发生的损坏或灭失,则由买方承担。以"船舷为界"划分风险是历史上形成的一项行之有效的规则,由于其界限分明,易于理解和接受,故沿用至今。严格地讲,船舷为界只是说明风险划分的界限,它并不表示买卖双方的责任和费用划分的界限。这是因为装船作业是一个连续过程,在卖方承担装船的责任情况下,他必须完成这一全过程。关于费用划分问题,《2000通则》中有关FOB的卖方义务第5条中规定:"卖方必须支付与货物有关的一切费用,直至货物在指定装运港已越过船舷时为止"。这实际上是指,在一般情况下,卖方要承担装船的主要费用,而不包括货物装上船后的理舱费和平舱费。但在实际业务中,买卖双方完全可以出于不同的考虑对于装船费用负担问题做出各种不同的规定。

②关于船货衔接问题。按照FOB术语成交的合同属于装运合同,这类合同中卖方的一项基本义务是按照规定的时间和地点完成装运。然而由于FOB条件下是由买方负责安排运输工具,即租船定舱,所以,这就存在一个船货衔接的问题。如果处理不当,自然会影响到合同的顺利执行。根据有关法律和惯例,如果买方未能按时派船,这包括未经对方同意提前将船派到和延迟派到装运港,卖方都有权拒绝交货,而且由此产生的各种损失,如空舱费、滞期费及卖方增加的仓储费等,均由买方负担。如果买方指派的船只按时到达装运港,而卖方却未能备妥货物,那么,由此产生的上述费用则由卖方承担。有时双方按FOB价格成交,而后来买方又委托卖方办理租船定舱,卖方也可酌情接受。但这属于代办性质,其风险和费用仍由买方承担,就是说运费和手续费由买方支付,而且如果卖方租不到船,他不承担责任,买方无权撤销合同或索赔。总之,按FOB术语成交,对于装运期和装运港要慎重规定,签约之后,有关备货和派船事宜,也要加强联系,密切配合,保证船货衔接。

③个别国家对FOB的不同解释。以上有关FOB的解释都是按照国际商会的《2000通则》作出的,然而,不同的国家和不同的惯例对FOB的解释并不完全统一。它们之间的差异在有关交货的地点、风险划分界限以及卖方承担的责任义务等方面的规定上都可体现出来。如在北美国家采用的《1941年美国对外贸易定义修订本》中,将FOB概括为6种,其中前3种是在出口国内陆指定地点的内陆运输工具上交货,第4种是在出口地点的内陆运输工具上交货,第5种是在装运港船上交货,第6种是在进口国指定内陆地点交货。上述第4种和第5种在使用时应加以注意。因为这两种术语在交货地点上有可能相同,如都是在旧金山交货,如果买方要求在装运港口的船上交货,则应在FOB和港名之间加上"Vessel"字样,变成"FOB Vessel San Francisco",否则,卖方有可能按第4种情况在旧金山市的内陆运输工具上交货。

即使都是在装运港船上交货,关于风险划分界限的规定也不完全一样。按照《1941

年美国对外贸易定义修订本》的解释,买卖双方划分风险的界限不是在船舷,而是在船上。卖方责任之三规定:"承担货物一切灭失及/或损坏责任,直至在规定日期或期限内,已将货物装载于轮船上为止"。

另外,关于办理出口手续问题上存在分歧。按照《2000通则》的解释,FOB条件下,卖方义务之(3)是"自负风险及费用,取得出口许可证或其他官方批准证件,并办理货物出口所必需的一切海关手续"。但是,按照《1941年美国对外贸易定义修订本》的解释,卖方只是"在买方请求并由其负担费用的情况下,协助买方取得由原产地及/或装运地国家签发的,为货物出口或在目的地进口所需的各种证件"。

鉴于上述情况,在我国同美国、加拿大等国家从事的进出口业务中,采用FOB成交时,应对有关问题在合同中具体订明,以免因解释上的分歧而引起争议。

三、C组的贸易术语

1. CFR术语含义

CFR的全文是Cost and Freight(...named port of destination),即成本加运费(……指定目的港)。

成本加运费,又称运费在内价,以前业务上用C&F表示,《1990年通则》改为CFR,鉴于实际业务中仍有人使用C&F,《2000通则》再次强调要采用CFR表示。CFR术语也是国际贸易中常用的贸易术语之一。按照《2000通则》的解释,CFR适用于水上运输方式,采用这种贸易术语成交,卖方承担的基本义务是,在合同规定的装运港和规定的期限内,将货物装上船,并及时通知买方。货物在装船时越过船舷,风险即由卖方转移至买方。除此之外,卖方要自负风险和费用,取得出口许可证或其他官方证件,并负责办理货物出口手续。以上与FOB条件下卖方承担的义务是相同的。不同的是,在CFR条件下,与船方订立运输契约的责任和费用改由卖方承担。卖方要负责租船定舱,支付到指定目的港的运费,包括装船费以及定期班轮公司可能在订约时收取的卸货费用。但从装运港至目的港的货运保险,仍由买方负责办理,保险费由买方负担。

卖方需要提交的单据主要有商业发票和通常的运输单据,必要时需提供证明其所交货物与合同规定相符的证件。运输单据包括可转让的提单以及不可转让的其他运单。

采用CFR术语时,买卖双方各自承担的基本义务概括如下:

(1)卖方义务

①签订从指定装运港将货物运往约定目的港的合同;在买卖合同规定的时间和港口,将合同要求的货物装上船并支付至目的港的运费;装船后及时通知买方。

②承担货物在装运港越过船舷之前的一切费用和风险。

③自负风险和费用,取得出口许可证或其他官方证件,并且办理货物出口所需的一切海关手续。

④提交商业发票,及自费向买方提供为买方在目的港提货所用的通常的运输单据,或具有同等作用的电子信息。

(2)买方义务

①接受卖方提供的有关单据,受领货物,并按合同规定支付货款。

②承担货物在装运港越过船舷以后的一切风险。

③自负风险和费用,取得进口许可证或其他官方证件,并且办理货物进口所需的海关手续,支付关税及其他有关费用。

2.CIF 术语的含义

CIF 的全文是 Cost Insurance and Freight(...named port of destination),即成本加保险费、运费(……指定目的港)。

CIF、CFR 和 FOB 同为装运港交货的贸易术语,也是国际贸易中常用的三种贸易术语。它们均适用于水上运输方式。采用 CIF 术语成交时,卖方的基本义务是,负责按通常条件租船订舱,支付到目的港的运费,并在规定的装运港和规定的期限内将货物装上船,装船后及时通知买方。卖方还要负责办理从装运港到目的港的货运保险,支付保险费。在业务上,有人误称 CIF 为"到岸价",这容易引起误解而导致工作中不应有的损失。其实,按 CIF 条件成交时,卖方仍是在装运港完成交货,卖方承担的风险,也是在装运港货物越过船舷以前的风险,越过船舷以后的风险仍由买方承担;货物装船后产生的除运费、保险费以外的费用,也要由买方承担。CIF 条件下的卖方,只要提交了约定的单据,就算完成了交货义务,并不保证把货物按时送到对方港口。

采用 CIF 术语时,买卖双方各自承担的基本义务概括如下:

(1)卖方义务

①签订从指定装运港承运货物的合同;在合同规定的时间和港口,将合同要求的货物装上船并支付至目的港的运费;装船后须及时通知买方。

②承担货物在装运港越过船舷之前的一切费用和风险。

③按照买卖合同的约定,自负费用办理水上运输保险。

④自负风险和费用,取得出口许可证或其他官方批准证件,并办理货物出口所需的一切海关手续。

⑤提交商业发票和在目的港提货所用的通常的运输单据或具有同等作用的电子信息,并且自费向买方提供保险单据。

(2)买方义务

①接受卖方提供的有关单据,受领货物,并按合同规定支付货款。

②承担货物在装运港越过船舷之后的一切风险。

③自负风险和费用,取得进口许可证或其他官方证件,并且办理货物进口所需的海关手续。

3.使用 CIF 术语应注意的问题

(1)保险险别问题

CIF 术语中的"I"表示 Insurance,即保险。从价格构成来讲,这是指保险费,就是说货价中包括了保险费;从卖方的责任讲,他要负责办理货运保险。办理保险需明确险别,不同险别,保险人承担的责任范围不同,收取的保险费率也不同。按 CIF 术语成交,一般在签订买卖合同时,在合同的保险条款中,明确规定保险险别、保险金额等内容,这样,卖方就应按照合同的规定办理投保。但如果合同中未能就保险险别等问题做出具体规定,那就要根据有关惯例来处理。涉及 CIF 术语的国际贸易惯例有国际商会的《通则》、《1941 年美国对外贸易定义修订本》和《华沙－牛津规则》。按《2000 通则》对 CIF 的解释,卖方只需投保最低的险别,但在买方要求时,并由买方承担费用的情况下,可加保战争、罢工、暴乱和民变险。按照《1941 年美国对外贸易定义修订本》的解释,"对于保险险别,双方应共同明确是投保水渍险或平安险以及其他属于特定行业应保的其他险别,或是买方需要获得单独保障的险别"。关于战争险,是在买方负担费用的情况下,由卖方代为投保,卖方应"按照特定行业惯例或在规定航线上应投保的一切风险"办理投保手续。一般情况下,卖方不负责投保战争险,除非合同中有投保战争险的规定,或者买方有要求,并由买方承担费用时,卖方才可加保战争险。

(2) 租船订舱问题

采用 CIF 术语成交,卖方的基本义务之一是租船订舱,办理从装运港到目的港的运输事宜。关于运输问题,各个惯例的规定也不尽相同。《2000 通则》的解释是,卖方"按照通常条件自行负担费用订立运输合同,将货物按惯常路线用通常类型可供装载该合同货物的海上航行船只(或适当的内河运输船只)装运至指定目的港"。《1941 年美国对外贸易定义修订本》中只是笼统地规定卖方"负责安排货运至指定目的地的运输事宜,并支付其费用"。《华沙－牛津规则》中对于这一问题的规定较为详细,在其第 8 条规定:"①在买卖合同规定由特定船只装运,或者一般地应由卖方租赁全部或部分船只,并承担将货物装船的情况下,非经买方同意,卖方不得随意改用其他船只代替。买方也不应不合理地拒绝同意。②如果买卖合同规定用蒸汽船装运(未指定船名),卖方在其他条件相同的情况下,可用蒸汽船或内燃机船运给买方。③如果买卖合同未规定运输船只的种类,或者合同内使用'船只'这样的笼统名词,除依照特定行业惯例外,卖方有权使用通常在此路线上装运类似货物的船只来装运。"

以上规定有详有略,其基本点是相同的,即如果没有相反的约定,卖方只是负责按通常条件和惯驶航线,租用适当船舶将货物运往目的港。因此,对于业务中有时买方提出的关于限制船舶的国籍、船型、船龄、船级以及指定装载某班轮公司的船只等项要求,卖方均有权拒绝接受。但卖方也可放弃这一权利,可根据具体情况给予通融。就是说,对于买方提出的上述要求,如果卖方能办到又不会增加额外开支,也可接受。一旦在合同中做出明确规定,就必须严格照办。

(3) 象征性交货问题

从交货方式来看,CIF 是一种典型的象征性交货。所谓象征性交货是针对实际交货而言。前者指卖方只要按期在约定地点完成装运,并向买方提交合同规定的包括物权凭证在内的有关单证,就算完成了交货义务,而无须保证到货。后者则是指卖方要在规定的时间和地点,将符合合同规定的货物提交给买方或其指定人,而不能以交单代替交货。

可见,在象征性交货方式下,卖方是凭单交货,买方是凭单付款。只要卖方如期向买方提交了合同规定的全套合格单据(名称、内容和份数相符的单据),即使货物在运输途中损坏或灭失,买方也必须履行付款义务。反之,如果卖方提交的单据不符合要求,即使货物完好无损地运达目的地,买方仍有权拒绝付款。

但是,必须指出,按 CIF 术语成交,卖方履行其交单义务,只是得到买方付款的前提条件,除此之外,他还必须履行交货义务,如果卖方提交的货物不符合要求,买方即使已经付款,仍然可以根据合同的规定向卖方提出索赔。

3. CPT术语的含义

CPT的全文是Carriage Paid to(...named place of destination),即运费付至(……指定目的地)。

根据《2000通则》的解释,CPT适用于包括多式联运在内的各种运输方式。采用CPT条件成交时,卖方自负费用订立将货物运往目的地指定地点的运输契约,并负责按合同规定的时间,将货物交给约定地点的承运人(多式联运情况下交给第一承运人)处置之下,即完成交货。交货后,卖方应及时通知买方,以便买方办理货运保险。卖方承担的风险,在承运人控制货物后转移给买方。买方在合同规定的地点受领货物,支付货款,并且负责除运费以外的货物自交货地点直到运达指定目的地为止的各项费用,以及在目的地的卸货费和进口税捐。

在CPT条件下,卖方交货的地点,可以是在出口国的内陆,也可以在其他地方,如边境地区的港口或车站等。不论在何处交货,卖方都要负责办理货物出口报关的手续。可见,CPT在交货地点、风险划分界限方面与FCA相同,但在CPT条件下,从交货地点至指定目的地的运输责任与费用转由卖方承担。

采用CPT术语成交时,买卖双方承担的基本义务概括如下:

(1)卖方义务

①订立将货物运往指定目的地的运输合同,并支付有关运费。

②在合同规定的时间、地点,将合同规定的货物置于承运人控制之下,并及时通知买方。

③承担将货物交给承运人控制之前的风险。

④自负风险和费用,取得出口许可证或其他官方批准证件,并办理货物出口所需的一切海关手续、支付关税及其他有关费用。

⑤提交商业发票和自费向买方提供在约定目的地提货所需的通常的运输单据,或具有同等作用的电子信息。

(2)买方义务

①接受卖方提供的有关单据,受领货物,并按合同规定支付货款。

②承担自货物在约定交货地点交给承运人控制之后的风险。

③自负风险和费用,取得进口许可证或其他官方证件,并办理货物进口所需的海关手续,支付关税及其他有关费用。

4. CIP术语的含义

CIP的全文为Carriage and Insurance Paid to(...named place of destination),即运费保险费付至(……指定目的地)。

按照CIP条件成交,卖方要负责订立运输契约并支付将货物运达指定目的地的运费。此外,卖方还要投保货物运输险,支付保险费。卖方在合同规定的装运期内将货物交给承运人或第一承运人的处置之下,即完成交货义务。卖方交货后要及时通知买方,风险也于交货时转移给买方。买方要在合同规定的地点受领货物,支付货款,并且负担除运费、保险费以外的货物自交货地点直到运达指定的目的地为止的各项费用,以及在目的地的卸货费和进口税捐。

在 CIP 条件下,交货地点、风险划分的界限都与 CPT 相同,差别在于采用 CIP 时,卖方增加了保险的责任和费用。所以,卖方提交的单据中增加了保险单据。

采用 CIP 术语时交易双方各自承担的基本义务如下:

(1)卖方义务

①订立将货物运往指定目的地的运输合同,并支付有关运费。

②在合同规定的时间、地点,将合同规定的货物置于承运人的控制之下,并及时通知买方。

③承担将货物交给承运人控制之前的风险。

④按照买卖合同的约定,自负费用投保货物运输险。

⑤自负风险和费用,取得出口许可证或其他官方批准证件,并办理货物出口所需的一切海关手续,支付关税及其他有关费用。

⑥提交商业发票和在约定目的地提交所需的通常的运输单据或具有同等作用的电子信息,并且自费向买方提供保险单据。

(2)买方义务

①接受卖方提供的有关单据,受领货物,并按合同规定支付货款。

②承担自货物在约定地点交给承运人控制之后的风险。

③自负风险和费用,取得进口许可证或其他官方证件,并且办理货物进口所需的海关手续,支付关税及其他有关费用。

四、D 组的贸易术语

1. DAF 术语的含义

DAF 的全文是 Delivered At Frontier(…named place),即边境交货(……指定地点)。采用 DAF 术语成交,双方要在两国边境确定一个交货地点。卖方的基本义务是在规定时间将货物运到指定的交货地点,完成出口清关手续,并将货物置于买方的处置之下,即完成交货。买方负责在边境交货地点受领货物,办理进口手续,并承担受领货物之后的一切风险以及后程运输的责任和费用。

按照 DAF 术语成交时,买卖双方各自承担的基本义务如下:

(1)卖方义务

①订立将货物运往边境约定交货地点的运输合同,并支付有关运费。

②在合同规定的时间,在边境约定地点将货物置于买方控制之下。

③承担将货物在边境约定地点交给买方控制之前的风险和费用。

④自负风险和费用,取得出口许可证或其他官方批准证件,并办理货物出口所需的一切海关手续,支付关税及其他有关费用。

⑤提交商业发票和自费向买方提交通常的运输单证或在边境指定地点交货的其他凭证或具有同等作用的电子信息。

(2)买方义务

①接受卖方提供的有关单据,在边境约定地点受领货物,并按合同规定支付货款。

②承担在边境约定地点受领货物之后的风险和费用。

③自负风险和费用,取得进口许可证或其他官方证件,并且办理货物进口所需的海关手续,支付关税及其他有关费用。

2. DES 术语的含义

DES 的全文是 Delivered Ex Ship(...named port of destination),即船上交货(……指定目的港)。

DES 通常称作目的港船上交货,按这一术语成交,卖方要负责将合同规定的货物,按照通常的路线和惯常的方式运到指定的目的港,并在规定的期限内,在目的港的船上将货物置于买方的处置之下,即完成交货。风险在目的港船上交货时,由卖方转移给买方。在此之前,卖方要将船名和船舶预计到港时间及时通知买方,以便其做好接受货物的准备工作。

采用 DES 术语时,买卖双方各自承担的基本义务概括如下:

(1)卖方义务

①签订将货物运往约定目的港的水上运输合同,并支付有关运费。

②在合同规定的时间,将货物运至约定目的港通常的卸货地点,并在船上将货物置于买方处置之下。

③承担在目的港船上将货物置于买方处置之前的风险和费用。

④自负风险和费用,取得出口许可证或其他官方批准证件,并办理货物出口所需的一切海关手续,支付关税及其他有关费用。

⑤提交商业发票和自负费用向买方提交提货单或为买方在目的港提取货物所需的通常的运输单证,或具有同等作用的电子信息。

(2)买方义务

①接受卖方提供的有关单据,在目的港船上受领货物,并按合同规定支付货款。

②承担在约定目的港的船上受领货物之后的风险和费用。

③自负风险和费用,取得进口许可证或其他官方证件,支付卸货费用,并且办理货物进口所需的海关手续,支付关税及其他有关费用。

3. DEQ 术语的含义

DEQ 的全文是 Delivered Ex Quay(...named port of destination),即码头交货(……指定目的港)。通常称作目的港码头交货。

按照 DEQ 条件成交时,卖方要负责将合同规定的货物按照通常航线和惯常方式运到指定的目的港,将货物卸到岸上,并承担有关卸货费用。卖方于交货期内,在指定目的港的码头将货物置于买方的控制之下即完成交货。在此之前,卖方要将船名和船舶预计到港时间及时通知买方。买方则要承担目的港码头接收货物后的一切风险、责任和费用。

采用 DEQ 术语时,买卖双方各自承担的基本义务概括如下:

(1)卖方义务

①签订将货物运往约定目的港的水上运输合同并支付有关运费。

②在合同规定的时间,将货物运至约定的目的港,承担卸货的责任和费用,并在目的港码头将货物置于买方处置之下。

③承担在目的港码头将货物置于买方的处置下之前的风险和费用。

④自负风险和费用,取得出口许可证或其他官方批准证件,并办理货物出口所需要的一切海关手续、支付关税及其他有关费用。

⑤提交商业发票和自负费用向买方提供提货单或为买方在目的港码头提取货物所需的通常的运输单证,或相等的电子信息。

(2)买方义务

①接受卖方提供的有关单据,在目的港码头受领货物,并按合同规定支付货款。

②承担在约定目的港码头受领货物之后的风险和费用。

③自负风险和费用,取得进口许可证或其他官方证件,并且办理货物所需的海关手续,支付关税及其他有关费用。

4. DDU 术语的含义

DDU 的全文是 Delivered Duty Unpaid(…named place of destination),即未完税交货(……指定目的地)。

采用这一术语成交时,卖方要承担将货物运至进口国内双方约定的目的地的一切费用和风险(不包括货物进口时所需支付的关税、捐税)以及办理海关出口手续的费用和风险。卖方在规定的期限内,在目的地指定地点将货物置于买方的处置之下,即完成交货。进口报关的手续及证件由买方负责办理,进口时征收的进口税和其他费用也由买方负担。此外,买方还要承担因其未能及时办理货物进口报关手续而引起的费用和风险。

采用 DDU 术语时买卖双方各自承担的基本义务概括如下:

(1)卖方义务

①订立将货物按照路线和习惯方式运至进口国内约定目的地的运输合同,并支付有关运费。

②在合同规定的时间、地点,将合同规定的货物置于买方处置之下。

③承担在指定目的地约定地点,将货物置于买方处置下之前的风险和费用。

④自负风险和费用,取得出口许可证或其他官方批准证件,并办理货物出口所需的一切海关手续,支付关税及其他有关费用。

⑤提交商业发票和自负费用向买方提交提货单或为买方在约定目的地提取货物所需的通常的运输单证,或具有同等作用的电子信息。

(2)买方义务

①接受卖方提供的有关单据,在进口国内地约定地点受领货物,并按合同规定支付货款。

②承担在目的地约定地点受领货物之后的风险和费用。

③自负风险和费用,取得进口许可证或其他官方批准证件,并办理货物进口所需的一切海关手续,支付关税。

5. DDP 术语

(1) DDP 术语的含义

DDP 的全文是 Delivered Duty Paid(...named place Of destination),即完税后交货(……指定目的地)。

DDP 是《2000 年通则》中包含的 13 种贸易术语中卖方承担风险、责任和费用最大的一种术语。按照这一术语成交,卖方要负责将货物从启运地一直运到合同规定的进口国内的指定目的地,把货物实际交到买方手中,才算完成交货。卖方要承担交货前的一切风险、责任和费用,其中包括办理货物出口和进口的清关手续以及支付关税、捐税和其他费用。可见,DDP 与 DDU 在交货地点和风险划分上是相同的,区别在于 DDU 条件下,办理货物进口清关的风险、责任和费用均由买方承担,而在 DDP 条件下,则由卖方承担。

采用 DDP 术语时,买卖双方各自承担的基本义务概括如下:

(2) 买卖双方的基本义务

①卖方义务:订立将货物按惯常路线和习惯方式运往指定目的地的运输合同,并支付有关运费;在合同规定的时间、地点,将合同规定的货物置于买方的处置之下;承担在指定目的地的约定地点将货物置于买方的处置下之前的风险和费用;自负风险和费用,取得出口和进口许可证及其他官方批准证件,并且办理货物出口和进口所需的海关手续,支付关税及其他有关费用;提交商业发票和自负费用提交提货单或买方为提取货物所需的通常的运输单证,或具有同等作用的电子信息。

②买方义务:接受卖方提供的有关单据,在目的地约定地点受领货物,并按合同规定支付货款;承担在目的地约定地点受领货物之后的风险和费用;根据卖方的请示并由卖方负担风险和费用的情况下,给予卖方一切协助,使其取得货物进口所需的进口许可证或其他官方批准证件。

第四节 《2010 通则》中的贸易术语

一、2010 年国际贸易术语解释通则(Incoterms 2010)简介

全球化经济为商业活动进入世界各地市场提供了前所未有的广阔途径,货物正以更大数量、更多种类在更多国家销售。但是,随着全球贸易量的增大与复杂程度的提高,买卖合同起草不当引起误解和高成本纠纷的可能性也随之增加。

国际贸易术语解释通则是一套国际商会(ICC)关于国内外贸易术语使用的通则,旨在便利全球贸易活动。在买卖活动中使用 2010 年国际贸易术语解释通则中的术语可以明确当事人各自的义务,并减少法律纠纷风险。

自 1936 年国际商会创立国际贸易术语解释通则以来,这套全球普遍接受的合同标准不断更新以适应国际贸易的发展。2010 年国际贸易术语解释通则考虑了无关税区的不断扩大,商业交易中电子信息使用的增加,货物运输中对安全问题的进一步关注以及运输方式的变化。2010 年国际贸易术语解释通则更新并整合与"交货"相关的规则,将术语总数由原来的 13 条减至 11 条,并对所有规则做出更加简洁、明确的陈述。同时,2010 年国际贸易术语解释通则首次在贸易术语中对买方与卖方不使用有性别差别的称谓。

二、如何使用 2010 年国际贸易术语解释通则的术语

1. 在合同中使用 2010 年国际贸易术语解释通则术语

如果想在合同中使用 2010 年国际贸易术语解释通则术语,应在合同中用类似词句做

出明确表示,"所选用的国际贸易术语,包括写明地点,标明 2010 年国际贸易术语解释通则"。

2.选择合适的国际贸易术语

对国际贸易术语的选择应适合于货物性质和运输方式,首先是考虑合同各方是否想要给卖方或买方增加额外的义务,如安排运输与保险的义务等。每个术语的"使用说明"对选择术语十分有用。无论选择何种术语,买卖双方均应清楚,对其合同的解释很可能会受到所使用港口或地点特有的惯例的影响。

3.尽可能对地点和港口做出详细的说明

只有合同各方写明港口和地点,所选用的国际贸易术语才能发挥作用。而对港口或地点写得尽量确切,就更能凸显国际贸易术语的作用。准确表述的范例如下:"FCA 38 Cours Albert 1er, Paris , France , Incoterms 2010"[注:"FCA"(货交承运人)是术语,"38 Cours Albert 1er, Paris, France"是地点或地址,"Interterms 2010"是对所选的贸易术语最新版本的说明]。

按照贸易术语 Ex Works(EXW,工厂交货)、Free Carrier(FCA,货交承运人)、Delivered at Terminal(DAT,运输终端交货)、Delivered at Place(DAP,目的地交货)、Delivered Duty Paid(DDP,完税后交货)、Free Alongside Ship(FAS,船边交货)和 Free on Board(FOB,船上交货),这个指定地点是交货地点和风险从卖方转移到买方的地点。按照贸易术语 Carriage Paid To (CPT,运费付至)、Carriage and Insurance Paid to(CIP,运费、保险费付至)、Coat and Freight(CFR,成本加运费)和 Cost、Insurance and Freight(CIF,成本、保险费加运费),指定地点与交货地点有别。按照这 4 个贸易术语,指定地点则是目的地,其运费已经支付。指明地点或目的地如能进而写明该地点或目的地内确定的点,将更有助于避免疑问或争议。

4.切记国际贸易术语并没有给你一个完整的买卖合同

国际贸易术语确实规定了买卖合同中哪方有安排运输、保险的义务,卖方何时向买方交货及应当支付什么费用,但国际贸易术语没有说明应付价格或支付方式,它也没有涉及货物使用权的转让或违约后果。这些问题通常依据买卖合同的明确规定或合同的适用法处理。合同各方应当清楚强制适用的本地法可能推翻买卖合同的任何条款,包括所选择的国际贸易术语在内。

三、2010 年国际贸易术语解释通则的主要特点

1.新增两个术语 DAT(运费终端交货)和 DAP (目的地交货)

国际贸易术语由原来的 13 个减至 11 个。该变化是通过使用两个可适用于任何运输模式的新术语,即 DAT(运费终端交货)和 DAP(目的地交货),取代国际贸易术语解释通则 2000 中的 DAF(边境交货)、DES(目的港船上交货)、DEQ(目的港码头交货)和 DDU(未完税交货)来实现的。

在这两个新增术语中,交货都是在指定目的地发生。使用 DAT 时,货物已从到达的运输工具卸下,由买方处置(与以前的 DEQ 术语相同)。使用 DAP 时,货物同样由买方处置,但需由其准备卸货(与以前的 DAF , DES 和 DDU 术语相同)。

新术语使得 2000 年国际贸易术语解释通则的 DES 与 DEQ 成为多余。DAT 中的指定终端很可能是港口,因此该术语可完全适用于国际贸易术语解释通则 2000 中 DEQ 适用的场合。同样,DAP 中的运输工具很可能是船只,指定地点也很可能是港口,因此,DAP 可完全适用于国际贸易术语解释通则 2000 中 DES 适用的场合。这两个新术语和先前的术语一样,是"交货"型,由卖方承担将货物交至指定目的地的所有费用(除与进口清关相关

的费用外,如有的话)和风险。

2. 2010年国际贸易术语解释通则中11个术语的分类

2010年国际贸易术语解释通则对贸易术语的分类不再采用按贸易术语开头字母的不同进行分类,而是将11个贸易术语按适用运输方式的不同分为两类:

第一类:适用于任何运输方式或多种运输方式的术语7个:EXW,FCA,CPT,CIP,DAT,DAP,DDP

EXW(Ex Works)	工厂交货
FCA(Free Carrier)	货交承运人
CPT(Carriage Paid to)	运费付至
CIP(Carriage and Insurance Paid to)	运费、保险费付至
DAT(Delivered at Terminal)	运输终端交货
DAP(Delivered at Place)	目的地交货
DDP(Delivered Duty Paid)	完税后交货

第二类:适用于海运及内河水运的术语4个:FAS,FOB,CFR,CIF

FAS(Free Alongside Ship)	船边交货
FOB(Free on Board)	船上交货
CFR(Cost and Freight)	成本加运费
CIF(Cost Insurance and Freight)	成本、保险费加运费

第一类包括2010年国际贸易术语解释通则中的7个术语,不论其选用何种运输方式,也不论它是否使用一种或多种运输方式,EXW,FCA,CPT,CIP,DAT,DAP和DDP均属此类,甚至没有海运时也可使用这些术语。但是,重要的是要记住,当船舶用于部分运输时,可以使用这些术语。

2010年国际贸易术语解释通则中的第二类术语,交货地点和将货物交至买方的地点都是港口,因此被划分为"适于海运及内河水运的术语"。FAS,FOB,CFR和CIF均属此类。在后三个术语中省略了以船舷作为交货点的表述,取而代之的是货物置于"船上"时构成交货。这样的规定更符合当今商业现实,且能避免那种已经过时的风险在一条假想垂直线上摇摆不定的情形出现。

3. 国内贸易和国际贸易术语

国际贸易术语传统上用于货物跨越国界的国际货物买卖合同。但是,在世界很多地区,像欧盟一样的贸易同盟已使不同成员国的边界形式显得不再重要。因此,2010年国际贸易术语解释通则的副标题正式确认这些术语对国内和国际货物买卖合同均可适用。因此,2010年国际贸易术语解释通则在多处明确说明,只有在适用时,才产生遵守进/出口手续要求的义务。

两种发展让国际商会认识到应及时向此方向演进。第一,贸易方常在纯国内买卖合同中使用国际贸易术语;第二,美国国内贸易更情愿以国际贸易术语取代传统使用的《美国统一商法典》中的运输和交货术语。

4. 使用说明

在每个2010年国际贸易术语解释通则术语前,均有该术语的使用说明。使用说明解释了每个术语的基本点,比如什么时候适用,风险何时转移和买卖双方如何分摊费用。使用说明不是2010年国际贸易术语解释通则的构成部分,但期望能帮助使用者在特定交易中准确、高效地选择合适的术语。

5. 电子讯息

国际贸易术语解释通则以往的版本曾经规定诸多文件可以电子数据信息替代。2010

年国际贸易术语解释通则的 A1 和 B1 条款则在各方约定或符合惯例的情况下,赋予电子讯息与纸质讯息同等效力。这种表述,使 2010 年国际贸易术语解释通则在其有效期内,便利新电子程序的发展。

6.保险合同

2010 年国际贸易术语解释通则是《伦敦保险协会货物险条款》修订以来的第一版国际贸易术语,并且已考虑了对条款所做的修订。2010 年国际贸易术语解释通则将与保险相关的信息义务纳入涉及运输合同和保险合同的 A3 和 B3 条款。这些规定已从国际贸易术语解释通则 2000 的 A10 和 B10 泛泛的条款中抽出。为了明确双方与保险相关义务,A3 和 B3 中有关保险的用语也作了相应调整。

7.安检通关及其通关所需信息

现在人们对货物移动时的安全问题日益关注,要求确保除了其内在特性外,货物对人的生命和财产不得构成威胁。因此,2010 年国际贸易术语解释通则在各术语的 A2/B2 和 A10/B10 条款中,明确了买卖各方间完成安检通关的义务,比如产销监管链信息。

8.码头作业费

按照国际贸易术语解释通则 CPT,CIP,CFR,CIF,DAT,DAP 和 DDP 术语,卖方必须安排货物运输至指定目的地。运费虽由卖方支付,但买方为实际支付方,因为通常运费已由买方包含在货物总价之中。运输费用有时会包括在港口或集装箱码头设施内处理和移动货物的费用,而承运人或港口运营人很可能向接受货物的买方索要这些费用。在这种情况下,买方会希望避免为同一服务支付两次费用:一次是在货物总价中向卖方支付,另一次是单独向承运人或港口运营人支付。为了避免此类问题发生,2010 年国际贸易术语解释通则相关术语的 A6 和 B6 条款中明确了此类费用的分摊。

9.链式销售

与特定产品的销售不同,在商品销售中,货物在运送至销售链终端的过程中常常被多处转卖。出现此种情况时,在销售链终端的卖方实际上不运送货物,因为处于销售链始端的卖方已经安排了运输。因此,处在销售链中间的卖方不是以运送货物的方式,而是以"取得"货物的方式,履行对其买方的义务。为了澄清此问题,2010 年国际贸易术语解释通则术语中包括"取得运输中货物"的义务,并以其作为在相关术语中运输货物义务的替代义务。

10.取消"船舷"的概念

在 2000 通则中 FOB,CFR 和 CIF 三类术语在说明卖方义务与责任时,都规定卖方须承担货物在装运港越过船舷之前的风险,买方承担越过船舷之后的风险。而这次 Incoterms 2010 取消了"船舷"这个概念,只强调买卖双方的风险以货物在装运港被装上船时为界进行划分,不再规定"船舷"这样一个难以说明的风险临界点。

四、新增加的两个贸易术语

1.DAT 术语

DAT 的全文是 Delivered At Terminal (Insert Named Terminal at Port or Place of Destination),即运输终端交货(指定港口或目的地的运输终端)。该术语可适用于任何运输方式,也可适用于多种运输方式。

"运输终端交货"是指当卖方在指定港口或目的地的指定运输终端将货物从抵达的载货运输工具上卸下,交给买方处置时,即为交货。"运输终端"意味着任何地点,而不论该地点是否有遮盖,如码头、仓库、集装箱堆积场或公路、铁路、空运货站。卖方承担将货物送至指定港口或目的地的运输终端并将其卸下期间的一切风险。

由于卖方承担在特定地点交货前的风险,特别建议双方尽可能确切地约定运输终端,或如果可能的话,在约定港口或目的地的运输终端内的特定的点。建议卖方取得的运输合同应能与所做选择确切吻合。

此外,如果双方希望由卖方承担将货物由运输终端运输和搬运至另一地点的风险和费用,则应当使用 DAP 或 DDP 术语。

如适用时,DAT 要求卖方办理出口清关手续,但卖方无义务办理进口清关、支付任何进口税或办理任何进口海关手续。

(1) 买卖双方的义务

①货物交付。卖方必须在约定日期或期限内,在指定的港口或目的地运输终端从抵达的运输工具上将货物交给买方处置的方式交货。

②风险转移。卖方承担完成交货前货物灭失或损坏的一切风险,买方承担交货时起货物灭失或损坏的一切风险。

③许可证、授权、安检通关和其他手续。如适用时,卖方必须自负风险和费用,取得所需的出口许可和其他官方授权,办理货物出口和交货前从他国过境运输所需的一切海关手续。如适用时,买方必须自负风险和费用,取得所有进口许可或其他官方授权,办理货物进口的一切海关手续。

④费用划分。卖方承担在运输终端特定地点交货前与货物相关的一切费用,包括交货前发生的,货物出口所需海关手续费用、出口应交纳的一切关税、税款和其他费用,以及货物从他国过境运输的费用。买方必须支付自运输终端特定地点完成交货之时起,与货物相关的一切费用,包括办理进口海关手续的费用,以及进口需交纳的所有关税、税款和其他费用。

(2) 使用 DAT 术语应注意的问题

①运输终端问题。由于卖方承担在特定地点交货前的风险,建议双方尽可能确切地约定运输终端,或如果可能的话,在约定港口或目的地的运输终端内的特定的点。卖方取得的运输合同应能与所做选择确切吻合。此外,如果双方希望由卖方承担将货物由运输终端运输和搬运至另一地点的风险和费用,则应当使用 DAP 或 DDP 术语。

②货物交接问题。当买方有权决定在约定期间内的具体时间和/或指定运输终端内的收取货物的点时,买方必须向卖方发出充分的通知。如买方未发出通知导致卖方发生的任何额外费用和风险,由买方承担,但以该货物已清楚地确定为合同项下之货物者为限。

2. DAP 术语

DAP 的全文是 Delivered at Place (Insert Named Place of Destination),即目的地交货(插入指定目的地)。该术语可适用于任何运输方式,也可适用于多种运输方式。

"目的地交货"是指当卖方在指定目的地将还在运抵运输工具上可供卸载的货物交由买方处置时,即为交货。卖方承担将货物运送到指定地点的一切风险。由于卖方承担在特定地点交货前的风险,特别建议双方尽可能清楚地订明指定的目的地内的交货点。建议卖方订立的运输合同应能与所做选择确切吻合。如果卖方按照运输合同在目的地发生了卸货费用,除非双方另有约定,卖方无权向买方要求偿付。

如适用时,DAP 要求卖方办理出口清关手续,但是卖方无义务办理进口清关、支付任何进口税或办理任何进口海关手续。如果双方希望卖方办理进口清关、支付所有进口关税,并办理所有进口海关手续,则应当使用 DDP 术语。

(1) 买卖双方的义务

①货物交付。卖方必须在约定日期或期限内,将货物放在已抵达的运输工具上,准备好在指定的目的地(如有的话)的约定点卸载,听由买方处置。

②风险的转移。卖方承担在指定目的地完成交货前货物灭失或损坏的一切风险。买方承担在指定目的地交货时起货物灭失或损坏的一切风险。

③许可证、授权、安检通关和其他手续。如适用时,卖方必须自负风险和费用,取得所需的出口许可和其他官方授权,办理货物出口和交货前从他国过境运输所需的一切海关手续。如适用时,买方必须自负风险和费用,取得所有进口许可或其他官方授权,办理货物进口的一切海关手续。

④费用划分。卖方承担在指定目的地完成交货前与货物相关的一切费用,包括交货前发生的,货物出口所需海关手续费用,出口应交纳的一切关税、税款和其他费用,以及货物从他国过境运输的费用。买方必须支付自指定目的地完成交货之时起,与货物相关的一切费用,包括在指定目的地从到达的运输工具上卸货,收取货物的一切费用,办理进口海关手续的费用,以及进口需交纳的所有关税、税款和其他费用。

(2)使用 DAP 术语应注意的问题

①货物交接问题。当买方有权决定在约定期间内的具体时间和/或指定目的地内的收取货物的点时,买方必须向卖方发出充分的通知。如买方未发出通知导致卖方发生的任何额外费用和风险,由买方承担,但以该货物已清楚地确定为合同项下之货物者为限。

②注意与 DAT 的区别。DAT 是指在指定目的地或目的港的集散站交货,"Terminal"可以是任何地点,如码头、仓库、集装箱堆场或者铁路、公路或航空货运站等。DAP 指定目的地交货。主要差异是,使用 DAT 术语卖方需要承担把货物由目的地(港)运输工具上卸下的费用,而使用 DAP 术语卖方只需在指定目的地把货物处于买方控制之下,无须承担卸货费。

3. DAT 与 DAP 的区别

两者的主要差异是 DAT 术语下卖方需自行承担把货物由目的地或目的港运输工具上卸下并承担由此产生的费用,DAP 术语下卖方只需在指定目的地把将运输工具上准备卸载的货物交给买方处置,无须卸货也无须承担卸货费。如卖方被买方要求在目的地指定地点交货,且愿意承担把货物运送到该地点的费用(卸货费除外)和风险时,可考虑选择 DAP;如买方要求卖方承担 DAP 所必须履行的义务,还要求卖方承担货物运送到该地点从运输工具上卸货产生的费用时,可考虑选择 DAT。

五、国际贸易术语的变通

有时买卖各方希望变换国际贸易术语。2010 年国际贸易术语解释通则并不禁止此类变通,但是这样做是有风险的。为避免不期望见到的惊讶,缔约方需要在买卖合同中非常清晰地明确他们希望通过修改达到的效果。例如,如果合同对 2010 年国际贸易术语解释通则的费用分摊做出改变,缔约方也应清楚地表明他们是否同时希望改变风险自卖方转移至买方的点。

尽管国际商会修订了新的 Incoterms 2010 并推行实施,但由于其在现阶段国际外贸业务中并未得到各位商家的广泛运用,因而实际业务中还存在着应用 Incoterms 2000 中的各类贸易术语的情况。所以,在我们的从事国际外贸业务时,在签订合同中就应明确作出规定到底采用 Incoterms 2000 或是 Incoterms 2010,这样做有助于避免对贸易术语的不同解释而引起的争执。

第四章　国际贸易货物的交接

国际贸易的交接是国际贸易中必不可少的一个环节,买卖双方在订立国际货物的买卖合同时,都需要合理选定交货时间,运输方式,订好各项装运条款,并运用好有关装运单据。其中交货条件是合同的主要条款之一。在国际货物买卖合同签订之后,按合同交货是卖方应履行的最基本的义务。国际货物的交付通常包括交货时间,装运港和目的港,运输方式,分批装运和转运,货运单据,对货物运输保险责任的规定等内容。

第一节　交货时间

交货时间通常称为装运期,它是买卖合同的一项重要条款。实际上,在不同的贸易术语下交货时间和装运期是有区别的,例如,在 FOB、CIF 和 CFR 条件下,卖方在装运港把货物装上船,取得货物单据并将其交给买方,即视为履行交货。在使用这三种贸易术语的情况下,货物的装运期和货物的交货时间正好吻合,这时,交货时间和装运期为同一时间。但是,采用其他贸易术语的合同,其交货和装运就不一定是在同一时间。例如,在"D"组贸易术语,如 DES(目的港船上交货),DEQ(目的港码头交货)等达成交易时,交货时间是指货物运到目的港交给买方的时间。装运期是指卖方在装运港,将货物装上船或其他运输工具的时间。所以,按照"D"组术语成交的合同,交货和装运则是两类完全不同的概念,要注意两者的使用,以免引起不必要的纠纷。

一、确定交货时间的方法

在国际贸易货物的交接中,对交货时间的规定方法主要有以下几种。

1. 明确规定具体期限

明确具体期限目前常采用以下几种规定方法:

(1)规定在某月内装运。例如,1月份装运。

(2)规定在某月月底以前装运。例如,6月底或以前装运,即自订立合同之日起,最迟不得超过6月30日就应装运。

(3)规定某月某日以前装运。例如,7月15日以前装运,即自订立合同之日起,最迟不得超过7月15日即应装运。

(4)跨月装运,即规定在某2个月、3个月或几个月内装运。例如,1/2月份装运或1/2/3月份装运,指货物可分别在1月1日到2月28日或1月1日到3月31日这一期限内的任何一天装运。

以上四种方法,都明确规定了具体的装运期限。这种规定方法,可以使卖方有一定的时间准备货源和安排运输,可以让买方预先准备接货和支付货款。因而在国际贸易中运用较多。

2. 规定在收到信用证或预付货款后若干天装运

对某些外汇管理较严的国家和地区,或专为买方生产、加工的特定商品,为了防止买方不按时履行合同而造成损失,一般规定在收到信用证后一定时间内装运。例如"买方必须不迟于8月10日将信用证开到卖方,卖方收到信用后50天内装运"。由于交货时间是以买方开出信用证为前提的,如买方拒绝开证或拖延开证,则卖方仍很被动,因而,采用这种方法卖方必须限定买方开到信用证的最迟时间。

收到预付款后若干天装运是指收到买方电汇,信汇或票汇后若干天装运。

3. 规定近期装运术语

这种方法一般是在买方急需货物而卖方又备有现货的情况下采用的。这类常见的术语有"立即装运"、"即期装运"、"尽快装运"等。以上这些表示装运时间的术语,各国的理解不尽相同,国际上也无统一的解释,使用这些术语容易引起争议和纠纷。除有特殊原因或买卖双方对此有一致的理解外,应尽量避免使用这类术语。国际商会制订的《跟单信用证统一惯例》也明确规定不宜使用此类词,如果使用,银行将不予置理。

二、规定交货时间应注意的问题

交货时间是合同中的一项重要内容,关系到合同的履行,因此,规定交货时间必须切实可行,并注意考虑下列问题:

(1) 买卖合同中的装运时间的规定,要明确具体,装运期限应当适度

海运装运期限的长短,应视不同商品和租船订舱的实际情况而定,装运期限过程,势必给船货安排带来困难;装运期过长也不合适,特别是采用在收到信用证后多少天内装运的条件下,装运期过长,会造成买方积压资金,影响卖方的售价。

(2) 应注意货源情况,商品的性质和特点,以及交货的季节性等

①货源情况:卖方在签订合同时,要对自己的货源心中有数,要清楚了解自己库存货物的品种、规格、数量以及安排生产的可能性和生产周期的长短,否则,盲目成交,到时可能无法交货。

②商品的性质:即应根据不同商品的性质和特点,规定不同的装运期。例如,烟叶容易发霉受潮,就应当避免在雨季装运;沥青、动物油容易受热熔化,就应当避免在夏季装运。此外,还应当考虑商品的加工、包装、检验和国内运输条件等情况。

③交货的季节性:主要指所规定的交货期应与国外市场需求的季节性相适应,以提高商品在国外市场上的竞争力。如北欧、加拿大东海沿岸港口冬季易封冻结冰,故装运时间不宜订在冰冻时期。反之,热带某些地区,则不宜订在雨季装运等。

④在规定装运期的同时,应考虑开证日期的规定是否明确合理。

装运期与开证日期是互相并联的,为保证按期装运,装运期和开证日期,应该互相衔接起来。

三、分批装运和转运

分批装运和转运都直接关系到买卖双方的利益,因此,买卖双方应根据需要和可能在合同中做出具体的规定。一般来说,合同中如说明允许分批装运和转运,对卖方交货比较

主动。

1. 分批装运

分批装运又称分期装运,是指一个合同项下的货物分若干批或若干期装运。在大宗货物或成交数量较大的交易中,买卖双方根据交货数量、运输条件和市场销售等因素,可在合同中规定分批装运条款。

国际上对分批装运的解释和运用有所不同。按有些国家的合同法规定,如合同对分批装运不作规定,买卖双方事先对此也没有特别约定或习惯做法,则卖方交货不得分批装运;国际商会制定的《跟单信用证统一惯例》规定,除非信用证另有规定,允许分批装运。因此,为了避免不必要的争议,争取早收汇,防止交货时发生困难,除非买方坚持不允许分批装运,原则上应明确在合同中订入"允许分批装运"。

根据《跟单信用证统一惯例》规定:"运输单据表面上注明货物是使用同一运输工具装运并经同一路线运输的,即使每套运输单据证明的装运日期或装运港、接受监管地不同,只要运输单据注明的目的地相同,也不视为分批装运。"该惯例对定期、定量分批装运还规定:"信用证规定在指定时期内分期交款及/或装运,其中任何一期不按期交款/或装运,除非信用证另有规定,则信用证对该期以及以后各期均告失效。"如合同和信用证中明确规定了分批数量,例如"3~6月份4批每月平均装运"以及类似的限批、限时、限量的条件,则卖方应严格履行约定的分批装运条款,只要其中任何一批没有按时、按量装运,则本批及以后各批均告失效。据此,在买卖合同和信用证中规定分批、定期、定量装运时,卖方必须重合同、守信用,严格按照合同和信用证的有关规定办理。

2. 转运

卖方在交货时,如驶往目的港没有直达船或船期不定或航次间隔太长,为方便于装运,则应在合同中订明"允许转船"。

按《跟单信用证统一惯例》规定:"转运"一词在不同运输方式下有不同的含义,在海运情况下是指到装货港和卸货港之间的海运过程中,货物以一艘船卸下再装上另一艘船的运输;在航空运输的情况下,是指以起运机场至目的地机场的运输过程中,货物以一架飞机上卸下再装上另一架飞机的运输;在公路、铁路或内河运输情况下,则是指在装运地到目的地之间用不同的运输方式的运输过程中,货物从一种运输工具上卸下,再装上另一种运输工具的行为。

《跟单信用证统一惯例》规定,除非信用证另有规定,可允许转运。为了明确责任和便于安排装运,买卖双方是否同意转运以及有关转运的办法和转运费的负担等问题,应在买卖合同中订明。

3. 合同中的分批、转运条款

国际货物买卖合同中的分批、转运条款通常是与装运时间条款结合起来规定的,合同中分批、转运条款举例如下:

(1) 5/6/7月份装运,允许分批和转运。
(2) 6/7月份分两批装运,禁止转运。
(3) 11/12月份分两次平均装运,由香港转运。

第二节 装运港和目的港

一、装运港

装运港一般是指将货物装上运载工具的港口。在 FOB，CFR 和 CIF 条件下，装运港是卖方交货的地点。在国际货物买卖合同中，装运港一般是由卖方提出，经买方同意后确定的，其确定办法主要有三种：

(1)明确规定某一港口为装运港。例如，装运港：伦敦。

(2)规定一个或更多的港口为装运港。例如，装运港：上海/青岛/大连。

(3)在磋商或成交时具体装运港一时不能确定的，可以规定为某一国的口岸。例如，中国口岸；印度口岸。

在出口业务中，装运港一般应选择接近货源所在地的港口，同时要考虑国内的运输条件和费用水平。对以 FOB 条件达成的由买方派船装运的合同，则应考虑装运港口的水深与买方来船的大小相适应。

二、目的港

目的港是指货物运载工具的航程终点和最终卸货的港口。在国际贸易实践中，目的港通常是由买方提出并经卖方同意后确定的。

目的港的规定方法主要有三种：

(1)在合同中明确规定某一港口为目的港。例如，目的港：圣多斯。

(2)在合同中规定两个或两个以上的港口为目的港。例如，目的港：伦敦/曼彻斯特。

(3)在磋商或成交时，万一进口方因为一时未找到转销货物的买主或因其他原因而不能确定目的港时，也可采用选择港的规定方法。即：或者在两个以上的港口中选择一个，或者笼统地规定某一航区为目的港(如"地中海主要港口"、"西欧主要港口"等)

不过，在采用后一种方法时，必须以同一航区内的少量班轮寄航港为限，核算运价须以运费最高的为基础，并要明确选港附加费由买方负担。买方还须在双方商定的时间内宣布最后的目的港，否则船方有权在任何一个选择港卸货。

三、确定国内外装运港(地)和目的港(地)的注意事项

1.规定国外装运港和目的港应注意的问题

(1)对国外装运港或目的港的规定，应力求具体明确

在磋商交易时，如因外商笼统地提出以"欧洲主要港口"或"非洲主要港口"为装运港或目的港时，不宜轻易接受。因为，欧洲或非洲港口众多，究竟哪些港口为主要港口，并无统一解释，而且各港口距离远近不一，港口条件也有区别，运费和附加费相差很大，所以，我们应避免采用此种规定的港口。

(2)不能接受内陆城市为装运港或目的港的条件

因为接受这一条件，我方要承担从港口到内陆城市这段路的运费和风险。

(3)必须注意装卸港的具体条件

有无直达班轮航线,港口和装卸条件以及运费和附加费水平等。

如果租船运输,还应进一步考虑码头泊位的深度,有无冰封期,冰封的具体时间以及对船舶国籍有无限制等港口制度。

(4)应注意国外港口有无重名问题

世界各国港口重名的很多,例如,维多利亚港,世界上有12个之多,波特兰等也有数个。为防止发生错误,引起纠纷,在买卖合同中应明确注明装运港或目的港所在国家和地区的名称。

2.规定国内装运港(地)或目的港(地)应注意的问题

(1)出口业务

对国内装运港的规定,一般以接近货源的对外贸易港口为宜,同时考虑港口和国内运输的条件和费用水平。

(2)进口业务

对国内目的港的规定,原则上应选择以接近用货单位或消费地区的对外贸易港口为最合理。但根据我国目前港口的条件,为避免港口到船集中而造成堵塞现象或签约的目的港尚难确定,在进口合同中,也可酌情规定为"中国口岸"。

总之,买卖双方在确定装运港时,通常都是从本身利益和实际需要出发,根据产销和运输等因素考虑的。为了使装运港和目的港条款订得合理,我们必须从多方面加以考虑,特别是国外港口很多,情况复杂,在确定国外装运港和目的港时,更应格外谨慎。

四、装卸时间

1.装卸时间的概念

装卸时间是指允许完成装卸任务所约定的时间,它一般以天数或小时数来表示。装卸时间的规定方法很多,其中主要有下列几种:

(1)日或连续日

所谓日,是指午夜至午夜连续24小时的时间,也就是日历日数,以"日"表示装卸时间的,以装货开始到卸货结束,整个经过的日数,就是总的装货或卸货结束,整个经过的日数,就是总的装货或卸货时间。在此期间内,不论是实际不可能进行装卸作业的时间(如雨天、施工或其他不可抗力)还是星期日或节假日,都应计为装卸时间。这种规定,对租船人很不利。

(2)累计24小时好天气工作日

这是指在好天气情况下,不论港口习惯作业为几小时,均以累计24小时作为一个工作日。如果港口规定每天作业8小时,则一个工作日跨及几天的时间。这种规定对租船人有利,而对船方不利。

(3)连续24小时好天气工作日。

这是指在好天气情况下,连续作业24小时算一个工作日,中间因坏天气影响而不能作业的时间应予扣除。这种方法一般适用于昼夜作业的港口。当前,国际上采用这种规定的较为普遍,我用一般都采用此种规定方法。

由于各国港口习惯和规定不同,在采用此种规定办法时,对星期日和节假日是否计算也应具体订明。如在工作日之后加订"星期日和节假日除外",或者规定"不用不算,用了要算"或"不用不算,即使用了也不算"。可星期六或节假日前一天怎样算法,也都予以明确。

除了具有一定含义的日数表示装卸时间的办法外,有的关于装卸时间并不按日数或每天装卸货物的吨数来规定,而只是按"港口习惯速度尽快装卸"。这种规定不明确,容易引起争议,故采用时应审慎行事。

2.装卸时间的起算和止算

对于装卸时间的起始,各国的法律规定或习惯并不完全一致,有的以船舶抵港后就开始起算,有的则从船舶停靠码头后开始起算,还有的规定只有装卸作业正式开始时才起算,但一般规定是以船舶到港后船长向承租人或其代理人发到"装卸准备就绪通知书",并经过一定的规定时间后开始起算;如下午上班后接到通知,则从次日上午 8:00 起算。我国规定的递交(与接受)"装卸准备就绪通知书"的时间是以上午 10:00 到下午 5:00,星期六是从上午 10:00 到 12:000。关于止算时间,现在世界各国习惯上都以货物装完或卸完的时间,作为装卸时间的止算时间。

3.装卸率

所谓装卸率,即指每日装卸货物的数量。装卸率的具体确定,一般应按照港口习惯的正常装卸速度,掌握实事求是的原则。装卸率的高低,关系到完成装卸任务的时间和运费水平,装卸率过高或过低都不合适。规定过高,完不成装卸任务,要承担滞期费的损失,反之,规定过低,虽能提前完成装卸任务,可得到船方的速遣费,但船方会因装卸率低,船舶在港时间而增加运费,致使租船人得不偿失。因此,装卸率的规定应当适当。

4.滞期费和速遣费

滞期费是指在规定的装卸期限内,租船人未完成装卸作业,给船方造成经济损失,租船人对超过的时间应向船方支付的一定罚金。速遣费是指在规定的装卸期限内,租船人提前完成装卸作业,使船方节省了船舶在港的费用开支,船方应向租船人就可节省的时间支付一定的奖金。按惯例,速遣费一般为滞期费的一半。滞期费和速遣费通常约为每天若干金额,不足一天者,按比例计算。

5.装运通知

装运通知包括两个方面的含义:其一是货物装运前买方将运载工具有关的情况通知卖方,其二是货物装运后卖方将运载工具的有关情况通知买方,目的使买卖双方互相配合,做好货物交接的衔接工作,来保证合同的正确履行。

按照国际惯例,在 FAS 和 FOB 合同条件下,卖方应在双方约定的装运期开始前 1 个月或 1 个半月向买方发出货物备妥的通知,提出买方及时派船接货。买方接到上述通知后,应在船舶到达装货港前 10 天左右或按约定时间将所租载货船舶的名字、船旗、船工的国籍、船舶估计到港日期和应载货物等通知卖方,以便卖方作好装船准备。

另一方面,在 FOB、CFR 和 CIF 合同条件下,卖方在货物装船之后,应无延误地将有关合同号、货物品名、装运船名、装船完毕的日期、已装件数、重量、发票金额等通知买方,以便后者办理保险、进口、报关或做好接货的准备工作。

此外,在 CPT 和 CIP 合同条件下,卖方将货物交给承运人(在多式联运情况下,交给第一承运人)后,及时通知买方,是他必须履行的义务之一。

第三节 运输方式

国际货物运输是国际贸易中必不可少的一个环节。其方式包括有海洋运输、铁路运输、航空运输、内河运输、邮包运输、管道运输以及由各种运输方式组合而成的多式联合运输等。为了合理地选择运输方式,必须对各种运输方式的特点及其营运的有关知识有所了解。

一、海洋运输

海洋运输是利用在国内外港口之间通过一定的航线和航区进行货物运输的一种方式,在各种运输方式中,海洋运输是一种最主要的方式,目前国际货运总量的 70% 是通过海洋运输完成的,在我国,这一比例高达 90% 以上。

1. 海洋运输的特点

(1) 运输量大

一般万吨级海轮的载重量相当于 250~300 个火车车皮的载重量。在科学技术日益发展的今天,10 万吨级、20 万吨级的海轮已屡见不鲜,50 万吨的超级油轮也早已投入海上运输。

(2) 适应性强

海洋运输不像公路或铁路那样受道路或轨道的限制,而且船舶的容量大,用途多,对各种货物包括超长,超重的货物都有较强的适应性。

(3) 运费低廉

海洋运输可以利用天然航道,通过能力大,运行航程远,分摊到每货运吨上的成本低。

当然,海洋运输也存在有航行速度慢,运输时间长,易受气候和自然条件影响等特点,甚至平均每年有 200~300 艘各国货轮遭受损失,但比较起来,在各种运输方式中海洋运输仍然使用得最为广泛。

2. 海洋运输船舶的经营方式

按照海洋运输船舶经营方式的不同,可分为班轮运输(Liner Transport)和租船运输(Shipping by Chartering)。

(1) 班轮运输

班轮(Liner)是指按照预定的船行时间表和固定的航线,沿途停靠固定港口,收取固定运费运输货物的船舶。

① 班轮运输的特点:

a. "四个固定",即固定船期,固定航线,固定停靠港口,收取固定运费。

b."一个负责",即船公司负责装卸,装卸费用计入运费之中,货方不用另行交付。

c.船方出租的是部分舱位,这意味着凡是班轮停靠港,不论货物多少,一般都予承运。

d.船货双方在承运期间的权利、义务与责任,以船方签字的提单条款为依据。

由此可见,利用班轮运载货物是十分灵活和方便的,尤其是对数量少、分运批次多、交货港口分散的货物更为合适。

②班轮运费:班轮运费是根据船公司的运价表,按规定标准和费率计算,相对来说运价比较稳定。班轮运费由基本运费和附加运费组成。

基本运费是普通货物在正常运输条件下,运至某基本港的运费。

基本运费的计算标准,主要有以下几种:

a.以货物的重量作为计价标准,即以"重量吨"为标准,在运价表中商品名称后以"W"表示。

b.以货物的体积作为计算运费的标准,即以"尺码吨"为标准。在运价表中商品名称后以"M"表示。

c.按货物的价格计算运费,即按货物的 FOB 价计收,一般不超过 5%。在运价表中以"Ad. Val"表示,即拉丁文"ad. valoyem"(从价缩写)。这种计收方式适用于贵重商品或价很高的商品,如古玩、黄金、白银、宝石等。

d.按货物重量或体积计收,即在重量吨或尺码吨两种计收标准中,按较高一种收费。在运价表中以"W/M"表示。

e.按货物重量或体积或从价计收,即在重量吨或尺码吨或从价三种计算标准中,从高收费。在运价表中以"W/M or Ad. Val"表示。

f.按货物的计数计收,如车辆按"每辆"计收运费。在运价表中以"Unit"表示。

g.由货主和船公司临时议定运费,也称为"临时议定价格",在运价表中以"即 en Rate"表示。临时议定的费用率一般比较低,通常适用于粮食、矿石、煤炭等运量大、货价较低的商品。附加费是班轮公司在收取基本运费的基础上,根据不同情况,为了抵补运输途中额外增加的开支或在蒙受一定损失时而收取的费用。附加费名目繁多,一般有以下几种:

①超重附加费,它是指由于货物单件重量超过一定限度而加收的一种附加费。

②超长附加费,它是指由于单件货物长度超过一定限度而加收的一种附加费。

③直航附加费,它是指凡是运往非基本港口的货物,由于托运人要求直航而收取的费用。

④转船附加费,它是指因转船运输增加费用而收取的附加费。

⑤港口附加费,它是指由于港口装卸条件差、速度慢、港口费用高而向货方收取的附加费。

⑥绕航附加费,它是指由于正常航线不能通行,船舶绕道航行而向货方收取的附加费。

⑦燃料附加费,它是指由于原油价格上涨,船舶开支增加而向货方收取的附加费。

⑧选港附加费,它是指货方在预先提到的多个卸货港中进行选择而向船方支付的附加费。

除上述各种附加费外,还有货币贬值附加费、港口拥挤费、变更卸货港附加费、沉舱费、熏蒸费等等。

(2)租船运输

租船是指租船人在市场上向船东租赁船舶的业务。租船运输没有固定航线、固定船期、固定的装卸港口,也没有固定的运价,一切都可根据货主的不同需要,结合租船市场上的供求情况而定。租船运输一般适用于大宗货物的运输。租船运输一般可分为定程租船和定期租船两种。

①定程租船。定程租船也称程租船或航次租船,它是以船舶完成一定航程为标准的租船方式。定程租船又可分单航次,连续单航次,来回航次,连续来回航次等多种形式。

在定程租船条件下,船方负担船员工资、港口费、船费燃料和物料以及码头捐税等;租船方负担运费、货物的装卸费(包括平舱费和理舱费)和船舶滞期费等。

定程租船由船方直接负责船舶的经营管理,船方除负责船舶航行、驾驶和管理外,还需对货物的运输负责。因此,这种方式对租船方比较便利。

②定期租船。定期租船又称期租船,是指按一定的期限租船,即船舶所有人把船舶出租给承租人使用一定期限的租船方式。租期可长可短,短的可以是数日,长的可达几年或十几年。

在承租期间,租船人支付租金(按月或天支付),以取得船舶使用权,并可按自己的需要来安排船舶的营运和调度,承担由此产生的燃料费、港口费、垫舱物料费、拖轮费等。船方负担船员开工资、膳食费用,同时还需负责保持船舶在出租期间的适航性。适航性是指船舶应当能够正常运转,具有安全航海能力,适合接收和保管货物的性能。

在海运租船业务中,还有一种"光船租船"业务,光船租船是指船舶所有人将船舶出租给承租人使用一定期限,但船东只是空船出租,船上工作人员均有租船人配备,租船人同时承担租赁期间船舶营运的一切费用。这种业务实际上属于单纯的财产租赁,在国际贸易中不常使用。

近年来,国际上发展起一种介于航次租船和定期租船之间的租船方式,即航次期租,这是以完成一个航次运输为目的,按完成航次所花的时间,按约定的租金率计算租金的方式。

租船运输通常适用于大宗货物的运输,因此,我国大宗货物,如粮食、油料、矿产品和工业原料等进出口通常采用租船运输方式。就外贸企业来说,使用较多的租船方式是定程租船。

二、铁路运输

铁路运输是现代运输业的主要方式之一,与其他运输方式相比,它具有运量大,速度快,运输准确性和连续性强,受气候等自然条件影响小,安全可靠,运输成本低等优点。因此,在国际货物运输中,铁路运输成为仅次于海洋运输的主要运输方式,海洋运输的进出口货物,也大多是靠铁路运输进行货物的集中和分散的。

1.国际铁路货物联运

凡是使用一份统一的国际联运票据,由铁路负责经过两国或两国以上铁路的全程运送,并由一国铁路向另一国铁路移交货物时,不需发货人和收货人参加,这种运输称为国际铁路货物联运。

采用国际铁路货物联运,有关当事国事先必须有书面的约定。欧洲国家的铁路联运工作开始较早,1890年欧洲各国在瑞士首都伯尔尼举行的各国铁路代表大会上制定了《国际铁路货物运送规则》,以后在1938年修改后改称为《国际铁路货物运送公约》(简称《国际货约》),又称《伯尔尼货运公约》。从1951年4月1日起,我国同前苏联开办铁路联运,同年11月,前苏联和东欧各国签订《国际铁路货物联运协定》,简称《国际货协》。

目前,我国对朝鲜、俄罗斯的大部分进出口货物以及东欧一些国家的小部分进出口货物,都是采用国际铁路联运的方式运送的。按照《国际货协》有关规定,从参加《国际货协》的国家向未参加《国际货协》的国家或相反方向运送货物,亦可办理联运。具体做法是:从参加《国际货协》的国家发货,使用国际铁路货协的联运运单,当货物运到离开《国际货协》参加国的最终出口国国境站时,由铁路边境站负责办理适当的联运票据继续转运至最终到站,从未参加《国际货协》的国家向参加《国际货协》国家铁路发货,其继续转运发送事宜,则由参加《国际货协》的第一过境铁路的进口国国境站负责办理。

2. 国内铁路运输

国内铁路运输是指仅在本国范围内按《国内铁路货物运输规程》的规定办理的货物运输。我国出口货物经铁路运至港口装船及进口货物卸船后经铁路运往各地,均属国内铁路运输的范畴。

供应港段、澳地区的物资经铁路运往香港、九龙也属于国内铁路运输的范围,由对港铁路运输和港铁路运输两部分构成。它是一种特殊的租车方式的两票运输。具体做法是:从交货地至深圳北站的国内段运输,由发货人或发货地外运机构依照对港铁路运输计划的安排,填写国内铁路运单,无行运作深圳北站,收货人为中国对外贸易运输公司深圳分公司。深圳分公司作为各外贸企业的代理,负责在深圳与铁路局办理货物运输单据的交换,并向深圳铁路局租车,然后申报出口,经查验放行后,将货物运输至九龙港。货车出轨后,由深圳外运分公司在香港的代理人——香港中国旅行社向香港九广铁路公司办理港段铁路运输的托运、报关等工作,货车到达九龙目的站后,由香港中国旅行社将货物卸交给香港收货人。

由于在香港的货物,其中鲜活商品较多,为争取时间,并按规定配额发运,外贸与铁路双方协作,先后开辟有"751"、"753"和"755"三次快运货物列车,分别由湖北江岸站、上海新龙华站和郑州北站发车,沿途列车不解体直达深圳,从而加快了运送速度,保证了商品质量,并有利于对香港市场保证均衡供应,达到"优质、适量、均衡和应时"的要求。

三、航空运输

航空运输是一种现代化的运输方式,它与海洋运输、铁路运输相比,具有运输速度快、货运质量高、且不受地面条件的限制等优点。因此,它最适宜运送急需物资、鲜活商品、精密仪器和贵重物品。近年来,随着国际贸易的迅速发展以及国际货物运输技术的不断现代化,采用空运方式也日趋普遍。

1. 航空运输的方式

航空运输的方式主要有班机、包机、集中托运和航空快运业务四种。

(1)班机运输

班机是指在固定时间、固定航线、固定始发站、目的站和途经站运输的飞机。由于班机的航线基本固定,又定期开航,收发货人可以确切掌握起运和到达时间,这对于市场上急需的商品、贵重物品、鲜活易腐货物的运送是非常有利的。但是,班机运输一般是客货混载、舱位有限,不能满足大批量货物及时出运的需要。

(2)包机运输

包机运输可分为整包机和部分包机两种形式。

整包机是指航空公司或包机代理公司按照与租机人事先约定的条件和费率,将整架飞机租给租机人,从一个或几个航空站装运货物至指定的目的地的运输方式。它适合运输大宗货物,运价比班机要低。

部分包机是指由几家航空货运代理公司(或发货人)联合包租一架飞机,或者由包机公司把一架飞机的舱位分别租给几家航空货运代理公司装卸货物的运输方式。这种方式适合于货物较多,但又不够整架飞机的货物运输。部分包机的运费比班机要低,但运送时间相对要长。

(3)集中托运

集中托运方式是航空货运代理公司把若干批单独发送的货物组成一整批向航空公司托运,填写一份总运单,发送到同一站,由航空货运代理公司委托当地代理人负责收货、报关,并分拨给各实际收货人的运输。这种方式节省运费,又可提早结汇,在国际航空运输中使用的比较普遍。

(4)航空快运业务

航空快运业务(也称快递业务)是专门经营该项业务的航空货运代理公司,派专人用最快的速度在货主、机场、用户之间运输和交换货物的运输服务业务。该项业务是在国际间两个航空货运代理公司之间通过航空公司进行的。航空快件业务有三种形式:机场到机场;门到门(或桌到桌);派专人送货。这种业务具有快捷灵便,安全可靠,送交有回音,查询快等特点。

2. 航空运输的承运人

(1)航空运输公司

航空运输公司是航空货物运输中的实际承运人,负责办理从启动机场至到达机场的运输,并对全程运输负责。

(2)航空货运代理公司

航空货运代理公司可以是货主的代理,负责办理航空货物运输的订舱,在始发机场和到达机场的交、接货与进出口报关等事宜;也可以是航空公司的代理,办理接货并以航空承运人身份签发航空运单,对运输过程负责。

中国对外贸易运输总公司既是中国民航的代理,也是我国各进出口公司的货运代理,它充任航空货运代理公司的职责。为此,中国对外贸易运输公司同世界许多国家和地区的货运代理公司建立了航空货运代理业务。

3.航空运输的运价

航空运输货物的运价是指从启运机场至目的机场的运价,不包括其他额外费用(如提货、仓储费等)。运价一般是按重量(公斤)或体积重量(6 000立方厘米折合1公斤)计算的,而以两者中高者为准。空运货物是按一般货物,特种货物和货物的等级规定运价标准的。

四、联合运输

联合运输是指使用两种或两种以上的运输方式,完成一项进出口货物运输任务的综合运输方式。联合运输主要包括陆空联运、陆海联运、大陆桥运输、小陆桥运输、集装箱运输和国际多式联运等形式。

1.陆空联运

陆空联运是指由内地或港口、火车站将出口货物装火车到航空港,再从航空港用飞机运至国外中转站(或目的地)然后用卡车运至目的地的一种联合运输方式。我国从1974年开始在出口货物运输中采用这种方式,目前我国工业制成品的出口主要使用这种方式。

2.陆海联运

陆海联运的主要作法是:首先由内地省市和出口公司自启运地把货物装火车运往香港,然后香港的轮船公司安排船舶,将货物从香港运往国外目的港。我国从1977年开始试办这种联合运输方式,采用这种方式,出口公司发运后,可凭规定的货运单据就地办理结汇,因而有利于缩短结汇时间。

3.大陆桥运输

大陆桥运输是指使用大陆上的铁路或公路系统作为桥梁,把大陆两端的海洋运输连接起来的连贯运输方式。在形式上,大陆桥运输就是海陆海的连贯运输。大陆桥运输一般以集装箱为媒介,因而具有集装箱运输的优点。

目前,世界上大陆桥主要有横贯俄罗斯、中东及欧洲各地的"西伯利亚大陆桥"、横贯北美大陆联结太平洋和大西洋西岸的"美国大陆桥"、"加拿大大陆桥"及1992年12月1日开通的"中荷大陆桥"等几条线路。

4.小陆桥运输

小陆桥运输是指将美国西岸进口的货物通过铁路运送到大西洋和墨西哥湾主要港口,再从这些港口用卡车转运到周围城市的运输方式。

5.集装箱运输

集装箱运输是指将货物(一定数量的单件货物)装入标准规格的集装箱内,然后利用陆、海、空运输将货物送到目的地的一种新型的现代化运输方式。集装箱运输,尤其是海运集装箱,目前已成为全世界普遍采用的一种重要的运输方式。以集装箱为媒介,能够连接各种运输方式,进行大量、快速、廉价、安全的连贯运输,可以产生多方面的运输经济效果,这不仅对于运输本身,而且对于与运输有关的国际贸易、金融、法律和惯例、海关监管等方面的理论与实务也带来了很大影响。集装箱运输被认为是运输领域里的一次革命。

集装箱运输有两种方式:一种是使用 FOB、CIF、CFR 贸易术语实行"港港交货",这是传统的运输交货方式;另一种是使用 FCA、CIP、CPT 贸易术语,实行"门到门"的运输交货方式。现在,国际贸易中普遍使用后一种方式,因为它能给发货人和收货人带来诸多便利。

6. 国际多式联运

国际多式联运是在集装箱运输方式基础上发展起来的一种新型的运输方式,是把过去陆、海、空、公路、江河等互不关联的单一运输有机地结合起来,完成一笔进口或出口货物在国际间的运输。它的具体做法是由多式联运经营人根据多式联运合同,以至少两种不同的运输方式将货物从一国境内的接管地点运至另一国境内指定的交付地点。

国际多式联运的主要特点是:不管路途多远,运程中手续多么复杂,货主只办理一次托运,支付一笔运费,取得一张联运单据,如货物在运输途中发生货损或灭失这类问题,只找一头解决,也就是说多式联运经营人(或称之为总承运人)对全程运输总负责。因此,这种运输方式具有手续简便、安全准确、运输迅速、节省包装等优点,是目前国际上许多国家广泛采用的运输方式。

第四节　运输单据

运输单据是承运人签发的给托运人的表示收到货物的证明文件,它是交接货物、向银行结算货款或进行议付所必须具备的重要单据。按照运输方式划分,运输单据可分为海运提单、铁路运单、航空运单、邮政包裹收据等等。本节主要介绍海洋运输中的提单。

一、海运提单

1. 海运提单的功能和作用

海运提单,简称提单,是指货物的承运人或其代理人,在收到货物后,签发给托运人的一种证明文件。海运提单是国际贸易中各种单据的核心,它将贸易双方当事人及各种关系人联系起来,具有多方面的功能和作用。提单的性质和作用主要体现在以下几方面。

(1)提单是货物收据

提单是承运人或其代理人,应托运人的要求所签发的货物收据,证明承运人已如数收到提单上所列的货物。提单一经签发,承运人就承担对提单上所载明的货物妥善保管,安全运输,并向持单人交付货物的义务。

(2)提单是运输协议的证明

承运人接受托运人的货物,并签发提单,即可视为运输协议(合同)的成立。双方的权利和义务一般都列在提单的背后,它是解决承运人与托运人在运输中产生争议的依据。

(3)提单是货物所有权的凭证

提单是一种物权证件,本身就代表着提单上所载明的货物。收货人或提单合法持有人有权凭提单在目的港向承运人或其他代理人提取货物。由于提单是货物所有权的证明文件,因此可以视为有价证券。除不能转让的提单外,提单持有人可以于货物运抵目的港之前,在国际市场上进行转让或凭提单向银行办理抵押贷款。

2. 海运提单的种类

(1) 根据货物是否装船可区分为已装船提单和备运提单

①已装船提单。已装船提单是指轮船公司已将货物装上指定轮船后所签发的提单。已装船提单在国际贸易中应用比较广泛,按国际市场银行业务的惯例,出口商向银行议付货款时所提交的提单,必须是已装船提单。这种提单的特点是提单上必须用文字表明货物已装于某某船上,并载有装船日期,有船长或其代理人的签字。

②备运提单。备运提单是指轮船公司在收到托运货物等待装船期间,向托运人签发的提单。备运提单又称收讫待运提单。由于该提单上没有明确肯定的装船日期,并且一般不注明载货船只的名称,将来货物能否装船无保障,因此买方或受让人一般不愿接受。

(2) 根据提单上对货物外表状况的批注可区分为清洁提单和不清洁提单

①清洁提单是指货物在装船时外表状况良好,承运人或其代理人未在提单上列加任何货损、包装不良或其他不良批注的提单。在国际贸易中,银行办理议付货款时,为安全起见,一般只接受出口商提交的清洁提单。

②不清洁提单。不清洁提单是指承运人或其代理人所签发提单时在提单上加注货物外表状况不良或存在缺陷等有批注的提单。例如在提单上批注"包装不同"、"两箱损坏"、"包装破裂"等内容的提单均属不清洁提单,根据《跟单信用证统一惯例》的规定,除非信用证明确规定可以接受外,银行拒绝接受不清洁提单。此外,不清洁提单也难以作为物权凭证自由转让。

(3) 根据提单收货人抬头方式可区分为记名提单,不记名提单和指示提单

①记名提单。记名提单是指在提单收货人一栏内明确收货人名称的提单。这种提单只能由指定的收货人提货,不能转让流通,因此又称为"不可转让提单"。记名提单在国际贸易中使用不多,一般只用于运输贵重物品或有特殊用途的货物。

②不记名提单。不记名提单又称空白提单,是指在收货人一栏内填写"来人"字样的提单,不记名提单不需任何手续就可转让。提单持有人仅凭提单就可提货。这种提单转让和提货物很简单,但一旦遗失,容易引起纠纷,不记名提单因风险太大,在国际贸易中很少使用。

③指示提单。指示提单是指在收货人一栏内不明确写明收货人的名称,只填写凭"指示"或"凭某某指定"字样的一种提单。前者称空白指示提单,后者称记名指示提单。

指示提单通过背书可以转让,所以又称转让提单。背书方式可分为两种,一种是空白背书,另一种是记名背书。前者是指仅有背书人在提单背面签字盖章,而不注意背书人的名称;后者是指背书人除以提单的签字盖章外,还需列明被背书人的名称。在国际贸易中,指示提单使用的比较普遍。在我国进口业务中,大多采用"凭指定"空白背书的提单,习惯上称为"空白抬头,空白背书提单"。

(4) 根据运输方式可区分直达提单、转船提单和联运提单

①直达提单。直达提单是指由某一轮船把货物直接从装运港运抵目的港的提单,这

种提单,船方责任明确,纠纷较少。在国际贸易中,如果信用证规定货物不准转船,卖方必须取得承运人签字的直达提单才能向银行议付货款,否则,银行将拒付。

②转船提单。转船提单指从装运港装货后的船舶不能直接驶抵目的港,而需在中途港口换船转运所签字的提单。转船提单一般注有"在××港转船"等字样。转船以后会延误到货时间、增加货物受损或其他风险的可能性,对货方很不利,因此,托运人都争取直达运输,并在合同和信用证内明确规定不许转船。如果由于具体的运输原因,中途转船反而可以加速货物的运输时,经买卖双方约定,也可以使用转船提单。

③联运提单。联运提单是指需经两种或两种以上的运输方式联合运输的货物。由第一航程承运人签字而由几个承运人联合完成全程运输任务的提单。这种提单本质上与转船提单相同,都是由第一航程承运人收取全程运费并负责办理转运手续。在国际贸易中,只要取得第一承运人所签字的提单,不论货物在中途经过多少次转运,均被认为是"已装船提单",尽管第一承运人只负第一航程的责任。

(5) 根据提单内容繁简可区分为全式提单和略式提单

①全式提单。全式提单是指提单背面列有承运人和托运人权利、义务等项详细条款的提单,又称繁式提单。

②略式提单。略式提单是指提单仅保留提单正面项目,而略去背面承运人与托运人权利、义务等条款的提单。

(6) 按船舶营运方式可区分为班轮提单和租船提单

①班轮提单。班轮提单是指由班轮公司作为承运人并由其所签字的提单。

②租船提单。租船提单是指承运人根据租船合同承运货物后签字给托运人的提单。银行或买方接受这种提单时,通常要求卖方提供租船合同的副本。

(7) 按提单的时间性可分为正常提单、过期提单、预借提单和倒签提单

①正常提单。正常提单是指在信用证规定的交单期内提交给银行议付货款的提单。在采用信用证规定的方式交付货款时,银行通常规定一个最迟提交单据的期限,受益人不能误期。如果信用证未规定交单期,必须在提单签发后21天内提交给银行,这时提交的单据属于正常提单。

②过期提单。关于过期提单有两种说法:一种是指晚于货物到达目的港的提单;另一种是指超过提单签发日期21天后向银行交付的提单。这两种情况下的提单,都叫过期提单。前一种情况在近年运输中经常出现,为了使这种过期提单能被接受,故在买卖合同和信用证中应规定"过期提单可以接受"的条款。后一种情况是可以避免的,因此,《跟单信用证统一惯例》规定,如信用证未规定向银行交单的特殊期限,银行将拒受迟于出单日期21天后提交的单据。

③预借提单。预借提单是指货物在装船前或装船完毕以前,托运人为及时结汇,向承运人预先借用的提单。船公司签发提单的日期理应是货物全部装船完毕,也就是大副出具收据的那一天,这是一项很严肃的法律行为。因此,预借提单是一种违法的做法。

④倒签提单。倒签提单是指承运人签发提单时,倒签日期的一种提单。由于货物实际装船日期晚于信用证上规定的日期,如按实情签发的提单,势必不能结汇。为使提单日期与合同规定的装运期限相符,承运人应托运人的请求,按信用证规定的装运日期签发提

单,这种做法与预借提单一样属于欺骗行为,是一种违法的做法,对于托运人和承运人来说都有很大的风险。

(8)舱面提单

舱面提单又称甲板提单,是指对装在甲板上的货物所签发的提单。这种提单上一般都注有"装甲板"字样,舱面货风险很大,根据《海牙规则》的规定,承运人对于装于舱面(甲板)货物的损坏或灭失不负责任。

因此,买方和银行一般不愿接受舱面提单,信用证中另有规定的除外。

二、其他运输单据

货物运输单据除海运提单外,还有航空运单,公路或铁路运单等。它们之间的共同特点都是运输凭证,但其功能作用与海运提单不尽相同。

航空(铁路或公路)运单是作为承运人的航空公司(铁路或公路部门)接受托运人的委托办理承运时签发的代表运输契约的凭证。航空(铁路或公路)运单不能凭以提取货物,也不是货物所有权凭证。

第五章 国际货物运输保险

在国际货物交接过程中,可能会遇到各种不同的自然灾害和意外事故,使货物遭受部分损失或全部灭失,从而给买方或卖方引致不利的经济后果。为了使货物在运输过程中可能遭到的意外损失得到补偿,货物的买方或卖方便需要按合同规定向保险公司办理保险手续。投保人同保险公司订立保险契约,被保险人(买方或卖方)向保险人(保险公司)按一定的金额投保一定的险别、交付一定的保险费,从而将货运过程中可能遭到的风险交由保险公司承担。

国际货物运输保险包括海上货物运输保险,陆地货物运输保险(包括铁路货运和公路货运保险)、航空货物运输保险、邮包货物运输保险等多种形式。其中,海上货物运输保险的历史最久,业务量最大,在国际货物运输保险中占主要地位,是国际贸易中无形贸易的重要组成部分。因此,与海洋货物运输保险有关的法律制度和基本原则,对陆地、航空、邮包货物运输保险有着决定性的影响。

第一节 海上货物运输保险及保险合同

海运货物保险承保的范围,包括海上风险、海上损失与费用以及外来原因所引起的风险损失。国际保险市场对上述各种风险与损失都有特定的解释。正确理解海运货物承保的范围和各种风险与损失的含义,对合理选择投保险别和正确处理保险票据,具有十分重要的现实意义。

一、海上风险与损失

海运保险是各类保险中发展最早的一种,这是由于商船在海洋航行中风险大,海运事故频繁所致。在国际海运保险业务中,各国保险界对海上风险与海上损失,都有其特定的解释。因此,我们首先应对各种海上风险和损失的确切含义有所了解。

1. 海上风险

海上风险一般包括自然灾害和意外事故两种,按国际保险市场的理解,这些风险所指的内容如下:

(1) 自然灾害

所谓自然灾害,是仅指恶劣气候、雷电、洪水、流冰、地震、海啸以及其他人力不可抗拒的灾害,而非指一般自然力所造成的灾害。

(2) 海上意外事故

海上意外事故不同于一般的意外事故,它所指的主要是船舶搁浅、触礁、碰撞、爆炸、水灾、沉没、船舶失踪或其他类似事故。

2.海上损失

海上损失(简称海损)是指被保险货物在海运过程中,由于海上风险所造成的损坏或灭失。根据国际保险市场的一般解释,凡与海陆连接的陆运过程中所发生的损坏或灭火,也属于海损范围,就货物损失的程度而言,海损可分为全部损失和部分损失;就货物损失的性质而言,海损又可分为共同海损和单独海损。

(1)全部损失和部分损失

全部损失有实际全损和推定全损两种。前者是指货物全部灭失或完全变质,或不可能归还被保险人而言;后者货物出现事故后,认为实际全损已不可避免,或者为避免实际全损所需支付的费用与继续将货物运抵目的地的费用之和超过保险价值。凡不属于实际全损和推定全损的损失为部分损失。

(2)共同海损和单独海损

在海洋运输途中,船舶、货物或其他财产遭遇共同危险,为了解除共同危险,有意采取合理的救难措施,所直接造成的特殊牺牲和支付的特殊费用,称为共同海损。在船舶发生共同海损后,凡属共同海损范围内的牺牲和费用,均可通过共同海损理算,由有关获救受益方(即船方,货方和运费收入方)根据获救价值按比例分摊,这种分摊,称为共同海损分摊。

以上表明,共同海损涉及各方的利害关系。因此,构成共同海损是有条件的。共同海损必须具有下列特点:

①共同海损的危险必须是共同的,采取的措施是合理的,这是共同海损成立的前提条件。如果危险还没有危及船货各方的共同安全,即使船长有意做出合理的牺牲和支付了额外的费用,也不能算作共同海损。

②共同海损的危险必须是真实存在的而不是臆测的,或者不可避免地发生的。

③共同海损的牺牲必须是自动的和有意采取的行为,其费用必须是额外的。

④共同海损必须是属于非常情况下的损失。

单独海损是指仅涉及船舶或货物所有人单方面的利益的损失,它与共同海损的主要区别是:

①造成海损的原因不同。单独海损是承保风险所直接导致的船、货损失;共同海损,则不是承保风险所直接导致的损失,而是为了解除或减轻共同危险人为地造成的一种损失。

②承担损失的责任不同。单独海损的损失一般由受损方自行承担;而共同海损的损失,则应由受益的各方按照受益大小的比例共同分摊。

(3)施救费和救助费用

海上风险还会造成费用上的损失,由海上风险所造成的海上费用,主要有施救费用和救助费用。所谓施救费用,是指被保险的货物在遭受承保责任范围内的灾害事故时,被保险人或其代理人与受让人,为了避免或减少损失,采取了各种抢救或防护措施而所支付的合理费用。救助费用则有所不同,它是指被保险货物在遭受了承保责任范围内的灾害事故时,由保险人和被保险人以外的第三者采取了有效的救助措施,在救助成功后,由被救方付给救助人的一种报酬。

二、外来风险和损失

外来风险和损失,是指海上风险以外由于其他各种外来的原因所造成的风险和损失,外来风险和损失包括下列两种类型:

一种是一般的外来原因所造成的风险和损失。这类风险损失,通常是指偷窃、短量、破碎、雨淋、受潮、受热、发霉、串味、玷污、渗漏、碰损和锈损等。

另一种是特殊的外来原因造成的风险和损失。这类风险损失,主要是由于军事、政治、国家政策法令和行政措施等原因所致的风险损失,如战争和罢工等。

除上述各种风险损失外,保险货物在运输途中还可能发生其他损失,如运输途中的自然损耗以及由于货物本身特点和内在缺陷所造成的货损等。这些损失不属于保险公司承保的范围。

海上货物运输保险合同是指保险人与被保险人签订的,由被保险人向保险人支付约定的保险费并规定在保险标的发生承保范围内的海上风险而遭到损失时,由保险人向被保险人给以赔偿的契约。

在海上货物运输保险中,被保险人在订约前,应当如实地把所知的保险标的具体情况告知保险人,以便保险人决定是否承保。如果被保险人隐瞒某些情况或所报不实,保险人有权解除合同。坚持诚信是订阅保险合同必须遵守的原则。

1.海上货物运输保险合同的订立

保险合同是保险人与被保险人双方订立的合同。根据英、美等国的习惯,被保险人并不直接与保险人接触,而是委托保险经纪人代行投保。

中国人民保险公司办理投保按两种手续进行:

(1)如果由收货人直接投保,应填具投保单一式二份,写明货物名称、保险金额、运输路线、运输工具、投保险别等事项。其中一份由保险公司签章后交还被保险人,作为承保的凭证;另一份留在保险公司凭以出具保险单。投保人拿到保险单,保险合同即告成立。

(2)如果由外贸进出口公司投保出口货物运输保险,为减少手续,一般不填具投保单,而利用有关出口单据的副本(如出口货物明细单、货物出运分析单等)来代替投保单。

2.海上货物运输保险合同的形式

海上货物运输保险合同要通过签署正式的书面凭证才能确立。这通常包括保险单和保险凭证、保险批单等形式。

(1)保险单

简称保单,大保单,是保险人与被保险人之间的订立的保险契约,也是保险人对被保险人的承保证明。当发生保险范围内的损失或灭失时,被保险人可以凭保单向保险人要求赔偿。保险单可以转让,并且通常是被保险人向银行进行押汇的证件之一。

保险合同的全部条款和有关项目均以印就的格式分列在保险单的正面和背面。它的主要内容包括:保险人和被保险人的名称、货物名称、包装种类及件数、唛头及件号,装运港和目的港名称、载运船只名称及开航日期、保险金额、承保险别、保险费和费率、赔款偿付地点、保险公司代理人名称、出单公司的地址、出单日期等等。

(2) 保险凭证

保险凭证也称保险证书,小保单,是一种简化的保险单,它发给被保险人,证明货物已经投保,保险单已经签发。这种证明文件只在正面书写有关事项,载明被保险人的名称、保险货物名称、载运船只名称、投保险别、保险期限、保险金额等,无保险人与被保险人的权利和义务条款。这种保单以正式保险单的保险条款为准。中国人民保险公司承保对外贸易进出口公司向新、马等国和港、澳地区出口货物时,将保险险别与保险金额加注进出口公司开出的发票上,其他事项以发票所列事项为准。

(3) 保险批单

保险批单是在保险人签发保险单或保险凭证之后,应被保险人的要求,修改补充原保险单或保险凭证内容而成的单证。它附在原保险凭证上,成为保险合同的组成部分,但不构成独立的合同形式。

第二节　海上货物运输保险的险别

保险险别是指保险人对风险和损失的承保责任范围。在保险业务中,各种险别的承保责任是通过各种不同的保险条款规定,为了适应国际货物海运保险的需要,中国人民保险公司根据我国保险实际情况并参照国际保险市场的习惯做法,分别制定了各种条款,总称为"中国保险条款"其中包括"海洋运输货物保险条款"、"海洋运输货物战争险条款"以及其他专门条款。投保人可根据货物特点和航线与港口实际情况自行选择投保适当的险别。

按中国保险条款规定,我国海运货物保险的险别包括下列几种类型。

一、基本险别

中国人民保险公司所规定的基本险别包括平安险、水渍险和一切险。

1. 平安险

平安险的原文原意为"单独海损不赔",即保险标的物所遭受的单独海损原则上不在承保范围之内。只对标的物的承保范围内所发生的全部损失、共同海损赔偿责任。但是,国际贸易的长期实践逐渐突破了原有的严格限制,现代保险公司对某些单独海损也可酌情实行赔偿。平安险承保人的责任范围比较窄小,它主要包括:

(1) 被保险的货物在运输途中由于恶劣气候,雷电、海啸、地震、洪水等自然灾害造成整批货物的全部损失或推定全损。若被保险的货物用驳船运行或运离海轮时,则每一驳船所装的货物可视作一个整批。

(2) 由于运输工具遭到搁浅、触礁、沉没、互撞与流冰或其他物体碰撞以及失火、爆炸等意外事故所造成的货物全部或部分损失。

(3) 在运输工具已经发生搁浅、触礁、沉没、焚毁等意外事故的情况下,货物在此以前后又在海上遭受恶劣气候,雷电、海啸等自然灾害所造成的部分损失。

(4) 在装卸或转船时由于一件或数件甚至整批货物落海所造成的全部或部分损失。

(5) 被保险人对遭受承保责任内的危险货物采取抢救、防止或减少货损的措施所支付的合理费用,但以不超过该批被毁货物的保险金额为限。

(6)运输工具遭遇海难后,在避难港上于卸货引起的损失,以及在中途港或避难港由于卸货、存仓和运送货物所产生的特殊费用。

(7)共同海损的牺牲、分摊和救助费用。

(8)运输契约中如订有"船舶互撞责任"条款,则根据该条款规定应由货方偿还船方的损失。

上述责任范围表明,在投保平安险的情况下,保险公司可由于自然灾害所造成的单独海损不用赔偿责任,而对于因意外事故所造成的单独海损则要负赔偿责任。此外,如在运输过程中运输工具发生搁浅、触礁、沉没、焚毁等意外事故,则不论在事故发生之前或之后由于自然灾害所造成的单独海损,保险公司也要负赔偿责任。

2.水渍险

投保水渍险后,保险公司除担负上述平安险的各项责任外,还对被保险货物如由于恶劣气候、雷电、海啸、地震、洪水等自然灾害所造成的部分损失负赔偿责任。

3.一切险

投保一切险后,保险公司除担负平安险和水渍险的各项责任外,还对被保险货物在运输途中由于外来原因而遭受的全部或部分损失,也负赔偿责任。

从上述三种基本险别的责任范围来看,平安险的责任范围最小,它对自然灾害造成的全部损失和意外事故造成的全部和部分损失负赔偿责任,而对自然灾害造成的部分损失,一般不负赔偿责任。水渍险的责任范围比平安险的责任范围大,凡因自然灾害和意外事故所造成的全部和部分损失,保险公司均负责赔偿。一切险的责任范围是三种基本险别中最大的一种,它除包括平安险、水渍险的责任范围外,还包括被保险货物的运输过程中,由于一般外来原因所造成的全部或部分损失,如货物被盗窃、钩损、碰损、受潮、发热、淡水雨淋、短量、包装破裂和提货不着等。由此可见,一切险是平安险、水渍险加一般附加险的总和。在这里还需特别指出的是,一切险并非保险公司对一切风险损失均负赔偿责任,它只对水渍险和一般外来原因引起的可能发生的风险损失负责,而对货物的内在缺陷、自然损耗以及由于特殊外来原因(如战争、罢工等)所引起的风险损失,概不负赔偿责任。

我国的《海洋运输货物保险条款》除规定了上述各种基本险别的责任外,还对保险责任的起讫,也作了具体规定。在海运保险中,保险费任的起讫,主要采用"仓至仓"条款,即保险责任自被保险货物运离保险单所载明的起运地仓库或储存处所开始,包括正常运输中的海上、陆上、内河和驳船运输在内,直至该项货物运抵保险单所载明的目的地,收货人的最后仓库或储存处所或被保险人用作分配、分派或非正常运输的其他储存所为止。但被保险的货物在最后到达卸载港卸离了海轮后,保险责任以60天为限。

二、附加险别

在海运保险业务中,进出口商除了投保货物的上述基本险别外,还可根据货物的特点和实际需要,酌情再选择若干适当的附加险别。

附加险别包括一般附加险和特殊附加险。

1. 一般附加险

一般附加险不能作为一个单独的项目投保,而只能在投保平安险或水渍险的基础上,根据货物的特性和需要加保一种或若干种一般附加险。如加保所有的一般附加险,这就叫投保一切险。可见一般附加险被包括在一切险的承保范围内,故在投保一切险时,不存在再加保一般附加险的问题。

由于被保险货物的品种繁多,货物的性能和特点各异而一般外来的风险又各种各样,所以一般附加险的种类也很多,其中主要包括:偷窃提货不着险、淡水雨淋险、渗漏险、短量险、钩损险、污染险、破碎险、碰损险、生锈险、串味险和受潮受热险等。

2. 特殊附加险

(1) 战争险和罢工险

凡加保战争险时,保险公司则按加保战争险条款的责任范围,对由于战争和其他各敌对行为所造成的损失负赔偿责任,按中国人民保险公司的保险条款规定,战争险不能作为一个单独的项目投保,而只能在投保上述三种基本险别之一的基础上加保。战争险的保险责任起讫和货物运输险不同,它不采取"仓至仓"条款,而是从货物装上海轮开始至货物运抵目的港卸离海轮为止,即只负责水面风险。

根据国际保险市场的习惯做法,一般将罢工险与战争险同时承保。如投保了战争险又需加保罢工险时,仅需在保单中附上罢工险条款即可,保险公司不再另行收费。

(2) 其他特殊附加险

为了适应对外贸易货运保险的需要,中国人民保险公司除承保上述各种附加险外,还承保交货不到险、进口关税险、舱面险、拒收险、黄曲霉素险以及我国某些出口货物运至港澳存仓期间的火险等特殊附加险。

第三节 我国的陆、空、邮运货物保险

陆运、空运货物与邮包运输保险是在海运货物保险的基础上发展起来的。由于陆运、空运与邮运同海运可能遭致货物损失的风险种类不同,所以陆、空、邮货运保险与海上货运保险的险别及其承保责任范围也有所不同,现分别简要介绍。

一、陆上货物运输保险

陆上货物运输保险在国际上尚未制定出为各国普遍采用的条款,但各国根据本国的情况一般制定有自己的保险条例和法规。中国人民保险公司陆上运输货物保险条款承保以火车、汽车为运输工具承运货物的风险,险别分为陆运险和陆运一切险两种。

1. 陆运输的保险责任范围

(1) 自然灾害

被保险货物在运输过程中遭受暴风、火灾、雷电、地震、洪水等灾害而造成的全部或部分损失时,保险公司负责赔偿。

(2) 意外事故

火车或汽车等陆上运输工具发生碰撞、倾覆、出轨、隧道坍塌、岩崩等事故造成被保险货物的全部或部分损失时,保险公司负责赔偿。

陆运险对陆上运输过程中的驳运阶段的损失也有规定。驳运工具(如渡轮)由于搁浅、触礁、沉没、碰撞等造成被保险货物的全部或部分损失时,保险公司也负赔偿责任。

对由于发生在保险责任范围内的事故而采取抢救,防止或减少货损措施支付的合理费用,保险公司也负责赔偿,但以不超过被保险货物的保险金额为限。

2. 陆运一切险的保险责任范围

陆运一切险比陆运险的责任范围大。它除了上述属于陆运险的责任范围外,还对一切外来原因造成被保险货物的短少、短量、损坏损失以及偷窃、提货不着、破碎、渗漏、碰损、钩损、淡水雨淋、生锈、受潮受热、霉烂、玷污、串味等,也负责赔偿。

3. 陆上货物运输保险的除外责任

陆上货物运输保险条款也规定,如因被保险人的故意行为,过失行为,或属于发货人的责任,被保险货物本质特性,以及市价跌落、运输延迟等所引起的损失和费用,保险公司不负责赔偿;对未加投保战争险、罢工险而由战争或罢工所造成的损失也不负责赔偿。

4. 陆上货物运输保险责任的起讫

陆上货物运输保险也采取"仓至仓条款",保险责任从被保险货物运离保险单所载明的起运地的发货人仓库或贮存处所时开始,包括正常陆运和运输过程中的水上驳运在内,直到被保险货物运交保险单所载明的目的地收货人仓库或贮存处所时为止。被保险货物运抵保险单所载明的目的地后,如果没有及时送交收货人的仓库或贮存处所,则保险责任期限最长不能超过被保险货物到达最后卸载车部全部卸离陆上运输工具后 60 天。

二、空运货物保险

1. 空运风险与损失

货物在空运过程中,有可能因自然灾害、意外事故和各种外来风险而导致货物全部或部分损失。常见的风险有:雷电、火灾、爆炸、飞机遭受碰撞、倾覆、坠落、失踪、战争破坏以及被保险物由于飞机遭到恶劣气候或其他危难事故而被抛弃等。为了转嫁上述风险,故空运货物一般都需要办理保险,以便当货物遭到承保范围内的风险损失时,可以从保险公司获得赔偿。

2. 空运货物保险的险别

空运货物保险的基本险别有航空运输险和航空运输一切险。这两种基本险都可单独投保,在投保其中之一的基础上,经投保人与保险公司协商可以加保战争险等附加险。加保时须另付保险费。在加保战争险前提下,再加保罢工险,则不另收保险费。

航空运输险和航空运输一切险的责任起讫也采用"仓至仓"条款。航空运输货物战争险的责任期限,是自货物装上飞机时开始至卸离保险单所载明的目的地飞机时为止。

三、邮包运输保险

1. 邮包运输风险与损失

邮包运输通常须经海、陆、空辗转运送,实际上属于"门到门"运输,在长途运送过程中遭受自然灾害,意外事故以及各种外来风险的可能性较大。寄件人为了转嫁邮包在运送当中的风险损失,故须办理邮包运输保险,以便在发生损失时能从保险公司得到承保范围内的经济补偿。

2. 邮包运输保险的险别

根据中国人民保险公司制定的《邮政包裹保险条款》的规定,有邮包险和邮包一切险两种基本险,其责任起讫是,自被保险邮包离开保险单所载起运地至寄件人的处所运行邮局时开始生效,直至被保险邮包运达保险单所载明的目的地邮局发到通知书给邮件人当日午夜起算为止,但在此期限内,邮包一经递交至收件人处所时,保险责任即告终止。

在投保邮包运输基本险之一的基础上,经投保人与保险公司协商可以加保邮包战争险等附加险。加保时,也须另加保险费。在加保战争险的基础上,如加保罢工险,则不另收费。邮包战争险承保责任的起讫,是自被保险邮包经邮政机构收讫后自储存处所开始运送时生效,直至该项邮包运达保险单所载明的目的地邮政机构送交收件人为止。

第四节 国际货物运输保险程序

在国际货物买卖过程中,由哪一方负责办理投保,应根据买卖双方商订的价格条件来确定。例如,按 FOB 条件和 CFR 条件成交,保险即应由买方办理;如按 CIF 条件成交,保险即应由卖方办理。办理货运保险的一般程序如下。

一、确定投保的金额

投保金额是计算保险费的依据,又是货物发生损失后计算赔偿的依据。按照国际惯例,投保金额应按发票上的 CIF 价另加 10% 的预期利润计算。但是,各国市场情况不尽相同,对进出口贸易的管理办法也各有异。向中国人民保险公司办理进出口货物运输保险,可按两种办法进行:一种是逐笔投保,另一种是按签订预约保险总合同办理。其中:

(1)出口方面

①如果按 CIF 条件作价成交,其保险费的计算公式是

$$保险费 = CIF 货值 \times 投保加成(110\%) \times 保险费率$$

②如果按 CFR 条件作价成交,其保险费的计算公式是

$$保险费 = \frac{CFR 货值 \times 投保加成 \times 保险费率}{1 - (保险费率 \times 投保加成)}$$

(2)进口方面

①如果按 FOB 条件作价成交,其保险费的计算公式是

$$保险费 = \frac{FOB 货值 \times (1 + 运费率)}{1 - 保险费率} \times 保险费率$$

②如果按 CFR 条件作价成交,其保险费的计算公式是

$$保险费 = \frac{CFR 货值 \times 保险费率}{1 - 保险费率}$$

二、填写投保单

保险单是投保人向保险人提出投保的书面申请,其主要内容包括被保险人的姓名,被保险货物的品名、标记、数量及包装,保险金额,运输工具名称,开航日期及起讫地点,投保险别,投保日期及签章等。

关于投保险别,如果合同上已经订明,应按合同规定办理。在有信用证的条件下,应做到合同条款、信用证条款、保险单条款一致。如果合同上没有明确规定投保险别,则应参考货物的性质、包装、用途、运输工具、运输路线、运输季节、货物残损规律等因素加以确定。投保险别必须合理、明确,避免使用"水险"、"惯常险"、"水(火)损失"等含糊名称。该保的不应漏保,如玻璃器皿要加保破碎险,不该保的就不要保,如钢轨就无须加保锈蚀险。有时合同上没有规定要加保某险,但对方却临时提出要求加保某种险,此时超过合同规定险别的保险费可以向对方另行收取。

三、支付保险费,取得保险单

保险费按投保险别的保险费率计算。保险费率是根据不同的险别、不同的商品、不同的运输方式、不同的目的地,并参照国际上的费率水平而制订的。它分为"一般货物费率"和"指明货物加费费率"两种。前者是一般商品的费率,后者系指特别列明的货物(如某些易碎、易损商品)的一般费率的基础上另行加收的费率。

海运险的一般货物费率中按照平安险、水渍险一切险计算。如果在主要险别的基础上加保的附加险是某项商品的主要危险,一般应按一切险计算费率。陆运、空运和邮运险分为主要险和一切险两种费率。投保主要险后所保附加险的费率计收办法与海运险相同。

但是,即使同一险别,在不同国家和不同港口的费率也有差异。

战争险不论海运、空运、陆运、邮运,其费率都相同,而且一般无国家、地区、港口差异。

指明货物加费费率系统按出口商品分类分别规定对需要加费货物的加强幅度。对某些特别易损货物和粮谷等货物习惯上要扣除一定的免赔幅度。

交付保险费后,投保人即可取得保险单。保险单实际上已构成保险人与被保险人之间的保险契约,是保险人对被保险人的承保证明。在发生保险范围内的损失或灭失时,投保人可凭保险单向保险人要求赔偿。

四、提出索赔手续

当被保险的货物发生属于保险责任范围内的损失时,投保人可以向保险人提出赔偿要求。按《INCOTERMS 1990》E 组、F 组、C 组包含的八种价格条件成交的合同,则视情况由买方或卖方索赔。

被保险货物运抵目的地后,收货人如发现整件短少或有明显残损,应立即向承运人或

有关方面索取货损或货差证明,并联系保险公司指定的检验理赔代理人申请检验,提出检验报告,确定损失程度,同时向承运人或有关责任方提出索赔。属于保险责任的,可填写索赔清单,连同提单副本、装箱单、保险单正本、磅码单、修理配置费凭证、第三者责任方的签证或商务记录以及向第三者责任方索赔的来往函证等向保险公司索赔。

索赔应当在保险有效期内提出办理,否则保险公司可以不予办理。

第六章 检验、索赔、不可抗力和仲裁

在国际货物销售合同中,除了品名、品质、数量、包装、装运、保险、支付等主要条款外,还包括检验、索赔、不可抗力和仲裁等一般条款。

在合同履行过程中,买卖双方常常会对出现的某些问题发生争议。如何认识、解释和处理这些争议,也是买卖双方关心的问题,需要在合同签订前充分磋商,取得一致意见,并订明于合同之中,使之在处理时有"章"可循,有"法"可依。因此,即使是这些一般条款,也是合同中不可缺少的重要组成部分。

第一节 进出口商品的检验

一、商品检验及其作用

商品检验,是指在国际贸易业务中,由国家设置的商品检验机构或给政府注册的第三者身份的民间公证鉴定机构,对进出口商品的品质、数量、包装、卫生、安全以及残损短缺等进行检验、鉴定并出具证书的工作。

进出口商品检验是适应现代国际商品交换发展的需要而产生,发展和完善起来的。在国际贸易中,买卖双方大都远隔重洋,一般难以当面验看,互交货物,也不能当场进行货款结算,而且货物在长途运输过程中还可能发生货物残损或意外事故、存在着种种风险。为了查明事故或风险的原因,分清有关当事人的责任,求得妥善处理,在长期的国际贸易实践中,逐渐形成一种被买卖双方所能接受的习惯做法,即由有资格的、有权威的,独立于买卖双方利益冲突之外的第三者国家商检机构或民间公证鉴定机构对进出口商品进行检验、鉴定,并对检验、鉴定的结果出具证书,作为交接货物,结算货款,处理索赔和理赔的依据。

在我国进出口商品中由于有些不法外商或不可靠的中间商往往采用投机手段,以次充好,以旧顶新,以少充多,掺杂使假等现象屡见不鲜,即使是发达国家的名牌货,有时也会出现这样那样的问题。尤其是我国进口的机械产品、成套设备以及重要的原材料,因其质量上的缺陷存在各种隐患,如不及时检验发现,这不仅将降低其生产效率,或缩短其使用寿命,甚至还可能发生严重事故。就我国出口商品而言,如果质量不好,不利于外销和取得好的销价,即使勉强出口,也会给国家造成经济损失和不良政治影响。特别是在当前国际贸易领域竞争激烈的情况下,奖出限入的保护贸易政策盛行,国外消费者对商品质量的要求越来越高,加之各国对商品安全性能及食品卫生等方面都有不同的限制法令,这都表明加强出口商品检验工作的重要性。

现在,商品检验不仅已经成为保证,提高出口商品质量,增强国际市场竞争力,扩大出口贸易,提高经济效益的一个重要手段,而且已经成为把好进口商品质量关,维护国家和人民合法权益的一项重要措施,从而构成买卖双方交易洽商贸易合同的一项必不可少的内容。对此,各国均十分重视,纷纷通过立法或颁布法令予以确保,《联合国国际货物销售合同公约》也有类似规定。

二、进出口商品检验的内容、依据和范围

1. 进出口商品检验的内容

《中华人民共和国进出口商品检验法》(以下简称《商检法》)第6条作出明确规定:"商检机构实施进出口商品检验的内容,包括商品的质量、规格、数量、重量、包装以及是否符合安全、卫生要求。"

2. 进出口商品检验的依据

一般讲,进出口商品检验的依据有两种:一是法律、行政法规;二是贸易合同。

《商检法》第6条规定:"法律、行政法规规定有强制性标准或者其他必须执行的检验标准的进出口商品,依照法律、行政法规规定的检验标准检验;法律、行政法规未规定有强制性规定或者其他必须执行的检验标准的,依据对外贸易合同约定的检验标准检验。"这就是说,在我国进出口发展贸易合同中所签订的商品检验内容,一是要符合我国有关法规规定的要求,否则其合同内容在我国是无效的。如果违反了对方国家有关标准法规,我国出口商品也会被拒之对方国门之外。二是不能违反海关、商检等有关部门所颁布的法规。例如,我国出口棉坯布不得违反国家商检局颁布的《全国出口棉花检验要求》规定的有关商检条款。

至于对外贸易合同的检验依据,指的是在对外贸易合同中,对商品的检验要求可实施不约定商品检验标准的办法,而是根据买卖双方的需要,协商约定的检验条款。合同中约定的这个检验条款,便是该商品的法定检验依据,例如,合同中约定某种品质条款,可以是行业产品标准,或企业产品标准也可以是双方商定的品质标准。无论合同中写出什么品质条款,都可以作为法定检验依据,但都不能超越有关法规的要求。

应当指出,进出口商品虽然有上述两种检验依据,但从对外贸易业务来讲,主要的依据是对外贸易合同(含信用证)所规定的检验条款。当然,该合同的检验条款以不能不悖于买卖双方国家有关法律和行政法规的要求为前提。

3. 进出口商品检验的范围

进出口商品检验的范围,包括有关法律、法规以及对外贸易合同规定的应由商检机构实施检验的进出口商品。

我国进出口商品检验的范围,首先是《商检机构实施检验的进出口商品种类表》(以下简称《种类表》)中规定的商品。《商检法》第4条,第5条规定,国家商检部门根据对外贸易发展的要求,制订、调整并公布《种类表》,对列入《种类表》的进出口商品,必须经过商检机构或国家商检部门、指定的商检机构实施检验。不经检验的进口商品,不准销售、使用;未经检验合格的出口商品,不准出口。可见,列入《种类表》的进出口商品属于强制性或法定检验的商品。

属于法定检验商品范围的还有:

(1)根据《中华人民共和国食品卫生法》(试行)规定,应施卫生检验的出口商品;

(2)根据《中华人民共和国进出境动植物检疫法》规定,应施检疫的进出口动植物产品;

(3)根据《商检法》规定,对装运出口粮油、食品冷冻品等易腐食品的船舱和集装箱,必须经商检部门检验符合装运技术条件,并发到证书后,方准装运;

(4)凡列入《国际海上危险货物运输规则》内的危险品,必须经商检机执行包装鉴定,以检验合格发给证书后,方准装运出口。

(5)对外贸易合同规定由国家设立的商检机构检验的进出口商品,也应视同法定检验商品。

另外,《商检法》第5条还规定,应由商检机构检验的进出口商品,经收货人、发货人申请国家商检部门审查批准,可以免于检验。对此,国家商检局发布并于1990年4月1日开始执行的《进出口商品免验办法(试行)》,详细规定了免检验商品的具体管理办法。至于商检机构对不实行直接检验的进出口商品,《商检法》规定了监督管理办法。该法第17条规定:"商检机构对本法规定必须经商检机构检验的进出口商品以外的进出口商品,可以抽样检验。出口商品经抽查检验不合格的,不准出口。"

三、进出口商品检验的一般程序

进出口商品检验程序一般由报验、抽样、检验和签证四个环节组成。

1. 报验

报验是指对外贸易关系人(包括出口商品的生产、供货部门、进口商品的收货、用货部门、运输、保险契约的有关部门)向商检部门提出的检验申请,是商品检验的必办手续,有三种做法。

(1)出口检验申请

要填写《出口检验申请单》,提供相关的买卖合同,信用证,来往函电等证件和资料。报验时间,一般到发运前7~10天,如果报验单位不在商检部门所在地,则应在发运前10~15天内申报。

(2)进口检验申请

要填写《进口检验申请单》,并附上买卖合同、发票、海运提单(或铁路、航空、邮政的运单)、品质证书、装箱单、外运通知单。收用货部门验收的,应附验收记录等资料;进口货物有残损、短缺的,应附理货公司与轮船大副共同签署的货物残损报告单,大副批注或铁路商务记录等有关证明材料。报验时间,最晚不得少于对外索赔有效期的三分之一时间。

(3)委托检验

要填写《委托检验申请单》,并应自送样品。委托检验的结果,一般不能用于作为对外索赔的依据。

2. 抽样

抽样是检验的基础。除委托检验外,一般不得由报验人送样,而是在商检部门接受报验后,随即派抽样员赴存货现场自行抽样。抽样时,要按照约定的方法和比例,从货架的不同部位抽取一定数量的,能代表全批货物质量的样品(标本)供检验之用。抽样完毕,由抽样员当场发给抽样收据。

3. 检验

检验是商检部门的中心工作,必须做到准确、迅速、证货相符,否则会影响检查结果的准确性、有效性。因此,商检部门在接受报验后,要认真研究申报的检验项目,确定检验内容,按照检验的依据和合同(信用证)对品质、规格、包装的规定以及其规定的检验标准和检验方法,对抽样进行检验。

4. 签证

商检证书是商检机构对进出口商品检验、鉴定的结果所出具的证书。它是买卖双方交接货物的依据,也是买卖双方收付货款,处理索赔和理赔的依据。因此,要求它所载事实清楚,论证严谨、周密。商检机构根据《种类表》或买卖合同(信用证)的规定,对进出口商品进行检验,签发商检证书或放行单。

四、商品检验条款的主要内容

国际货物买卖合同中的商品检验条款主要包括下述内容:检验的时间和地点,检验的机构、标准、方法和证书,复验的期限,机构和地点等。

1. 商品检验的时间和地点

商品检验的时间和地点实际上涉及买卖双方对商品进行检验的权利,即对商品的品质、数量、包装等是否与合同(信用证)一致的检验,是以卖方的检验为最后依据,还是由买方的检验为最后依据的问题,对此,各国的规定和做法不尽相同。目前,通常有以下几种规定。

(1)离岸品质,重量为准

出口货物在装运港装船前,由买卖双方约定的检验机构检验后所出具的符合合同条款规定的品质、重(数)量、包装等检验证书,作为卖方交货的品质、重(数)量的最后依据。货抵目的港后,买方也可自行复检,但无权就此向卖方提出品质,重(数)量方面的任何异议,除非买方能够证明,货物到达目的地(港)时的质变与缺量是由于卖方未履行合同规定或因货物隐蔽的疵点所致。这实际上否定了买方的复验权。当然,货物在运输途中所发生的货损,则不在此列。

(2)到岸品质、重量为准

有些货物如密封包装的货物,或规格、精密度高的货物,不便在装运港(地)开装检验,而要在货抵目的港(地)后才能检验,可采取到岸品质、重(数)量检验的做法,即货抵目的港(地)后,由双方约定的目的(地)商检机构检验货物并以其出具的检验证书作为卖方交货的品质、重(数)量的最后依据。如发现货物的品质、重(数)量与合同不符而责任又在卖方时,买方可向卖方提出索赔或按双方事先的约定处理。

(3)离岸重量,到岸品质

这种规定是以装运港商检机构检验货物的重(数)量,并以其出具重(数)量证书作为最后依据,以目的港商检机构检验货物的品质并以其出具的品质证书作为最后依据。这是一种折中做法,旨在调和双方在检验环节上的矛盾,多用于大宗货物交易的检验中。

(4)装运港检验,目的港复验

按这种规定,货物由装运港商检机构检验后所出具的检验证书作为卖方交货和议付货款的凭证之一,同时又允许货抵目的港后由双方约定的商检机构在约定的时间内进行复验,经过复验,如发现货物的品质、重(数)量与合同不符而责任在卖方,买方可凭目的港商检机构出具的复验证书向卖方提出异议和索赔。这种做法兼顾了买卖双方的利益,在一般情况下对买卖双方较为公平合理,符合国际贸易惯例和法规规则,因而在国际贸易中广泛应用,在我国进出口业务中也常被采用。

2.检验的机构、标准、方法和证书

(1)商检机构

商检机构一般是指接受委托对国际贸易中的商品进行检验和公证鉴定工作的专业性机构,在国际贸易中,从事商品检验的机构大致分为三类:①由国家设立的检验机构;②由私人或同业工会、协会开设的公证行或公证人;③由生产到买方、用货单位检验。

一般来说,商检机构是交易双方之外的第三者,与买卖双方没有利害关系,而且应具有足够的技术力量和仪器设备,办事公平合理。但是,由于各国商检机构的背景、能力、技术、信誉各有不同,加之商品性质,交易条件以及各国检验的规章制度各异,诸多因素做出综合判断的基础上,由买卖双方定夺,并订明于合同之中,该商检机构所出具的检验证书才能为买卖双方接受。不过,商检机构的选定通常是与检验的时间和地点条件联系在一起的。

我国的商检机构,根据《商检法》规定,设有国家商检局及其在全国各地的地方商检局。中国进出口商品检验总公司及其在全国各地的分公司,根据商检局指定,也以第三者身份办理进出口商品的检验和公证鉴定业务。

国家商检局的主要任务有三项:

①根据《商检法》等法规的规定,国家商检局对属于法定检验范围的进出口商品实施法定检验。经其检验合格并签订检验证书的,才能出口,或通关调拨使用或销售,上述一切均由海关监管。

②办理对外贸易的公证鉴定业务。公证鉴定是国家商检局根据对外贸易关系人的申请,或受国外检验机构的委托,办理进出口商品的各项鉴定业务,并签发各种鉴定证书,作为对外贸易关系人办理进出口商品的交接、结算、报关、纳税、处理争议、索赔等业务的有效凭证。我国在这项业务统一由商检局及其指定的商检公司办理。国外检验机构要在我国境内设立商检机构,办理公证鉴定业务,必须经国家商检局核准和统一管理。

③对一切进出口商品的品质和检验工作实施监督管理,主要是以出口商品的生产、经营单位和进口商品的收购、用货单位的检验工作以及进出口商品的品质,进行监督检查和管理指导。

(2)检验标准和检验方法

①检验标准。国际贸易中的商品检验标准,通常有生产国标准、进口国标准、国际通用标准和买卖双方协定标准等。

②检验方法。商品的检验方法大体分为两大类:一是感官检验鉴定法,包括味觉、视

觉、嗅觉、听觉和触觉检验等方法；二是理化鉴定法，包括化学鉴定、物理鉴定、微生物学鉴定、生理学鉴定等方法。

③运用。检验标准和检验方法涉及各国不同的规章制度以及许多复杂的技术问题，即使是同一种商品，采用不同的检验标准和检验方法，尤其是后者，往往会得到不同甚至完全相反的结果，容易产生争议。因此，在买卖合同或信用证中，不仅要订明检验标准，同时也要订明具体的检验方法，以此作为商品检验、鉴定的依据、避免不必要的麻烦。

(3)检验证书

商检机构根据约定的检验标准和检验方法对商品进行检验，鉴定后，便签发商检证书。在国际贸易中，常见的商检证书有：

①品质检验证书，是关于进出口商品的品质、规格、等级的证书；

②重量检验证书，是关于进出口商品重量的证书；

③数量检验证书，是关于进出口商品数量的证书；

④兽医检验证书，是关于动物产品在出口前经兽医检验、符合检疫要求的证书；

⑤卫生(健康)检验证书，是关于出口食品、食用动物产品未受传染病感染的证书；

⑥消毒检验证书，是关于动物产品经过消毒处理的证书；

⑦产地检验证书，是关于出口商品产地的证书，或应给惠国要求而为出口产品所出具的产地证书；

⑧价值检验证书，是关于出口商品价值或发货人提供的发票上价值完全正确的证书；

⑨验残证书，是关于进口商品残损情况，作定残损贬值程度、判断致损原因的证书，以供索赔时使用。

此外，还有验舱货载衡量等证书。

上述检验证书基本上适应了不同商品的不同检验项目的需要。

至于在一笔具体的业务中究竟需要何种检验证书，应根据商品的种类、性质、有关法律和贸易习惯以及政府的涉外经济政策而定，并在商检条款中明确规定。

3.复验的期限，机构和地点

国际贸易中的商品，由于其本身的品质问题，或者经过运输发生品质、重(数)量、包装方面的变化，致使货到后检验结果与发货前或发货时检验的结果有出入，这就涉及买方是否有复验权的问题。如果合同规定买方有复验权，那么，就要对复验的期限，机构及地点作出明确规定。

复验期的长短，应根据商品的性质、特点以及港口情况确定。一般说来，需要经过安装、测试、试车、正式投产几个阶段的商品，如成套设备的复验期长一些，一般机电产品的复验期则短一些。在复验期的规定上，还要考虑到某些商品的特殊规定，如质量保证期限，试用期限等。由于复验期实际上就是索赔期，对于买方来说，超过了复验期就等于丧失了索赔权。因此，复验期规定是否合理，对于买方显得尤为重要。

至于复验机构，通常由买方选择。在我国的出口业务中，国外买方选择的检验机构，应由我方事先确认，以利于检验业务的相互合作。

对于进口商品的复验地点，应视不同情况分别作出规定：进口商品通常应在到货口岸或集中存货地点进行检验；成套设备，大型矿山机械等应在收货、用货地点检验；用集装箱运输的货物,可安排在拆箱地点检验;同批到货分拨各地使用的,应尽可能安排在到货口岸检验,等等。

第二节 索 赔

一、约定索赔条款的意义

国际贸易涉及的面很广,情况复杂多变,在履约过程中,如一个环节出问题,就可能影响合同的履行,加之市场情况千变万化,如出现对合同当事人不利的变化,就可能导致一方当事人违约或毁约,而给另一方当事人造成损害,从而引起争议。受损害的一方为了维护自身权益,便向违约方提出索赔。违约方对受损害方的索赔要求进行处理,称为理赔。由此可见,索赔与理赔是一个问题的两个方面,即对守约方而言是索赔,对违约方而言是理赔。在国际贸易中,索赔情况时有发生,特别是在市场剧烈动荡和价格瞬息万变的时候,更是频繁出现。索赔事件多发生在交货期、交货品质和数量等问题上。

一般来说,买方向卖方提出索赔的情况较多。当然,买方不按期接运货物或无理拒收货物和拒付货款的情况也时有发生,因此,也有卖方向买方索赔的情况。在我国进出口业务中,履行出口合同时,多系外商向我方索赔;履行进口合同时,则由我方向外商索赔的情况较多。为了便于处理这类问题,买卖双方在合同中,一般都应订立索赔条款。索赔条款有两种规定方式,一种是异议与索赔条款,另一种是罚金条款。在一般货物买卖合同中,多数只订异议与索赔条款。而在大宗商品和机械设备合同中除了订明异议与索赔条款外,往往还需另订金条款。

二、索赔条款的内容

1. 异议与索赔条款

异议与索赔条款的内容,主要包括索赔的依据、索赔的期限,索赔的办法等。

(1)索赔的依据

在索赔条款中,一般都规定提出索赔应出具的证据和出证机构,如双方约定:货到目的港卸货后,若发现品质、数量或重量与合同规定不符,除应由保险公司或船公司负责者外,买方于货到目的港卸货后若干天内凭双方约定的某商检机构出具的检验证明向买方提出索赔。

(2)索赔的期限

守约方向违约方提出索赔的时限,应在合同中订明,如超过约定时限索赔,违约方可不予受理。因此,索赔期限的长短应当规定合适。在规定索赔期限时,应考虑不同商品的特性和检验条件。对于有质量保证期限的商品,合同中还应加订保证期。此外,在规定索赔期限时,还应对索赔期限的起算时间一并做出具体规定,通常有下列几种起算方法:

① 货到目的港后××天起算;
② 货到目的港卸离海轮后××天起算;
③ 货到买方营业处所或用户所在地后××天起算;

④货物检验后××天起算。

(3)索赔的方法

异议索赔条款对合同双方当事人都有约束力,不论何方违约,受损害方都有权提出索赔。鉴于索赔是一项复杂而又重要的工作,所以处理索赔时,应弄清事实,分清责任,并区别不同情况,有理有据地提出索赔。至于索赔金额因订约时难以预卜,只能事后本着实事求是的原则酌情处理,故在合同中一般不作具体规定。

2.罚金或违约金条款

此条款一般适用于卖方延期交货或买方延期接运货物、拖延开立信用证,拖欠货款等场合。在买卖合同中规定罚金或违约金条款,是促使合同当事人履行合同义务的重要措施,能起到避免和减少违约行为的预防性作用,在发生违约行为的情况下,能对违约方起到一定的惩罚作用,对守约方的损失能起到补偿性作用。可见,约定此项条款,采取违约责任原则,对合同当事人和全社会都是有益的。

罚金或违约金与赔偿损失虽有相似之处,但仍存在差异,其差别在于:前者不以造成损失为前提条件,即使违约的结果,并未发生任何实际损失,也不影响对违约方追究违约金责任。违约金数额与实际损失是否存在及损失的大小没有关系,法庭或仲裁庭也不要求请求人就损失举证,而其在追票程序上比后者简便得多。

违约金的数额一般由合同当事人商定,我国现行合同法也没有对违约金数额作出规定,而以约定为主。按违约金是否具有惩罚性,可分为惩罚性违约金和补偿性违约金,世界大多数国家都以违约金的补偿性为原则,以惩罚性作为例外。根据我国合同法的规定,在确定违约金数额时,双方当事人应预先估计因违约可能发生的损害赔偿确定一个合适的违约比率。在此需要着重指出的是,在约定违约金的情况下,即使一方违约未给对方造成损失,违约方也应支付约定的违约金。为了体现公平合理原则,如一方违约给对方造成的损失大于约定的违约金,守约方可以请求法院或仲裁庭予以增加;反之,如约定的违约金过分高于实际造成的损失,当事人也可请求法院或仲裁庭予以适当减少,这样做,既体现了违约金的补偿性,也在一定程度上体现了它的惩罚性。当违约方支付约定的违约金后,并不能免除其履行债务的义务。

第三节 不可抗力

不可抗力是国际贸易中通用的一个业务术语,也是许多国家和国际公约的一项法律原则,一般都应订入买卖合同之中。

一、不可抗力的含义

不可抗力是指买卖合同签订后,不是由于合同当事人的过失或疏忽,而是由于发生了合同当事人无法预见、无法预防、无法避免和无法控制的事件,以致不能履行或不能如期履行合同,发生意外事件的一方可以免除履行合同的责任或推迟履行合同。因此,不可抗力是一项免责条款。

在国际贸易中,对不可抗力的含义及其叫法并不统一。在英美法中,有"合同落空"原则的规定,其意思是指合同签订后,不是由于合同当事人的过失,发生了当事人意想不到的事件,致使订约目的受到挫折,从而造成"合同落空"。发生事件的一方,可据此免除责任。

在大陆法系国家的法律中,有所谓"情势变迁"或"契约失效"原则的规定,其意思是指签订合同后,不是由于合同当事人的原因而发生了当事人预想不到的情况变化,致使合同不可能再履行或对原来的法律效力需作相应的变更。不过,法院对引用此项原则来免除履约责任的要求是很严格的。

根据《联合国国际货物销售合同公约》规定,合同签订后,如发生了合同当事人订约时无法预见和事后不能控制的障碍,以致不能履行合同义务,则可免除责任。

上述各种解释表明,各国对不可抗力的叫法与说明不同,但其精神原则大体相同。

二、约定不可抗力条款的意义

在国际贸易中,买卖双方洽商交易时,对成交后由于自然力量或社会原因而可能引起的不可抗力事件是无法预见,无法控制的,加之,国际上对不可抗力事件及其引起的法律后果并无统一的解释,为了避免因发生不可抗力事件而引起不必要的纠纷,防止合同当事人对发生不可抗力事件的性质、范围做任意的解释,或提出不合理的要求,或无理拒绝对方的合理要求,故有必要在买卖合同中订立不可抗力条款,明确规定不可抗力事件的性质、范围、处理原则和处理办法,以利合同的履行。

三、不可抗力的法律后果

鉴于不可抗力是许多国家和国际公约的一项法律原则,就需要明确不可抗力的法律后果。

不可抗力事故引起的法律后果一般视不可抗力事故对合同的影响程度区分两种情况:一是中止合同,二是解除合同。

如果发生的不可抗力事故只是暂时或在一定时间内阻碍合同的履行,只能中止合同或延期履行合同,但不能解除有关当事人履行合同的义务。一旦事故后果得以消除,仍然要履行合同。如果发生的不可抗力事故已经破坏了履行合同的根本基础,故使履行合同成为不可能,即可解除有关当事人履行合同之责。

对于不可抗力的法律后果,各国法律和国际公约都作了自己的规定和解释。《联合国国际货物销售合同公约》(1980年)第79条第1款规定:"当事人不履行义务,不负责任,如果他能证明此种不履行义务,是由于某种非他所能控制的障碍,而且对于这种障碍,没有理由预期他在订立合同时能考虑到或能避免或克服它或它的后果。"这就是说,如果当事人一方由于发生了他所不能控制的障碍(自然灾害或意外事故),而这种障碍在订立合同时又是无法预见、避免或克服的,便可免除履行合同之责。

四、不可抗力条款的规定

合同中的不可抗力条款是买卖双方就不可抗力的有关内容所作的合同约定。每份合同约定的内容可能有别,但通常包括:不可抗力导致的范围,不可抗力事故的法律后果,出具事故证明文件的机构,以及事故发生后通知对方的期限。各国法律都承认这种约定的有效性。

1. 不可抗力事故的范围

鉴于这项内容一般容易引起争议、通常应当尽可能规定得具体一些,即规定哪些自然灾害或意外事故构成不可抗力,哪些则不能构成,不宜含糊、笼统,以防出现不同的解释和纠纷,尤其要防止外商随意扩大不可抗力事故的范围来推卸责任。

关于不可抗力事故的范围,在我国进出口合同中大体上有三种规定方法:

(1)概括式:对不可抗力事故不作明确规定,如"由于公认的不可抗力的原因造成卖方不能交货或延期交货,卖方不承担责任。"如此规定,过于空泛,难以作为解决问题的依据,一则易被对方曲解利用,二则易被法院置之不理,从而制约了整个合同的效力。

(2)列举式:对不可抗力事故做出具体的规定,如"由于战争、洪水、火灾、雪灾、暴风、地震的原因造成卖方不能按时交货或延期交货,则可推迟交货时间,或者撤销部分或全部合同。"此种规定方式虽然有具体、明确的特点,但由于不可抗力事故种类很多,难免有失偏颇,一旦发生未列明的不可抗力事故,势必产生争执。

(3)综合式:这是一种将概括和列举结合采用的规定方式,如"由于战争、洪水、火灾、雪灾、暴风、地震以及其他人力不可抗拒的原因,卖方或买方不能在本合同第×条规定的有效期内履行合同,则本合同未交货部分即被视为取消。买卖双方的任何一方不负任何责任。"此种规定方法既明确具体,又涵盖无遗,比较灵活,可适应多变情况。在上述三种规定方法中,我国多采用第三种。

2. 出具不可抗力事故证明的机构

在我国,该证明文件由中国国际经济贸易促进委员会或其设在各口岸的分会出具;在国外,一般由事故发生地的当地商会或合法的公证机构出具。

3. 事故发生后通知对方的期限

当发生的不可抗力事故影响到合同的履行时,遭受事故的一方应立即(有些则要求在15天内)通知对方,并在一定期限内提供不可抗力事故的证明文件,对方接到通知应及时答复,如有异议也应及时提出。

五、援引不可抗力条款应注意的事项

①遭受不可抗力事故的一方应立即通知对方并提供相应的有效的事故证明文件,而对方在接到通知后应及时答复,不得长期拖延不理,否则要负违约责任。

②要认真分析事故的真伪虚实,确定是否属于不可抗力事故所约定的范围。如果事故超出了合同约定的范围,一般不应按不可抗力事故处理。

③根据事故的性质,影响合同履行的程度,提出并协商双方当事人都可接受的处理意见,或中止合同,或解除合同。对于超出合同约定范围的事故,要从严掌握和处理。

第四节 仲　裁

一、仲裁的含义

对外经济贸易的仲裁是指交易双方当事人在争议发生前或发生后达成书面协议,自愿将经过双方友好协商或第三者调解未能解决的有关争议交给双方同意的第三者(即仲裁机构)进行裁决的一种解决争议的方式。由于仲裁是依据法律所允许的仲裁程序对争议作出的裁决,因而这种裁决具有法律约束力,双方当事人必须遵照执行。

友好协商固然是一种解决争议的便利方式,但往往难以达到预期的效果。通过司法诉讼也可以解决争议,但由于它是一种"对簿公堂"的方式,不仅费用高,耗时长,而且常常造成争议双方的关系紧张,不利于未来的业务发展。比较起来,仲裁裁决对双方具有约束力,较之一般的友好协商易于解决争议,较之司法诉讼又有较多的灵活性,费用较低,耗时也短。裁决是在双方自愿的基础上执行的,双方的气氛和感情也较为融洽,有利于未来业务的发展。因此,通过仲裁解决国际贸易业务中出现的争议,是国际上普遍采用的争议解决方式。

二、仲裁协议

仲裁协议是争议双方愿意将争议交付仲裁解决的书面协议,是申请仲裁的必备材料,因而仲裁协议必须是书面的。

1.仲裁协议的形式

一种是在争议发生前,由买卖双方在合同中订立仲裁条款,这是买卖双方愿意把将来可能发生的争议交付仲裁解决的协议;另一种是争议发生后,争议双方同意,将已发生的争议交付仲裁解决的协议,称为"提交仲裁协议"。按照《中国国际经济贸易仲裁委员会仲裁规则》的规定,合同中的仲裁条款和提交仲裁协议均应视为与合同其他条款分离地、独立地存在的条款成一个部分;合同的变更、解除、终止、失败或无效以及存在与否,均不影响仲裁条款或仲裁协议的效力。因此,两者在法律上没有任何差别,其作用和效力是完全相同的。

2.仲裁协议的作用

根据多数国家仲裁法的规定,主要表现在三个方面:

①它是争议双方凭仲裁方式解决争议的依据,双方须受仲裁协议的约束。

②它是仲裁机构取得争议案件管理权的依据,这是一项基本原则。这表明,没有仲裁协议的争议案件,任何仲裁机构协议的争议案件,任何仲裁机构都不会受理。

③只要争议双方提交了仲裁协议,即可排除法院对有关争议的管辖权,争议双方中的任何一方不得再向法院起诉,否则另一方可根据仲裁协议要求法院不予受理。

上述三方面的作用是相互联系而不可分割的,其中最重要的是第三方面的作用,即排除法院对争议案件的管辖权。不过,有些国家的法律规定,争议双方订立的仲裁条款不能完全排除法院的管辖权,对此应予注意。

三、合同中的仲裁条款

合同中的仲裁条款一般包括仲裁地点、仲裁机构、仲裁程序、仲裁效力等内容。

1. 仲裁地点

仲裁地点是仲裁条款的主要内容，往往是双方当事人利益的焦点。仲裁地点与仲裁适用的法律密切相关，在哪里仲裁，就适用哪里的法律。不同的国家有不同的法律，仲裁地点不同，仲裁适用的法律也不同，就可能对争议双方的权利与义务做出不同的解释和裁决；而且由于当事人对本国的法律和仲裁做法比较熟悉和信任，都愿意在本国仲裁。

在我国进出口贸易合同中的仲裁地点一般有三种规定方法：第一首先争取在我国仲裁；第二在争议的对方国家仲裁；第三在双方同意的第三国仲裁。在规定第三国作为仲裁地点时，应注意选择对我国比较友好的国家，该国的仲裁机构业务能力较强，办事公道，该国的仲裁法和仲裁程序我们也比较了解。对于与我国签有贸易协定的国家，仲裁地点按贸易协定的规定处理。

2. 仲裁机构

国际贸易中的仲裁，一种是由常设的仲裁机构受理，另一种是由临时仲裁机构受理。常设的仲裁机构分三类：

一些国际组织设立的，如国际商会仲裁院（驻巴黎）。

许多国家都有常设的仲裁机构，如中国国际经济贸易仲裁委员会和海事仲裁委员会、日本商事仲裁委员会、瑞典斯德哥尔摩商会仲裁院、意大利仲裁协会、英国伦敦仲裁院、美国仲裁协会等。

临时性的仲裁机构，即为解决特定的争议案件而组成的仲裁庭，一旦争议案件审理完毕，即告解散。

3. 仲裁程序

仲裁程序主要是规定仲裁的手续、步骤和做法，例如仲裁的申请、仲裁员的选定、仲裁案件的审理、仲裁裁决的效力、仲裁费用的负担等。很多国家都制订有本国的仲裁程序规则，我国则订有《中国国际经济贸易仲裁委员会仲裁规则》。国际仲裁的一般做法是在哪个国家仲裁，就采用哪个国家的仲裁规则。当然，也有采用仲裁地点以外其他国家的仲裁规则的，前提是争议双方当事人已有约定。

4. 仲裁裁决的效力

国际上普遍的做法是仲裁裁决具有终局性，对争议双方当事人均有约束力。我国就是这样做的，即凡由我国国际经济贸易仲裁委员会作出的仲裁裁决均属终局性的，争议双方都不得向法院起诉要求变更。

但是，有下列情况之一者可撤销仲裁裁决：第一，仲裁裁决缺乏有效的仲裁协议作为依据；第二，仲裁员行为不当，如越权做出裁决；第三，法律规定不得提交仲裁审理的事项。

5. 仲裁费用的负担

一般规定，仲裁费用由败诉方负担，也有规定按仲裁裁决处理的。

仲裁条款的上述各项内容，究竟如何规定，应由买卖双方协商、订明，以免产生不必要的麻烦。

第七章 进出口商品的价格

货物的价格是国际货物买卖的主要交易条件。价格条款是买卖合同中必不可缺的条款。合同中价格条款和商品价格的确定,是涉及买卖双方利害关系的重要问题。根据《联合国国际货物销售合同公约》的规定,价格是构成法律意义上的要约的三大要素之一。因此,在国际贸易中,买卖双方都非常重视商品的作价和价格条款的签订。在我国进出口业务中,正确掌握进出口商品的价格,合理采用各种作价办法,订好合同中的价格条款,具有十分重要的法律意义和经济意义。

第一节 商品的价格条件及影响价格的因素

在对外贸易中,我国进出口商品的作价原则是,在贯彻平等互利的原则基础上,根据国际市场价格水平,结合国别(地区)政策,并按照我们的经营意图确定适当的价格。由于价格构成因素不同,影响价格变化的因素也是多种多样的。因此,在确定进出口商品价格时,必须充分考虑影响价格的种种因素,加强成本和盈亏核算,并注意同一商品在不同情况下应有合理的差价。确定进出口商品价格除遵循上述原则外还应考虑下列因素。

一、交货地点和交货条件

在国际贸易中,由于交货地点和交货条件不同,买卖双方承担的责任、费用和风险也不同,在确定进出口商品价格时,必须首先考虑这一因素。例如,在同一距离内成交的同一商品,按 CIF 条件成交与按 DES(到货港船上交货)条件成交,其价格应当不同。

二、运输距离

国际商品买卖,一般都要经过长途运输,运输距离的远近关系到运费和保险费的开支,从而影响到商品的价格。因此,在确定商品价格时,必须核算运输成本,作好比价工作。

三、商品的品质和档次

在国际市场上,一般都是按质论价,即优质高价,劣质低价。品质的优劣,包装装潢的好坏,款式的新旧,商标、牌名的知名度,都影响商品价格。

四、季节因素

在国际市场上,某些节令性商品,如赶在节令前到货,抢行应市,即能卖上好价。过了节令商品往往售价很低,甚至以低于成本的"跳楼价"出售。因此,应充分利用节令因素,争取按有利的价格成交。

五、成交量

按国际贸易的习惯做法,成交量的大小直接影响价格,成交量大,在价格上应予适当优惠,或采用数量折扣办法。反之,成交量小,可适当提价。

六、支付条件和汇率变动的风险

支付条件是否有利和汇率变动风险的大小,都影响商品的价格。

例如,在其他条件相同情况下,采取预付货款同采取凭信用证付款方式,其价格应有区别。同时,确定商品价格时,一般应采用对自身有利的货币成交。如采用不利货币成交时,应把汇率风险考虑到商品价格中去,即适当提高价格降低买价。

第二节 货物的价格

货物的价格直接关系到买卖双方的经济利益,它往往是交易磋商的中心议题。合理的价格是达成交易的基础。国际市场上的商品价格是由商品的国际价值决定并随着国际市场供求关系的变化而变化。正确掌握国际市场价格变动规律,在贯彻平等互利的基本原则下,按照国际市场通常的做法,磋商和确定所交易货物的价格,是国际贸易实务的重要内容。

一、进出口商品作价原则

我国对外交易报价的原则,是随行就市,以国际市场价格水平为依据,但也根据不同货物、货源情况,结合购销意图,按照国别地区政策,贯彻平等互利原则,统一掌握制定,并由有关的商业协会加以协调。

1.以国际市场价格水平为依据

国际市场价格受供求关系的影响,围绕着商品的价值上下波动。

国际市场价格是指一种商品在国际贸易中,在一定时期内,具有代表性的成交价格,通常是指:

(1)商品在国际集散中,如纽约市场的棉花价格,伦敦市场的茶叶、有色金属价格、芝加哥的小麦价格等。

(2)指主要进口国家或地区对某商品的进口价格。

(3)指主要出口国家或地区对某商品的出口价格,以该商品输往当地市场的国际贸易价格为依据;某些没有国际市场价格的商品,也应参照类似的商品的国际市场价格作价。

2.贯彻国别(地区)政策

在一般情况下,商品要按国际市场价格水平作价,但有时为了配合我国的外交政策,对有些国家或地区的价格,可以略低于国际价格水平出售,也可以略高于国际市场价格购买。

3. 结合购销意图

在制定某商品的进出口商品价格时,应该结合购销意图;滞销、积压商品可考虑适当降低价格以刺激需求;畅销商品稳价上调,但也不宜过快过猛。为了控制市场,与对手竞争,有时低价销售。有些商品是为了开拓市场、打开销路,价格也可以适当低于当地的价格水平。

二、影响价格的其他因素

国际市场上的商品的价格构成十分复杂,变化多端,影响价格变动的因素很多,这些因素也是我们在对外交易确定价格时必须熟悉,并加以灵活运用,考虑不同的差价,以促进我国对外贸易业务的发展,提高经济效益。

1. 品质差价

根据产品的质量和档次差别,贯彻"按质论价、优质优价"原则。产品的品质应包括商品的包装和装潢。精致的包装是提高售价的重要因素。

2. 季节差价

根据不同商品销售的季节特征,季节性强的商品应抢先应市,并在适销季节要适当卖高价,增加外汇收入;在淡季时,则价格可以略低。

3. 地区差价

同一类商品在不同的国家或地区,由于运输距离、交货地点的差异,货物价格中所含的相应费用水平也不一样。一般说来,离产地较远、运距长的商品的卖价可以相应提高。另外,由于供应、习惯和其他条件因素的缘故,不同国家或地区的价格水平也可以有一定的差别。

4. 成交数量差价

原则上非紧俏商品的成交数量越小,价格越高,加大数量则可适当给予减价优惠,以鼓励客商经营我商品的积极性。

5. 支付条件差价

如果以即期信用证方式付款,可以考虑价格的优惠;反之,若以远期信用证付款或跟单托收方式,价格水平可相应调高。

6. 软硬币差价

出口应争取选用往常保持上浮趋势的硬币,进口则应当选择有下浮趋势的软币支付。如争取不到,则可以通过适当加价或要求降价的方式,或者采用订立"保值条款"的办法来避免汇率变动可能产生的风险或损失。其他如新老客户、新老产品等等都是影响所交易货物价格的主要因素,也是进出口业务中,制定价格策略需要考虑的。影响对外贸易作价因素很多,但是公司在决定出口价格时的基础是国内企业的成本。自1994年1月起,我国已实现了单一的、有管理的浮动汇率的外汇制度。企业必须注重进出口业务的成本效益核算。同时,在对外贸易中注意行业内部的协调,避免自我竞争,防止肥水外流。

第三节 作价方法

如何规定进出口商品的价格,有多种方法可以选择,应根据具体交易情况加以选用。

一、固定价格

固定价格即固定作价法,是指买卖双方在签订合同时,将货物价格一次定死,不再变动。在合同有效期内,即使约定价格与实际市场价格相差很远也不得变更。这种固定作价的办法有利于结算,但是,市场价格变化,会给某一方造成损失,从而使履约发生困难。因此,在采用固定价格时,特别是大宗交易,一般应加订保值条款,规定如果计价和支付货币币值发生变动,价格可根据保值货币作相应调整,以防止汇率变动可能产生的风险损失。可以考虑的保值方式有:黄金保值条款,外汇保值条款,也可以选择期货交易的套期保值方式。

二、暂不固定价格

暂不固定价格也称暂不固定作价法,是指货物价格暂不固定,买卖双方约定未来确定价格的依据和方法就是买卖双方在磋商订约时,若对价格变动趋势难以把握,可先暂定一个活价合同,约定成交的品种、数量和交货期,以及最后作价的时间和方法,具体价格待以后按约定的方法再商定。例如在合同中规定,以某月某日某地的商品交易所的该商品的收盘价为基础加(或减)若干美元。按这种作价办法成交,买卖双方都不承担价格变动的风险。

三、暂定价格

暂定价格即暂定作价法,是指买卖双方在合同中规定一个临时价格,待日后交货期前一定时间,双方再确定最后价格;由于国际上,某些商品价格瞬息万变,买卖双方在合同中的成交价格不算正式价格,而仅供双方参考,作为开立信用证和批汇的依据;等到交货前一定时期或装运时,再商定正式价格进行结算,多退少补,例如每件400磅、5000港元CIF香港(上列价格为暂定价,于装运月份15天前由买卖双方另行协商确定价格)。这种做法,如缺乏明确的定价依据,双方可能在商定最后价格时各持己见而不能取得一致,导致无法履行合同。所以,订有暂定价格的合同有较大的不稳定性。

四、滑动价格

滑动价格即滑动价格作价法,是指先在合同中规定一个基础价格,交货时或交货前一定时间,按工资、原材料价格变动的指数做相应调整,以确定最后价格。某些生产周期长的机器设备和原材料商品,买卖双方为了避免承担价格变动的风险,往往采用滑动价格的规定法。在合同中订有价格调整系数,具体规定有关价格调整的办法。例如"以上基础价格将按下列调整公式根据×××(机构)公布的××年×月的工资指数和物价指数予以调整。"

除上述四种方式以外,有时也采用部分固定作价、部分暂不作价法,是指在大宗交易分期交货的情况下,买卖双方为了避免远期交货部分的商品价格变动的风险损失,而采取近期交货部分固定作价,远期交货部分暂作价,根据市场变化情况以后另行商定的办法。

第四节　计价货币的选用

国际货物买卖计价的货币属于外汇,是以外国货币来表示的用于国际结算的一种支付工具,包括外国货币、外币有价证券、外币支付凭证等。常用的外币有美元(US＄)、瑞士法郎(SF)、法国法郎(FF)、德国马克(DM)、意大利里拉(Lire)、港元(HK＄)等。贸易中选用什么货币,应根据国家的方针政策、外汇市场的变动,以及使用的货币本身是否可兑换、是否稳定等因素综合考虑决定。一般说来,与对方国家有贸易支付协定的,应使用协定中所规定的货币;如无支付协定,一般应选用"可兑换的货币"。"可兑换的货币"是指可以在国际外汇市场上自由买卖的货币,也称自由外汇。可兑换的货币有软、硬之分。硬货币是指币值比较稳定的货币,软货币是指币值疲软的货币。经验告诉我们,出口贸易中我们应争取使用"硬货币"计价,进口贸易中则应争取使用"软货币"计价。至于每笔出口或进口业务中使用何种货币,可根据具体情况由买卖双方商定。在选用货币时还需要注意汇率。汇率是一个国家的货币与另一个国家的货币的比价,也就是用一个国家的货币表示的另一个国家货币的价值。在我国的进出口贸易中,有时外商用一种货币(如人民币)报价后,要求我国用另一种货币(如美元)报价。这里就需要进行折算。折算是根据外汇管理部门公布的当日牌价进行的。

一般来说,如我国出口商品原用人民币报价,在折成外币价格时应以人民币买入价折算;如我方出口商品按外币价格折成人民币对外报价时,其折算方法恰好相反,应以卖出价折算。这样对我方有利。

国际上的汇率制度有两种:一是固定汇率制;另一是浮动汇率制,固定汇率制就是两国的货币比价基本固定,或者将两国外汇汇率的波动界限规定在一定的幅度之内。这种制度在1973年以前为主要资本主义国家所实行。浮动汇率制就是政府对汇率不加固定,也不规定上下浮动的界限,而听任外汇市场根据外汇的供求情况,自行决定本国货币对外国货币的汇率。这种制度自1973年起,已在主要资本主义国家普遍实行。

在实行浮动汇率制的情况下,在确定进出口交易的计价货币时,要密切注意不同货币的浮动趋势。原则上进口时应选择呈现下浮趋势的货币计价,出口时应采用呈现上浮趋势的货币计价。

第五节　佣金和折扣

佣金是中间商(包括经纪人、代理商等)介绍交易或代买代卖而收取的报酬。折扣是卖方按价格给予买方一定百分比的减让。佣金和折扣都与商品的价格有直接关系。佣金和折扣,如果运用得当,可以增强出口商品在市场上的竞争能力,调动商人的经营积极性,从而扩大贸易。对于进口商品,除了基价不合理的可以压低基价外,也可通过佣金和折扣的运用争取到有利的价格。佣金和折扣的名目很多。例如，由于特殊情况而给予的特别折扣；因订购数量较大而给予的数量折扣；在年度终了时根据成交金额而给予的年终回扣；按累进方式而给予的累计佣金以及作为试订而给予的样品折扣等。佣金或折扣的百分比应根据不同商品、不同市场、不同对象等具体情况而慎重确定。

在国际贸易中，凡价格中包括佣金的称为含佣价，其表示方法可用文字说明。例如，"每台 2000 美元 CIF 旧金山包括 2%佣金"，也可以在价格术语上加注英文字母"C"例如，"每台 2000 美元 CIF.C.2%旧金山"。这种在价格中表明的佣金称为明佣。有时，买卖双方约定的佣金不在价格中表明，这在习惯上称为暗佣。凡价格中不包含佣金或折扣的，则称为净价。有时为了强调成交价格是净价，可在价格术语后注明"净价"。例如，"每台 2000 美元 CFR.净价旧金山"。佣金和折扣一般是按交易金额的百分比计算的，但佣金有时也可按成交数量来计算，即每达到一定数量收取佣金若干。在我国出口业务中，如按 CFR 价格或 CIF 价格成交，其佣金应以 FOB 金额作为计算的基数，因为运费和保险费是由我方付给外轮公司和保险公司的，不应在这些费用上再付给买方佣金。但是，在外贸实践中，常有以 CFR 或 CIP 价格作为计算佣金的基数的。为了避免误解，如果买卖双方商定以 FOB 净价作为佣金的基数，则应在合同中注明。例如，"按 FOB 价格计算佣金"。佣金的计算公式是

$$佣金 = 计算佣金的基数 \times 佣金率$$

例如，CFR 的发票金额为 100 元，运费为 10 元，暗佣率为 5%，如果买卖双方约定按 FOB 价格计算佣金，则应付佣金为 CFR 价减运费乘佣金率，即(100 元 − 10 元) × 5% = 4.5 元。如果双方商定以 CFR 价格计算佣金，则应付佣金为 100 元 × 5% = 5 元。

如果已知净价而欲求出包括一定佣金率后的含佣价，其计算方式如下：
(1) 假定 CFR 净价为 5000 港元，佣金率为 5%，代入上述公式，即 5263.5 港元；
(2) 假定 CIF 净价为 2000 美元，佣金率为 3%，代入上述公式应为：2 062 美元。

这里需要提醒的是，CFR.C.5%计算的结果并非 5 250 港元，而是 5 263.5 港元，否则还原时 CFR 的净价就不是 5 000 港元，而变成为 4 987.5 港元。同理，CIF.C.3%计算的结果应是 2 062 美元，并非 2 060 美元。折扣通常由买方在付款时预先扣除。佣金除个别在付款时预先扣除外，一般是由卖方收到货款后另行付给中间商。具体支付办法一般由双方事先商定或按照信用证规定办理。在支付佣金时应注意防止错付、重付或漏付等事故的发生。

第六节　合同中的价格条款

一、价格条款的内容

合同中的价格条款，一般包括商品的单价和总值两项基本内容，至于确定单价的作价办法及与单价有关的佣金与折扣的运用，也属价格条款的内容。

1. 单价

每公吨 150 美元 FOB 广州。

US150 PerM/TFOBGuangzhou.

2. 总值

总值是单价与数量的乘积,也即一笔交易的货款总金额。总值所使用的货币应与单价所使用的货币一致。

二、规定价格条款的注意事项

(1)根据拟采用的运输方式和经济意图,选择适当的贸易术语。具体来说,要考虑以下几个问题:

①有利于发展本国的运输业和保险业:在国际贸易中,各国为了保护和发展本国的运输业和保险业,无不鼓励本国进出口商进口采用 FOB 或 FCA 术语,出口采用 CIF 或 CIP 术语。有些发展中国家甚至以法律形式对此作出规定。因此,我们在选择贸易术语时,从发展本国的运输业和保险业角度考虑,也应力争进口采用 FOB 术语,出口采用 CIF 和 CIP 术语。这样做也有利于节省运费和保险费的支出。

②有利于船货的顺利衔接与货物的安全:在出口贸易中采用 CIF 或 CIP 便于出口方根据自己组织货源的情况及时办理租船订舱,并在出口方负责的国内运输中遇到风险可获得保险赔偿。如果采用 FOB,进口方安排的运输工具不能如愿到达交接地点,就会增加出口方的仓储负担。进口方虽然负责保险,但是出口方负责的国内运输中的风险是没有保障的,除非自己另外再去投保。

③有利于节省运费:在装运港口发生拥挤情况下,船公司大多不愿行驶上述区域,或者加收额外费用。在此情况下,考虑节省运费,采用 FOB 术语对出口方就比较有利。此外,在运费看涨情况下,出口方则宜采用 FOB 术语,使运费可能上涨的负担由买方负担。

④适应集装箱运输和多式联运的广泛运用与发展:FCA、CPT 和 CIP 三种术语将会替代 FOB、CFR 和 CIF,因为 FCA、CPT 和 CIP 不仅适用于各种运输方式,而且在海运或有海运的多式联运中这三种贸易术语比仅适用于海运的 FOB、CIF 和 CFR 具有优越性,主要表现在出口业务中:如果货物是以集装箱船、滚装船或多式联运方式运输的,FCA、CPT 和 CIP 比 FOB、CIF 和 CFR 至少有两个优点,一是减少了出口商承担的风险范围;二是提前获得运输单据,从而提前了出口交单收汇的时间,有利于出口方的资金周转。

⑤有利于对外贸易的发展和贸易方式的灵活运用:可根据具体情况采用其他贸易术语,如 EXW、PAS 和 DES 等。

(2)合理确定商品的单价,防止作价偏高或偏低。

(3)争取选择有利的计价货币,以免遭受币值变动带来的风险,必要时可加订保值条款。

(4)灵活运用不同的作价方法,力求避免承担价格变动的风险。

(5)参照国际贸易的习惯做法,注意佣金和折扣的合理运用。

(6)如对交货品质,交货数量订有机动幅度而又同意机动部分的价格另订的,必须明确规定另订价格的具体办法。

(7)如包装材料和包装费另行计价时,对其计价办法也应一并规定。

(8)单价中涉及的计量单位、计价货币、装卸地名称,必须书写正确、清楚,以利合同的履行。

第八章　国际货物买卖货款的收付

在国际贸易中,货款的收付直接影响双方的资金周转和融通,以及各种金融风险和费用的负担。它关系到买、卖双方的利益和得失。因此,买卖双方在磋商交易时,都力争约定对自己有利的支付条件。我国对外贸易货款的收付,一般是通过外汇来结算的。货款的结算主要涉及交付工具、付款时间、地点及支付方式等问题,买卖双方必须对此达成一致的意见,并在合同中做出明确的规定。

第一节　结算工具

国际货物买卖价款结算,很少使用现金,通常使用票据,其中主要是汇票,其次是本票和支票。这些票据是国际上通行的结算工具和信用工具。

一、汇票

1. 汇票的含义和内容

汇票是由一个人向另一个人签发的,要求在见票时,或在规定的某一时间,或在可确定的将来某一时间,对某特定的人或其指定的人或持票人支付一定金额款项的书面命令。

汇票的必要项目,各国票据法规定不一,一般应包括:
①载有"汇票"字样;
②无条件的支付命令;
③一定的金额;
④付款日期或期限及付款地点;
⑤付款人的名称及地址,付款人即受票人,在贸易业务中,通常是进口人或其指定的银行;
⑥出票日期及出票地点;
⑦出票人及其签名,在贸易业务中,出票人通常是出口人或银行;
⑧受款人名称,在贸易业务中,受款人通常是出口人或其指定的银行。

由于汇票不仅是信用工具和结算工具,而且可经议付或贴现转让给他人,又是一种流通工具。这就要求汇票的内容必须符合其定义的各个方面,尤其是它的必要项目要齐全,否则,就有遭受拒付的风险。

2. 汇票的种类

汇票的种类很多,常见的如下:
(1)按付款时间不同,分为即期汇票和远期汇票

即期汇票是指在提示或见票时立即付款的汇票;远期汇票是指在将来的某一特定日

期付款的汇票。远期汇票的付款时间,有以下几种规定办法:
①见票后若干天付款。
②出票后若干天付款。
③提单签发日后若干天付款。
④指定日期付款。
(2)按照出票人的不同,汇票分为银行汇票和商业汇票
①银行汇票,是指出票人和受票人都是银行的汇票。
②商业汇票,是指出票人是商号或个人,付款人可以是商号、个人、也可以是银行的汇票。
(3)按照有无随附商业单据,汇票可分为光票和跟单汇票
①光票,是指不附带商业单据的汇票。银行汇票多是光票。
②跟单汇票,是指附带有商业单据的汇票。商业汇票一般为跟单汇票。
一张汇票往往可以同时具备几种性质,例如,一张商业汇票,同时又可以是即期的跟单汇票,一张远期的商业跟单汇票,同时又是银行承兑汇票。

3.汇票的使用及程序

汇票的使用一般经过出票、提示、承兑、付款环节,如需转让,还要背书。当汇票遭到拒付时,还会涉及作成拒绝证书和行使追索权等法律问题。
(1)出票
出票,是创造汇票的行为,即由出票人在汇票上填写付款人,付款金额,付款时间和地点以及受款人等项目并签字后交给受票人的行为。汇票上受款人的抬头有三种写法:
①限制式抬头:如"Pay ×××Co.only"或"Pay ×××Co.not negotiable"。这种汇票不能转让,只能由抬头人收取货款。
②指示式抬头:如"Pay ×××Co.or order"或"Pay to the order of ×××co"。这种汇票也可以经过背书进行转让。
③持票人或来人抬头:如"Pay Bearer"。这种汇票无须背书即可转让。
(2)提示
提示,是指持票人将汇票提交付款人,要求其付款或承兑的行为。付款人见到汇票称为见票,如其所见的是即期汇票,则提示付款人见票后立即付款;如其所见的是远期汇票,则提示付款人见票后办理承兑手续,到期时付款。
(3)承兑
承兑,是指付款人对远期汇票承诺到期付款的行为。办理承兑时,付款人应在汇票的正面写上"承兑"字样,注明承兑日期并签字,交还持票人。承兑汇票的付款人,即成为承兑人,承兑人有责任到期付款。
(4)付款
付款,对即期汇票,付款人在持票人提示时即应付款;对远期汇票,付款人在办理承兑手续后,在汇票到期日付款。付款后,汇票上的一切债务责任即告终止。
(5)背书
背书,是背书人(受款人)在汇票背面签名加批,将汇票权利转让给受让人(被背书人,

即其他债务人),并与受让人连带负担汇票债务责任的行为。其要点是:

①汇票的转让是汇票权利即收款权的转让。一经转让,该汇票权利不再由原背书人享有,而转由受让人(被背书人)享有。

②汇票也是一种流通工具,要流通即转让,就要经过背书人背书,经过背书的汇票可以不断转让下去。对于受让人来说,所有在他以前的背书人及原出票人都是他的"前手",而对于出让人来说,所有在他让与以后的受让人都是他的"后手",前手对后手负有担保汇票必然会被承兑或付款的责任。

③一张远期汇票的持票人,如果想在汇票付款日之前取得票款,可以进行贴现。其手续是持票人将经过其被书的汇票转让给受让人(一般为银行或贴现行或金融公司),受让人扣除从转让日起至付款日止的利息后,将原款付给持票人。

(6) 拒付

拒付,一般是指汇票在提示时,遭到付款人拒绝付款或拒绝承兑的统称。在处理汇票遭到拒付问题上,要注意以下几点:

①向付款人进行交涉的根据不是汇票,而是买卖合同。

②当付款人承兑汇票即承诺到期付款后,持票人一般可收回票款;如果已承兑的汇票遭到拒付,持票人可凭以向法院起诉,要求承兑人付款。

③汇票在转让中遭到拒付时,最后的持票人可行使追索权,即有权向其前手直至出票人进行追索。但有些国家的票据法规定,遭拒付的持票人要行使追索权,应及时请付款地的法院或公证机构做出拒绝证书,即证明拒付事实的文件,凭以向法院起诉,要求付款人付款。

④汇票的出票人或背书人为了避免承担被追索的责任,也可在背书时加注"不受追索"字样,但带有此种批注的汇票,难以转让或贴现。

二、本票和支票

国际货物买卖价款的收付,除汇票外,有时也使用本票和支票。

1. 本票

本票是由出票人本人签发的,保证即期或在可以确定的将来时间向受款人无条件支付一定金额的票据。

构成本票的必要项目包括无条件支付承诺,付款期限(未载明付款期限者,视为见票即付)出票人签字,受款人名称或来人抬头。有些国家的票据法还把写明"本票"字样、出票日期和地点,付款地点等列为本票要件。出票人和背书人同对本票签字而对本票的债务负责,是本票的当事人。但本票出票人始终是本票的主债务人,其责任类似汇票中的承兑人,因此,本票有"自付票据"之称。

本票按其出票人不同,分为一般本票和银行本票。一般本票,又称商业本票,它是由工商企业或个签发的本票。商业本票又有即期与远期之分。银行本票是由银行签发的本票,但都是即期的。其中,来人抬头,见票即付的本票被称为银行券。有些国家将其作为法定货币使用。

在国际贸易业务中,大都使用银行本票。

2. 支票

支票是以银行为付款人的即期汇票,即存款人对银行签发的授权银行对某人或其指定人或持票人即期无条件地交付一定金额的书面命令。

构成支票的必要项目包括无条件书面支付命令、一定金额、付款银行名称、出票人签字,受款人名称或其指定人或来人抬头等。有些国家的票据法还把注明"支票"字样,出票日期和地点、付款地点等列为支票要件。支票如未注明即期者,仍视为见票即付,出票人,背书人等因对支票签字而对支票的债务负责,是支票的当事人。

支票的出票人必须是在付款银行有存款的存户,其所签发支票的票面金额不得高于其在银行的存款。凡票面金额高于其在银行存款的支票,称为空头支票。空头支票的持有人向付款银行提示支票要求兑款时会遭到拒绝,支票的出票人也要负法律责任。

支票原来主要为存户向银行取款所用,现在较为广泛地用于国际贸易货款的支付上。在我国出口贸易中,国外进口商也有使用支票支付货款。

第二节 汇付与托收

汇付也是国际贸易中经常采用的支付方式。交付方式从资金的流向与支付工具的传递方向,可以分为顺汇和逆汇两种方法。顺汇是指资金和流动方向与支付工具的传递方向相同。汇付方式采用的是顺汇方法。逆汇是指资金的流转方向与支付工具的传递方向相反。托收方式收取货款采用的是逆汇方法。

一、汇付

1. 汇付的含义及其当事人

(1) 汇付的含义

汇付又称汇款,指付款人主动通过银行或其他途径将款项汇交收款人。国际贸易货款的收付如采用汇付,一般是由买方按合同约定的条件(如收到单据或货物)的时间,将货款通过银行,汇交给卖方。

(2) 汇付方式的当事人

在汇付业务中,通常涉及4个当事人:

①汇款人,即汇出款项的人,在进出口交易中,汇款人通常是进口人。
②收款人,即收取款项的人,在进出口交易中通常是出口人。
③汇出行,即受款人的委托汇出款项的银行。通常是在进口地的银行。
④汇入行,即受汇出行委托解付汇款的银行。因此,又称解付行,在对外贸易中,通常是出口地的银行。

汇款人在委托汇出行办理汇款时,要出具汇款申请书。此项申请书是汇款人和汇出行之间的一种契约。汇出行一经接受申请,就有义务按照汇款申请书的指示通知汇入行。汇出行与汇入行之间,事先订有代理合同,在代理合同规定的范围内,汇入行对汇出行承担解付汇款的义务。

2.汇付的种类

汇付方式可分信汇,电汇和票汇3种。

(1)信汇

信汇是指汇出行应汇款人的申请,将信汇委托书寄给汇入行授权解付一定金额给收款人的一种汇款方式。

信汇方式的优点是费用较为低廉,但收款人收到汇款的时间较迟。

(2)电汇

电汇是指汇出行应汇款人的申请,拍发加押电报,电传或 SWIFT 给在另一国家的分行或代理行(即汇入行)指示解付一定金额给收款人的一种汇款方式。

电汇方式的优点是收款人可迅速收到汇款,但费用较高。

(3)票汇

票汇是指汇出行应汇款人的申请,代汇款人开立以其分行或代理行为解付行的银行即期汇票,支付一定金额给收款人的一种汇款方式。

票汇与电汇、信汇的不同在于票汇的汇入行无须通知收款取款,而由收款人持票登门取款;这种汇票除有限制转让和流通的规定外,经收款人背书,可以转让流通,而电汇、信汇的收款人则不能将收款权转让。

3.汇付的特点主要有

(1)风险大

对于货到付款的卖方或对于预付货款的买方来说,能否按时收汇或能否按时收货,完全取决于对方的信用。如果对方信用不好,则可能钱货两空。

(2)资金负担不平衡

对于货到付款的卖方或预付货款的买方来说,资金负担较重,整个交易过程中需要的资金,几乎全部由他们来提供。

(3)手续简便,费用少

汇付的手续比较简单,银行的手续费用也较少。因此,在交易双方相互信任的情况下,或在跨国公司的各子公司之间的结算,可以采用汇付方式。

4.汇付的适用及合同的汇付条款

利用汇付方式进行货款结算的范围是:寄售和售定出口的货款回收,预付货款和订金,汇交和退还履约金,汇付佣金等等。

从具体的业务讲,汇付方式通常用于预付货款,随订单付现,交货付现和记账交易等。前两种做法,对出口人来说是无收款后交货,有利于其资金周转。这是进口人有一定风险。后两种做法,对出口人来说是无交货后收款,不利于其资金周转。这是出口人对进口人的信任表示,但对出口人有一定的风险。

交易合同中的汇付条款,一般应作如下规定:"买方应于×年×月×日前将全部货款用电汇(信汇/票汇)方式汇付卖方"。

二、托收

1.托收的含义

国际商会制定的《托收统一规则》(《VRC522》)对托收作了如下定义:托收是指由接到托收指示的银行根据所收到的指示处理金融单据或商业单据以便取得付款/承兑,或凭付款承兑交出商业单据,或凭其他条款或条件交出单据。

金融单据又指资金单据,是指汇票、本票、支票、付款收据或其他类似用于取得付款的凭证。

商业单据是指发票、运输单据、物权单据或其他类似单据,或除金融单据以外的其他单据。

简言之,托收是指债权人(出口人)出具债权凭证(汇票、本票、支票等)委托银行向债务人(进口人)收取货款的一种支付方式。

托收方式一般都通过银行办理,所以,又叫银行托收。银行托收的基本做法是:出口人根据买卖合同先行发运货物,然后开立汇票(或不开汇票)连同商业单据,向出口地银行提出托收申请,委托出口地银行(托收行)通过其在进口地的代理行或往来银行(代收行)向进口人收取货款。

按照一般银行的做法,出口人在委托银行办理托收时,需附上一份托收指示书,在指示书中对办理托收的有关事项做出明确指示。银行接受托收后,即按托收指示书的指示办理托收。

2.托收的各方关系

托收方式所涉及的当事人主要有:

(1)委托人

委托人是指委托银行办理托收业务的客户,通常是出口人。

(2)托收银行

托收银行是指接受委托人的委托,办理托收业务的银行,一般为出口地银行。

(3)代收银行

代收银行是指接受托收行的委托向付款人收取票款的进口地银行。代收银行通常是托收银行的国外分行或代理行。

(4)提示行

提示行是指向付款人做出提示汇票和单据的银行。提示银行可以是代收银行委托与付款人有往来账户关系的银行,也可以由代收银行自己兼任提示银行。

(5)付款人

付款人是根据托收指示,向其做出提示的人。如使用汇票,即为汇票的受票人,也就是付款人,通常为进口人,即债务人。

在托收业务中,如发生拒付,委托人可指定付款地的代理人代为料理货物存仓、转售、运回等事宜,这个代理人叫做"需要时的代理"。委托人如指定需要时的代理人,必须在托收委托书上写明此代理人的权限。

3.托收的性质与特点

托收的性质是商业信用。托收虽然是通过银行办理,但是银行只是按照卖方的指示办事,不承担付款的责任,不过问单据的真伪,如无特殊约定,对已运到目的地的货物不负提货和看管责任。因此,卖方交货后,能否收回货款,完全取决于买方的信誉。所以,托收的支付方式是建立在商业信用基础上的。

托收方式对卖方来说是无发货后收款,如果是远期托收,卖方还可能要在货到后才能收回全部货款,这实际上是向买方提供信用。而卖方是否能按时收回全部货款,取决于买方的商业信誉。因此卖方要承担一定的风险。这种风险表现在:如果买方倒闭,丧失付款能力,或是因为行市下跌,买方借故不履行合同,拒不付款,卖方不但要承担无法按时收回货款,或货款落空的损失,而且要承担货物到达目的地后提货、存仓、保险的费用和变质、短量的风险,以及转售可能发生的价格损失。当然,上述各项损失是买方违约造成的,卖方完全有权要求其赔偿损失。但在实践中,在买方已经破产或逃之夭夭或撕毁合同的条件下,卖方即使可以追回一些赔偿,也往往不足以弥补全部损失。由于托收对买方有利,所以在进口业务中采用托收,有利于调动买方采购货物的积极性,从而有利于促进成交和扩大出口,许多卖方都把采用托收支付方式作为推销库存和增强对外竞争的手段。

4.托收的种类

托收可分为光票托收和跟单托收两种。

(1)光票托收

光票托收是指金融单据不附有商业单据的托收,即提交金融单据委托银行代为收款。光票托收如以汇票作为收款凭证,则使用光票。在国际贸易中,光票托收主要用于小额交易,预付货款,分期付款以及收取贸易的从属费用等。

(2)跟单托收

跟单托收是指金融单据附有商业单据或不附有金融单据的商业单据的托收。跟单托收如以汇票作为收款凭证,则使用跟单汇票。

国际贸易中货款的收取大多采用跟单托收。在跟单托收的情况下,按照向进口人交单条件的不同,又可分为付款交单和承兑交单两种。

①付款交单(简称 D/P),付款交单是指出口人的交单是以进口人的付款为条件。即出口人发货后,取得装运单据,委托银行办理托收,并指示银行只有在进口人付清货款后,才能把商业单据交给进口人。

付款交单按付款时间的不同,又可分为即期付款交单和远期付款交单。

a.即期付款交单。是指出口人发货后开具即期汇票连同商业单据,通过银行向进口人提示,进口人见票后立即付款,进口人在付清货款后向银行领取商业单据。

b.远期付款交单。是指出口人发货后开具远期汇票连同商业单据,通过银行向进口人提示,进口人审核无误后即在汇票上进行承兑,于汇票到期日付清货款后再领取商业单据。

②承兑交单(简称 D/A),是指出口人的交单是以进口人在汇票上承兑为条件。即出口人在装运货物后开具远期汇票,连同商业单据,通过银行向进口人提示,进口人承兑汇

票后,代收银行即将商业单据交给进口人,在汇票到期,方履行付款义务。承兑交单方式只适用于远期汇票的托收。由于承兑交单是在进口人承兑汇票后,即可取得货运单据,并凭以提货,这对出口人来说,已交出了物权凭证,其收款的保障只能取决于进口人的信用,一旦进口人到期不付款,出口人就有可能蒙受货物与货款两空的损失。所以,如采用承兑交单这种做法,必须从严掌握。

5. 托收的注意事项

在我国的出口业务中,应适当和慎重的使用托收方式,应注意下列问题:

① 认真考察出口人的资信情况和经营作风,并根据进口人的具体情况妥善掌握成交金额,不宜超过其信用程度。

② 对于贸易管理和外汇管制较严的进口国家和地区不宜使用托收方式,以免货到目的地后,由于不准进口或收不到外汇而造成损失。

③ 要了解进口国家的商业惯例,以免由于当地习惯做法,影响安全迅速收汇。

④ 出口合同应争取按 CIF 或 CEP 条件成交,由出口人办理货运保险;或也可投保出口信用保险。在不采用 CIF 或 CIP 条件时,应投保卖方利益险。

⑤ 采用托收方式收款时,要建立健全管理制度,定期检查,及时催收清理,发现问题应迅速采取措施,以避免或减少可能发生的损失。

6. 合同中的托收条款

现将合同中有关托收条款举例说明如下。

(1) 即期付款交单

"买方应凭卖方开具的即期跟单汇票于见票时立即付款,付款后交单。"

(2) 远期付款交单

① "买方对卖方开具的见票后××天付款的跟单汇票,于第一次提示时应即予以承兑,并应于汇票到期日立即予以付款,付款后交单。"

② "买方应凭卖方开具的跟单汇票,于汇票出票日后××天付款,付款后交单。"

(3) 承兑交单(D/A)

① "买方对卖方开具的见票后××天付款的跟单汇票,于第一次提示时应即予以承兑,并应于汇票到期日立即付款,承兑后交单。"

② "买方对卖方开具的跟单汇票,于提示时承兑,并应于提单日后(或出票日后)××天付款,承兑后交单。"

第三节 信用证

信用证方式是银行信用介入国际货物买卖价款结算的产物。它的出现不仅在一定程度上解决了买卖双方之间互不信任的矛盾,而且还能使双方在使用信用证结算货款过程中获得银行资金融通的便利,从而促进国际贸易的发展,因此被广泛用于国际贸易之中,以致成为当今国际贸易中的一种主要结算方式。

一、信用证的含义及其主要内容

信用证是银行开具的有条件的书面付款承诺,是指一项约定,即由银行(开证行)依照客户(申请人)的要求和指示,或以自身的名义、在符合信用证条款的条件下,凭规定单据:

①向第三者(受益人)或其指定人付款,或承兑并支付受益人出具的汇票。
②授取另一家银行进行该项付款,或承兑并支付该汇票。
③授权另一家银行议付。

信用证属于银行信用,采用的是逆汇法。

信用证虽然是国际贸易中的一种主要支付方式,但它并无统一的格式。不过,其主要内容基本上是相同的,大体包括:

①对信用证自身的说明:信用证的种类、性质、编号、金额、开证日期、有效期及到期地点,当事人的名称和地址,使用本信用证的权利可否转让等。
②汇票的出票人、付款人、期限以及出票条款等。
③货物的名称、品质、规格、数量、包装、运输标志、单价等。
④对运输的要求:装运期限、装运港、目的港、运输方式、运费应否预付、可否分批装运和中途转运等。
⑤对单据的要求:单据的种类(如发票、装箱单、重量单、产地证、商检证、提单、保险单等),各种单据的份数等。
⑥特殊条款:根据进口国政治经济贸易情况的变化或每一笔具体业务的需要,可做出不同的规定。
⑦开证行对受益人和汇票持有人保证付款的责任文句。

二、信用证的当事人及其业务的一般程序

信用证的当事人较多,主要的有:

(1)开证申请人

开证申请人,又称开证人,指向银行申请开具信用证的人,即进口人或实际买主。如银行以自身的名义主动开具信用证,则该证中的当事人就没有开证人,例如,备用信用证。

(2)开证行

开证行,指受开证人之托开具信用证、承担保证付款责任的银行,一般在进口人所在地。

(3)通知行

通知行,指受开证行之托将信用证通知或转交出口人的银行,它只证明信用证的表面真实性,并不承担其他义务。通知行一般在出口人所在地,通常是开证行的分行或代理行。

(4)受益人

受益人,指信用证指定的有权使用该证权利的人,即出口人或实际供货人。

(5)议付行

议付行,指愿意买人或贴现受益人跟单汇票的银行。它可以是指定银行,也可以是非

指定银行,视信用证条款的规定而定。

(6)付款行

付款行系信用证指定的付款银行,一般是开证行本身,也可以是开证行指定的另一家银行(代付行),视信用证的规定而定。

此外,还涉及保兑行、偿付行、受让人等其他当事人。

三、信用证的种类

信用证的种类很多,从其性质、用途、期限、流通方式等不同角度,可分为以下主要几种。

1. 跟单信用证和光票信用证

跟单信用证和光票信用证是从信用证项下的票据是否随附货运单据划分的。

(1)跟单信用证

跟单信用证,是指开证行凭跟单汇票或仅凭单据付款的信用证。国际贸易所使用的信用证,绝大部分是跟单信用证。

(2)光票信用证

光票信用证,是指开证行仅凭不附单据的汇票付款的信用证。在采用信用证方式预付货款时,通常是用光票信用证。

2. 不可撤销信用证和可撤销信用证

不可撤销信用证和可撤销信用证是从开证行付款保证的责任划分的。

(1)不可撤销售用证

不可撤销信用证,是指信用证一经开出,在有效期内,未经受益人及有关当事人的同意,开证行不得片面修改和撤销,只要受益人提供的单据符合信用证规定,开证行必须履行付款义务。这种信用证对受益人较有保障,在国际贸易中,使用最为广泛。

(2)可撤销信用证

可撤销信用证,是指开证行对所开信用证不必征得受益人或有关当事人的同意,有权随时撤销的信用证。凡是可撤销信用证,应在信用证上注明"可撤销"字样,以资识别。这种信用证对出口人很不利。因此,出口人一般不接受这种信用证。

3. 保兑信用证和不保兑信用证

保兑信用证和不保兑信用证是从信用证是否加以保证兑付货款的角度划分的。

(1)保兑信用证

保兑信用证,是指由另一家银行即保兑行(通常是通知行,也可是其他第三者银行)对开证行开立的不可撤销信用证加有保证兑付责任的信用证,其要点是:

第一,保兑的对象必须是不可撤销信用证。

第二,对不可撤销信用证加保的银行,称为保兑行。

第三,对开证行开立的信用证进行加保,一般是应受益人的要求而作的。

第四,信用证一经保兑,受益人便取得了开证行和保兑的双重付款保证,收汇更为稳妥。

第五,凡使用保兑信用证,应在该证上注明"不可撤销"的字样和保兑行加保的文句。

(2)不保兑信用证

不保兑信用证,是指未经另一家银行加以保兑的信用证。

4.即期信用证和远期信用证

即期信用证和远期信用证是根据付款期限的不同划分的。

(1)即期信用证

即期信用证,此种信用证一般不需要汇票,也不需要领款收据,付款行或开证行只凭货运单据付款。证中一般列有"当受益人提交规定单据时,即行付款"的保证文句。

(2)延期信用证

延期付款信用证,此种信用证不要求受益人出具远期汇票,因此,必须在证中要明确付款时间,如"装运日后××天付款"或"交单日后××天付款"。

5.可转让信用证和不可转让信用证

可转让信用证和不可转让信用证是从受益人对信用证权利可否转让来划分的。

(1)可转让信用证

可转让信用证是指信用证的受益人(第一受益人)可以要求授权付款、承担延期付款责任、承兑或议付的银行(统)称"转让银行"或当信用证是自由议付时,可以要求信用证中特别授权的转让银行,将信用证全部或部分转让给一个或数个受益人(第二受益人)合同的银行。

(2)不可转让信用证

不可转让信用证(Non-transferable Credity),是指受益人不能将信用证的权利转让给他人的信用证。凡信用证中未注明"可转让"的,就是不可转让信用证。

四、合同中的信用支付条款

在进出口合同中,如约定凭信用证付款,买卖双方应将具体事项做出明确规定。现将我国出口合同中信用证支付条款列举如下。

1.即期信用证支付条款

"买方应通过卖方所接受的银行于装运月份前×天开立并送达卖方不可撤销即期信用证,有效期至装运月份后第15天在中国议付。"

2.远期信用证支付条款

"买方应于×年×月×日前(或接到卖方通知后×天内或签约后×天内)通过×银行开立以卖方为受益人的不可撤销的(可转让)见票后×天(或装船日后×天)付款的银行承兑信用证。信用证议付有效期延至上述装运期后15天在中国到期。"

3.循环信用证支付条款、

"买方应通过为卖方所接受的银行于第一批装运月份前×天开立并送达卖方不可撤销即循环信用证,该证在20××年期间,每月自动可供××(金额),并保持有效至20××年1月15日在北京议付。"

第四节 银行保函

在国际经济贸易交往中,交易双方往往由于缺乏信任和了解,同时会给交易的达成和合同的履行造成一定的障碍。为促使交易双方顺利达成交易,使国际经济贸易活动正常进行。就出现了由信誉卓著的银行或其他机构办理的保函业务。担保人以自己的资信向受益人保证申请人履行双方签订的商务合同或其他经济合同项下的责任与义务。

一、银行保函的含义

银行保函(简称 L/G)是指银行应其客户(申请人)的要求开立的保证文件,就委托人关于某一基础合同的债务或责任向第三方当事人(受益人或债权人)做出保证,如委托人未能履行合同规定的义务,则由银行向第三方当事人做出赔偿。

二、银行保函的关系人

1. 申请人

申请人,也称被担保人,即向银行申请开立保函的人。申请人多为经济交易中的债务人。

2. 担保人

担保人也称保证人,是根据申请人要求以自己的信用为其担保,出具保函的银行。

3. 受益人

受益人即银行保函项下担保权益的享受者,有权按保函规定出具票款通知或连同其他单据,要求担保人偿付担保款项。

三、银行保函的种类

银行保函的使用范围很广,它不仅适用于国际货物的买卖,还可应用于招标与投标、国际工程承包、国际融资、国际技术贸易、加工贸易、补偿贸易等其他国际经济合作领域。以下介绍三种最常用的银行保函。

1. 投标保函

投标保函是银行根据投标人的申请,向招标人开出的保证投标人在开标前不中途撤标,不片面修改投标条件,中标后不拒绝参加,并承诺当投标人出现上述违约行为时,由其赔偿招标人全部损失的保函。投标保函主要用于国际投标与招标中,如大宗物资采购、工程承包、矿藏开发招标时,招标人通常要求投标人提交这种保函,作为参加投标的条件之一,目的在于表明参加投标人确有诚意和足够的资金及能力,并保证在中标后不反悔,避免给投标人造成损失。

2. 履约保函

履约保函是银行应其某项基础交易合同一方当事人(申请人)的请求,开立的以另一方当事人为受益人的保函,保证申请人未能履行合同中规定的义务,由银行支付给受益人一定的金额作为赔偿。

在进出口贸易中,银行既可为进口商向出口商提供进口履约担保,也可为出口商向进口商提供出口履约担保。履约保函形式灵活,其应用范围较为广泛,除用于一般的货物的进出口外,还可用于国际工程承包,融资租赁,来料加工,补偿贸易,技术贸易和质量维修等业务。

3.预付款保函

预付款保函也称还款保函,是银行应某项基础交易合同一方当事人(收到预付款的一方)的请求,开立的以另一方当事人为受益人的保函,保证申请人未能履行合同中规定的义务,由银行偿还受益人预付给申请人的金额。

预付保函适用于一般货物的进出口贸易,国际工程承包和国际技术贸易等一切带有预付款性质的分期付款业务。

第五节 各种支付方式的选用

在国际贸易业务中,一笔交易的货款结算,可以只使用一种结算方式(通常如此),也可根据需要,不同的交易商品、交易对象可据情况将两种或两种以上的结算方式结合使用,常见的不同结算方式结合使用的形式如下。

一、信用证与汇付结合

信用证与汇付结合是指部分货款用信用证支付,余数用汇付方式结算。例如,对于矿砂等初级产品的交易,双方约定:信用证规定凭装运单据先付发票金额若干成,余数待货到目的地后,根据检验的结果,按实际品质或重量计算出确切的金额,另用汇付方式支付。

二、信用证与托收相结合

信用证与托收相结合是指一笔交易的货款,部分用信用证方式支付,余额用托收方式结算,这种结合形式的具体做法通常是:信用证规定受益人(出口人)开立两张汇票,属于信用证项下的部分货款凭光票支付,而其余额则将货运单据附在托收的汇票项下,按即期或远期付款交单方式托收。这种做法,出口人收汇较为安全,进口人可减少垫金,而为双方接受。但信用证必须订明信用证的种类和支付金额以及托收方式的种类,也必须订明"在全部付清发票金额后方可交单"的条款。

三、汇付与银行保函结合

汇付与银行保函结合使用的形式常用于成套设备、大型机械和大型交通运输工具(飞机、船舶等)等货款的结算。这类产品,交易金额大,生产周期长,往往要求买方以汇付方式预付部分货款或定金,其余大部分货款则由买方按信用证规定或开加保函分期付款或迟期付款。

(1) 分期付款

分期付款是指在产品投产前,卖方提供出口许可证影印本和银行保函的情况下,买方用汇付方式先向卖方交付部分货款或订金,其余货款可按生产或工程进度和交货进度分期偿付,买方开出不可撤销信用证,即期付款。在分期付款条件下,最后一笔货款,一般在卖方完成全部交货责任或承担质量保证期满,经检验合格后再予付清。

(2) 迟期付款

迟期付款是指买方先用汇付方式支付一定比例的货款或订金,其余货款可迟期偿付,有的还可规定,按生产(或工程)进度和交货进度分期交付部分货款,其余大部分货款在交货(或完工)后若干年内分期付清。

第九章 国际商务谈判

国际商务谈判是我们从事国际商务活动的一个极其重要的环节。国际商务谈判的内容,不仅包括商务和技术方面的问题,还包括法律与政策问题,它是一项政策性、策略性、技术性和专业性很强的工作。它的谈判结果,决定着合同条款的具体内容,直接关系到合同双方当事人的利益。所以妥善处理商务谈判中出现的各种问题,在平等互利的基础上达成公平合理和切实可行的协议具有十分重要的意义。作为从事对外经济贸易活动的工作人员,应高度重视并认真做好这一工作。

第一节 国际商务谈判概述

一、国际商务谈判的含义

1. 谈判

一般而言,谈判是人们为了协调彼此之间的关系,满足各自的需要,通过协调而争取达到意见一致的行为和过程。美国著名的谈判学家杰勒德·I·尼尔伯格(GerardINkmbe 笔)在《谈判的艺术》一书中说:"谈判的定义最为简单,而涉及的范围却最为广泛,每一个要求满足的愿望和每一项寻求满足的需要,至少都是诱发人们展开谈判过程的潜因。只要人们为了改变相互关系而交换观点,只要人们是为了取得一致而磋商协议,他们就是在进行谈判。""谈判通常是在个人之间进行的,他们或者是为了自己,或者是代表着有组织的团体。因此,可以把谈判看作人类行为的一个组成部分,人类谈判史同人类的文明史同样长久。"

谈判是人类社会相互交往的产物。人类在相互交往中为了解决利益冲突,改变相互关系;或者为了改造自然和社会而相互结合;或者为了物质、能量和信息交换而进行观点沟通,从而取得一致或妥协并达成协议,就产生了谈判这个社会交往活动。从历史根源来说,谈判在原始社会就已存在,它是人类在生存、生活和生产中不断认识和实践的产物,人们从不自觉地进行谈判到自觉地利用谈判经过了漫长的岁月。在原始社会中期就已经存在原始的谈判活动,较正规的谈判在原始社会后期开始慢慢多了起来,真正的较完善的谈判到奴隶社会和封建社会才出现。人类社会进入近代以后,由于资本主义经济制度的确立,社会生产力迅速发展,国际交往日益频繁,国际贸易不断扩大,各个领域的谈判增多,并发挥着越来越重要的作用。

2. 商务谈判

谈判的种类很多,有外交谈判、政治谈判、军事谈判、经济谈判等等。而商务谈判属于经济谈判的一种。商务谈判是指在不同利益群体之间,以经济利益为目的,就双方的商务往来关系、各自承担的权利和义务而进行洽谈的行为。主要包括:商品货物买卖、工程承包、技术转让、融资谈判等。商务谈判除了一般谈判所具有的特征外,还有其自身的特点,主要表现在:

(1)商务谈判以获得经济利益为基本目的

不同类型的谈判有不同的目的。商务谈判核心问题是以获取经济利益为目的。在满足经济利益的前提下,才考虑其他非经济利益。在商务谈判中,谈判者都非常重视谈判的成本、效率和效益。所以人们通常以经济效益的好坏来评价一项商务谈判成功与否。

(2)以价格谈判为核心

商务谈判的内容,涉及的因素很多,其中价格谈判是所有商务谈判的核心内容。因为价格的高低直接影响谈判双方的利益。但需要指出的是,在商务谈判中,我们一方面要以价格为中心,坚持本身的利益,另一方面又不能仅仅局限于价格,应该拓宽思路,设法从其他利益因素上争取应得的利益。

(3)注重合同条款的严密性和准确性

商务谈判的结果是由双方通过洽商一致的协议或合同条款来体现的。各方的权利和义务在合同条款中得到了充分的反映,保障谈判的各方获得利益的前提,是注重合同条款的严密性和准确性。如果不注意合同条款的完整、严密、准确、合理、合法,就有可能使到手的利益因某个细小问题而丧失殆尽,甚至付出更大代价。因此,在商务谈判中,谈判者不仅要重视口头承诺,更应该重视合同条款的准确、完整和严密。

3.国际商务谈判

国际商务谈判是相对于国内商务谈判而言的。它是指国际间买卖双方就进出口商品的各项交易条件进行友好协商以期达成买卖成功的活动过程。由于国际商务谈判是对外经贸工作中不可缺少的重要环节。因此在对外经贸活动中,如何通过谈判达到自己的目的以及提高谈判的效率已作为一门学问,引起了人们的普遍关注。在现代国际社会中,许多交易往往需要经过艰难频繁的谈判,尽管不少人认为交易所提供商品的质量的优劣、技术先进与否和价格的高低决定了谈判的成败,而事实上,交易的成败往往在一定的程度上,取决于谈判的成功与否。在国际商务活动中,不同利益的当事人需要就共同关心或感兴趣的问题进行磋商,协调和调整各自的经济利益,谋求在某一点上取得妥协,从而使双方在都感到有利的条件下达成协议。所以可以这样认为,国际商务谈判是对外经济贸易活动中普遍存在的一个十分重要的经济活动,也是调整不同当事人之间经济利益冲突的必不可少的工具之一。

二、国际商务谈判的特点

国际商务谈判,既具有一般商务谈判的特点,又具有国际经济活动的特点。

1.交易对象的广泛性

一般而言,商品货物的买卖无国家(或地区)的界限,只要有人想购买,卖者即可与他成交,因此商品交易的范围甚广,由此交易的对象也十分众多,这样就要求谈判人员不仅要充分了解市场行情,及时掌握国际价值规律和供求关系的变化,而且要用不同的方式和方法区别对待各类谈判对手,以提高谈判的成功率。

2. **政策的严肃性**

国际商务谈判既是一种商品交易的谈判,也是一种国际间的交往活动,具有较强的政策性。由于谈判双方的经贸关系是两国或两个地区之间整体经济关系的一部分,因此常常涉及两国之间的政治和外交关系,在谈判过程中两个国家(或地区)的政府常常会干预和影响商务谈判。因此,国际商务谈判必须认真贯彻执行国家有关方针、政策、法规和外交政策,同时,还应该注意国别政策,执行对外经济贸易中的一系列法律和规章制度。同时,由于国际商务谈判的结果会导致资产的跨国转移,涉及国际贸易、国际结算、国际保险和运输等一系列问题,因此,在国际商务谈判中要以国际商法为准则,并以国际惯例为基础。

3. **谈判环境的复杂性**

因为商务谈判人员的工作环境主要是在单位或企业的外部,甚至在国外,绝大部分时间是用于联系和处理对外关系,因此,他们的工作环境比本单位或企业内部从事生产经营管理的人员所处的环境更加广泛、更加复杂。这种情况要求谈判人员具有很强社会交往能力、公关能力,从而获得更多的信息,使谈判能顺利进行。

4. **谈判的技巧性**

由于国际商务谈判者代表了不同国家和地区的利益,有着不同的社会文化和经济政治背景,其价值观、思维方式、行为方式、语言及风俗习惯因人而异,从而使谈判受到各种复杂因素的影响,加深了谈判的难度。这就要求谈判人员必须有广博的知识和高超的谈判技巧,不仅能在谈判桌上做到因人而异,运用自如,而且要做好谈判前的资料准备、信息的收集,以使谈判能按预定方案顺利实现。

三、国际商务谈判的基本形式

国际商务谈判的基本类型大体上分为两类,一是面对面谈判,一是函电往来谈判。不论哪种形式的谈判,都必须遵循谈判的基本原则和惯例。

1. **面对面谈判**

买卖双方派出代表或由买卖双方组成代表团,就交易的主要条件和双方的权利与义务关系,进行磋商。这是商务谈判中常用的基本形式。

2. **函电往来谈判**

利用现代先进快捷的通信工具进行交易的磋商,这在目前国际商务谈判中大量使用。特别是在信息化程度日益提高的情况下,利用电子商务网络进行磋商交易,达成合同,已成为广泛采用的谈判方式。

第二节 国际商务谈判前的准备工作

谈判是一场心理战,也是一场知识、信息、修养、口才和风度的较量。由此可见,它是一项错综复杂的工作，受到主观和客观、可控因素和不可控因素的制约，同时，谈判桌上常常是瞬息万变，要在这种多变的局势中掌握谈判的发展，就必须要打有准备之仗。不同类型的谈判对谈判的准备有不同的要求。由于国际商务谈判涉及面广，复杂多变，因而其准备内容较多，准备工作要做到相对充分。这样，当谈判出现一些始料不及的情况时，也能使谈判者依然镇定自如，从容应付。国际商务谈判的准备工作主要包括以下几个方面。

一、谈判的人事准备

组织一个精干的谈判班子是保证商务谈判成功的关键。挑选谈判人员，首先要考虑参加者的个人素质，同时要研究班子的整体结构。一个健全的谈判团组应当具备以下的品格：第一，忠诚于自己所代表的国家和所代表的经济实体，有较高的政策水平和严格的组织纪律性；第二，专业结构合理，团组成员的知识、智能搭配比例恰当，能有效地适应谈判任务的需要；第三，团结和谐，协调促进，在复杂多变的环境中能坚定沉着，灵活机智地应付和解决各种问题。谈判者个人应当是品格端正，业务娴熟，思维敏捷，有良好的洞察能力和判断能力，善于利用策略，广交朋友，有胆识，有耐心，有勇气，有智谋，能争取谈判成功的强者。谈判班子，一般包括商务人员、技术人员、管理人员，必要时还配备有专门的法律顾问和翻译人员。在任何国家，大型的商务谈判都是由政府主管经济贸易的部门派人率团或委托有影响有代表性的公司企业派人担任主谈，由其他部门或有关公司企业的人员担任陪谈。小型贸易谈判一般由与某项贸易业务直接有关的单位组织团组进行谈判。在变幻莫测、斗争复杂的谈判桌上，参加谈判团组的人员必须目标明确，职责分明，服从指挥，统一行动，稳健灵活，配合默契，一致对外，当机立断。

二、谈判的计划准备

国际贸易谈判是以实现谈判者的利益为最终目标的。每个谈判者都希望己方确定的某项实质性利益能通过谈判得到满足，同时又希望通过谈判使自己和对方继续保持良好的关系，以利于进一步发展相互间的贸易合作。因此，打有准备之仗，有把握之仗，成为国际贸易谈判的一项基本原则和前提。可见，为每项谈判制订一套周密而趋前的计划就显得非常重要了。谈判计划的内容主要应包括：谈判的目的，谈判的对象，己方和对方实力的分析，谈判的策略运用和步骤的实施，谈判的时间掌握，谈判中估计可能发生的特殊问题和成功的机遇，需要达到的最低谈判目标和力争实现的最高谈判目标，等等。为谈判制定一项周密的计划，把谈判的中心点集中于谈判各方的基本利益，同时又设计出可供各方选择的解决问题的多种方案，就有可能使谈判诸方达成一项建立在客观标准上的协议，从而兼顾各方的利益。国际贸易谈判中敲诈事件时有发生，防人之心不能不有，作好谈判计划的目的之一是防止上当受骗。但是，国际贸易谈判又有其客观标准，这就是应尽可能满足谈判各方的正当而合法的利益，应当把谈判对手看成是合作者，而不是敌方。谈判不意味着欺骗，更不意味着敲诈勒索。短视的做法也许在一场特定的谈判中能够得到一些好处，但那样做常常会破坏自己的国家和本公司的形象，让对方耿耿于怀，让旁观者鄙夷警惕，最终吃亏的还是自己。例如，有一年，美国和墨西哥就天然气贸易进行谈判。美国确知当时墨方的天然气很难找到买主，于是想大幅压价进行收购。但是，墨方当时所关心的不仅是要为天然气出口争取一个合格的价格条件,使本国的合法利益得到照顾,而且希望对方在谈判中尊重墨西哥的尊严,对自己以平等的态度相待。可是,当时参加谈判的美国人趾高气扬,公然对墨西哥谈判对手进行威胁。墨西哥政府对此极为愤慨,决定宁可燃掉天然气,也不肯卖给美国,结果使那场本来对美、墨双方都有好处的贸易谈判变成一场漫骂,不少第三国的政府和报界对美国的骄横态度提出了批评。

三、谈判的资料信息准备

知己知彼,百战不殆。收集资料,掌握信息是使谈判获得成功的重要条件之一。作为谈判参加者,对于对方国家(或地区)的历史、地理、经济、社会、法律、贸易习惯等等,应当有一定的了解;对于世界市场有关商品不断变化的行情,也应当有所研究;对于谈判对手所代表的公司的财力、信誉、经营范围、营销渠道等应进行调查,掌握尽可能多的资料。例如,对其公司的注册资金、银行存款、历年的预算和财政计划、交易额的大小和利润的多寡、公司的发展计划、公司宣传广告、出版物的质量、办公设施和生产基地的规模、贸易经验、经营能力、公司人员的素质和性格、外国商家对它的反应、外国报刊对它的报道,甚至公司所用的信纸、信封、名片的印刷质量进行搜集、整理、分析,都有利于己方预先了解对方谈判的态度和谈判成功的可能性,在贸易谈判中,如果偶尔遇到施展不诚的手段,诸如欺骗战术、心理战术、压力战术或拖延战术等等,只要自己掌握有充分的信息资料,就能相机应对,掌握主动。

在国际贸易中,谈判对象——客户是基础,对象的财力是进行贸易的后盾,对象的信誉是履行合同的保证,要使自己成为谈判的受益者,而不做谈判的受害者,按正常的途径对对方进行资信调查或通过间接渠道广泛搜集与对方有关的信息和资料是贸易谈判能正常高效进行的重要环节。资信调查的方式很多,可以通过国内外的银行,国内外的咨询机构,国内外商会,本国驻外的商务代表机构,与自己有业务往来并了解对方的公司、商社和友人,外国的电台、电视、报纸杂志等等进行调查分析,也可直接向对方发函,请其提供有关的资料信息。

四、谈判场所和议程准备

根据需要,贸易谈判可以在本国举行,也可以在对方国家举行,在本国举行,有利于主方使用现有的信息资料和熟悉的电脑设备,可以及时向本公司的领导汇报情况,商讨对策,节省旅行时间和进出国境的手续、费用,同时可以使对方参观了解自己的公司、工厂,所经营的商品和客户、网点,让对方的活动听从自己安排,一谈到底,避免对方在谈判中中途离场。在对方国家举行谈判的好处是,可以就地了解对方,相机与当地高层人士接触,走访更多的商家,调查当地的市场,而且不必安排谈判场地或提供后勤服务,从而能不受干扰地专心于谈判事务。按照国际惯例,任何东道国都应当在征询客户意见的基础上,为谈判准备场地,为被邀请者预订与财力、身份相当而又舒适方便的旅馆,订购机票,安排游览参观,组织宴请和文娱活动,尤其要为谈判安排好议事日程。议事日程一般由东道方提议,商客方同意,经双方确认成立。拟定议程,虽然没有特殊的规定,但也不能流于形式,而要有利于谈判的进行。一般说来,由己方提出的议程,可以使用于己有利的方式、措辞、条件、程序来安排谈判,便于运用谈判策略,推动谈判成功。有些议程是先简后繁,先打外围战,扫清次要的问题,然后集中精力、时间解决重大的问题;有的议程是从重要的问题谈起,避免在次要问题上浪费时间;有的议程不将问题分为主次,但强调先易后难,凡是容易达成一致意见的问题通通都安排在前面快速讨论,然后彼此作出让步,就少数困难的问题寻求一致的意见。谈判议程在一定的程度上反映了谈判双方的风格和双方当时的关系。

第三节 谈判的基本原则

谈判的原则是任何谈判都普遍适用的最高规范,也是谈判取得成功的一般要求。有人认为,谈判的成败完全取决于谈判者的个人技巧,没有什么普遍适用的原则;或者认为,只要谈判达到目的,可以不择手段,不必讲什么原则。这些看法在现代谈判中是行不通的。现代谈判过程中,固然讲究技巧和方法,但是都力求从中抽象出某些普遍的原则,而把技术与方法看作是对原则的具体运用。

一、谈判的基本原则

1. 求同存异的原则

任何谈判都必须分清各方面的利益所在,然后在分歧和冲突中寻求共同之处或互补之处,达成一致的协议。对于一时不能弥合的分歧,不强求一致,允许保留,以后再进行谈判。这就是求同存异的原则。国际商务谈判环境和对象存在许多差别,但是我们应该看到谈判的双方或多方都有着一定的共同利益,即事物的共性。在当今世界经济一体化的趋势下,研究和讨论共性更具有实际意义。如果在国际贸易活动中,个别差异性较大的交易谈判出现,谈判人员就必须本着求同存异的原则,根据谈判的目的和整体经营意图针对不同情况进行适当调整,以达到谈判的最佳效果。商务谈判并不是在商务冲突出现时才进行。商务谈判是谈判双方当事人在追求共同的商业目标,实现双方各自商业利益的整个过程一个不断化解矛盾、实现谈判者最大利益的手段。实践证明,谁能在激烈的市场竞争中有效地利用这一手段,谁就会在商业活动中实现自己的最大利益。

在此我们应该强调一下,谈判的结果并非是"你赢我输"或"我赢你输"。谈判的双方要树立一个双方都是胜者即"双赢"的观点。在此要使双方寻求共同利益,使双方都能得到商务发展的机会,也就是说实现"双赢",可用以下三个标准进行评价:

(1)在可能达成协议的情况下,它应该达成一个明智的协议

在此,我们要求使谈判结果能符合谈判双方当事人的合法利益;应公正地解决谈判各方的利害关系;而且还要考虑到符合公众利益。

(2)谈判的方式必须是高效率的

谈判的方式之所以应有助于提高谈判的效率,是由于谈判达成协议的效率,也应该是双赢的内容之一,因为效率高的谈判,使双方都有更多的精力拓展交易机会。如果在谈判中坚持自己固有的立场,会使谈判的双方争辩不休,难以选择双方满意的方案,有时简直是无谓地消耗时间,从而增加了谈判双方的压力,致使谈判形成僵局或失败。

(3)应能改善或至少不损害谈判双方的关系

谈判的结果都是要获取利益,然而利益的取得却不能以破坏或伤害谈判各方的关系为代价,谈判的各方都把注意力过多地集中于观点争论之上,就很容易将谈判各方的关系搞僵,容易伤害"脸面",致使谈判无法进行下去。因此,合理的谈判方式必须是能克服观点上的争论,并且要高效率、低代价地处理人际关系。由此可见,这一原则要求我们寻找谈判各方的共同利益以及如何确定一个客观公正的标准去体现各方共同利益和需要,从而最终达成一个明智的协议。

2. 平等协商、互惠互利原则

在国际商务谈判中,买卖双方当事人都要在相互平等、自愿交易的基础上,通过充分的协商,以达成一个互惠互利的交易。当今世界国家不分大小,都应该是平等的,而企业(公司)虽然所从事的经济活动的具体条件不同,但是它们都是独立的法人,是自主经营、自负盈亏的商品生产者和经营者,在任何商品交易活动中都应该处于平等的地位,任何一方都不能以其优势自居或在谈判中以势压人,把自己的意愿强加于别人。因此,任何一项买卖是否成交或怎样成交,都应在买卖双方自愿的基础上,通过认真的洽商而达成协议。同时等价交换、互惠互利历来是商品经济的一个基本原则。在国际市场上市场行情瞬息万变,在供求因素、竞争因素、经营目的与意图等因素的影响下,会出现双方获利的多寡,但不管怎样,只要双方都获得一定利益,就表明做到了互惠互利。在国际商务谈判中,谈判人员应坚持平等协商、互惠互利的基本原则。

3. 坚持客观标准的原则

在商务谈判的过程中,无论你多么充分理解对方,多么重视相互之间的友好关系,谈判双方发生利益冲突的事实并非是可以轻易回避的,有时甚至是无法避免的。这时,谈判的焦点最终又会回到各自针锋相对的立场上,不是你让步,就是他妥协,如此的谈判是以改变对方的意愿作为达成协议的代价的,其结果是不会有效的。要使谈判能很好地克服建立在双方意愿基础上所产生的弊病,有利于谈判双方达成一个明智而公正的协议,就应该寻找一个独立于双方意愿之外的客观标准。

所谓客观标准是指社会公认的,不以谈判者好恶为转移的标准。也就是指独立于谈判各方意志之外的合乎情理和切实可行的准则,是不以人的意志为转移的东西。它既可以是一些惯例、通则,也可能是职业标准、道德标准、科学鉴定等。由于贸易谈判涉及的内容极其广泛,所以客观标准也是多种多样的。例如,当买卖双方在价格方面发生僵局,各不相让时,就可通过计算实际成本、分析市场价格等方法来寻求一个客观标准,以便双方在不伤感情的情况下都予以接受。有关其他贸易条件,都可以通过采用行业习惯或国际惯例及标准,或专家意见,或做出科学的结论等方法获得一个双方都无法否认的客观标准,从而促进谈判顺利进行,并使双方利益的协调得以成功。当然,我们在谈判中坚持客观标准要注意标准的普遍性和适用性。

4. 依法办事的原则

在国际商务谈判中,最终签署的各种文书具有法律效用。因此,谈判的双方,不仅要遵守本国的法律、法规与政策,还要遵循国际上的有关法律和惯例,同时还要尊重对方国家的有关法规。凡是与法律、法规和政策有抵触的谈判,即使出于双方自愿或都能获利,也是不允许的。因此,作为谈判者而言,必须要知法懂法,加强遵法守法观念,在自身利益受到侵害时,要依法向对方追索赔偿。

二、商务谈判的基本模式

国际商务谈判是一个连续不断的过程,每一次谈判都需要经过评价、计划、关系、协议和维持五个环节,谈判不仅涉及本次所要解决的问题,而且应努力使本次交易的成功成为今后交易的基础。这就是当前国际上流行的 APRAM(Appraisal, Plan, Relationship, Agreement, Maintenaneca)模式。该模式主要包括以下几个内容。

1. 科学的项目评估

没有进行科学的项目评估就不要上谈判桌,这应该成为国际谈判者的一条戒律。过去有人认为谈判者能否正确地把握谈判的进程和能否巧妙地运用谈判的策略与技巧是谈判能否取得成功的关键。但事实并非如此,对于国际商务谈判来说,谈判能否取得成功并非是取决于谈判桌上的你来我往、唇枪舌剑,而主要是取决于在正式谈判之前的准备工作。从严格意义讲,任何谈判都离不开科学的评估,所不同的只是每一个项目评估的完整性、复杂性存在程度的不同而已。一个商务谈判项目,要能获得谈判的成功,首要问题是在谈判之前对该项目进行科学的评估。如果没有进行可行性研究和评估,或者草率评估,盲目上阵,虽然在谈判中费九牛二虎之力、达成了一个似乎令双方满意的协议,但这个"满意"是要打折扣的。由于没有进行科学评估或评估不当,怎么能得到令人满意的结果? 那只能是自以为满意,实际是自欺欺人。一个谈判项目不能体现经济效益和社会效益,那么这项谈判的成功是虚假的,是不成功的。所以任何一个谈判要获得成功的前提是必须对项目进行科学评估。

2. 制定正确的谈判计划

任何谈判都必须要有一个完整详尽的谈判计划。一个正确的谈判计划首先要明确己方与对方的谈判目标,并将双方谈判目标进行比较,寻求双方利益的共同之点与不同之处。对于双方利益一致、共同关心的问题,应仔细列出来,通过谈判,双方加以确认,以提高和保持双方对谈判的兴趣和争取成功的信心;同时又为以后解决不一致的问题打下基础。对于双方利益存在冲突的地方,则应该充分发挥创造性的思维,依据谈判的目的是"为了满足双方需要"的原则,积极寻找使双方都满意的方法来加以解决。

3. 建立双方的信任关系

建立谈判双方的信任关系是一切正确商务谈判的重要一环。建立这种关系的目的在于:一般情况下,人们是不愿意向自己不了解、不信任的人敞开心扉、订立合同的。如果谈判的双方建立了相互信任关系,则在谈判中就会顺利,减少了谈判的难度,增加了谈判成功的机会。所以谈判的双方相互信任是谈判得以成功的基础。建立谈判双方的信任关系必须注意:

①要努力使对方信任自己。
②要尽可能设法表现出自己的诚信。
③要特别记住最终使对方信任自己的不是语言,而是行动。

正因为如此,在我们还没有与对方建立起较好的信任关系,就不应匆忙地进入实质性的谈判。否则,勉强行事,势必影响谈判效果,甚至会将可以办成的事办糟。

4.达成使双方都能接受的协议

谈判双方在建立了充分信任关系的基础上,就可以进入实质性的项目谈判。在谈判中,根据谈判的目标,对彼此意见一致的问题加以确认,而对意见不一致或冲突方面应认真进行磋商,寻找使双方都能接受的替代方案来解决。在此我们应该注意的是:达成令双方满意的协议并不是协商谈判的最终目标。谈判的最终目标应该是协议的内容得到圆满地履行,完成相互合作的事业,使双方的利益得到实现。

5.协议的履行与关系的维持

在商务谈判中,往往会出现一旦达成协议就万事大吉,认为整个谈判已获成功的错误认识。其实还存在一个对方是否会不折不扣地履行协议的义务和责任的问题。所以我们可以说,即使谈判签订了协议,但谈判并没有就此结束。因为履行协议职责的是人而不是协议本身。协议书签订得再好,再严密,仍然依靠人来履行。要使对方履行协议必须做到两点:

①要求别人信守协议,首先自己要信守协议。

②对于对方遵守协议的行为可给予适时的情感反应。行为科学理论告诉我们,当人们努力工作并取得成功的时候,给予适时的鼓励能起到激励干劲的作用。同样,在当对方努力信守协议时,给予适时的肯定和感谢,则其信守协议的做法会继续保持下去。当然,情感反应的形式是多种多样的,除通过信函、电话、电报、电传等进行表达外,还可以是亲自拜访表示感谢。

总而言之,在实际谈判中,一个完整的谈判过程从时间上来划分可以分为准备阶段、接触阶段、实质性阶段、协议阶段和执行阶段。其中准备阶段和执行阶段的工作对国际谈判能否顺利、圆满地完成具有举足轻重的作用。上述5个方面是相辅相成的,缺一不可的。

第四节 国际商务谈判策略与技巧

国际商务谈判应根据不同的目标、不同的对象、不同的时间和地点,制定不同的行动计划,采取不同的措施,以适应不同的形势,争取获得预期的效果。制定和运用好谈判策略,丝毫不意味着想方设法骗取对方,也不意味着施计用谋把对方当成敌人压倒。一个既成功又富远见的谈判者必须考虑各方面利益:己方眼前的实质性利益和谈判双方之间的长远关系。

制定谈判策略,首先要做到知己知彼,既明确己方的目标,又清楚对方的意图,以及己方的优势,对方的实力和特点,和对方可能让步的程度,谈判的时间限度,谈判双方利益的可能结合点,本次谈判对未来双方关系的影响等等。

谈判策略虽然没有固定的模式,但也有一些带规律性的东西。每项贸易谈判都要根据当时的具体情况进行周密审慎的研究,把原则性和灵活性巧妙地结合起来。世界各国在实践中总结出来的谈判策略很多，下面就大家熟悉而公认的做一些介绍。

一、以诚对诚

以诚对诚的策略也叫开放策略，它是指谈判双方在谈判时尽量开诚布公，使对方感到信任和友好，促使其早下决心，通力合作，尽快达成交易。在这种情况下，谈判的一方不仅会考虑达成一项能满足己方要求的协议，而且会想出某种办法以兼顾对方的利益。在谈判中，强调创造诚挚、平和气氛，对对方的谈判人员及其提出的问题采取和善的态度，努力避免在言辞上和观点上激烈碰撞抗衡，必要时还应为培养双方之间的关系而做些让步。这种策略有助于克服双方怀疑猜忌的心理，使双方的注意力集中于解决谈判中的主要问题。近年来，这项策略颇受推崇。当然，以诚对诚并不等于内外不分，也不等于和盘托出。实际上，这项策略是建立在对谈判双方的资信进行调查研究或对其谈判者的意图、风格、态度进行了探测摸底的基础之上的。如果对方公司的资信较好，讲究效率，如果谈判对手不属老谋深算、闪烁其词的圆滑之辈，使用以诚对诚的策略，一般效果较好。

二、以柔克刚

以柔克刚策略又称蘑菇战术，它是对付锋芒毕露、咄咄逼人的谈判对手的有效方法。在国际贸易谈判中，不时遇到一些自以为是、趾高气扬的谈判者。与这些人开始谈判时，最好的办法是虚与委蛇，避免直接碰撞：对方坚持自己的观点时，不要去抵制它；对方使用攻击言词时，不要当场去反击它，应沉着冷静地听完他的讲话。沉默常常使对方感到不自在，特别是他说的话言过其实时更加如此，这样会逐渐消磨其锐气。待趾高气扬的对手已感到精疲力竭的时候，再以谦和的态度有意识地引导他们去寻求谈判双方的共同利益，为双方达成协议设想多种可供选择的解决办法。这种以柔克刚的策略，日本商人与其他国家商人谈判时常常采用。需要注意的是，与锋芒毕露的外商打交道，决不可采用刀对刀，枪对枪，"以其人之道，还治其人之身"的做法，否则，只会激化矛盾，气走对方，无助于完成贸易谈判任务。

三、激将诱发

在谈判进行得难分难解的阶段，用名誉、地位、公正、爽快等措词激发或逼迫对方说明情况，快下决心，作出让步，及时签约，是有经验的谈判者不时采用的策略之一。例如，某外国公司技术费报价很高，买方表示要分析评论，卖方的经理却坚持不提供必要的计算依据，卖方的法律顾问坐在一旁自觉尴尬。买方于是利用该法律顾问的矛盾心理对他讲道：您是律师，知道买卖应当公道，不公道的买卖是违反国际贸易公认的一般原则的，贵方既然报了价，就应当让人知道计算报价的依据，公道的价格是不怕讲的嘛！经过这么一激，该律师只得动员老板讲出计算公式和计算依据，从而方便了谈判的进行。但是采用激将法要看对象，对那些老谋深算、蓄意欺骗或沉着镇定的谈判者们不一定有效。

四、声东击西

声东击西策略在谈判的讨价还价阶段用得很多。例如，甲方在谈判中所关心的本是价格条件(价格术语),希望能订立一项 CIF 合同。但是,在谈判时故意在付款条件上多做文章,把对方的注意力吸引到付款条件上去,然后在双方讨论激烈时,再杀一个回马枪,在付款条件上来一个"让步",以换取对方同意按 CIF 价格术语成交。运用这种策略,常常是对无关紧要的论题纠缠不休,转移对方的视线,分散对方对主要问题的注意力,以便悄悄地实现己方的意图。声东击西策略有时是拿第三者去劝服谈判对手,迫使对方按自己的条件成交。例如,有一年某国一家公司与瑞典一家公司谈判,准备引进某项新型设备。对方得知买方决心向其购货,于是提高价格逼买方成交。买方公司明白其意图后,故意向瑞方公司表示要改由日本进口,并派出代表与日方接触,同时告诉瑞方,日本的同类设备作价低得多,售后服务更好,结果,瑞方公司不得不按买方要求降价出售。

五、私下接触

在谈判前后,或在大型谈判进行的过程中,谈判人员一般都有自由支配或短暂的休息时间。谈判双方有时利用这些时间一起游览、娱乐、互访、聊天,有意识地私下接触,联络感情,增进共识,推动谈判。这种私下接触策略尤其适用于双方的首席代表。例如,日本人喜欢一起去洗澡,芬兰人喜欢请客人一道做蒸汽浴,巴西人喜欢请客人游海湾,英国人喜欢邀客人去绅士俱乐部闲坐。在业余时间进行这类非正式的小酌、家访、消遣、郊游,有助于创造和谐亲切的气氛,焕发双方理解与合作的精神,从而解决某些在谈判桌上难于谈成的问题。

六、利用矛盾

在国际贸易谈判中,利用矛盾、分化对方,是经常运用的策略之一。这一方面在于利用各个竞争公司之间的利害冲突,另一方面在于利用谈判对方商务人员与技术人员之间的意见分歧,使谈判沿着有利于己方的计划发展。例如,某进口商 A 既可从某出口商 B 又可从某出口商 C 购进某同类产品,为了利用 B 和 C 之间竞相销售的态势,达到压价进口的目的,即可利用 B 和 C 两家公司代表既是朋友又各为其主的特点,秘密分别与其接触,加重他们之间的不信任感,使他们互相猜疑,互不通气,竞相削价。但是,利用矛盾也必须建立在调查研究信息并高度保密的基础之上,切忌盲目行动,让对手们识破,联合起来对付自己。

七、润滑疏通

谈判人员在拜访交谈的过程中,有时可根据不同对象有意识地馈赠一些礼品,联络感情,借以减少双方在大谈判桌上的争论,使双方的观点易于沟通,从而推动谈判朝着有利于己方的计划发展。但是谈判人员馈赠礼品,既要见机行事,又要符合对方的国情,而且一般不能价值过高,否则会被看成是贿赂。如果不进行研究观察,便冒失地向某个诚实、清廉的谈判官员赠送贵重的礼品,就有可能弄巧成拙,甚至引起麻烦。此外,在运用润滑疏通策略时,要特别注意受礼者的风俗习惯。例如,在拉丁美洲,应避免给异性客商(特别是女性)赠送红玫瑰;在意大利,应避免给对方赠送菊花;日本人讨厌饰有荷花、獾或狐狸图案的礼品;英国人不欣赏礼物上印有山羊、大象或带有送礼人员所属公司的标记;信奉基督教的商人忌讳任何可能组成"13"这个数字的礼物;信奉伊斯兰教的商人反对有猪的图案或男女画在一起的礼品;巴西年老的商家不愿意接受绣有百寿图或长寿老人之类的衣服或领带。此外,还需注意送礼的时间和场合:英国人认为共进晚餐后或看完节目后送礼比较适宜;法国人认为重逢时送礼比较自然;拉丁美洲商人认为送礼应在交谈完毕双方关系融洽之时或业务洽谈成功之后。

八、暂时休会

在谈判进行到一定阶段或遇到某种障碍时,谈判的一方或双方提出暂时休会(若干分钟,或若干小时,或一至两天),有利于谈判人员到会下调整对策,恢复体力,或私人个别接触,使谈判继续顺利进行下去。暂时休会的办法不仅在商务谈判中,而且在国际政治涉外谈判中均经常采用。例如,在谈判的紧张时刻,双方各持己见,互不相让,出现难以打破的僵局,这时提议暂时休会,能缓和一下气氛,使双方有机会冷静下来,分析形势,衡量利弊,重商对策,为谈判找到某种突破口。又如,谈判中出现某种意料之外的事件,难以应付,这时建议暂时休会,可以使谈判者有时间研究情况,协商解决问题的办法。在谈判的某一阶段临近尾声时,暂时休会,可使双方回顾一下谈判的进程和已经取得的成果,为下一轮谈判准备必要的条件。此外,在谈判紧张时间过长的情况下,暂时休会,有利于谈判者消除疲劳,恢复精神,加速谈判进展。一个出色的谈判者很少会当场对重大问题作出决断。短时间的休息有助于控制谈判进程,作出更为稳定而有利的决定。

九、拒开先例

欧美各国商人在回拒对方的要求时,常常爱委婉地说道:"先生,我如果答应您的这一要求,对别的用户就等于没有信用了",或者说:"先生,如果此例一开,以后办事就难啊!"这种策略通常是卖方拒绝降价的一种借口。至于答应买方的要求是否真的是开了先例,这并不重要,重要的是使对方明白,这样做会给卖方带来损失。

这一策略买方也可以采用。例如,买卖双方已就某项货物交易达成协议,但卖方过了一段时间之后又要求涨价(如涨价5%)买方对各种因素进行了认真的测算和分析,认为卖方的要求根据不足,因此也婉拒对方:"先生,这个先例不能开呀,否则会引起不良的后果。"拒开先例策略现在已被广泛采用,因为他既拒绝了对方的要求,又语气委婉,显得有礼貌,不使对方难堪。

十、连珠发问

有经验的谈判者,为了摸清对方的底细,常常在谈判中抓住对手的某些话题,连续发问,从对方没有充分准备的回答中,判断其真实意图和可能作出的让步程度。例如,当对方表示"以CFR拉各斯价格条件成交更好"时,即可问他:"为什么希望按CFR拉各斯价格条件成交?"对方也许会回答说:"这是为了考虑利用我们的……"谈判者可继续追问:"为什么要这么考虑呀?"如此连珠炮式的提问,使对方防不胜防,言多必失,从中抓住要害,到时说服对方,争取获得最佳的谈判效果。当然,如果对方对己方实施连珠发问战术,则应慎重对应,或者听而不答,或者避实就虚,或者声东击西,转移视线,或者反诘对方,以攻为守。

十一、故意拖延

在谈判中,如果出现意外事件而不利于谈判的一方,或者由于商品供应不足或世界市场行情不好而不宜立即签约,不利的一方常常采取拖延战术,寻找借口,谈谈停停,断断续续,避重就轻,以便等待有利的时机,再作决断。这种情况多发生在大型项目的谈判之中。

对待拖延战术,首先要摸准对方的症结所在,抓紧时间,压对方按原已商定的日程进行正常的谈判及早签约,并提醒对方,如果拖延不决,将会失去成交的机会,买卖可能转向与第三者进行。

十二、留有余地

在国际贸易谈判中,任何时候都不能坦率至诚,一切应允,即使对方提出的某种要求己方完全能够满足,也只能表示愿意考虑其部分要求,以便留有余地,供日后讨价还价之用。作为卖方,可让步的地方很多,但每次只能让出一步,而且每次步子应当越让越小,并要求对方也同时相应让步。买方可根据情况,可以以理逼,以利诱,使其向有利于自己的方向变化。作为买方,即使各种条件具备,也应当借口多摆己方的困难,例如,向对方表示:"你的要求也许不是没有道理,可是,我得到的授权有限呀,我的让步已经不小了,如果再让下去,我的领导就可能将我解聘呢!"

这种留有余地的策略不能简单地理解为自私、虚假,其实它有时比痛快地全部满足对方更能促成交易。有经验的谈判人员经常采用这种策略。

十三、外交斡旋

国际贸易谈判中,有时双方在商品价格上或商品品种搭配上争执不下,陷入僵局,而无法签约。这时常常请本国外交官从中调解,有时甚至请本国大使出面斡旋,约见有关公司领导,要他们从两国关系的大局出发,互相体谅,互相尊重,平等互利地解决谈判中的分歧,彼此都作点让步,争取把本次交易谈成,为以后更多更大的经济贸易合作创造条件。外交官出面斡旋,可以约访对方的公司,可以专门宴请对方的负责人,也可利用外交场合与对方负责人相遇时提示对方,但语言必须友好和善,交谈必须掌握时机和分寸。外交官出面找双方代表调解时,要显得中立公平,不偏不倚,敦促双方,晓以利害,并把外交与商务分开。自己一方则应取配合态度,不能当面与对方争论或指责对方。有些公司因为与谈判对方国家的外交官保持有良好的关系当贸易谈判出现困难而难于解决时,以友好姿态、促进合作的口气邀请他们出面调停,也能收到较好的效果。

十四、欲擒故纵

本来为了做成某项交易,却故意装作无所谓的样子,半冷半热,似紧非紧,使对方摸不清自己的意图,不敢乱提条件。当看准对方急于洽谈成交,己方则故意显得不慌不忙表示谈则成功,不谈则罢,造成对方心理上的劣势,形成自己无求于对方,对方却有求于自己的态势,使对方不得不降低要价,按自己的条件成交。这种欲擒故纵的策略,对某些急于成交又不想降价的谈判者有一定的效果。这从反面说明,一个有经验的谈判者,应当提前了解对手,分析形势,沉着冷静,遇事不慌,切不可单方过热,急于求成,让对方看出自己的短处,敲自己的竹杠。

十五、从容不迫

沉着镇定,是任何一个指挥者和谈判者应具备的品格,因匆匆忙忙或慌慌张张易失方寸,易乱脚步。国际贸易谈判有时会出现一些意想不到的问题和困难,谈判者一定要学会见招拆招,随机应变。在新的对策未考虑成熟之前,表面上要显得举止从容,做法上不妨施些缓兵之计。例如:

①在对方的突然提问或紧张的对垒面前,可请对方先把问题重述一遍,或请其解说清楚他们的想法,以赢得思考时间。

②可事先安排某些打岔的机会:秘书突然来说有电话要接,或有重要的客人来访。

③借口要去洗手间,或建议大家暂休息一刻钟。

④以资料有待汇集齐全为借口,暂不回答对方的提问。

⑤以一时找不到专家顾问为由,推到下次会议再讨论。

⑥给对方提出一大堆资料,让他们去忙于研究,而不急于讨论问题。

⑦让参加谈判的技术人员、律师或翻译居中解释或重复翻译,以增强主谈者思考问题的时间。

8.让某个参加谈判的人员向对方提出一大堆问题,把对方的注意力引开。美国谈判大师卡拉斯认为,东方商人和欧洲商人比美国商人的高明之处在于:前者喜欢深思熟虑,不仓促作出决定;后者常常以打乒乓球的方法进行谈判,以求几个快攻和反攻即解决问题。

他的结论是:从容不迫,周密思考,可以把事情做得更好。

十六、有理有节

国际贸易谈判中,如果谈判双方万一不能取得满意的结果,尤其是可能出现谈判破裂时,千万不能逞一时之口舌,不可主动推波助澜,伤害对方的感情或损害双方的合作关系。中国的老话说:"买卖不成仁义在",这也应被看作是国际贸易谈判的一种箴言。即使谈判对手对谈判结果表现得急躁无礼,也只需作有理有利有节的说明,点到为止,不必过多地纠缠。礼貌并不意味着向对方示弱,谦让并不等于愚笨。原则和大度的结合既能保住己方的近利,又能兼及双方的远利,为日后的圆满谈判根植契机。

十七、咬文嚼字

在谈判交易、起草合同时,重要的原则之一是尽量避免使用某些含糊不清,容易导致日后发生争议的词语或概念。但是,在国际经济贸易实践活动中,确实有少数商人喜欢设置圈套,利用偷梁换柱、模棱两可的手法欺骗经验不足的谈判对手。因此,在审查合同初稿或签订合同之前,字斟句酌,反复推敲,咬住某些关键字眼细挑毛病,同对方一道就一些表述不准,程序不清的内容反复谈判修改就显得极为重要。在执行合同的过程中,万一对方利用合同中的漏洞做不诚之举或耍无赖时,应理直气壮地与其抠字眼,摆道理,保护公正。1994年夏天,江苏省盐城市某银行国际业务部在做开证审查时,发现该市某电线电缆厂与香港某商家签订的一份关于进口挤塑机、束绞线机及其配套设备的合同中,把本应是"崭新"的设备注明为"全新"的设备。设备运到后,经过检验,发现有明显的使用过的痕迹。该银行立即配合电线电缆厂与港商展开谈判,在"崭新"与"全新"的含意上做文章,抠字眼,讲事实,据理力争,最后迫使港商不得不认真履行合同,赔偿进口方损失费人民币30万元。对外经济贸易谈判要求把协议的各项条款订得详尽周密,准确无误,不留隐患,像"约"、"大约"、"相近"、"几乎"、"基本上"、"原则上"等带弹性的词语不宜使用。在使用"多数"、"大多数"、"绝大多数"、"好"、"很好"、"极好"等有程度差别的词语时,则应作指数性的说明。咬文嚼字者首先要身正行端,有丰富的国际经贸业务知识和防诈骗的经验。谈判桌上要有不辱使命、有理明说、坦诚无虞的勇气。发生争执时,要参照对手的资信情况和今后关系的发展掌握分寸,咬得在理,嚼得艺术,点出问题的实质,即使从长远和全局着想需要作出让步,也必须让在明处。

十八、双赢为上

双赢为上策略也叫共进策略,即谈判双方不把谈判看成是某种"战争"行为,而将它当做一种"合作"。谈判双方既注意各自近期的利益,也关注中长期关系的发展,同时还要求将本企业的"微观"(或称局部)和国家的"宏观"(或称全局)利益联系起来考虑,使双方都能从同一交易中获取好处。谈判中若遇到困难,双方愿意通过折中、迂回、通融、互谅的手段加以解决,以求达成能促进双方获利、发展的协议。国际上流行的 WinWin 理论(即双赢为上理论)就是这一国际经贸谈判策略的理论依据。运用这种谈判策略的例子比比皆是。

1985年,中国商业部门急需选送一批师资出国深造,为此拟与美国某市大学进行谈判。后者有意开辟中国市场,表示愿意接纳中国内地人员到该校学习,条件是中方至少得交付20万美元。但当时中方资金短缺,表示最多只能支付10万元人民币,谈判因此陷入僵局。正在这时,一位在美方该校任教、既有眼光又富谋略的美籍台湾教授参加了进来:一方面,他在美国以该大学的名义组织美国大学生前往中国旅游——参加者不仅可以到中国观光访问,而且可以在旅游的同时选修一门课程,结束时还可以拿到两个学分,费用按美国学习和旅游的标准用美元支付。另一方面,他又要求中国商业部发出红头文件,明确规定他所率领的美国大学生旅游团在中国的一切费用都以人民币结算。结果,中国师资队伍顺利地到美国进行了深造,一批美国大学生也廉价地到中国进行了旅游和学习。前者用10万人民币办成了20万美元的事情,后者以首开中国内地市场而享誉美国,提高了该校的知名度。双方以互谅互让、互相通融的办法不仅找到了近期的结合点,使彼此都获得了成功,而且为中长期合作开辟了道路。然而,值得注意的是:双赢为上的策略并不是每次谈判交易双方彼此各获利50%的策略,更不是不讲竞争,无原则谦让的策略。

双赢为上的策略是以创造条件,通过谈判达成使双方都能从合作中得到实惠为出发点,充分发掘谈判双方在资金、资源、设备、人力、政策、权力等方面的潜力,以实现优势互补、劣势互抵和共同促进为目标的。因此,谈判中双方要舍小利求大利,抑短利扬长利,切不可斤斤计较。

以上介绍了18种谈判策略,实际上,通过长期的国际贸易实践,人们还从中总结出了许许多多行之有效又各具特点的谈判方法,诸如"折中调和"、"针锋相对"、"退席要挟"、"最后通牒"、"领导圆场"、"观点压力"、"客观标准"、"引鱼上钩"、"去伪存真"、"援引法律"、"意志抗衡"、"友谊为重"等等,对于这些谈判技巧,应当根据实际情况灵活地掌握运用。

第十章　国际货物买卖合同的订立

在国际贸易业务中,一笔货物买卖的完整交易程序是由交易的洽商、合同的签订和履行这三部分组成的。整个交易程序都是围绕合同这个中心进行的。交易洽商固然是签订和履行合同的基础,但其目的和后果在于签订和履行合同。如果说签订合同是交易洽商的归宿,那么,履行合同完毕则是一笔货物买卖的终结。这三部分作为一笔交易的整体,将交易双方各自的基本权利与义务联系于合同之中,合同便成为交易双方关注的焦点及各自利益的集中体现,因而其洽商、签订和履行,既是商业行为和过程,又是法律行为和过程。对此,买卖各方都十分重视。

第一节　订立国际货物买卖合同的法律步骤

国际货物买卖合同的洽商涉及洽商的内容、形式和程序。

洽商的内容主要是某种货物(商品)的各项交易条件。它既包括货物的品名、品质、数量、包装、价格、装运、保险、支付等合同的主要交易条件,这些主要交易条件随买卖货物的不同而异,又包括检验、争议、索赔、仲裁、不可抗力等合同的一般交易条件,这些一般交易条件在不同货物买卖合同中基本上是相同的。

洽商的形式大体分为三种:一是书面洽商形式,如往来函件、电报、电传、传真等;二是口头洽商形式,如参加各种博览会、交易会、洽谈会,以及出访或来访的商人之间的面对面洽谈业务;三是行为表示形式,如在拍卖行、交易所等场合所进行的货物买卖形式等。

不管洽商的内容和形式如何,从其程序上看,一般要依次经过四个环节:询盘→发盘→还盘→接受。其中,就合同的有效成立而言,发盘和接受是为各国法律所普遍承认的,是两个不可缺少的关键环节。

一、询盘

询盘是指交易的一方向另一方询问购买或出售某种或某几种货物的各项交易条件的表示。在业务中,多数询盘只是询问价格,故也称其为询价。

询盘在法律上没有约束力。它是询盘一方愿意进行交易的一种表示,或者是调查市场行情,联络客商,拓展业务的一种手段,当然也可以成为达成交易的起点。

在实际业务中,询盘多由买方发出,也可由卖方发出。无论由哪一方发出,其性质是相同的。

二、发盘

发盘指的是交易的一方向另一方提出购买或出售某种货物的各项交易条件,并愿按这些交易条件达成交易、签订合同的一种肯定的表示。在实际业务中,发盘又称为报盘、报价和发价,我国法律上称为"要约"。在《联合国国际货物销售合同公约》(以下简称《公约》)中的文本中即用"发价"一词。该《公约》第14条第1款将"发价"定义为:"向一个或一个以上特定的人提出的订立合同的建议,如果十分确定并且表明发价人在得到接受时承受约束的旨意,即构成发价。"

发盘一般由卖方发出,也可由买方发出。买方的发盘称为递盘。一项发盘,涉及的当事人是发盘人和受盘人。

1. 发盘构成的四项必要条件

根据《公约》对发盘所下定义,其构成条件有以下4项。

(1)向一个或一个以上特定的人提出

发盘中的主体对象必须是该发盘的指定受盘人。他可以是一个,也可以是一个以上。只有他或他们才能作为受盘人对该发盘的有关交易条件表示接受而订立合同。非向指定受盘人提出的发盘仅应视为邀请做出发盘。《公约》第14条第2款对此作了明确的限定:"非向一个或一个以上特定的人提出的建议,仅应视为邀请做出发价,除非提出建议的人明确地表示相反的意向。"例如,出口商为招揽订货单而向一些国外客户寄发的商品目录、报价单、价目表,或刊登的商品广告等,都不是发盘,而只是发盘邀请,客户据此提出订货单才是发盘。

(2)表明发盘人订约意图

作为一项发盘,必须十分确定地表明发盘人有订约的意图,即当其发盘被受盘人接受时,发盘人将承担按发盘条件与受盘人订立合同的法律责任,而不得反悔或更改发盘条件。

(3)内容必须十分确定

一项发盘必须包括十分确定的内容,该内容应该是完整的、明确的和终局的。"完整的",指货物的品名、品质、数量、包装、价格、交货和支付等主要交易条件要完备;"明确的",指主要交易条件不能用含糊不清、模棱两可的词句;"终局的",指发盘人只能按发盘条件与受盘人订立合同,而无其他保留或限制性条件。

但在实际业务中,一项发盘往往不以上述主要交易条件的完整形式出现,表面上显得不完整,但实际上是完整的。例如,业务双方在事先订有"一般交易条件"的协议中包含了某些主要交易条件,发盘的内容可以简化;又如,业务双方在以往的业务交易中已形成某些习惯做法,彼此都熟悉、了解,在发盘中即便不列入某些主要交易条件,也不影响发盘的完整性等等。

不过,对于《公约》第14条第1款关于"一个建议如果写明货物并且明示或暗示地规定数量和价格或规定如何确定数量和价格,即为十分确定"的条文的理解和实施要十分慎重。因为按此规定,一项仅写明货物、规定数量和价格或如何确定数量和价格的发盘,在被接受时,包装、交货、支付等其他主要交易条件,按惯例或《公约》第三部分有关货物销售条款给予确定。《公约》的这种规定,虽然在法律上是可行的,但在实际业务中缺乏可操作性,反而可能给业务带来某些不确定因素。

(4)送达受盘人

发盘人送达受盘人时生效。这里的"送达受盘人",指的是将发盘的内容通知到受盘人本人,或其营业地或其通讯地址,或其惯常居住地。只有这时,发盘才能生效。

发盘的这四项必要条件是一个有机整体,不可分割。

2. 发盘的有效期及其失效

(1) 发盘的有效期

发盘的期限是指发盘人允许受盘人对发盘作出接受的期限。这个期限,发盘人可以明确规定,也可不作明确规定,还可要求受盘人对口头发盘立即接受。

发盘人明确规定发盘的有效期,是从发盘送达受盘人时生效开始直到限定的期限届满时为止。在实际业务中,发盘人对这种有效期通常有以下3种规定方法:

①规定接受的最后日期,例如"发盘9月10日复到我处"。

②规定接受的天数,如"发盘限3天内复到有效"。

③不作明确的规定或仅规定答复传递的方式,例如"发盘……电复(即复、速复、急复、尽决答复等)"。这些规定方法的运用,一般根据货物的特点、价格和汇率的变化、购销意图以及有关国家的法律规定的习惯做法予以掌握。但第③种规定方法,由于其有效期不具体,容易引起纠纷,应少用或不用。

对于不明确规定有效期的发盘,其有效期界定在"合理时间"内受盘人接受有效,即该"合理时间"为有效期。至于该"合理时间"究竟多长,国际上并无明确的规定或一致的解释,也容易引起业务纠纷。因此,在我们的对外业务中,对发盘的有效期以作出明确、具体的规定为佳。

至于口头发盘的有效期,《公约》第18条第2款作了明确的限定:"对口头发价必须立即接受,但情况有别者不在此限。"这就是说,凡是口头洽商时,对于一方发盘,如果双方对接受的期限并无约定,应视为受盘人立即接受有效,否则无效。

(2) 发盘的被阻止生效和失效

一项发盘发出后,有多种原因或情况导致发盘要么受阻不能生效,要么在生效期间失效,要么因过期失效。

①生效前被阻止未能生效。典型的是发盘的撤回,即使是不可撤销的发盘在尚未被送达受盘人之前,在法律上是无效的,发盘人也可以采取行动阻止其生效,因而撤回只是个手续问题,不存在发盘人是否承担责任的问题。但发盘的撤回是有条件的,《公约》第15条第2款规定,发盘撤回的条件是发盘人的撤回通知要在发盘送达受盘人之前或同时送达受盘人。

②有效期间的失效。发盘在被送达受盘人时开始生效的有效期间,在未被受盘人接受之前,凡遇下列情况之一者,发盘立即失效,发盘人不再受该发盘约束。

a. 拒绝,按《公约》第17条规定,一项发盘,即使是不可撤销的,于拒绝通知送达发盘人时立即失效。

b. 还盘,当受盘人对发盘作出某些更改的还盘表示,便构成对原发盘的实质上的拒绝,原发盘随之失效。

c. 法律实施,如当发盘人或受盘人丧失行为能力(死亡、精神失常等),或标的物灭失时,发盘便告失效;又如,有些国家的政府颁布命令禁止发盘中的货物进口或出口,也会造成发盘失效。

d.撤销。发盘的撤销不同于撤回，它是指发盘在被送达受盘人开始生效后，发盘人采取行动解除发盘的效力。它与撤回的不同在于撤销的是在法律上有效的发盘，即取消发盘人在法律上应承担的责任，这就不是一个简单的手续问题。《公约》第16条规定，发盘可以撤销，其条件是撤销通知要在受盘人发出接受通知之前送达受盘人。但同时又规定在两种情况下，发盘不得被撤销：

第一，发盘写明了有效期，或以其他方式表明发盘是不可撤销的。如发盘注明"发盘将于9月15日12时前有效"，在此有效期内，不能撤销该发盘；又如发盘中使用了"不可撤销"字样，在合理时间内也不能撤销。

第二，受盘人有理由信赖该发盘是不可撤销的，并且已本着对该发盘的信赖行事。如受盘人对其有理由信赖的不可撤销的发盘，采取了一定的与业务有关的行动。

③有效期满的失效。一项发盘，不论是明确规定了有效期，还是未明确规定有效期的，有效期已过，仍未被接受，随即失效。

三、还盘

还盘，又称还价，是指受盘人收到发盘后，对发盘的内容不同意或不完全同意，而提出修改建议或新的限制性条件的表示。

一笔交易，有时要经过多次的发盘、还盘、再还盘才能敲定，但值得注意的是，还盘实际上是对原发盘的拒绝表示，原发盘便告失效。此时，还盘遂成为一项新发盘，原受盘人与原发盘人的位置发生互换，前者变为新发盘的发盘人，后者变为新发盘的受盘人。后者可以对前者的新发盘（还盘）的内容表示接受，也可表示拒绝，还可再还盘。如果是再还盘，两者的位置将再一次互换，产生新的关系。

因此，交易的一方在收到对方的还盘或再还盘后，要将还盘或再还盘同原发盘或原还盘的内容认真进行核对，找出其异同。如果在主要交易条件或一般交易条件上差距不大，根据市场行情和购销意图，可以表示接受。如果上述条件，尤其是主要交易条件，双方差距较大，也可表示拒绝。如果再经洽商，仍有相当差距，而交易的一方或双方又不愿放弃进一步洽商的努力，也可继续进行洽商，不宜急于求成。

四、接受

国际贸易洽商中的接受是指受盘人无条件地同意发盘人在发盘中提出的交易条件，并同意按照这些条件订立合同的一种肯定的表示。这在我国法律上称为"承诺"。

根据《公约》的规定，一项有效的接受应具有以下4项条件。

1.接受必须由特定的受盘人做出

由于发盘是向一个或一个以上特定的人提出的，该特定人便是该发盘的受盘人。只有该受盘人表示同意该发盘的内容，才能构成有效的接受。如果该发盘的非特定人即第三者做出接受的表示，也不能对发盘人构成有效力的约束，除非发盘人对其"接受"予以确认。

2.接受必须用一定方式表示出来

《公约》第18条对接受的表示方式作了规定：其一是以声明的方式向发盘人明确表示

接受。在实际业务中,受盘人的接受声明可以是口头的或书面的。其二是受盘人以某种行为方式向发盘人表示接受。《公约》规定,根据该项发盘或依照当事人之间确定的习惯做法或惯例,受盘人可以在发盘的有效期内做出某些行为,例如与发运货物或支付价款有关的行为,来表示同意,而无须向发盘人发出通知,则接受于该项行为做出时生效。

但是,如果受盘人既不作出声明,也不采取行动,不能认为是表示接受。《公约》规定:"缄默或不行动本身不等于接受。"

3.接受通知必须在发盘的有效期内送达发盘人

《公约》第18条第2款规定,受盘人的接受通知必须在发盘规定的有效期内送达发盘人,或在未明确规定有效期的一段合理时间内送达发盘人,才能生效。对口头发盘,必须立即接受,但情况有别者不在此限。如果接受晚于发盘的有效期或一段合理时间,该接受便是一项逾期接受,或称为"迟到的接受",它被视为一项新的发盘。该逾期接受一般无效。

逾期接受之所以是"一般无效",是考虑或照顾到在实际业务中的某些特殊的例外情况。《公约》第21条规定,在下列两种情况下的逾期接受仍具有效力:

①如果发盘人毫无迟延地用口头或书面将此种意见通知受盘人。这一规定的含义是,发盘人对受盘人的逾期接受予以确认,并将这一确认毫不迟延地通知受盘人,逾期接受有效。如果发盘人不是"毫不迟延地"发出通知,该接受无效。

②如果载有逾期接受的信件或其他书面文件表明,它是在传递正常、能及时送达发盘人的情况下寄发的,则该项逾期接受具有接受的效力,除非发盘人毫不迟延地用口头或书面通知受盘人:他认为他的发盘已经失效。这一规定的含义是,如果不是由于受盘人的过失,因为他在发盘的有效期内用信件或其他书面文件发出了接受通知,但由于传递方面的失误,而逾期送达发盘人,那么,该逾期接受仍然有效。而且,在发盘人收到逾期接受通知后,如果发盘人没有及时表示是予以确认还是不予确认并将其意见通知受盘人,而受盘人又能证明逾期接受的责任不在他自己,那么该接受也是有效的。如果发盘人认为他的发盘已经失效,并及时通知受盘人,那么该逾期接受就是无效的。

总之,在上述两种逾期接受的情况下,逾期接受是否有效,完全取决于发盘人。因此,发盘人在收到逾期接受通知时,究竟是予以确认还是不予确认,态度一定要明确,并及时通知受盘人。

至于接受的撤回,《公约》第22条作了明确规定,接受可以撤回,条件是受盘人的撤回通知要在接受生效之前或同时送达发盘人,否则接受不能撤回。

4.接受必须与发盘相符

按照法律原则,接受必须是受盘人无条件地同意发盘中所提出的交易条件,或者说,接受的内容必须与发盘的内容相符,交易才能达成,合同才能成立。

在实际业务中,受盘人对于发盘的交易条件,既有无条件接受的,也有在表示接受的同时又提出某些变更或不同条件的。这后一种情况相当复杂,对接受有效性影响的差异很大。为了适应业务的需要,尽量促成交易的达成,《公约》第19条将这种接受但载有变更或不同条件的情况大体分为两类:

(1)实质性变更

实质性变更即在实质上变更发盘的条件,它指凡是对货物的价格、付款、货物质量和重量、交货地点和时间、一方当事人对另一方当事人的赔偿责任范围或解决争端等等的添加、限制或更改,均视为在实质上变更发盘的条件,"即为拒绝该项发价并构成还价",发盘人对此不确认。

(2)非实质性变更

非实质性变更是指受盘人在表示接受时"所载的添加或不同条件在实质上并不变更该项发价的条件",例如要求增加提供装箱单、重量单、商检证和原产地证等单据,要求增加提供装船样品或某些单据的份数,要求分两批装运等。对载有上述非实质性变更的接受,"除发价人在不过分迟延的期间内以口头或书面通知反对其间的差异外,仍构成接受",合同得以成立,"合同的条件就以该项发价的条件以及接受通知内所载的更改为准"。

有关接受的上述四项条件也是一个有机整体,缺一不可。

第二节 合同的成立

一、合同有效成立的条件

如前节所述,一方的发盘经对方有效接受,合同即告成立。但合同是否具有法律效力,还要视其是否具备了一定的条件。不具备法律效力的合同是不受法律保护的。至于一个合同须具备哪些条件才算有效成立,纵观各国的法律规定,主要可归纳为以下几条:

(1)当事人必须在自愿和真实的基础上达成协议

商订合同必须是双方自愿的,任何一方都不得把自己的意志强加给对方,不得采取欺诈或胁迫的手段。

《中华人民共和国合同法》第四章规定:"当事人依法享有自愿订立合同的权利,任何单位和个人不得非法干预。"第五十四条第二款规定:

"一方以欺诈、胁迫的手段或者乘人之危,使对方在违背真实意思的情况下订立的合同,受损害方有权请求人民法院或者仲裁机构变更或者撤销。"

(2)当事人应具有相应的行为能力

双方当事人应具有商订国际货物买卖合同的合法资格。一般的要求是:作为自然人,应当是成年人,不是神智丧失者,且应有固定的住所。作为法人,应当是已经依法注册成立的合法组织,有关业务应当属于其法定经营范围之内,负责交易洽商与签约者应当是法人的法定代表人或其授权人。

(3)合同的标的和内容都必须合法

合同的标的,是指交易双方买卖行为的客体,也就是说,双方买卖的商品必须符合双方国家法律的规定,这个合同才是有效的。合同的内容也是如此。

(4)必须是互为有偿的

国际货物买卖合同是双方合同,是钱货互换的交易,一方提供货物,另一方支付价金。如果一方不按规定交货,或另一方不按合同规定支付钱款,都要承担赔偿对方损失的责任。

(5) 合同的形式必须符合法律规定的要求

《公约》对国际货物买卖合同的形式，原则上不加以限制。无论采用书面方式还是口头方式，均不影响合同的效力。我国合同法第十条规定："当事人订立合同，有书面形式、口头形式和其他形式。法律、行政法规规定采用书面形式的，应当采用书面形式。当事人约定采用书面形式的，应当采用书面形式。"

第十一章　进出口合同的履行

在国际贸易中,买卖合同一经依法有效成立,有关当事人必须履行合同规定的义务。卖方的基本义务是按照合同规定交付货物,移交一切与货物有关的单据和转移货物的所有权;买方的基本义务是按照合同规定支付货款和收取货物。所以,履行合同是双方当事人共同的责任。

第一节　出口合同的履行

出口合同的履行,是指出口人按照合同规定履行交货等一系列义务,直至收回货款的整个过程,一般包括备货、报验、催证、审证、改证、租船或订舱、报关、投保、装船和制单结汇等多个环节。其中以货(备货)、证(催证、审证、改证)、船(租船或订舱)、款(制单结汇)等4个环节最为重要。

一、备货和报验

备货和报验是指卖方根据出口合同的规定,按时、按质、按量准备好应交的货物,并做好申报检验和领取出口许可证等证件的工作。

1.备货

备货是指出口人根据出口合同或信用证的规定,按时、按质、按量准备应交付的货物,以确保顺利出运。备货由进出口公司根据出口合同和信用证的规定,向生产、加工和仓储部门下达联系单,要求有关部门按联系单的要求,对应交货物进行清点、加工整理、刷制运输标志,以及办理报验和领证等项工作。联系单是各部门进行备货、出运和制单结汇的共同依据。在备货工作中应注意以下几个问题:

①货物的品质、规格应该与合同和信用证规定一致,如发现有不符要求立即更换。

②货物的数量应符合合同和信用证的要求,最好留有适当的余地,以备装运时可能发生的调换和适应舱容之用。

③货物的包装应符合合同和信用证的规定,达到保护商品和适应运输的要求,认真核对包装材料和填充物,如发现包装不良或损坏,要及时进行修整或换装。

④货物的唛头(运输标志),应按合同和信用证中的规定刷制,且要求清楚、醒目、大小适当、不易褪色。注意防止错刷、漏刷和外文字母倒置等情况。

⑤备货的时间应按合同和信用证规定的交货期限的要求,结合船期安排,以利于船货衔接。

2.报验

《中华人民共和国进出口商品检验法》第13条规定:"本法规定必须经商检机构检验

的出口商品的发货人,应当在商检机构规定的地点和期限内,向商检机构报验。"

申请检验须填写《出口报验申请单》,并附上合同和信用证副本,以及有关资料等,供检验机构检验和发证时参考。《出口报验申请单》的内容一般包括:品名、规格、数量(或重量)、包装、产地等。如须有外文译文时,应注意中、外文内容一致。

申请报验后,如商检机构发现《申请单》内容填写有误,或因国外进口人修改信用证,以致货物规格等有变动,需要更正时,报验人应提出更改申请,并填写《更改申请单》,说明更改事项和更改原因。

货物经检验合格,商检机构即发给检验证书。出口单位务必在检验证书规定的有效期内出运货物。商品检验证书的有效期,一般货物,是从发证之日起2个月内有效;鲜果、鲜蛋类为2~3个星期内有效。植物检疫为3个星期内有效。如果超过规定的有效期,装运前,应向商检部门申请展期,并由商检部门进行复检,合格后换证才能出口。

二、催证、审证和改证

在履行以信用证付款的合同时,对信用证的管理和使用直接关系到收汇安全,信用证的管理和使用一般包括催证、审证和改证等项工作。

1. 催证

催证是指当买方未按合同规定的时间开来信用证时,卖方通过函电或其他方式催促买方迅速开出信用证。如卖方根据货源和运输情况可提前交货时,也可请对方提前开证,这通常也叫做催证。催证工作并非每笔业务必有的程序,而是当国外买方遇到国际市场发生变化对其不利,或资金发生短缺情况下,往往拖延开证和不开证,对此,我们应催促对方迅速办理开证手续。特别是大宗商品交易或按买方要求的特制的商品交易,更应结合备货情况,及时催证。必要时,可请我驻外商务机构或中国银行协助,代为催证。

过去,有的出口单位不懂催证,货物虽早已备妥,装运期已到,仍等证上门,往往贻误装运时机,错过船期,造成因装运期和信用证有效期已过,而引起展证、迟期收汇、索赔和货款落空等一系列后果。所以,应重视按合同规定的装运时间,视情况采取适当方式进行催证。

2. 审证

审证是指对国外买方通过银行开来的信用证的内容,进行认真的核对和全面的审查,审核的依据是合同和UCP500号出版物,以确定是否接受和需要作哪些修改。

信用证是依据合同开立的,其内容应与合同条款一致。但在实际业务中,由于种种原因,如工作的疏忽、电文传递的错误,贸易习惯的不同,或进口商有意利用开证的主动权,加列有利于自己利益的条款等,往往会出现开立的信用证内容与合同条款不符的现象。为确保安全收汇和合同顺利执行,防止导致经济上和政治上对我国不应有的损失,我们应该在国家对外政策的指导下,对不同国家、不同地区以及不同银行来证,依据合同进行认真的和全面的审查。审证的基本原则就是要求信用证条款与合同的规定相一致,除非事先征得我方出口企业的同意,在信用证中不得增减或改变合同条款的内容。

审证工作由我中国银行和进出口公司共同承担。中国银行审核开证行的政治背景、资信情况、付款责任和索汇路线,以及鉴定信用证真伪等。

进出口公司则着重审核信用证内容与合同条款是否一致,包括信用证的种类、有效期、到期地点、合同号、货物的名称、品质、规格、数量、包装、单价、金额、装运期、唛头、溢短装条款、佣金、折扣,以及特殊条款和限制性条款等。审证必须全面细致,对证中的文字,不管是印刷、手写、缮打的、盖章的、正、反面、犄角旮旯以及附件等均应审核。对模棱两可的词句,模糊不清的字体,均应向国外提出询问,取得确认。此外,对信用证电开本和证实书也应全面核对。总之,必须做到无一漏处。对于信用证审核的内容分为以下几方面。

(1)政治方面
①来证国家和地区必须是与我国有往来关系的国家和地区。
②来证的各项内容,应符合我国的方针政策,不得带有诬蔑、歧视性的内容或不友好的词句。

(2)政策方面
与我国有贸易协定国家的来证,应符合协定的规定。

(3)商务方面
①开证行的资信。为了保证安全收汇,对开证所有国家的政治经济状况、开证行资信、经营作风等必须进行审查,对于资信不佳的银行,应酌情采取适当措施,如要求对信用证加以保兑,或在信用证中规定分批装运、分批结汇等办法。
②信用证的性质与开证行的付款责任。来证必须注明"不可撤销"字样,同时在证内载有开证行保证付款的文句。有的来证,虽然注明"不可撤销"字样,但在证内对开证行的付款责任加列限制性条款和保留条件,如"本银行只负责传递单据,不承担保证付款责任"、"待领到进口许可证后另行通知时方能生效"等,受益人应要求修改。
③信用证的金额与货币。信用证金额应与合同金额一致,信用证金额中单价与总值应填写正确,大小写并用。如果合同中订有溢短装条款,信用证金额也应包括溢短装部分的金额。信用证使用的货币应与合同规定的货币相一致。
④对货物的名称、品质、规格、数量、包装、单价等项的审核。信用证中有关货物的名称、品质、规格、数量、包装、单价等内容,必须与合同规定的相符,如与合同规定不符,不能轻易接受,原则上应要求改正。
⑤对装运期、有效期和到期地点的审核。信用证规定的装运期,必须与合同规定一致。如国外来证延迟,无法按期装运,应及时电请国外买方延展装运期限。信用证有效期一般应与装运期有一定的合理间隔,以便在装运货物后,有足够的时间办理制单结汇工作。在我国出口业务中,大都要求信用证的有效期规定的装运期限后 7~15 天。信用证的到期地点,通常应规定在中国境内,一般不宜接受在国外到期的规定,因为我们不易掌握国外银行收到单据的确切日期,这不仅会影响收汇时间,而且容易引起纠纷。
⑥对单据的审核。对于来证中要求提供的单据的种类、份数及填制方法等,要进行仔细审核,如发现有不正常的规定,例如要求商业发票或产地证明须由国外第三者签证,以及要求在提单上的目的港后面加上指定码头等字样,一般不宜接受。
⑦对特殊条款的审核。在审证当中,除上述内容外,还可能出现超出合同规定的附加或特殊条款,例如指定船公司、船籍、船名等,或不准在某个港口转船等,一般不宜接受。

但若对我国无关紧要,尚且也可办到,则可酌情灵活掌握。

3. 改证

对信用证进行了全面细致的审核以后,如果发现问题,应区分问题的性质,分别同银行、运输、保险、商检等有关部门研究,做出恰当妥善的处理,对于不符合我国对外贸易方针政策,影响合同履行和安全收汇的情况,我们必须要求国外客户,通过开证行进行修改,并坚持在收到银行修改信用证通知书,经审核无异议后,才能装运货物,以免发生货物已装出,修改信用证通知书未到,或审核后有异议的情况,造成我方工作上的被动和经济上的损失。

而对于虽然与合同规定不符,但并不违背我外贸方针政策原则和不影响我方安全、迅速收汇的情况,我们也可灵活掌握,尽量不要求修改,以减少其中周折和节约改证费用。例如,合同规定允许分批装运,而来证注明不允许分批装运,如果我方货物已全部备齐,一次性装运无困难,可不必要求改证。对同一修改通知书的内容,不能接受一部分,而拒绝另一部分。对银行转来的修改通知书,其内容经审核如不能接受,应及时退还通知书,并明确表示不接受该通知书。

办理改证工作中,对于需修改的各项内容,应做到一次向国外客户提出,尽量避免由于我们考虑不周而多次提出。尽量避免一证多改或一证多展。否则,不仅增加手续和费用,而且对外造成不良影响。另外,对不可撤销的信用证中任何内容的修改,都必须在有关当事人全部同意后才能生效,这是各国银行公认的惯例。

三、租船或订舱、报关、投保和装船

租船订舱是履行出口合同的重要环节。凡是按照 CIF 或 CFR 条件成交的出口合同,要由出口方负责租船或订舱装运货物,在货物装船前,还须办理报关、投保等手续。

1. 租船或订舱和装船

租船是指对数量较大的需整船载运的货物洽租整船;订舱是指对数量不大的不需整船载运的货物洽订班轮或租订部分舱位。

我国出口货物的租船或订舱和装船工作,由中国对外贸易运输公司(简称外运公司)负责办理。各进出口公司可根据情况,在合同签订后,或在备货等工作办妥后,办理托运手续。

租船或订舱的简单程序如下:

①进出口公司委托外运公司办理托运手续,填写托运单,亦称订舱委托书,在截止到收单期以前送交外运公司,作为订舱依据。托运单是指托运人(发货人)根据合同和信用证条款的内容填写的向承运人(船公司,一般为装运港的船方代理人)办理货物托运的单证。

承运人根据托运单的内容,并结合船舶的航行路线、挂靠港、船期和舱位等条件考虑。接受托运以后,承运人在托运单上签章,留存一份,退回托运人一份。至此,订舱手续即告完成,运输合同即告成立。

②外运公司收到托运单后,会同中国外轮代理公司,根据配载原则、货物性质、货运数

量、装运港和目的港等情况,并结合船期安排船只或舱位;确定装运船只或舱位后,由外轮代理公司签发装货单,在法律上,船公司或其代理签发的装货单是接受(承诺)出口企业或其代理向其提出订舱要求(要约)的意思表示,所以出口企业或外运机构收到装货单就意味着运输合同已经订立。装货单既是命令船长承运货物的凭证,也是海关凭以验货放行的单据。

③外运公司根据船期,代进出口公司向码头仓库运货,等待船只到港。

④预订船只到港后,外运公司代进出口公司,从仓库将货物运至船边,经海关查验放行后,凭装货单装船。装船完毕,由船长或大副签发收据,收据又称收货单。大副收据是船公司签发给托运人的表明货物已装船的临时收据。托运人凭大副收据向外轮代理公司交付运费,并换取正式提单。收货单上如有大副批注,则在换取提单时,将该项大副批注转注在提单上。

2. 报关

按照我国《海关法》的规定,凡是进出口国境的货物须由货物的所有人向海关申报。办理报关手续,须填写《出口货物报关单》,必要时还要须提供合同副本或信用证副本、发票、装箱单、重量单、商检证书、出口许可证等,向海关申报出口,经海关查验货、证、单相符无误,并在装货单上加盖放行章放行后,货物才可装船出口。

3. 投保

凡是按照 CIF 条件成交的出口公司,卖方在货物装船前须及时向保险公司办理投保手续。投保人在投保时应按信用证规定的保险条款、保险险别、保险金额等办理,注意防止多保、漏保或错保,以免影响结汇工作的顺利进行。保险公司接受投保后,签发保险单或保险凭证。

4. 装船通知

及时发出装船通知是卖方的义务之一。出口货物装船后,卖方应及时向买方发出装船通知,以便买方了解装运情况,做好进口货物接货和办理进口手续的准备,特别是 CFR 价格条件成交的出口合同,由买方办理保险,卖方更应及时向买方发出装船通知,以便买方能及时办理投保。否则,由于卖方未及时或未发出装船通知致使买方未能办理投保,致使货物在运输过程中遭受损失,应由卖方承担责任。装船通知的内容,一般包括信用证号、合同号、货物名称、数量、尺码、毛重、净重、总值、船名、提单号、提单日期等。

从以上出口合同履行的环节可以看出,在出口合同履行过程中,货、证、船的衔接是一项复杂而又细致的工作。因此,为了做好出口合同的履行工作,提高出口合同的履约率,进出口公司一般建立反映出口合同履行情况的进程卡片,分别做好以合同为中心的"四排"和以信用证为中心的"三平衡"工作。

所谓"四排",是指以买卖合同为中心,根据进程卡片反映的情况,如货源是否落实,信用证是否开到,对来证和货源进行排队,排出四种情况,即"有证有货"、"有证无货"、"无证有货"、"无证无货"。通过排队,发现问题,及时解决。

所谓"三平衡"是指以信用证为中心,根据信用证规定的货物装运期和信用证有效期远近分别轻重缓急,落实货源和舱位,力求做到证、货、船三方的衔接和平衡,避免三缺一的互等现象产生。

四、制单和结汇

制单和结汇是指卖方在货物装运后,按照合同和信用证的要求缮制各种单据,并在规定的交单日期内送交银行,办理结汇手续。出口货物装运之后,进出口公司应该按照信用证的规定和要求,正确缮制各种单据,并在信用证规定的有效期内,送交银行办理议付和结汇。所谓议付,是指出口地银行购买出口人出具的汇票和装运单据;所谓结汇,是指出口人将所得外汇货款,按照结汇日的外汇牌价的银行买入价,卖给国家指定的银行。我国出口结汇的办法有如下3种。

1. 收妥结汇

收妥结汇又称收妥付款,或先收后结,是指议付行收到进出口公司交来的出口单据,经审查无误后,将单据寄交国外开证行或开证行所指定的付款行索取货款,待收到开证行或付款行将货款拨入议付行账户的货记通知时,再按当日的外汇牌价折成人民币,拨入进出口公司的账户。这种做法银行不承担风险,不垫付资金,但出口企业收汇较慢。

2. 买单结汇

买单结汇又称出口押汇,是指议付行在审单无误的情况下,按信用证条款,买入信用证项下受益人(进出口公司)的汇票和单据,从票面金额中扣除从议付日到估计收到票款之日的利息,将余额按照议付日的外汇牌价,折成人民币,拨入进出口公司的账户。

议付行向受益人垫付资金,买入跟单汇票后,即成为汇票持有人,可以凭借汇票向付款人索取票款。出口押汇是指出口地银行给予进出口公司的资金融通,有利于进出口公司的资金周转。

3. 定期结汇

定期结汇是指议付行根据向国外付款行索偿所需的时间,预先确定一个固定的结汇期限,一般是审单无误后10~20日,到期时主动将票款金额折算成人民币拨入进出口公司的账户。

如前所述,开证行或其指定的付款行,在审单无误后,才承担汇款责任,如果发现任何不符,均具有拒付货款的可能。因此,要求受益人在缮制单据时,要做到正确、完整、及时、简明、整洁。

正确:缮制单据时应做到四个一致,即"单单(单据与单据)一致,单证(单据与信用证)一致,单货(单据与货物)一致,单据与合同一致。"

完整:必须按照信用证的规定和要求,提供各种单据,不能短少。单据的份数和单据本身的项目,如产地证明书上的原产国别、签章、其他单据上的货物名称、数量等内容也必须完整无缺。

及时:应在信用证规定的有效期内,及时将单据送交议付行,以便银行早日寄出单据,按时收汇。在货物装运之前,最好将有关结汇单据送交银行预先审核,使银行有充裕的时间来审核单证,单单之间有无差错或问题。如果发现差错或者问题可以及早修改,以确保安全及时收汇。

简明：单据的内容，应该按照信用证的规定和要求，以及国际惯例填写，力求简明，切勿加列不必要的内容，以免弄巧成拙。

整洁：单据的布局要美观、大方，缮写和打印的字迹要清楚，单据的表面要清洁，对于更改的地方要加盖校对图章。有些单据，如提单和汇票其他一些单据的主要项目，如金额、件数、毛重等，一般不宜更改。

现在对几种主要单据的制作要点及注意事项扼要介绍如下。

(1) 汇票

①付款人：采用信用证支付方式时，汇票的付款人应该按照信用证的规定填写；如果来证未规定付款人时，则可以开证行为付款人。

采用托收支付方式时，汇票的付款人应该填写国外进口人。

②受款人：如信用证没有特别规定，应以议付行为受款人。

UCP500号强调信用证项下的汇票不应由开证申请人为汇票付款，否则银行将视作额外单据处理。无证托收的汇票，一般应以托收行(出口地银行)为受款人。

③出票条款：汇票上的出票条款，是开具汇票的依据。如果属于信用证方式，应该按照来证的规定条文全部照打。如果信用证内没有规定具体文句，可以在汇票上注明开证行名称、地址、信用证号码和开证日期。如果属于托收方式，可以在汇票上注明本汇票根据××号合同开立。

④汇票金额：汇票金额要按信用证规定填写，应该与发票总值一致，大小写必须相符。汇票一般开具一式两份，两份具有同等效力，其中一份付讫，另一份自动失效。

(2) 商业发票

商业发票是卖方开给买方的基本单据。通常所说的发票，即是指商业发票。它是卖方开立的详细说明装运货物的清单，可作为买卖双方交接货物和结算货款的凭证，也可作为报关纳税的依据。在不使用汇票的情况下，它可替代汇票作为支付工具。

我国进出口公司的商业发票，没有统一格式，但其主要内容基本相同，一般包括：编号、日期、抬头人(收货人)、货物名称、规格、数量、单价、总值、包装和支付方式等。制作商业发票时应注意以下几点：

①发票的收货人：如属于信用证方式，一般应填写开证人或者称作开证申请人。如属于托收方式，一般应填写合同的买方。

②货物的名称、规格、数量、包装、单价、总值等：凡属于信用证方式，必须与来证规定完全相符，不能有任何遗漏和改动。例如，来证货物名称有误，除非必须修改信用证以外，一般应按错填写，但可在错误货物名称后面加括号，填写上正确名称。

如客户要求或信用证规定在发票内加列进口许可证号码、原产地、生产企业名称等，均可照办。

合同规定货物以旧、修补麻袋包装，来证则规定麻袋包装，可按来证规定填写。

来证和合同规定的单价含有"佣金"，发票上应照样填写，不能以"折扣"代替。

发票中单价须列明价格条件。有时来证所列价格条件与合同有出入，如来证的价格条件为"CIF London"，该合同上则为"CIF and CLondon"，发票应按信用证规定缮制。

③发票日期：发票开具的日期应早于提单日期和汇票日期。

④由于各国法令和习惯不同,有的来证要求在发票上加注"证明所列内容真实无误"(或者称作"证实发票"),"货款已收讫"(或称做"收妥发票"),或者有关出口人国籍、原产地等证明文句,我们应该在不违背我国方针、政策和法令的情况下,酌情办理。出具"证实发票"时,应把发票下端通常印有的"有错当查"字样删去。

(3)海关发票

某些国家海关制定一种有固定格式的发票,要求国外出口人填写,作为估价关税和征收差别关税或反倾销税的依据。此外,还供统计资料的编制,原产地的核实和进口价格构成的查核所用。

对于这种发票有3种叫法,即海关发票、估价和原产地联合证明书,根据某某国海关法令的证实发票。对上述3种叫法的发票,我们习惯上统称为海关发票。填写海关发票时应注意如下几点:

①海关发票的格式:各个国家或地区使用的海关发票都有其各自规定的固定格式,切勿混用。

②海关发票的内容:海关发票上与商业发票上共有的项目和内容必须完全一致,不得互相矛盾。

③海关发票的价格构成:海关发票一般均要求列明构成价格的各项费用,如按CIF价格条件成交,则应分别列明FOB价格、运费和保险费,这三者的总和应与CIF货值相等,此外,应列明包装费,打包费、货物运至装运码头的搬运费等。

④"出口国国内市场价格"一栏,应以本国货币表示:该栏价格应比FOB低4%～5%左右,否则会被认为是低价倾销。因为该栏价格的高低是进口国海关确定是否征收反倾销税的重要依据。

⑤海关发票的签署:要求签字人以个人名义,用手签方式签署;如需有证明人,也须以个人名义签署。而且,签字人和证明人不能为同一个人。海关发票如有涂改,须由原缮制人用钢笔小签,不能加盖校对印章。

(4)领事发票

有些国家,例如拉丁美洲一些国家和菲律宾等国家规定,凡输往该国的货物,国外出口人必须向该国海关提供经该国领事签证的发票。有些国家制定了固定格式的领事发票,亦有一些国家规定的可在出口人的商业发票上由该国领事签证。领事发票的作用与海关发票基本相同。各国领事签发领事发票时,均收取一定的领事签证费。如果国外来证规定须由我方提供领事发票的条款,一般不接受,特殊情况应按外经贸部有关规定办理。

(5)厂商发票

厂商发票是由出口货物的制造商出具的以本国货币计价,用来证明出口国国内市场的出厂价格的发票。其目的也是供进口国海关估价、计税以及征收反倾销税之用。如果国外来证有此项要求,应参照海关发票有关出口国家国内市场价格的填制办法处理。

(6)提单

是各种单据当中最重要的单据,在制作提单时,须注意以下几点:

①提单的种类:提单的种类很多,要按照国外来证所要求的类别提供。国外来证一般

都要求提供清洁的、已装船的提单。如果提供的不是清洁、已装船的提单,银行不予接受。如果来证未规定是否可转船,按照银行惯例,银行可以接受包括装运港至目的港全程的转船提单或联运提单。

②提单的发货人:如来证无特殊规定,应以该信用证的受益人作为发货人。

③提单的收货人:习惯上称为抬头人。在信用证或托收支付方式下,大多数的提单都制作成"凭指定"抬头或者"凭交货人指定"抬头。这种提单须经发货人背书,才可流通转让;也有的要求制作成"凭××银行指定"抬头,一般是规定凭开证行指定。

④提单的货物名称:提单上的货物名称,可以用概括性的商品统称,不必列出详细规格,如合同规定的货物名称是"蓝色网球鞋",在提单上货物名称一栏填写"胶鞋"即可;但应注意不能与来证所规定的货物特征相抵触,如来证规定的货名为"复写纸",它是一种特殊的商品,我们不能用纸来代替。如果发现这类情况,银行可以拒付。

⑤提单上的唛头:一般按信用证规定照打。散装货无唛头,提单上的唛头一栏中打"N/M(No Mark)"及"散货"字样。

⑥提单的运费:具体填法是根据使用的价格条件而定。如按 CIF 或 CFR 价格条件成交,提单上的运费栏中填"运费已付";如按 FOB 价格条件成交,提单上的运费栏中填"运费到付"。除信用证内另有规定外,提单上不必列出运费具体金额。

⑦提单的目的港和件数:原则上要与运输标志上所列的内容一致。

⑧提单的份数:收货人是凭提单正本提货,为了避免提单正本在递交过程中丢失,而发生收货人提货困难的情况,承运人一般签发提单正本一式三份,也可以应托运人的要求签发三份以上,签发的份数应在提单上注明。每一份正本提单效力是相同的。但是,只要其中一份凭以提货,其他各份立即失效。因此,合同和信用证规定出口人提供"全套提单",就是指承运人在签发的提单上所注明的正本份数。

⑨提单的日期:在海运情况下,提单日期即为装完船的日期。在日期前面,必须加注签发地点。有的信用证规定,不能早于何时装运,提单的日期必须符合规定。

⑩其他内容:须用托盘运输时,提单上的件数栏填托盘数量,并在括号内加注货物包装件数。在同一提单有两种以上包装单位时,应分别填写。例如,提单 100 件中,有 70 件木箱装,有 30 件纸箱装。包装货物在装船过程中,如发生漏装少量件数,可在提单运输标志件号前面加"Ex"字样,以表示其中有缺件。例如,"Ex2Nos.1－100",其意是在 100 件中,缺少两件,实有 98 件。

(7)保险单

填制保险单时应注意下述几点:

①保险单的被保险人:如来证无其他规定,保险单的被保险人应是信用证上的受益人,并由其作空白背书,便于保险单办理转让;如来证要求"空白抬头",可以做成"To Order",应由受益人背书;如来证要求开证人或开证行抬头,被保险人一栏按证填写,受益人不必背书。

②保险险别和保险金额,要与来证规定相符。

③保险单上运输标志、包装及数量、船名、大约开航日期,装运港和目的港等;应与提单互相一致。

④保险单上的签发日期,由于保险责任的起讫采用"仓至仓条款",所以出单应早于提单日期或与提单日期相同,除非信用证另有规定,或除非保险单注明,承担自装船之日起的风险,否则开证行可以拒绝接受。国际商会第 500 号出版物第 34 条规定,银行对载明签发日期迟于运输单据注明的装船或发运或接受监管日期的保险单据将不予接受。

⑤除信用证内规定无免赔率外,对有免赔率的货物必须在保险单上注明。

(8)装箱单和重量单

装箱单和重量单是表明出口货物的包装形式、包装内容、数量、重量、体积、件数的单据。这两种单据是用来补充商业发票内容的不足,便于国外买方在货物到达目的港时检查和核对货物,同时也供进口国海关检验进口货物。

装箱单又被称作花色码单,是每一件包装内所装货物逐项列举的清单,重量单是列明每件货物的毛重和净重的单据。在实际业务中,这两种单据并非每种货物都需要提供,要根据国外来证的规定和商品的性质来决定。

(9)检验证书

要按合同和信用证规定的种类和份数提供检验证书。各种检验证书是分别用以证明货物的品质、数量、重量和卫生条件等的证明文件。出具这类证件时,应注意正确的名称及所列项目和检验结果应与合同和信用证的规定相符。

(10)产地证明书

这是一种证明货物原产地和制造地的证件。也是进口国海关核定进口货物应征税率的依据。不用海关发票或领事发票的国家,要求提供产地证明书可以确定对货物应征收的税率。有的国家限制从某个国家或地区进口货物,也要求原产地证明书来证明货物的来源。产地证明书一般由出口地的公证行或工商团体签发。在我国,由中国进出口商品检验局或者贸易促进委员会签发。

(11)普惠制单据

目前,已有新西兰、加拿大、日本、欧共体等 20 多个国家给予我国普惠制待遇。对于这些国家的出口货物,须提供普惠制单据(格式 A 证书),作为进口国减免关税依据。但对新西兰除使用格式 A 外,还须提供格式 59A 证书,对澳大利亚则不用这两种证书,而只在商业发票上加注有关声明文句即可。目前使用的普惠制单据有:

①格式 A 产地证,格式 A 产地证是普惠证的主要单据,适用于一般商品,由我进出口公司填写,并由中国进出口商品检验局签证出具。

②纺织品产地证,适用于纺织品类,由中国进出口商品检验局签证出具。

③纺织品出口许可证,适用于配额纺织品,由地方外贸局签证出具。

④手工制纺织品产地证,适用于手工制纺织品类,由中国进出口商品检验局签证出具。

⑤纺织品装船证明,适用于无配额的毛呢产品,由地方外贸局签订出具。

对上述单据内容的填制,应力求做到正确,并符合各个项目的要求,否则,就有可能丧失享受普惠制待遇的机会。

如果出口交易进展顺利,而不会出现什么问题的话,那么一笔出口交易到此结束了。但是,国际贸易具有特殊的复杂性,在出口合同履行过程中,买卖双方往往因为这样或那样的原因,而产生争议和纠纷,从而引起索赔和理赔的问题。

五、索赔和理赔

在出口合同履行过程中,如因国外买方未按合同规定履行义务,如买方延期开证、无理拒收货物和单据、无理拒付货款等,致使我方遭受损失,可向对方提出索赔。索赔时,应本着实事求是的态度,尽可能通过友好协商的办法加以解决,做到既要维护我方的正当权益,又不影响双方的贸易关系。

如果我方交货品质、数量、包装等不符合合同规定,国外买方可向我方提出索赔。我方在处理国外索赔时,应注意下列几点:

①要认真对照合同条款,研究审核所提出的索赔有无依据,也就是所提供的证据是否齐全,是否清楚,出证机构是否符合规定;对其检验标准和检验方法,也都要一一审核,以防国外买方串通检验机构弄虚作假,或检验机构检验结果有误。

②要核对索赔是否在有效的索赔期内提出,对于超过索赔期的,要以理拒赔。

③要认真做好调查研究,弄清事实,分清责任。因为货损货差的成因很复杂,如属船公司和保险公司的责任,应交船公司和保险公司处理;如确定属于卖方责任,卖方应实事求是地予以赔偿。对国外买方提出的不合理要求,我方必须根据可靠的资料,以理拒绝。

④要合理确定损失程度、赔偿金额和赔偿办法。

关于赔偿金额,一般的原则是:一方当事人因违反合同而需承担的赔偿额,应与另一方当事人所遭受的损失额(包括利息、预期利润在内)相等。

第二节 进口合同的履行

进口合同依法成立后,买方同样应遵循重合同、守信用的原则,履行自己的支付货款、接收货物的义务,同时要督促卖方履行按合同规定的义务。

在我国购进货物的交易合同中,价格条件大多采用 FOB 条件,较少采用 CIF 条件,而支付条件一般都采用信用证方式。下面,我们就以 FOB 条件和信用证方式为例,简要介绍货物进口合同履行的程序和要办的手续。

一、开出信用证

买方履行进口合同的第一项程序是要按照合同规定的时间开出信用证。具体手续是:买方按合同规定的内容,例如货物的名称、品质、数量、包装、价格、交货期、装运期、装运条件、装运单据等,填写开具信用证申请书,连同进口合同副本或复印件交送中国银行。中国银行根据进口合同的规定,审查开证申请书无误后便开立信用证寄发国外。对此,要注意:

①开证内容必须与进口合同一致。

②开证时间要严格按合同规定的时间办理。迟开,不仅要承担违约责任,还推迟到货时间;早开,固然为对方欢迎,但我方会增加费用支出。

③如果开证以对方提供出口许可证可影印本或履约担保书为条件,则必须在收到对

方已确实领到许可证或担保书的正式通知后,方可开证。在某些特殊情况下,必须先开证的,也可先行开证,但要在证内附列该证必须在受益人交验许可证或交付保证金后才能生效的限制性条件。

④信用证开出后,如果需要修改,无论由买卖双方中的哪一方提出,均应经双方商妥后方可办理。

二、租船订舱与催装

在开出信用证后,买方应及时委托外运公司办理租船订舱手续。手续办妥后,要迅即将船名、船期通知卖方,以便卖方备货、装船,做好船、货衔接工作。同时,买方还应了解和掌握卖方备货和装船前的准备工作情况,做好催装工作。必要时还可委托我驻外机构或企业或派人员前往就近了解、检查、督促买方按时履行交货义务。

货物装船后,卖方应按合同规定及时发出装船通知,以便买方提前办理保险和接货等项手续。如果卖方未及时或未发出装船通知,同样要承担违约责任。

三、办理货运保险

按 FOB 条件(或按 CFR 条件)成交的进口合同,办理货运保险是买方的责任。具体手续由买方委托外运公司统一操办。由于外运公司同中国人民保险公司签有预约保险合同,其中对各种货物的投保险别、保险费率、适用条款、保险费及赔偿支付办法等均作了具体规定,凡以 FOB 或 CFR 条件进口货物的保险都由中国人民保险公司承保。因此,每批进口货物,买方或外运公司在收到国外装船通知后,将船名、提单号、开船日期、货物名称、数量、装运港、目的港等项内容通知保险公司,即视为已办妥保险手续。

按预约保险合同规定,进口合同的保险责任从货物在装运港装上船开始,到卸货港货运单据所载明的国内目的地货入仓库终止。

四、审单与付汇

货物装运后,卖方便将汇票和货运单据交送出口地银行议付,议付行随即将汇票和货运单据转寄中国银行。中国银行在买方的配合下,对单据进行审核,如果符合信用证规定,便向国外付款;如有不符,应立即要求国外议付行改正,或暂停对外付款。按惯例,银行付款后,才发现有误,不能对外国银行行使追索权,所以,审单工作一定要认真细致。

同时,买方应立即按国家外汇牌价向中国银行购买外汇,赎取单据,以便报关、接货。

五、报关与接货

进口货物抵达目的港后,买方应及时办理报关、接货手续。买方在报关时,要根据进口单据填制"进口货物报关单",并随附发票、提单、保险单,如属法定检验的进口货物,还须随附商品检验证书,向海关申报进口。海关凭进口许可证或报关单,查验货、证书,向海关申报进口。海关凭进口许可证或报关单,查全货、证无误后放行,买方接货。

进口货物的报关、接货等工作一般由外贸企业委托外运公司代办。

六、验收与拨交

进口货物在卸船时,港务局要核对卸货,如发现缺少,应填制"短卸报告"交船方签认,作为索赔的依据;如发现残损,应将货物存于海关指定的仓库,由保险公司会同商检机构检验,作出处理。

进口货物经过检验后,由买方委托处运公司提取货物并拨交给订货单位。外运公司以"进口物资代运发货通知书"通知订货单位在目的地办理收货手续,同时通知买方代运手续已办理完毕。如订货单位不在卸货港口,所有税费(包括进口关税、货运内地的运费等)由外运公司向买方结算,再由买方向订货单位结算。

七、进口索赔

进口货物都要进行检验,如果发现其品质、数量、包装等方面有不符合合同规定,应当进行鉴定,以便提出索赔。

在处理进口索赔案件中,属于卖方责任者居多,例如卖方未按期交货或拒绝交货,品质不符,交货数量不足,包装不良使货物受损等,应向卖方索赔。

如果属于船方的过失,如货物在装运途中发生了非保险范围内、非卖方责任内的货物短少、残损等情况,应向船方索赔。

如果货物在运输途中发生了属于保险承保范围内的自然灾害、意外事故等造成的损失,应向保险公司索赔。

但是,不论是哪一方责任者提出索赔,都要首先分清责任,并且提供有说服力的证据,实事求是地、合理地确定索赔金额,并在索赔有效期内提出,还要防止有关责任者推卸责任,导致索赔落空,或者借口少赔,使进口货物的损失得不到相应的补偿。

第十二章 违约的救济方法

国际货物买卖合同一经成立,买卖双方当事人就要受合同的约束,严格按合同规定的各项交易条件履行自己的义务。然而,在履行合同的过程中,当事人要经过复杂的环节。根据多年的实践,买卖双方很可能由于种种不同的原因,不能履行自己的义务,从而发生争议和纠纷,合同当事人为了维护自己的合法权益,往往要援引法律规定来解释合同,主张权利。而买卖双方地处两个不同国家,其法律制度和具体法律规定往往差异颇大,在解决时通常要根据具体情况采用或援引不同国家的有关法律规定。为此,本章就合同一方当事人违约以及另一方当事人可以采取的各种法律上的救济问题,对主要国家的法律规定和《联合国国际货物销售合同公约》的有关规定加以介绍。

第一节 一般原则

一、违约的含义

违约指合同的一方当事人没有履行或没有完全履行其合同规定的义务和行为。例如,在合同成立后,卖方出现不按合同规定的时间和地点交付货物,或交付了不符合合同规定的货物;或者买方不按合同规定的时间支付货款等等都属于违约行为。除合同或法律上规定的属于不可抗力原因造成者外,违约者都是承担违约的责任。另一方当事人也就有权依据合同或有关法律规定向违约方提出救济的权利。

二、各国法律对违约的不同规定

为了进一步分析违约的情况和处理违约救济的问题,各国法律对违约都有不同的规定,有的法律对如何构成违约作了规定,有的法律将违约在性质或形式上作了划分,现概述如下。

1.关于构成违约的条件方面

(1)大陆法的规定

大陆法在处理买卖合同这类民事责任时,是以过失责任作为一项基本原则。也就是说,买卖合同当事人出现不能或不能完全履行合同义务时,只有当存在着可以归咎于他的过失时,才能构成违约,从而承担违约的责任。因此,按大陆法,在处理违约时,如果仅仅证明当事人没有履行合同义务,还不足以说明对方的行为已构成违约,还必须同时证明或推定上述行为有某种归咎于他的过失,才能使其承担违约的责任。

德国民法典第276条规定,债务人除另有规定外,对故意或过失应负责任。另外还规定,债务人基于故意的责任,不得预先免除。法国民法典也遵循相同的原则,但表述方法与德国民法典的规定有所不同。法国民法典第1147条规定,凡债务人不能证明其不履行债务系由于不应归其个人负责的外来原因时，即使在某个方面并无恶意，债务人对于其不履行或延迟履行债务，应支付损害赔偿。

(2)英美法的规定

英美法认为，一切合同都是"担保"，只要债务人不能达到担保的结果，就构成违约，应负责赔偿损失。在《英国货物买卖法》和《美国统一商法典》中，关于构成违约的条件并未被详细写明，但从司法实践中看，处理违约并不是以当事人有无过失作为构成违约的必要条件，通常只要当事人未履行合同规定的义务，均被视为违约。

(3)《联合国国际货物销售合同公约》的规定

《联合国国际货物销售合同公约》也未明确规定，违约必须以当事人有无过失为条件。从《公约》第25条看，只要当事人违反合同的行为的结果使另一方蒙受损害，就构成违约，当事人要承担违约的责任。

2.关于违约的形式方面

(1)大陆法的规定

大陆法基本上将违约的形式概括为不履行债务和延迟履行债务两种情况。如法国民法典第1147条规定，债务人对于其不履行债务或延迟履行债务，应负赔偿的责任。

德国民法典按相同原则将违约也分为两类：给付不能和给付延迟。给付不能是指债务人由于种种原因，不可能履行其合同义务。给付延迟是指债务人履行期已届满，而且是可能履行的，但债务人没有按期履其合同义务。违约方是否要承担违约责任，则要看是否有归咎于他的过失。如果有过失，违约方才承担违约的责任。如《德国民法典》第280条规定："因债务人的过失而引起给付不能者，债务人应对债权人赔偿因不履行所产生的损害。"如果不属于当事人的责任引起的给付不能，债务人就不承担违约责任，如《德国民法典》第275条规定："在债务关系发生之后，非因债务人的过失而引起的给付不能者，债务人得免除给付义务。"

(2)英国法的规定

《英国货物买卖法》将违约的形式划分为违反要件和违反担保两种。违反要件是指合同当事人违反合同中重要的、带有根本性的条款。

按英国法，买卖合同中关于履约的时间、货物的品质和数量等条款都属于合同的要件。违反担保是指当事人违反合同中次要的、从属于合同的条款。按照英国法律的解释，违反要件与违反担保给当事人带来的法律结果不同。如果一方当事人违反了要件，另一方当事人有权解除合同，并且还可要求损害赔偿。如果一方当事人违反了担保，另一方当事人只能要求损害赔偿，不能请求解除合同。

因此，如何对合同中的条款做出判断，确定是属于要件，还是属于担保，对当事人主张权利至关重要。然而，英国法律对合同中哪些条款属于要件，哪些条款属于担保，并无明确的规定，通常应由法官根据合同内容和当事人的意思作出决定。如《英国货物买卖法》第11条b款规定，买卖契约中的某些规定究竟为"要件"，抑或为"担保"，需视各个契约的具体内容而定。违反要件可能给予对方以解除契约的权利；违反担保则对方只能要求损害赔偿，而无权拒收货物和解除契约。契约中的某项规定虽用"担保"之名，但也可能属于一项"要件"。

按英国法律的解释,要件比担保具有更高的法律品格,每项要件者包含着一个担保。因此,如果合同一方当事人违反要件,另一方当事人可以把违反要件当作违反担保去处理。也就是说,当事人违反要件时,受损害一方可以选择解释合同,并要求赔偿损失,他也可以不解除合同,只就损失提出赔偿要求。《英国货物买卖法》第 8 条 a 款规定:"如买卖契约是以卖方履行某项要件为有效,买方可以放弃该要件,也可选择把该项要件的违反视作违反担保,而不将其作为解释契约的理由。"法律上的这种规定,在货物买卖中有一定的现实意义。例如,按法律规定,买卖合同中的品质条款属于合同中的"要件",卖方所交付的货物品质不符合合同的规定,这种行为构成违反要件,买方可以拒收货物,解除合同,并提出赔偿要求,但在某些情况下,买方并不想放弃这批货物。他就可以将这批货物收下,支付货款,同时可就货物的品质不符情况,只提出损害赔偿。

值得注意的是,英国法将违约分成违反要件与违反担保的方法,并不能完全适合各类的违约情况。有些情况,如违反要件的结果并未使守约的一方遭受重大的损失,守约的一方按英国法律规定,仍有权解除合同,而不问违约情节结果是否严重。这种处理方法显然是不恰当的。为解决这个问题,20 世纪 70 年代以来的英国司法实践中确立了所谓"无名条款"的原则。法院可以对合同中的有些条款判定为既不属于要件,也不属于担保,而将其视为无名条款。当一方违反无名条款时,对方能否解释合同应视违约的性质和后果是否严重而定。如果违约性质严重,受害方可解除合同,如果违约的性质不严重,受害方就不能解除合同,只能就损失提出赔偿要求。

无名条款适用于国际货物买卖可以从下述案例中看出。在 1975 年西哈夫公司诉布里默公司·汉莎号轮案件中,布里默这家德国公司售给荷兰西哈夫公司一批美国桔渣,条件是 CIF 鹿特丹。这种桔渣是制造牲畜饲料用的。按照"牲畜饲料协会合同格式"订立的合同条款中有一项规定:"发运的货物必须处于良好状态。"货物共约 3400 公吨,装于汉莎号轮船。合同金额为 10 万英镑左右。货到目的港后,卸货时发现第一舱货物(约 1 260 公吨)受损,但第二舱货物(2053 公吨)状况良好。行市在船只到达时已经剧跌。买方根据合同上述品质条款的规定,拒收整批货物。后此案被提交法院审理。

上诉法院认为,该合同条款,即"发运的货物必须处于良好状态",并不是《1893 年货物买卖法》所指的要件,而是一项无名条款。丹宁法官认为,如果整批货物中有一部分不是处于良好状态,到达时略有缺陷,应以减价解决。除非整批货物有严重或实质性的损坏,否则买方无权拒收整批货物,但有权请求损害赔偿。损失赔偿金额为到达鹿特丹时完好货物与受损货物之间的差价,即通过变卖确定的市场价约 3 万英镑与合同价 3 万英镑之差。

然而,无名条款也不应滥用,合同中的有些条款对交易双方有较重要的利害关系,特别是买卖合同中指定有关时间的绝大多数条款应被视为要件。例如,FOB 合同中规定,"买方须在船舶可能备好前至少几天向卖方发出通知……",CFR 合同中有关船舶应从装运港直航到卸货港的直航条款等均属要件,而不是无名条款。

(3)美国法的规定

美国法现已放弃使用"要件"与"担保"这两个概念来划分违约的情况,即不是用合同条款的性质来划分,而是从违约的性质和带来的结果来划分违约的情况。美国法把违约划分为两类：轻微的违约和重大的违约。所谓轻微的违约是指债务人在履约中尽管存在一些缺陷，但债权人已经从合同履行中得到该交易的主要利益。例如履行的时间略有延迟，交付的货物数量和品质与合同略有出入等，都属于轻微的违约之列。当一方轻微违约时，受损方可以要求赔偿损失，但不能拒绝履行合同的义务或解除合同。

所谓重大的违约是指由于债务人没有履行合同或履行合同有缺陷致使债权人不能得到该项交易的主要利益。在重大违约情况下，受损的一方可以解除合同，同时还可以要求赔偿全部损失。

美国法对违约的这种划分，同英国法上对违约的划分，从法律后果看，基本上是一致的，轻微的违约相当于违反担保，重大违约相当于违反要件。但在处理违约时的角度是不同的。美国法更偏重于看违约的性质和给对方造成的损失情况。

(4)《联合国国际货物销售合同公约》的规定

《联合国国际货物销售合同公约》将违约划分为根本性违约和非根本性违约。所谓根本性违约，按《公约》第25条的规定："一方当事人违反合同的结果，如使另一方当事人蒙受损害，以至于实际上剥夺了他根据合同有权期待得到的东西，即为根本性违反合同，除非违反合同的一方并不预知而且同样一个通情达理的人处于相同情况中也没有理由预知会发生这种结果。"不构成根本性违约的情况，均视为非根本性违约。

由此可见，《公约》规定根本性违约的基本标准是"实际上剥夺了合同对方根据合同有权期待得到的东西"。这种规定避免了对各种违约情况做出武断的划分，实际上是对违约的性质作了基本的定义。至于怎样才构成根本性违约，只能视具体情况而定。从法律结果看，《公约》认为，构成根本性违约，受害方可解除合同，否则只能请求损害赔偿。

三、违约的救济方法

救济方法是指一个人的合法权利被他人侵害时，法律上给予受损害一方的补偿方法。各国法律均规定，如果合同一方当事人违反合同规定，另一方当事人有权采取相应的救济方法。各国法律对各种救济方法都有详细的规定，但不尽相同，有的规定比较概括，有的规定比较具体。纵观各国法律，其法律规定的基本救济方法可概括为三种：实际履行、损害赔偿和解除合同。现分别详细介绍如下。

1. 实际履行

实际履行有两重含义：一重含义是指一方当事人未履行合同义务，另一方当事人有权要求他按合同规定完整地履行合同义务，而不能用其他的补偿手段，如金钱来代替；另一重含义是指一方当事人未履行合同义务；另一方当事人有权向法院提起实际履行之诉，由法院强制违约当事人按照合同规定履行他的义务。例如，买卖双方就某项特定物(古玩、字画、房屋)达成交易，但日后，卖方出于某种原因考虑不按合同规定交付约定的货物，而买方又不愿取得金钱上的补偿，买方可要求卖方按合同规定交付货物，或他可以向法院起诉，要求法院判决实际履行，强制卖方履行交货义务。各国法律对实际履行作为一种救济方法都有规定，但是差异较大。现分析如下：

(1) 大陆法将实际履行作为一种主要的救济方法

如德国法认为，凡是债务人不履行合同时，债权人都有权要求债务人实际履行。《德国民法典》第 24 条明文规定:"债权人根据债务关系,有向债务人请求履行债务的权利。"《法国民法典》也有类似的规定,第 1184 条规定:"契约双方当事人的一方不履行其债务时,债权人有选择之权;或者在合同的履行尚属可能时,请求另一方当事人履行合同,或者解除合同并请求损害赔偿。"这里特别注意的是,按照大陆法的原则,债权人可以请求法院判令债务人实行履行合同,但是,法院只有在债务人履行合同尚属可能时,才能作出实际履行的判决。如果出现实际履行不可能的情况,如买卖的特定物已被烧毁,法院就不会作出实际履行的判决;在实践中,当事人提起实际履行之诉的情况并不多见。一般当事人。都要求其他的救济方法,如解除合同或请求损害赔偿等。只有当所要求的金钱赔偿不能满足时,债务人才会提起实际履行之诉。

(2)英美法将实际履行作为例外的辅助性的救济方法

英美法认为,强制债务人具体履行某种人身性质的义务,是对"个人自由"原则的过分干预,是违反宪法精神的,故英美法中并未规定这种实际履行的救济方法。但在司法实践中,依据衡平法原则,实际履行只被视为一种例外的救济方法。法院对是否判令实行履行有自由裁量权。法院在处理案件时,如果受损害一方能证明,仅仅采用损害赔偿的办法不足以满足他的需要或弥补他的损失,则法院可能考虑判令实际履行,例如,买卖的标的物是特定物或特别名贵,在市场上不易买到。另外,对于特殊情况下某种货物的买卖,像所谓"需求合同"即不规定具体数量,仅规定卖方允诺他会根据买方的需要向其随时供应原料或货物的合同,如果卖方违约不交货,即使此种原料或货物在市场上可以买到,法院仍然允许买方提起实行履行之诉。

(3)中国《合同法》虽然没有明确规定实际履行作为一种救济方法

该法第 18 条规定:"当事人一方不履行合同,或者履行合同义务不符合约定条件,即使违反合同时,另一方有权要求赔偿损失或者采取其他合理的补救措施,采取其他补救措施后,尚不能完全弥补另一方受到的损失的,另一方仍然有权要求赔偿损失。"这里指的"其他补救措施"应该被认为包括实际履行。只要根据具体情况,采取实际履行的措施是合理的,当事人可以要求实际履行,法院和仲裁院也可做出实际履行的判定。

(4)《联合国国际货物销售合同公约》

为了调和英美法和大陆法在实际履行问题上的分歧,《联合国国际货物销售合同公约》并不给予法院依据《公约》作出实际履行判决的权利。《公约》第 28 条作了如下规定:"如果按《公约》的规定,当事人有权要求他方履行某项义务,法院没有义务作判决,要求实际履行此项义务,除非法院依照其本身的法律对不受本《公约》支配的类似买卖合同可以这样做。"按《公约》的上述规定,当事人有权要求对方实际履行合同义务。当事人的这项权利在第 46 条和第 62 条均作出规定。然而,如果当事人诉诸法院,要求法院判决实际履行,法院没有义务按《公约》去判决实际履行,除非法院按法院本地法对另一方当事人判决实际履行。

2.损害赔偿

损害赔偿是指违约方用金钱来补偿另一方由于其违约所遭受到的损失。各国法律均认为损害赔偿是一种比较重要的救济方法。在国际货物买卖中,它是使用最广泛的一种救济方法。但是各国法律对损害赔偿的规定,往往涉及违约一方赔偿责任的成立、赔偿范围和赔偿办法等问题,而且差异很大。

(1)损害赔偿责任的成立

合同当事人一方违约,另一方当事人在什么情况下才有权向对方提出损害赔偿的主张,提出损害赔偿的主张有无基本的前提条件。此问题涉及损害赔偿责任的成立。对此,各国法律有着不同的规定。

①大陆法认为,损害赔偿责任的成立,必须具备以下三个条件:

a.必须要有损害的事实,此条主要基于,如果根本没有发生损害,就不存在赔偿的问题,至于发生损害的事实,则一般须由请求损害赔偿的一方出具证明;

b.必须有归咎于债务人的原因,这是大陆法承担违约责任的基本原则和前提条件;

c.损害发生的原则与损害之间必须有因果关系,即损害是由于债务人应予负责的原因造成的。

②英美法不同于大陆法。根据英美法的解释,只要一方违约就足以构成对方可以提起损害赔偿之诉。至于违约一方有无过失,是否发生实际损害,并不是损害赔偿责任成立的前提。如果守约方没有遭到实际损失,或无法证明,或不能确定损失的基础,他就无权要求实质性的损害赔偿,只能请求名义上的损害赔偿,由法院判给名义的损害赔偿金。名义损害赔偿金往往是很少的金额,例如1美元或2英镑,实际上是在法律上承认违约方侵犯了对方的合法权利。

③《联合国国际货物销售合同公约》认为,损害赔偿是一种主要的救济方法。一方违反合同,只要使另一方蒙受损失时,受害方就有权向对方提出损害赔偿,而且要求损害赔偿并不因采取了其他救济方法而丧失。因此《公约》关于损害赔偿责任的成立是主要考虑到买卖双方的实际利益。

(2)损害赔偿的方法

纵观各国法律,损害赔偿的方法有两种,回复原状和金钱赔偿。所谓回复原状,是指用实物赔偿损失,使恢复到损害发生前的原状,例如把损坏的物品加以修复,或用同样货物替换等。采用回复原状的救济方法可以完全达到损害赔偿的目的,使损害减至最小。但是,有时实行起来往往很不方便,或者不容易做到。所谓金钱赔偿,就是用支付一定金额的货币来弥补对方所遭到的损害。采取这种方法比较容易,但有时却很难弥补受害方全部的损害。因此,各国法律对各种损害赔偿的方法都予以考虑,但对以哪种方法为主却有不同的规定。

①德国法是以"回复原状"为损害赔偿的原则;以金钱赔偿为例外。如《德国民法典》第249条规定,负损害赔偿的义务者,应回复到负赔偿责任的事故发生前的原状。根据《德国民法典》的有关规定,只有在下列情况下,债权人才可以要求金钱赔偿:

a.人身伤害或损坏物件;

b.债权人通知债务人在一段合理时间内回复原状,并声明如逾此期限,未能回复原状,债权人于期限届满后可请求金钱赔偿;

c.回复原状不足以弥补债权人的损害;

d.债务人需付过高费用才能回复原状。

②法国法与德国法不同。法国法以金钱赔偿为原则,以回复原状为例外。按照法国

法的有关规定,在大多数情况下,一方当事人违反合同所承担的责任都可转变为损害赔偿之债,另一方当事人受损害的程度都可用适当数额的金钱来弥补。只有少数情况下,金钱上的赔偿不足以弥补当事人受到的损害时,才能请求回复原状。

③英美法采用金钱上的赔偿方法。英美法认为,损害赔偿的目的,就是在金钱可能做到的范围内,使权利受到损害的一方处于该项权利得到遵守时同样的地位。所以,英美法院对任何损害一般都判令债务人支付金钱赔偿。这项原则又称为"金钱上的回复原状"。

(3)损害赔偿的范围

损害赔偿的范围是指在发生违约以后,当事人在要求损害赔偿时,其金额应包括哪些方面,按什么原则来确定。对此,具体情况千差万别。但在法律上,对损害赔偿的范围的规定有两种情况:一种是约定的损害赔偿,即由当事人自行约定损害赔偿的金额或计算原则;另一种是法定的损害赔偿,即在当事人没有约定的情况下,由法律予以确定的赔偿的金额。

①约定的损害赔偿。通常情况下是当事人在订立合同时,就考虑到当事人可能会由于各种情况出现违约行为。为了使履约顺利进行,双方当事人在订立合同条款时,就订立违约金条款,事先约定一方违反合同,应向对方支付一定额度的金钱。但在订立违约金时,其金额的多少直接关系到当事人的利益。一方违约,另一方按违约金条款索取的违约金,有时会低于造成的损失额,有时与造成的损失额相当,有时可能会高出造成的损失额,带有明显的罚款性质。由于规定的违约金额往往不能与造成损失数额相当,当事人就违约金的规定往往会出现争议。为了解决这个问题,各国法律对违约金的性质都做了详细规定。然而,各国的规定各有不同,差异较大,现分述如下:

a.德国法认为,违约金具有惩罚的性质,它是对债务人不履行合同的一种制裁。如《德国民法典》第339条规定:"债务人对债权人约定的不履行债务或不以适当方法履行债务时,应支付一定金额作为违约金者,于债务人延迟时,罚其支付违约金。"第340条还规定:"债权人有基于不履行之损害赔偿请求权时,得请求以违约金作为损害赔偿的最低额,但不妨碍其主张其他损害。"然而,为解决违约金规定的金额过高,德国法认为,法院有权对违约金予以减少。如《德国民法典》第343条规定:"约定的违约金额过高者,法院得依债务人的申请以判决减少至适当数额。"

b.法国法认为,违约金的性质是属于约定的损害赔偿金额。也就是说,违约金是双方当事人事先约定的,债权人一旦要求债务人支付违约金,他就不能另行提出不履行债务的损害赔偿,也不能要求债务人履行主债务。这一点与德国法的规定恰恰相反。然而,如果违约金是纯粹为履行迟延而约定的,那么当债务人履行迟延时,债权人是既可以要求债务人支付约定的违约金,又可要求继续履行合同。例如,订立合同后,卖方不按合同规定时间交货,买方可按合同规定要求对方支付约定的违约金,卖方并不因为支付了违约金而解除交货的义务。

c.英美法将合同中约定的违约金按两种不同性质去处理。一种性质是属于约定的损害赔偿金额,一种性质是属于罚款。从客观上讲,违约金可以是约定的损害赔偿金额(如果违约金与损失相当的话),也可能是一定数额明显的罚款(如果违约金额大大超过了违约带来的损失)。为了妥善和公平地处理损害赔偿,按英美法,法院要依据案情或事实来断定这一金额是罚金还是约定的损害赔偿金额。至于合同条款中的有些措辞,如使用"预定的损害赔偿"或"罚款"等文句,并不会影响法院对违约金的性质做出判定。如果法院认为违约金的金额是预先约定的损害赔偿,受害方则有权取得这一约定的金额。如果法院认为,双方约定的违约金具有罚金性质,其目的是对违约一方施加惩罚,则法院对这项违约金的规定将不予承认,受害方如果要求取得损害赔偿,他只能按通常的办法就其实际所遭受的损失取得法定的损害赔偿额。中国《合同法》认为,合同中约定的违约金原则上是具有约定损害赔偿的作用。如《合同法》第20条规定:"当事人可以在合同中约定,一方违反合同时,向另一方支付一定数额的违约金,也可以约定对于违反合同而产生的损失赔偿额的计算方法。合同中约定违约金,视为违反合同的损害赔偿。"但是,如果违约金的数额与损失不相当的话按《合同法》的规定可以减少或增加,如第20条中还规定,"约定的违约金过分高于或者低于违反合同所造成的损失的,当事人可以请求仲裁机构或者法院予以适当减少或者增加。"

②法定的损害赔偿。如果当事人在合同中未就有关赔偿范围作出规定,发生违约时,当事人只能依据法律规定来计算或确定损害赔偿的金额。各国法律对损害赔偿的范围都有较明确的规定:

a.《德国民法典》认为,损害赔偿的范围应包括违约所造成的实际损失和所失利益两个方面。实际损失是指一方违约给对方造成的现实的损害,即指按合同规定的合法利益遭受到的损失。如交付品质低于合同规定的货物,或交付数量短于合同规定的货物,这时的品质差价或短量差价就属于实际损失。所失利益是指,如果债务人不违反合同本应能够取得的利益,但因债务人违约而丧失了的利益。

通常所失利益比实际损失较难以确定。因此,《德国民法典》规定:"凡依事物的通常过程,或已进行的设备、准备或其他特殊情形,可以预期得到的利益,即视为所失利益。例如,一方违约,未按时交货,另一方当事人由于未按时收到货物而蒙受价格下跌的损失就是所失利益。

b.法国法对损失的赔偿范围也有类似德国法的规定。根据《法国民法典》第1149条的规定:"对债权人",的损害赔偿,一般应包括债权人所受现实的损害和所失可获得的利益。法国法关于损失赔偿的范围的原则与德国法是一致的。

c.英美法认为,损害赔偿的范围是使由于债务人违约而蒙受损害的一方,在经济上能处于该合同得到履行时同等地位。法院在作出判决时,对损害赔偿的范围确定要遵循两个原则:一是这种损失必须是依据一般正常情况下直接或必然会引起的估定的损失;二是这种损失必须是当事人在订立合同时,作为违约可能产生的后果所合理地预见到的。如果有关货物存在一个可以利用的市场,则赔偿金额初步判定应按合同价格与约定的履行日期的市场价格两者之间的差额计算。

《美国统一商法典》中还规定,赔偿金额还应包括附带的损失和间接的损失(包括利润)。例如,按《美国统一商法典》规定,卖方的附带损失包括:卖方违约后卖方因阻止交付货物、照管和存放货物、退货和转售货物而支出的任何商业上合理的费用和佣金。买方的附带损失和间接损失包括:买方为检验、接收、运输、照管或存储被正当拒收之货物而支出的合理费用;任何商业上合理的服务费用;补进货物的佣金或费用。以及因延迟交货或其他违约而附带造成的任何合理的支出等。

除此之外,英美法都规定,一方违约,另一方有义务采取一切合理的措施以减少违约造成的损失,否则本来可以合理避免的损失,不能要求给予赔偿。

d.按照我国《合同法》的规定,在确定损害赔偿金额时,要遵循两个原则:首先,当事人赔偿责任应相当于另一方所受到的损失;其次,赔偿责任不得超过违约方在订立合同时应当预见到的因违反合同可能造成的损失。显然,第二个原则是对第一个原则的限制。因此,通常认为损害赔偿的范围应包括因违约所产生的附带损失和利润损失,但应以订立合同时当事人所预见到的损失为限。由此可见:在订立合同时,要注意一方有必要让对方知道违约会给他带来严重的损失。

e.《联合国国际货物销售合同公约》对损害赔偿的范围作了两个原则性的规定(参阅第74条规定):首先,一方当事人违反合同应负的损害赔偿额应与另一方当事人因他违反合同而遭受的包括利润在内的损失额相等。这是确定损害赔偿范围的总原则。这里《公约》特别强调包括利润损失在内。其次,为了限制守约方可以得到的损害赔偿"不得超过违反合同一方在订立合同时,按照他当时已知道或理应知道的事实和情况,对违反合同预料到或理应预料到的可能损失。"此条规定与中国《合同法》的有关规定是相同的,均排除了对不可预料的损失提起损害赔偿的要求。

为了说明计算损害赔偿的具体方法,现将联合国国际贸易法委员会秘书处编写的《关于国际货物销售合同公约草案的评注》中的一个例子介绍如下:

[案例]合同规定卖方向买方销售100台机床,总金额为FOB价,50 000美元。买方在卖方开始制造机床之前,否认合同有效。如果合同履行,卖方总开支应为45 000美元,其中40 000美元是纯因合同存在而承付的开支(如材料、能源、为履行合同而雇佣的劳动力开支或生产单位支付的工资),5 000美元为该合同的一般管理费用(借入资本方面的开支,一般行政费、工厂和设备的折旧)。因为买方否认合同有效卖方没有支出因合同存在而原应承付的40 000美元开支。但是,用于该合同的5 000美元一般管理用,是营业上的开支,与合同是否存在无关系。因此卖方无法减低这项费用;除非卖方得到其他合同,在该段时间内利用他的全部生产能力。不然,由于买方违反合同,卖方将损失5 000美元的一般管理费用。当然,如果合同照常履行,他原可得到的,因此,在本案例中,卖方所遭到的损失为买方未履约而造成的损失5 000美元,再加上利润损失5 000美元,共计10 000美元。

《公约》除了规定损害赔偿原则之外,还规定,有权要求损害赔偿的一方"必须按情况采取合理措施,减轻由于另一方违反合同而引起的损失,包括利润方面的损失。如果他不采取这种措施,违反合同一方可以要求从损害赔偿中扣除原可以减轻的损失数额"(参阅《公约》第77条)。

3.解除合同

解除合同指合同当事人免除或中止履行合同义务的行为。各国法律均认为解除合同是一种法律救济方法。那么合同当事人在对方违约情况下是否可以解除合同呢?各国法律对构成解除合同的条件有着不同的规定,现介绍如下:

(1)大陆法对解除合同的条件规定得比较简单。大陆法认为,只要合同一方当事人不履行其合同义务时,对方就有权解除合同。债务人不履行合同包括:拒绝给付,全部给付不能和部分给付不能、给付迟延、不完全给付。在拒绝给付和给付不能两种情况下,债权人有权立即解除合同。而在给付迟延和不完全给付的情况下,需要先经催告,通知对方履行,在催告的期限内,债务人仍未完全履行时,债权人也可以解除合同。

(2)英国法认为,一方违约构成违反要件,对方才可要求解除合同;如果一方仅仅是违反担保,对方只能请求损害赔偿,而不能要求解除合同。要件是涉及合同本质的那些条款,它既可以是明示的;也可以是默示的。英国法在解除合同的条件上,其规定比大陆法要苛刻。

(3)美国法与英国法的规定有些相似。美国法认为,只有一方违约构成重大违约时,对方才可以要求解除合同。如果是轻微的违约,只能请求损害赔偿,不能要求解除合同。

(4)我国《合同法》认为,一方违约,另一方在下列两种情况下才能要求解除合同:①违约必须导致严重影响订立合同所期望的经济利益。换句话说,违约必须造成严重的后果,使对方期望的目的不能实现。这时,守约方可以解除合同。②如果一方在合同规定的期限内没有履行合同义务,而且在被允许的推迟履行的合理期限内仍未履行,则守约方可要求解除合同义务。这一条与大陆法中实行的催告制度有相似之处。

(5)《联合国国际货物销售合同公约》认为,合同一方不履行义务构成根本性违约时,另一方有权解除合同。然而解除合同必须向对方发出通知,如延迟交货或货物存在瑕疵,很难判断是否属于根本性违约,则《公约》还规定,可以规定一段合理的额外时限,让违约方履行义务。如果在这一段时间内,违约方仍未履行合同,那么守约方可根据违约情况,宣告合同无效。解除合同并不意味着他就丧失了可以采取其他的救济方法。

总之,由于各国法律体系不同,在违约救济方面的规定差异较大,特别是英美法与大陆法之间更是如此。《联合国国际货物销售合同公约》为了调和两大法系的矛盾,对各项法律原则作了比较具体的规定。为了更好地处理国际货物买卖中引起的各种争议。我们有必要再就货物买卖中的具体问题作进一步的说明。

第二节 对卖方违约的救济方法

国际货物买卖合同一经成立,买卖双方都要依照合同规定履行自己的义务。其中,对卖方来讲,他的基本义务概括起来不外乎就是按合同规定的时间交付符合合同规定的货物,交付符合合同规定的各种单据和转移货物的所有权(参阅《公约》第30条的规定)。在实践中,卖方违约的情况经常表现为不交货、延迟交货以及交货与合同规定不相符合等。现分别就卖方违约的主要情形,对买方依法提出合理的救济方法,介绍如下。

一、卖方不交货

交货指卖方将对货物的占有权转移出去,在广义上应包括交运货物或提交单据。不交货是指卖方不交运货物或不提交单据。对于卖方不交货,无论是英美法,还是大陆法,以及《联合国国际货物销售合同公约》均规定,买方可以采取各种救济方法,包括实际履行、解除合同或请求损害赔偿,但主张各种救济方法的条件各不相同,现有必要分述如下。

1. 大陆法规定

如前所述,大陆法国家的民法典都规定违约形式应包括不履行债务。如果不履行债务属于当事人的过失和责任,那么违约方要承担由此带来的一切法律和经济后果。在货物买卖中卖方不交货可以认为是卖方不履行债务。依据大陆法各国民法法典的规定,买方可以采取实际履行、解除合同和请求损害赔偿等救济方法。然而,大陆法中德国民法典与法国民法典中的有关规定不尽相同,特别是在采取解除合同和请求损害赔偿时,法律规定不同。

依据法国民法典的规定,解除合同的请求必须向法院提出,并由法院作出判决,解除合同才能发挥效力。除此之外,买方在解除合同的同时,还可以要求卖方赔偿由于不交货所引起的各种损失。

而依据《德国民法典》的有关规定,买方解除合同不必向法院提出,也不必由法院裁决,买方只要向卖方作出解除合同的意思表示,即可解除合同。值得注意的是,如果买方选择了解除合同的救济方法,他就不能再向卖方提出损害赔偿的要求。换句话说,《德国民法典》规定,买方只能在解除合同和请求损害赔偿中选择一种救济方法。

2. 英国法的规定

按英国法的规定,当卖方不交货时,买方可以采取请求损害赔偿和实际履行的救济方法。《英国货物买卖法》第51条规定:"如果卖方错误地疏忽或拒绝交货给买方,则买方可对卖方提出因其不履行交货引起的损害赔偿的诉讼。"对于损害赔偿金额的确定,英国法还规定,"如果有关货物存在一个可以利用的市场,则损害赔偿金额的确定,表面上应按缔约时的价格和规定交货时的市价两者之间的差额来计算,如未订明交货的具体时间,则后者应以拒绝交货的日期为准。"对于实际履行的救济方法,《英国货物买卖法》第52条规定:"如果合同规定的货物是指定的特定物或已经特定化的货物,当卖方违约不交货时,买方在证明金钱上的损害赔偿不足以弥补所造成的损失时,法院会依照买方的请求判令卖方实际履行其交货义务。同时,法院认为合理,买方仍可要求损害赔偿。"

3. 美国法的规定

按美国法的有关规定,当卖方不交货时,买方可以采取如下救济方法:解除合同、购买替代物、请求损害赔偿、或请求实际履行。

(1) 解除合同

根据《美国统一商法典》第2-711条规定:"如果卖方不能交货,买方可就任何所涉及的货物解除合同,如果不交货涉及整个合同,买方可就全部货物解除合同。"

(2) 补进货物

补进货物又称购买替代货物,指买方以善意及时并合理地购买或订立合同购买本应由卖方提供的货物,根据《美国统一商法典》第2-712条的规定:"补进货物的买方仍有权向卖方提出损害赔偿的要求,数额为补进价格与合同价格的差额,再加上附带损失或间接损失,减去因卖方违约而使买方节省的支出。"买方采取补进货物的救济方法并不是以解除合同为前提条件。无论买方是否已经解除合同,他都有补进货物的权利。

(3) 请求损害赔偿

卖方违约不交货时,买方可以请求损害赔偿。按《美国统一商法典》第 2-713 条的规定,卖方如果没有交货,买方有权提出补偿卖方不交货造成的损害,其数额为买方得知违约时的市场价格与合同价格的差额,再加上附带损失或间接损失,减去因卖方违约而使买方节省的支出。市场价格应为提示交付地的市场价格。

(4) 请求实际履行

根据《美国统一商法典》第 2-716 条的规定,只要卖方不交货,在下列几种情况下,买方可以请求法院判令实际履行:第一,如果货物具有独特性;第二,如果买方经过适当努力,仍无法补进同类货物,或情况合理表明此种努力不会取得效果;第三,如果货物已经特定化,买方已经偿付或提示偿付货款的情况下。

4.《联合国国际货物销售合同公约》的规定

《联合国国际货物销售合同公约》对卖方不交货,买方可以采取的法律救济方法作了比较详细的规定。根据《公约》第三部分第二章、第三节的有关规定,买方可以采取如下的几种救济方法:

(1) 要求实际履行

按《公约》第 46 条的规定,买方可以要求卖方履行合同的义务,但条件是买方未采取与此相抵触的补救措施。也就是说买方不得已采取类似解除合同、另行购货等补救方法。值得注意的是,按《公约》的规定,卖方不交货时,买方可以要求对方实际履行,但如果诉诸法院,法院则不能按《公约》的规定判令实际履行,因为《公约》并不赋予法院判令实际履行的权利。如果法院按照本地法对不属《公约》范围的合同做出实际履行的判决,则属例外。

(2) 解除合同

按《公约》规定,卖方不交货时,在下列情况下,买方可以解除合同:①,如果卖方不交货等于根本性违反合同,买方可以解除合同。②如果卖方不交货,买方可以规定一段合理时限的额外时间,让卖方履行其义务,如果卖方声明他将不在所规定的时间内交货,买方可以解除合同,宣告合同无效。

(3) 请求损害赔偿

依照《公约》第 45 条的规定,如果卖方不交货,买方可享有要求损害赔偿的任何权利。对于损害赔偿的范围,在买方宣告合同无效的情况下,可有两种处理方法。如果买方在宣告合同无效后一段时间内,以合理方式购买替代货物,则要求赔偿的买方可以取得合同价格和替代货物交易价格之间的差额,以及任何其他的损害赔偿(参见《公约》第 5 条。如果买方宣告合同无效后,买方没有购买替代物,而且货物又有时价,则买方可以取得合同规定的价格和宣告合同无效时的时价之间的差额,以及任何其他的损害赔偿(参见《公约》第 75 条)。

二、延迟交货

在国际货物买卖合同中,按时交货是卖方的义务之一,而在实际业务中,卖方不按时交货时常发生,特别是延迟交货是一种较常见的违约形式。延迟交货是指卖方没有严格按合同所规定的时间完成交货义务,而是在合同规定的交货期后一段时间才履行交货义务。延迟交货虽然看起来,卖方已经完成了他的交货义务,只是交货时间往后推迟,但有时如货物价格波动幅度较大时,会给买方带来比较严重的损失。因此,各国法律对卖方延迟交货、卖方可以采取的救济方法均有一些规定,现介绍如下。

1. 大陆法规定

大陆法对卖方违约延迟交货采取较为宽容的态度,特别是德国法规定:如果卖方不按时交货,买方不能马上解除合同,应向卖方发出催告,给予卖方一定的交货宽限期。如果卖方逾期仍不交货,买方才有权采取其他的救济方法,包括解除合同或请求损害赔偿。

2. 英美法的规定

英美法对卖方延迟交货持比较严厉的态度,特别是英国法认为,合同中有关交货时间的规定属于合同的要件。卖方不按时交货,就是违反要件,买方有权解除合同并提出损害赔偿。根据《美国统一商法典》的有关规定,卖方延迟交货的行为如果构成严重违约,买方是可以解除合同并请求损害赔偿的。

3.《联合国国际货物销售合同公约》的规定

《公约》对延迟交货问题未作太具体的规定,但依据《公约》的有关规定,买方可以行使《公约》允许的各种救济方法,包括解除合同和请求损害赔偿,但条件有所不同,现分别说明如下。

(1) 解除合同

按《公约》的规定,卖方不按时交货,但已交付货物之后,买方就不能主张解除合同(参见《公约》第 49 条第 2 款的规定)。但是,对于延迟交货,如果卖方违约构成根本性违约,即使卖方已经交货,买方仍有权解除合同。然而,在卖方虽然延迟,但已经交货的情况下,如何确定卖方延迟交货构成根本性违约呢?这里举一个案例来解释一下:买卖双方达成一笔交易,卖方同意向买方供应一批供圣诞节销售的食用火鸡,并答应在圣诞节前一个月装运这批货物。在履行合同时,卖方实际上没有能够按时装运货物,其交货时间晚于合同规定一个星期。买方获知卖方延迟交货后,遂提出拒收货物、解除合同的主张,在这种情况下,我们可以认为,卖方延迟交货已经构成了根本性的违约。因为,此案中,卖方延迟交货给买方带来的后果是相当严重的。卖方延迟交货使货物不能赶到圣诞节前的销售旺季出售,若圣诞节一过,火鸡就难以销售。买方可以解除合同。假如上述案例中,卖方出售的不是火鸡,而是普通肉鸡,卖方延迟交货,而在这段时间内,肉鸡商场价格、供销情况变化不大,买方无权拒收货物,解除合同。

然而,值得注意的是,按《公约》的规定,对于延迟交货,买方要解除合同,他必须在知道或理应知道卖方已交货后的一段合理时间内这样做。否则将失去宣告合同无效的权利(参阅《公约》第 49 条的有关规定)。《公约》对合理时间无确切的说明,因此,在实际业务中,如遇此情况,最好根据具体情况,尽快行使。

(2) 请求损害赔偿

卖方交货属于未按合同规定履行合同义务。按《公约》的有关规定,买方可要求卖方赔偿由于延迟交货而带来的损失,即使买方已经按《公约》规定解除了合同,他仍然有权提出赔偿损失的要求。

三、卖方所交货物与合同不符

所交货物与合同不符,指卖方虽然完成了交付货物的义务,但是所交货物在品质、数量或包装等方面有与合同不相符合的地方。所交货物与合同不符的情况在实际业务中比较常见。各国法律对此均有不同的规定,特别是英美法的规定比较详细和具体。

1. 大陆法的规定

按大陆法的规定卖方所交货物与合同不符。买方可以解除合同、请求损害赔偿或提出减少价金。如按照《法国民法典》第1644条至1646条的规定,如果卖方明知其所交付的货物有瑕疵,除应返还其收取的货款外,还应赔偿买方的全部损失。如果卖方所交付的货物含有隐蔽的缺陷,而卖方对此不知情况,买方可以有两种选择,或返还货物并要求返还已付的货款,或接受货物而减少价金。

减少价金是大陆法的独创,是专门为买方在接受货物情况下,而设计的一种救济方法。减少价金是指在卖方交货与合同不符时,买方可以接受货物而按鉴定人的公断要求卖方返还部分价金。德国法中也有类似的规定。至于减少价金的计算方法。大陆法还规定:首先,在违反货物的权利担保情况下,应按买方不能行使所有权部分的比例减少价金的数额;其次,在违反货物的瑕疵担保情况下,应按成交时瑕疵货物的价值和相符货物的价值之间的比例,减少价金的数额。

2. 英国法的规定

按英国法律的规定,如果卖方所交货物与合同不符,买方可以行使解除合同和要求损害赔偿的权利。一般卖方所交货物不符合同构成了违反要件,买方就有权拒收货物,解除合同,并仍可要求损害赔偿。按《英国货物买卖法》的规定,所交货物与合同不符违反要件的情况有如下几种:

① 卖方所交货物不具备商销品质。
② 卖方所交货物与合同说明不一致。
③ 卖方所交货物不适合约定的特殊用途。
④ 卖方所交货物与凭样成交时的样品不符。
⑤ 卖方所交货物在数量上大于或少于合同规定的数量。

上述违反合同的情况发生,买方可以主张拒收货物,解除合同并请求损害赔偿。

如果买方不愿拒收货物,仍想保留货物,则买方还可以将违反要件当作违反担保去处理,即收下货物,但对不符合规定的货物提出赔偿要求。如《英国货物买卖法》第30条关于交货数量不符的规定认为,在卖方交货数量少于合同约定的数量时,买方可以拒收货物,也可以接受,但必须按规定支付货款。在卖方交货数量大于合同数量时,买方可以全部拒收,也可以接受约定部分而拒收超过部分。如果接受了全部货物,则必须按约定支付货款。如果卖方交付买方的货物中混杂有约定范围之外的货物品种时,买方可以全部拒收,也可以只接受符合约定的部分而拒收其余的部分。《英国货物买卖法》针对卖方所交货物与合同不符的规定是比较严厉的。一般构成上述违反要件的情况,买方都可行使解除合同的权利。然而,是否买方处于任何地位,他都可以主张解除合同?按英国法的有关规定，即使卖方已经违反了要件，但买方在下列情况下就不能拒收货物或解除合同，只能请求损害赔偿：

①如果该合同是一个不可分割的合同，而买方已经接受了其中一部分货物。

②如果该合同的标的物是特定的，货物的所有权业已转移于买方。

③如果买方已经接受了货物。

按《英国货物买卖法》的规定买方接受货物和收下货物是有本质区别的。买方收下货物并不意味着他就接受了货物，只有在下列三种情况下，买方才被视为已接受了货物：第一种情况是，买方对卖方表示他已经接受了货物。买方收到货物之后，用适当的形式向卖方表示他已经接受了货物。买方收到了货物之后，用适当的形式向卖方已经明确表示，他愿意接受货物。这种行为被认为是一种明显的接受行为。其后，如果买方发现货物与合同不符，就不能向卖方再提出拒收货物的主张，只能请求损害赔偿。第二种情况是，货物已交付给了买方，在买方应检验货物的时限内买方对货物作了任何与卖方的所有权相抵触的行为。例如，FOB合同或CIF合同中，卖方将货物给承运人运交买方，而买方以货物所有人的身份自居对货物进行了处置，如把货物转卖，或发运或交付给第二手买主，或把货物作为质押品等都属于与卖方的所有权相抵触的行为，尽管他对卖方的货物质量却不满意。这时买方就不能对所交货物提出拒收的主张。第三种情况是，经过一段合理的时间之后，买方留下货物，没有向卖方表示他已拒收货物。"合理的时间"为多长，往往因具体情况而有所不同，通常指买方应当在货物运到检验地点时对货物进行检验并做出拒收或接受的决定的这段时间。例如，买方收下货物一段时间已经过了检验期限或合同中规定的索赔期限，买方就不得再对货物提出拒收的主张。为此，我们在实际业务中要注意，对卖方所交货物不符的情况，要及时做出妥善的处理。

3. 美国法的规定

美国法律认为，卖方如交货与合同不符，买方可主张拒收货物或解除合同和请求损害赔偿等权利。具体应采取哪些救济方法，应视买方是否已接受了货物而定。

(1) 如果买方未接受货物的其救济方法

①拒收全部货物。根据《美国统一商法典》第2-601条和第2-602条的规定，当卖方所交货物与合同不符时，买方可以拒收货物。但是，买方拒收货物要受以下条件的约束：

a. 买方拒收的货物，必须是经过合理检验可以发现的缺陷，而且买方必须说明货物的具体缺陷。例如出具由商检机构签发的商检证书证明货物的缺陷。

b. 如果卖方及时对货物的缺陷做出补救时，买方应允许卖方对货物的缺陷做出补救，也就是不能拒收货物。

c. 买方如果拒收货物，则必须在交付或提示交付货物后的合理时间内做出拒收通知。如果买方未能及时通知卖方，则拒收无效。拒收货物的买方仍可要求损害赔偿。

②接受全部货物并请求损害赔偿。按《美国统一商法典》第2-606条的规定，尽管货物有缺陷不符合合同的规定，买方如果愿意保留货物，买方仍可接受全部货物。买方做出保留和收取货物的行为并不排除他仍有权向卖方提出损害赔偿。

③如果上述方法不足以弥补买方的损失时买方还可以依照《美国统一法典》第2-

716条的规定,向法院提出判令卖方实际履行。

(2)如果买方已接受了货物的救济方法

根据《美国统一商法典》第2-607条的规定,买方在接受货物之后,就不能再有对已接受的货物提出拒收的权利。买方接受货物指下列三种情况:

①买方在有合理机会检验货物后向卖方表示货物符合合同,或表示尽管货物不符合合同,他仍将收取或保留货物。

②买方未能做出有效拒收,但这种接受只有在买方有合理机会检验货物后才发生。

③买方做出任何与货物的所有权相抵触的行为,但如果此种行为属于对卖方的不当行为,它只有经卖方确认后才构成接受。在以上三种情况下,买方不能拒收货物,只能请示损害赔偿。但按《美国统一商法典》的有关规定,有一条例外情况,即买方如果能证明他先前做出的接受是基于合理地信赖卖方将会及时地对货物不符合同做出补救,而货物又存在重大的或不能补救的缺陷,买方仍有权撤销先前做出的接受,主张拒收货物。

4.《联合国国际货物销售合同公约》的规定

《公约》对卖方所交货不符合合同的情况作了比较详细的规定。按《公约》的规定,买方可以行使多种救济手段。但值得注意的是,《公约》要求买方在行使各种救济方法之前有义务通知对方。否则他将无权行使《公约》所规定的各种救济方法。如《公约》第39条第1款规定:"买方对货物不符合同,必须在发现或理应发现不符情况后一段合理时间内通知卖方,说明不符合合同情形的性质,否则就丧失声称货物不符合合同的权利。"第39条第2款还规定:"无论如何,如果卖方不在实际收到货物之日起2年内将货物不符合合同情形通知卖方,他就丧失声称货物不符合合同的权利,除非这一时限与合同规定的保证期限不符。"

按公约规定卖方所交货物与合同不符,买方可采取如下的救济方法。

(1)要求卖方交付替代货物

按照《公约》第46条第2款的规定,如果卖方所交货物与合同不符,买方可以要求卖方交付替代货物,但这项要求必须受两个条件的约束:一是此权利只有在卖方交货不符合同构成根本性违约时,才可行使;二是买主要求卖方交付替代物,必须事先通知卖方,但可以在发出声称货物不符通知时提出,也可以在发出不符通知后一段合理时间内提出。

(2)要求卖方对不符合同的货物进行修补

按《公约》第46条第3款的规定,如果卖方所交货物与合同不符,买方可以要求卖方对不符合同的货物进行修补,如果买方认为,对货物的修补不会给他带来不合理的不便,而且经过修补可以达到规定货物的使用价值,那么买方可以采取这种救济方法。值得注意的是《公约》还规定了,买方要求修补的通知必须在声称货物不符时或在发出不符通知后一段合理时间内做出。

(3)要求减低货价

按《公约》第50条的规定,如果卖方交货不符合合同,无论货款是否已付,买方都可以减低货价。减价的幅度应按实际交付的货物在交货时的价值与符合合同的货物在当时的价值两者之间的比例计算。值得注意的是,如果卖方在交货日期前后,曾对交货不符合合同进行了修补,或买方拒绝卖方对不符货物进行修补,买方就不能再采取减低货价的救济方法,只能请求损害赔偿。

(4)解除合同

在卖方交货不符合合同时,买方可以行使解除合同的权利。但《公约》对此作了较多的限制,只有在下列两种情况下买方才能主张解除合同:

①卖方所交货物不符合合同构成根本性违约,买方可以立即宣告合同无效。

②如果卖方所交货物不符合合同规定未构成根本性违约,则买方应给予卖方对不符货物进行补救的机会,即规定一段合理的额外时间,让卖方对不符之处进行补救。如果卖方未能在规定的合理时间内交付与合同相符的货物;或卖方未能在规定的时间内对不符合同之处的货物进行修理,或卖方声明他将不在这段时间内采取任何补救措施,那么买方才可宣告合同无效。

(5)请求损害赔偿

按《公约》的规定,买方在卖方交货不符合合同时,可以要求损害赔偿,而且不因行使了其他的救济方法而丧失请求赔偿的权利。请求损害赔偿的范围包括如果卖方交付替代货物或修理货物,则损害赔偿金额应包括交付替代货物或修理货物带来的不合理开支等。如果宣告合同无效,则损害赔偿的金额应包括合同规定的价格与宣告合同无效时的时价的差额以及其他的损害赔偿。如果买方接受了不符的货物,则损害赔偿应包括符合合同规定货物的时价与接受货物时的时价之间的差额以及其他的损害赔偿。

第三节 对买方违约的救济方法

在国际货物买卖合同中,买方的基本义务就是要按合同的规定受领货物和支付货款。而买方违约不履行合同义务,往往表现在不按合同规定履行上述两项基本的义务,对于买方不按合同规定受领货物和支付货款,各国法律都有规定的一些救济方法,但规定很不一致,现分别介绍如下。

一、大陆法的规定

大陆法一般都规定,如果买方不按合同规定受领货物或不支付货款,卖方有权采取各种救济方法,包括解除合同,请求损害赔偿,甚至还可以提起支付价金之诉。

如按《法国民法典》第 1650~1654 条规定,买方的主要义务就是按照买卖合同的规定时间和地点支付价金。如果买方不支付价金,卖方可以不经催告就立即解除买卖合同。如果买方延迟支付价金,卖方可先进行催告,通知对方支付价金,并有权限收取从催告日起算的利息损失。如果买方收到货物并对货物进行处置,则买方应偿付卖方自应支付价金日起算的一切利息损失。

按《德国民法典》第 241 条和 325 条及 326 条等有关规定,买方对卖方负有支付约定价金及受领货物的义务。如果买方不支付货款,卖方不仅可以采取解除合同和请示损害赔偿的救济方法,而且还可以提起支付价金上诉。

二、英国法的规定

《英国货物买卖法》第 10 条规定:"除非合同另有约定,付款时间不应认为是合同的要件。"因此,如果买方不按合同规定的时间支付货款,卖方不能轻易地解除合同。按该法的有关规定,如果买方拒绝支付货款,卖方可以采取两种不同的救济方法,一种是物权方面的救济方法,另一种是债权方面的救济方法。

1.物权方面的救济方法

物权方面的救济方法是指对货物行使的权利。也就是在买方不按合同规定支付货款的情况下,未收货款的卖方可以对合同项下的货物行使的权利。这项权利包括三个方面:留置权、停运权和转售货物的权利。在买方不付款情况下,卖方可以针对不同情况,选择采取这三项权利。

(1)留置权

买方未按合同规定支付货款,此时出售的货物仍在卖方控制之下,则无论货物的所有权是否已经转移给买方,未收货款的卖方有权对货物行使留置权,即将货物扣留下来,作为买方支付价金的担保,到买方支付价金为止。如 FOB 合同,装船期已到,买方仍未按合同向卖方开出信用证,货物在未装船前卖方对货物拥有控制权,即可扣留货物。

(2)停运权

卖方已丧失对货物的控制权,买方无力清偿货款,而货物仍在运输途中时,卖方可以行使停运权,收回货物的占有权,并保留货物,直到买方偿付货款为止。未收货款的卖方在行使停运权时要注意必须符合下列条件:

①卖方已经丧失了对货物的占有权。指卖方将出售的货物已经交出,不再享有对货物的实际占有,如 CIF 合同中,卖方已经将货物在指定的装运港装船并出运。

②卖方必须在买方无力偿付时行使停运权。所谓无力偿付是指在正常的业务活动中停止支付债款,或不能支付已经到期的债务。

③卖方必须在货物处于运输过程中行使其停运权。运输过程指货物离开卖方的占有而在以运输为目的的中间人手中。具体来讲,通常是指货物从为了运交买方的目的而交给承运人之时起,至买方或其代理人从承运人或货物保管人处提取货物时为止。一旦买方或其代理人提取货物,卖方即丧失行使停运权的权利。

要注意的是,卖方并不因其已将货物交由买方指定的承运人(如 FOB 合同)已进行运输,或因提单已制成买方的抬头或因已把原是以卖方为抬头的提单交给了买方而失去停运权。但如果取得提单的买方已经将提单通过背书转让给了善意的、支付了对价的第三者,则卖方就丧失了先行停运权的权利。

卖方行使停运权有两种方法:一种是通过实际占有货物的办法行使停运权;另一种是把行使停运权的要求通知占有货物的承运人或货物的保管人,后者要按卖方的指示处置货物。

(3)转售货物的权利

未收货款的卖方在占有货物或在行使了留置权或停运权后,还有权对收回和重新占有的货物另行出售。

通常在下列情况下,卖方可行使转售货物的权利:

①如果是易腐烂的货物,则卖方毋须事先通知买方,即可将货物另行出售。

②如果不是易腐烂的货物,卖方事先须通知买方欲转售货物。

如果买方仍未在合理的时间内付清货款,卖方才可另行出售货物。

③如果卖方在买卖合同中保留了另行出售货物的权利,则在买方不付款时,卖方即可将货物另行出售,毋须通知买方。

按《英国货物买卖法》的规定,如果卖方行使再出售的权利,将货物另行出售,则买卖双方原来的合同即告解除,但这并不排除卖方在遭到损失时,还可向买方提出损害赔偿的权利。

2. 债权方面的救济方法

债权方面的救济指买卖双方之一方当事人违约,而一方作为债权人可向对方依法主张的权利。按《英国货物买卖法》的有关规定,当买方不支付货款时,作为债权人的卖方可行使多种债权方面的救济方法,包括请求损害赔偿、解除合同或提起支付价金之诉等。英国把卖方可行使的救济方法同货物所有权联系起来。货物所有权是否转移给买方,决定了卖方的救济方法不同:

①如果货物所有权尚未转移,被拒绝受领货物或被拒绝支付货款的卖方一般不能对买方提起支付价金之诉,只能以买方拒收货物或拒付货款为理由请求损害赔偿。如果有市价,则损害赔偿的金额应按合同价与买方应受领货物之时的市场价格的差额计算。

②如果货物所有权已转移给买方,则卖方可以根据下列两种情况向买方提起支付价金之诉或请求损害赔偿:

a. 如果买方无理拒受货物,卖方可以向买方请求损害赔偿,也可以对买方提起支付价金之诉。

b. 如果买方已经受领了货物,但不支付货款,则卖方的救济方法就是向买方提起支付价金之诉,要求买方支付货款。

③当买方先期违约时即买方在合同规定应当受领货物或应支付货款之日期前就向卖方表明他将届时不履行义务。这时,卖方有两种救济方法可供选择:一种是立即宣告解除合同并请求损害赔偿;另一种是卖方可以等到买方应履行合同义务的日期来临,再向买方起诉。

三、美国法的规定

对于买方违约,不受领货物或不支付货款,《美国统一商法典》规定的救济与英国法有所不同,美国法将卖方可行使的救济方法与买方是否接受货物联系起来。卖方在买方接受货物之前与之后,行使的救济方法是不同的。

1. 买方在接受货物之前发生违约,卖方的救济方法

(1) 扣交货物

如果买卖合同规定买方在交货前或交货时支付货款,而买方却未能在规定的日期内付款或无理拒收货物,则卖方可以有权扣交合同项下的货物,除非买方立即支付现金。

(2)停止运交货物

停止运交货物指在卖方已将货物交给承运人或其他货物保管人向买方交付货物的情况下,卖方阻止占有货物的承运人或其他货物保管人向买方交付货物。按《美国统一商法典》第2－705条的有关规定,只有在下列两种情况下,卖方才能行使停止运交货物的权利:

①当卖方已发现买方破产时,无论货物是否装满整个车皮或装满整个卡车或装满整个飞机,卖方都可以行使该项权利。

②如果卖方没有发现买方已破产,然而买方却未能在交货前如期支付货款,或有其他违约足以使卖方有权扣交货物或收回货物,则卖方仅有权对整车或整机的货物或对火车和轮船的大宗运输的货物,阻止向买方运交货物。

(3)对尚未特定于合同项下的货物进行处置

如果卖方得知买方违约时,该合同项下的货物尚未制造为成品,则卖方根据情况可以选择以下两种救济方法之一:

①卖方根据商业上的判断,为减轻损失起见,可以继续把合同项下的货物制成成品,并把它归于合同项下,然后,再向买方请求损害赔偿。但是,如果情况清楚地表明,卖方继续造成合同项下的货物会大大增加损失,卖方就无权选择这种救济方法。

②卖方为减少损失起见,也可以停止制造合同项下的货物,并将现有的半成品另行出售,然后再向买方请求损害赔偿。

(4)转售货物

当买方拒收货物或拒付货款后,卖方除可行使以上权利之外,按《美国统一商法典》第2－706条规定,卖方还可以将有关货物或未交付的剩余货物以善意和商业上合理的方式转售。除非另有协议,卖方可以以公开的方式,也可以以私下的方式进行转售。如果以私下的方式转售,卖方必须将转售意图通知买方。如果以公开方式转售,卖方应将出售的时间和地点通知买方,除非是易腐或面临价值迅速下降危险的货物。

(5)请求损害赔偿

当买方无理拒收货物拒付货款时,卖方可以向买方请求损害赔偿。这项权利并不因采取了其他救济方法而丧失。按《美国统一商法典》第2－706条和第2－708条的规定,损害赔偿的金额应按以下两种方法来折算:

①如果卖方将合同项下的货物转售,则请求损害赔偿的金额为转售价格与合同价格之间的差额,加上附带的损失(如因买方违约而多付的保管费及其他合理的开支等),但须减去由于买方违约而节省的费用。

②如果卖方不将合同项下的货物转售,则请求损害赔偿的金额应采取市场差价的计算办法,即为交货时交货地的市场价与原合同规定的价格之间的差额,加上附带损失,减去由于买方违约而节省的费用。

(6)向买方提起支付价金之诉

按《美国统一商法典》第2－709条的规定,这种救济方法只有在下列情况下才能行使:

①如果合同项下的货物在风险转移于买方之后发生损害或灭失。

②如果卖方在经过合理的努力后,仍然无法以合理的价格将合同项下的货物转售。

四、《联合国国际货物销售合同公约》的规定

如果买方违约不履行合同中规定的义务,卖方可以行使多种救济方法。其基本原则是将大陆法与英美法的有关规定作了一些折中。

1.请求买方履行合同义务

按《公约》第62条的规定,如果买方违约,卖方可以要求买方履行合同义务,包括支付价款,收取货物或履行他的其他义务(如检验货物以便卖方及时交货等)。但值得注意的是,这项救济方法要受两个条件的约束:一是卖方尚未采取与实际履行相抵触的补救方法。如果卖方已采取了与这一权利相抵触的补救的方法(如已解除合同),卖方就不能再要求买方实际履行。二是此项实际履行的要求仅限于当事人之间,法院无义务按《公约》的规定判令买方实际履行合同义务(参阅《公约》第28条的规定)。

2.规定一段额外的合理时间让买方履行其义务

按《公约》第63条的规定,如果买方违约,卖方可以规定一段额外的合理时间让买方履行其合同义务,卖方在这段时间内不得再采取其他的救济方法,但卖方并不因此而丧失可能享有的其他权利(如解除合同或请求损害赔偿等)。

3.解除合同

按照《公约》第64条规定,当买方违约时,卖方可以解除合同,但有一些限制条件。只有在下述两种情况下,卖方才可宣告合同无效:

①买方不履行合同义务构成《公约》第25条所规定的根本性违约时,卖方可解除合同。

②如果买方违约不构成根本性违约,则卖方应依据上述有关原则给买方规定一段额外的合理时间;让买方履行合同义务,如果买方不在这段时间内履行其义务,或买方声称他将不在所规定的时间内履行其义务,则卖方可宣告解除合同。

解除合同的卖方仍可根据《公约》的有关规定行使其他的救济方法。

4.请求损害赔偿

如果买方违约不支付货款或不受领货物,按《公约》的有关规定卖方可以要求损害赔偿。其损害赔偿的金额应相当于他由于买方违约所造成的包括利润在内的损失。这种损害赔偿不得超过违反合同一方在订立合同时,依照他当时已知或理应知道的事实和情况,对违反合同预料到的可能损失,具体地说,有下列几种情况:

①如果卖方已以合理方式将货物转售,则请求损害赔偿金额为合同价格和转售价格之间的差额,加上买方违约而造成的其他损失额。

②如果卖方没有转售货物,则损害赔偿金额为合同价格与解除合同时交货地点的现行市价之间的差额,再加上因买方违约而造成的其他损失额。

③如果买方延迟支付货款,则卖方可以要求赔偿利息损失。

第十三章　国际贸易方式

第一节　经销与代理

一、经销

1. 概念与性质

经销是指进口商(即经销商)与国外出口商(即供货商)达成协议,承担在规定的期限和地域内购销指定商品的义务。

按经销商权限的不同,经销方式可分为两种:一种是独家经销,亦称包销,是指经销商在规定的期限和地域内,对指定的商品享有独家专营权。另一种是一般经销,亦称定销。在这种方式下,经销商不享有独家专营权,供货商可在同一时间、同一地区内委派几家商号来经销同类商品。这种经销商与国外供货商之间的关系同一般进口商和出口商之间的关系并无本质区别,所不同的只是确立了相对长期和稳固的购销关系。

经销也是售定,供货人和经销人之间是一种买卖关系,但又与通常的单边逐笔售定不同,当事人双方除签有买卖合同外,通常还事先签有经销协议,确定对等的权利和义务。例如在包销方式下,只有包销人承担从购货人那里购进指定商品的义务,供货人才授予他独家经营的权利。从法律上讲,供货人和经销商之间是本人对本人的关系,经销人是以自己的名义购进货物,在规定的区域内转售时,也是以自己的名义进行,货价涨落等经营风险也由经销商自己承担。购进商品的当地客户与供货人不存在合同关系。

2. 经销协议的基本内容

经销协议是供货人和经销人订立的确定双方法律关系的契约,其内容的繁简可根据商品的特点,经销地区的情况以及双方当事人的意图加以确定。在实际业务中,许多经销协议只原则性地规定双方当事人的权利、义务和一般交易条件,以后每批货的交付,双方要依据经销协议再订立具体买卖合同,明确价格、数量、交货期甚至支付方式等具体交易条件,或由供货商根据经销商发出的订单来交付货物。

通常,经销协议主要包括以下内容:

(1)经销商品的范围

经销商品可以是供货人经营的全部商品,也可以是其中的一部分,因此,在协议中要明确标明商品的范围,以及同一类商品的不同牌号和规格。确定经销商品的范围要同供货人的经营意图和经销人的经营能力与资信状况相适应。如经销商品范围规定为供货人经营的全部商品,为避免争议,最好在协议中明确经销商停止生产其经销的商品或供货人有新产品推出时对协议是否适用。

(2) 经销地区

经销地区是指经销人行使经营权的地理范围。它可以是一个或几个城市或某地区，也可以是一个甚至是几个国家，其大小的确定，除应考虑经销人的规模、经营能力及其销售网络外，还应考虑地区的政治区域划分，地理和交通条件以及市场差异程度因素。经营地区能否扩大，习惯上则是根据经销实绩由双方协商后加以调整。

在包销协议中，供货人在包销区域内不得再指定其他经销商经营同类商品，以维护包销人的专营权。为维护供货人的利益，包销协议也常常规定包销商不得将包销商品越区销售。

(3) 经销数量或金额

经销协议还应规定经销人在一定时期内经销数量或金额，在包销协议中这更是必不可少的内容之一。此项数量或金额的规定对协议双方均有约束力，它既是经销商在一定时间内应承购的数额，也是供货商应保证供应的数额。经销数额一般采用最低承购额的做法，规定一定时期内经销人应承购的数额下限，并明确经销数额的计算方法。为防止经销商签约后拖延履行，可以规定最低承购额以实际装运数为准。规定最低承购额的同时，还应规定经销商未能完成承购额时供货商可行使的权利。

(4) 作价方法

经销商品可以在规定的期限内一次作价，结算时以协议规定的固定价格为准。这种方法由于交易双方要承担价格变动的风险，故采用较少。在大多数经销协议中是采用分批作价的方法，也可由双方定期地根据市场情况加以商定。

(5) 经销期限

经销期限即协议的有效期，可规定为签字生效起一年或若干年。一般还要规定延期条款，可以经双方协商后延期，也可规定在协议到期前若干天如没有发出终止协议的通知，则可延长一段时期。

除了协议期限届满可以终止外，如遇到下列情况之一，也可以中止协议：

①任何一方有实质性的违约行为，并在接到另一方的要求纠正该违约行为的书面通知后的一段时间内，未能加以纠正。

②任何一方发生破产清理或公司改组等严重事项，另一方提出终止协议的书面通知。

③由于发生了人力不可抗拒的意外事件，造成协议落空，而且遭受事件的另一方在一定的期限之后仍无法履行协议规定的义务，另一方发出终止协议的书面通知。

3. 采用经销方式出口应注意的问题

经销方式作为出口业务中常见的方式之一，如果运用得当，对于出口商拓展国外市场、扩大出口销售，会产生良好的推动作用。然而，如果运用不当，也会带来适得其反的后果。许多经验说明，采用经销方式出口时应注意以下问题：

(1) 要慎重选择经销商

供货商与经销商之间存在着一种相对长期的合作关系。如果经销商选择得当，对方信誉好，能够重合同守信用，而且经营能力强，即使市场情况不好时，也能充分利用自己的经验和手段，努力完成推销定额。这样，业务会越做越大，供销双方都会受益。然而，如果经销商选择失当，其经营能力不佳或资信不好，则会使供货人作茧自缚。这一问题在独家经营方式下尤为明显。有些包销商在市场情况不利时,拒绝完成协议中规定的承购数额,结果使供货商原定的出口计划无法完成,又失掉其他客户。也有的包销商凭借自己独家专营的特殊地位,反过来在价格及其他条件下要挟供货商,单为自己谋利,却损害了供货商的利益。为防止这类情况发生,作为出口商,在选择经销商时,事先应认真进行调查,了解对方的资信状况和经营能力,在任命独家经销商之前。这项工作尤为重要。

(2)订好经销协议

经销协议规定得好坏关系到这项业务的成败,因此,一定要认真对待。比如在独家经销方式下,要慎重选择包销的商品种类,合理确定包销的地理范围,适当规定包销商在一定期限内的承购数额以及完不成的后果或超额完成的奖励等。在签订独家经销协议时,还应该了解当地的有关法规,并注意使用的文句,尽可能避免与当地的法律发生抵触。

二、代 理

所谓代理,是指代理人按照本人的授权,代表本人与第三人订立合同或作其他法律行为,而由本人直接享有由此而产生的权利与承担相应的义务。

1.代理的特点

(1)代理人与委托人之间的关系是委托代理关系,而不是一般的买卖关系。

(2)代理人一般不以自己的名义,而是以委托人的名义,通常是运用委托人的资金,从事业务活动。

(3)代理人不管交易中的盈亏,只取佣金。

(4)代理人只居间介绍生意,招揽订单,但不承担履行合同的责任。

2.代理的种类

在国际贸易中,代理的种类很多,按照委托人授权的大小,代理可分为总代理、独家代理和一般代理;按照代理业务的性质,可分为销售代理、采购代理、运输代理、保险代理。此外,还有广告代理、投标代理、诉讼代理。

(1)总代理

总代理是指代理人在指定地区内,不仅有权代表委托人(出口方)销售指定的商品,签订买卖合同和进行其他商务活动,还有权代表委托人从事一些非商业性的活动。实际上,总代理人是委托人在指定地区的全权代表。

在我国的出口业务中,多指定我驻外贸易机构为总代理,一般不给外商以总代理的名义。

(2)独家代理

独家代理是指代理人在指定地区和规定的期限内享有代销指定商品的专营权。委托人在该指定地区内,不得委托其他代理人。因此,在出口业务中,采用独家代理这一方式,委托人给予代理人在特定地区的一定期限内享有代理指定商品的专营权。不过应当指出的是,独家代理具有的专营权与包销商所具有的专营权并不完全一样。通常,除非协议另有规定,一般也可允许委托人直接同代理地区的客户洽谈成交。但是,为了不损害独家代理人的利益和不挫伤他的积极性,有些协议规定,委托人直接与代理地区的客户达成交易的,仍然要向独家代理人付佣金。独家代理人的职权仅次于总代理人,它侧重于商业活动,一般不涉及非商业活动。

(3)一般代理

一般代理又称普通代理、佣金代理,是指不享有专营权的代理。即委托人在同一代理地区和同一期限内可以选定一个或几个客户作为一般代理人,根据每个代理人代销商品的数量或金额,按协议规定的办法和百分比计付佣金。委托人可以直接与该地区的实际买主洽谈成交,而不必向代理人支付佣金。

一般代理与独家代理的主要区别有两点:①独家代理商享有独家专营权;而一般代理商则不享有此项权利。②独家代理商收取佣金的范围,既包括独家代理促成的,又包括委托人自行达成的;而一般代理商收取佣金的范围则只限于介绍生意成交金额,委托人直接成交的则不再付佣金。

3.代理协议

代理协议是明确协议双方即委托人与代理人之间权利与义务的法律文件,其主要内容包括下列几项:

(1)序言要款

这一条款主要是明确委托人与代理人之间的法律关系、授权范围和代理人的职权范围。代理协议的当事人为委托人及代理人,代理人以委托人名义从事业务活动。协议双方当事人是独立的、自主的法人或自然人。

(2)代理的商品

在协议中要具体说明代理商品的名称、种类、规格、牌号和型号等。

(3)代理的地区

代理的地区是指代理人有权开展代理业务的地区,其规定办法与前节所述包销协议的规定办法相同。

(4)代理的权限

代理人的权限取决于代理的方式,亦即要看是一般代理,还是独家代理或者总代理。代理方式不同,代理人的权限也不同,在协议中要具体规定代理人所享有的权利。

(5)最低成交量或成交额

与包销协议一样,代理协议要明确规定在协议有效期内,代理人应承担的最低销售量或销售额。

(6)佣金条款

佣金条款是代理协议的重要条款之一。在该条款中应规定支付佣金的时间和方法,佣金率与计算佣金的基础。

①支付佣金的时间:一般做法是,只要代理人代表委托人行事,就有权收取佣金,甚至在由于委托人的原因而未能履行某种行为时,代理人仍然有权向委托人索取佣金。

②支付佣金的方法:支付佣金可以采用不同的方法,可以累计一次总付,也可以逐笔结算或从货价中直接扣除。

③佣金率:佣金率的高低,直接关系到协议双方的利益,因此在协议中要订明佣金率,佣金率一般为1%~5%,高者可达10%。

④计算佣金的基础:计算佣金可以采用不同的标准,有的以实际出口的数量为准;有的以发票总金额作为计算佣金的基础;还有的以 FOB 总值为基础计算佣金。不论采用何种方法,都应该在协议中订明。

(7)协议的有效期限及中止条款

代理协议可以是定期的,也可以是不定期的,定期的为 1~5 年;如果不规定期限,双方当事人应在协议中规定,如果一方不履行协议,另一方有权中止协议。

(8)广告宣传、市场和商标保护

在代理协议中,一般都规定代理人要承担所代理的商品的广告和宣传工作,要定期向委托人报告当地的市场情况和进口国有关进口规定等资料。在代理协议中委托人一般都要明确货主保留对所代理商品的商标权。

第二节 寄售、展卖与拍卖

一、寄售(Consignment)

1.寄售的含义、性质和特点

(1)寄售的含义

寄售是一种委托代售的贸易方式,是指经双方协商一致,寄售人(货主)先将准备销售的货物运到国外代售人所在地,由代售人按照双方签订的寄售协议的条件和办法,代替货主在当地市场进行销售,货物售出后,由代售人向寄售人按协议规定的方式结算货款的一种贸易做法。

(2)寄售的性质

寄售业务是按照寄售人与代售人签订的寄售协议进行的。寄售协议不同于买卖合同。买卖合同中双方当事人是买卖关系,而寄售协议中的双方当事人是委托和受托关系。寄售协议属于信托合同性质。寄售业务中的代售人介于委托人与实际买主之间,他有权以自己的名义与当地购货人签订购销合同,合同双方当事人之间的关系是本人与本人的关系。如当地购货人不履行合同,代售人有权以自己的名义起诉。

(3)寄售的特点

寄售与正常的出口方式相比,有如下特点:

①正常的出口是先成交(签订买卖合同),后发货;而寄售则是先发货,后成交。货物从出口地发运时,并未售出,一般要等货到代售人所在地后,再由代售人向当地买主销售,是典型的凭实物进行买卖的现货交易。

②寄售人与代售人之间是委托代售关系,而且还是一般的买卖关系。代售人只能根据寄售人的指示处置货物。货物在售出之前,其所有权一直属于寄售人。

③风险和费用的划分也不同于正常的出口交易。在寄售方式下,只有当货物在寄售地卖出时,风险才由寄售人转移给买方,风险转移之前的各种费用,包括运费、保险费、进口税、仓储费等,均由寄售人负担。

2.寄售协议

寄售协议是委托人(寄售人)与代销人为了明确双方的权利义务关系和有关寄售的条件而签订的协议。寄售协议的内容,根据双方的要求不同而有所不同,但一般都包括如下内容:

(1)协议双方的关系条款

在协议中要明确委托人与代售人之间关系,具体阐明代售人是以代理人的身份办理寄售业务;寄售商品在未售出之前,货物的所有权仍属于委托人。代售人售出商品后,一般是以自己的名义向买主收取货款、处理争议,直至起诉等,所需费用则由委托人偿付。委托人有权监督代售人执行协议的情况。

(2)寄售商品的作价条款

该条款主要规定寄售商品的作价办法,大致有以下 4 种:

①规定最低限价,并注明是含佣价,还是净价。在最低限价以上,代售人可任意出售货物。如行情不好,代售人可与寄售人协商临时调整最低限价;当行情好转后,寄售人仍可通知代售人将价格恢复到协议中原订的最低限价。

②随行就市。这是指代售人得到授权后,可在不低于当地市场价格的条件下自由代替委托人出售货物。当价格上涨时,调高售价;当市场价格下跌时,调低价格。

③代售人征求寄售人意见,即以什么价格出售要由寄售人决定。

④规定结算价格。即由双方在协议中规定货物的价格,寄售人不予干涉。采用这种作价办法时,代售人须自负盈亏,自担一定的风险。

(3)佣金条款

寄售协议中佣金条款的规定办法与代理协议中佣金条款的规定办法相似。

(4)协议双方当事人的义务条款

在寄售协议中应明确规定双方当事人的义务。

①代售人的义务:

a.提供储存寄售商品的仓库,雇佣工作人员,以及取得进口许可证。

b.保证货物在仓库存放期间完好无损,如发生损失、灭失,代售人应负赔偿责任。

c.代垫寄售商品在仓储、经营期间所产生的一切费用。

d.对寄售商品办理保险并代垫保险费。

e.组织广告,宣传商品,提供售后服务。

f.进行市场调研,并及时向委托人报告。

②委托人的义务:

a.按时、按质、按量提供寄售商品。

b.偿付代售人在代售过程中所垫付的费用。

3.寄售方式的优缺点

采用寄售方式对于寄售人、代售人和买主都有其明显的优点:

①对寄售人来讲,一是有利于开拓市场和促进成交。例如某些土特产品、轻工、工艺品、采用寄售方式,买主可以看到实物,便于按质论价,有利于成交;二是有利于抓住时机,

卖得好价。特别在货源短缺或出售现货,卖得好价;三是有利于推销新、小商品,处理库存积压商品;四是可通过代售人听取当地消费者的意见,可根据当地市场的需要,不断改进商品质量和包装,增加花色品种,提供售后服务,扩大商品销路。

②对代售人来讲,可不担市场波动的风险,而且投资很少,甚至可做无本生意,这就有利于出口商(寄售人)调动国外一些有推销能力、经营作风好,但资金不足的商人的经营积极性。

③对买主而言,寄售方式是采取现货交易,买主就可就地购买,付款后立即提货,从而大大地节约了交易时间。

寄售方式对于寄售人来讲也有其明显的缺点:

a.风险较大。即要承担货物和出售前的一切风险。

b.占用资金。由于要采取寄售方式,货款一般要等货物售出后才能收回,而且售出前所涉及有关货物的各种费用,通常均由寄售人负担,这就要占用他一部分资金,可能遇到货、款两空的危险。

二、展卖

展卖是指利用展览会和博览会及其他交易会的形式出售商品,将展览与销售相结合的一种贸易方式。

一般来说,展览会是不定期和不固定地点的,而博览会则是定期和固定地点的,即每年在同一时间和同一地点举行。

展卖方式灵活,可由货主自己举行,也可委托他人举行;可以在国内举行,也可以在国外举行;可以是专业性的,也可以是综合性的。

在国外举办的展卖业务,按其买卖方式可分为两种:一种是通过签约方式将货物卖断给国外客户,由客户在国外举办展览会或博览会,货款在展览会后结算;另一种是由货主与国外客户合作,在展卖时,货物所有权仍属货主,并由货主决定价格。货物售出后,向国外客户支付一定佣金和手续费。展卖结束后,未售出的货物或折价处理或转为寄售。

展卖方式按形式还可分为国际博览会和国际展览会两种。国际博览会又叫国际集市,是一种以国家组织形式在一定地点定期由一个或多个国家联合举办,邀请各国商人参加交易的贸易形式;国际展览会则是不定期也不定点举行的,通常是展示各国在产品和科技方面所取得的成就。

当代国际博览会和国际展览会不仅仅是商品交易的场所,而且更多地具有介绍产品和技术、广告宣传和开拓市场的性质。与会的各国商人除参加现场交易外,还大力进行样品展览和广告宣传,以扩大商业联系。

世界著名的博览会多为综合性的。主要有:莱比锡,汉诺威(德国),里昂,巴黎(法国),米兰(意大利),维也纳(奥地利),布鲁塞尔(比利时),赫尔辛基(芬兰),波兹南(波兰),悉尼(澳大利亚),东京(日本),大马士革(叙利亚),卡萨布兰卡(摩洛哥)等。

我国从1957年开始每年春秋两季在广州定期举办的中国出口商品交易会,即"广交会",就是具有博览会性质的一种展卖活动。40多年来,广交会的展卖规模、成交金额不断扩大和增多。广交会已经成为我国同世界各个国家和地区开展贸易活动的重要场所和友好往来的纽带。

三、拍卖

1.拍卖的定义

拍卖是指从事拍卖的机构在规定的时间和地点,按照一定的规则,通过公开竞价,把货物卖给出价最高的买主的一种贸易方式。拍卖是一种具有悠久历史的交易方式,在今天的国际贸易中仍被采用。

国际贸易中的拍卖是指由经营拍卖业务的拍卖行接受货主的委托,在规定的时间和场所,按照一定的章程和规则,以公开叫价的方法,把货物卖给出价最高的买主的一种交易方式。

(1)拍卖的商品种类

拍卖是一种传统而又古老的现货交易方式。采用拍卖方式进行交易的商品主要有以下4种:

①品质、规格不易标准化或难以用科学的方法对其品质进行精确检验并难以用文字或语言对其品质、规格进行准确描述的商品,如毛皮、烟草、茶叶、香料、木材等。

②价格昂贵,价格变化较大或难以准确估价的商品,如金银、宝石、首饰、古玩、名人字画等。

③容易变质,难于久存的商品,如水果、蔬菜、花卉、观赏鱼类等。

④倒闭企业的机械设备和资产的处理。这类商品,一般是旧的机器设备,通常采用"现场看货售定"的交易条件,其特点是卖方不承担货物内在的瑕疵和缺陷。

(2)拍卖方式的特点(优点)

①对于卖方来说,可以通过公开竞价,卖得好价;由于是现场交易,买主事先看货,当场按质论价,成交迅速;卖方付款后提货,收汇安全,有利于资金周转;拍卖方式也有利于打开销售渠道,拓宽国外市场;事后因品质问题等发生索赔争执的较少。对于买方来说,可以根据市场情况和经营意图,按照自己愿出的价格,购进符合自己需要的货物。

②拍卖是有自己独特的法律和规章。拍卖不同于一般的进出口交易。这不仅体现在交易磋商的程序和方式,也表现在合同的成立和履行等问题上,许多国家的买卖法律中对拍卖业务有专门的非同一般的规定。

③拍卖是一种公开竞买的现货交易。拍卖采用事先看货,当场叫价,落槌成交的做法。成交后,买主即可付款提货。

2.拍卖的一般程序

拍卖的程序一般分为以下三个阶段:

(1)拍卖准备

卖主要先将准备参加拍卖的商品运到拍卖行指定的仓库,由拍卖行进行整理、归类、分级并编号,然后按照商品的种类、数量、产地、批号、拍卖时间、地点和交易条件等编印拍卖目录、刊登广告、招揽买主。有意购货的买主可以在拍卖前到指定的仓库看货,必要时可抽样验看,以了解商品的品质。

(2)正式拍卖

拍卖准备工作就绪后,在预定的时间和地点进行正式拍卖,这是拍卖业务中的主要阶段。拍卖人按照拍卖商品的目录次序和规定的叫价方法,逐一叫价成交。

(3)拍卖成交,付款交货

拍卖成交后,拍卖人为防止可能出现的差错和误会,一般要向买主发送成交通知书,也称售货确认。成交确认书经买主确认后,即成为拍卖合同的书面依据。然后,再由买主开具购货确认书,并按规定办理付款和提货手续。货款付清后,货物的所有权随之转移,买方凭拍卖行开出的栈单或提货单,到指定的仓库提货。提货要在规定的期限内进行,在仓库交货前,拍卖人控制着货物,他有义务妥善保管货物。作为卖方的代理人,他享有货物的留置权,即在买方付清货款之前,他有权拒绝交货,除非拍卖条件中允许买方在提货后的一定期限内付清款项。

拍卖人在拍卖结束后,公布拍卖结果,有的拍卖市场在拍卖期间逐日公布拍卖进行情况,这些报道反映了当时的市场情况,是确定国际市场价格的主要依据。

3.拍卖的出价方法

(1)增价拍卖

增价拍卖又叫买方叫价拍卖,是一种最常使用的拍卖方法。拍卖时,由拍卖人宣布要拍卖的货物,并报出最低价,然后由竞买人竞相加价,直到无人再加价时,最后由拍卖人在台上以击打木槌的方式表示成交。

(2)减价拍卖

减价拍卖又称荷兰式拍卖。拍卖时,先由拍卖人喊出最高价格,如无人接受,则逐渐减低叫价,直到有某一竞买人认为已经低到可以接受的价格,表示买进为止。

减价拍卖成交迅速,常用于鲜活商品的拍卖,如鲜花、水果、蔬菜等多采用这种拍卖方式。

(3)密封递价拍卖

密封递价拍卖又称招标式拍卖,它是由拍卖人先公布每批商品的具体情况和拍卖条件,再由各买主在规定的时间将自己的出价递交拍卖人;拍卖人审核比较后,将该货物卖给自己认为合适的买主。

密封拍卖不同于公开竞买,拍卖人有时要考虑价格以外的其他因素,一些国家的政府或海关在处理库存物资或没收货物时往往采用这种拍卖方法。

第三节　招标与投标

一、招标与投标的概念

招标与投标是国际贸易中一种常见的方式,是有组织地在特定地点按照一定条件进行交易的一种贸易方式,多用于政府机构或大型企事业单位采购和国家承包工程。

招标与投标是一种贸易方式的两个方面。招标是指招标人(买方)发出招标公告或招标单,提出在规定的时间、地点、准备买进商品的名称、品种、数量和有关交易条件,邀请投标人(卖方)参加投标的行为,是指不经过一般交易磋商程序,只由一方按照规定条件,公开征求应征人递盘竞争,最后由招标人选定交易对象订约的一种交易方式。投标是指投标人(卖方)应招标人的邀请,根据招标公告或招标单规定的条件,在规定的时间内向招标人递盘的行为。

招标与投标是一种不经过磋商,只按照招标人发出的招标公告中所规定的条件,由招标人一次递价成交,没有讨价还价的余地;由于有多家投标人同时参加投标,投标人之间的竞争激烈,往往都报出最优惠的价格等交易条件,以争取中标,招标人可以争取到比较有利的条件。

二、招标方式的种类

目前,国际上采用的招标方式主要有以下三大类。

1.国际竞争性招标

国际竞争性招标是指招标人邀请几个乃至几十个投标人参加投标竞争,从中选择对其最有利的投标人达成交易。它是属于竞卖的方式。

国际竞争性招标做法有如下两种:

(1)公开招标

公开招标是指由招标人在国内外报刊、杂志上刊登招标广告,凡具备投标资格,并对该项招标有兴趣的人都具有均等机会购买招标资料,进行投标。一般来说,它将遵循国际竞争性招标的程序和条件。公开招标是一种无限竞争性招标。

公开招标的优点是:招标人可以按事先公布的各方所知的准则公开地进行采购,由于参加投标的人较多,使招标人有条件从中选择最好的标书,从而可获得较好的经济利益。对投标人来说,机会均等,可以公平竞争。其缺点是可能排除技术条件好,履约认真,但报价较高的企业。世界银行的贷款项目,大多采用这种招标方式。

(2)选择性招标

选择性招标又称邀请招标,是指招标人不公开发出招标公告,而是根据自己具有的业务关系和掌握的情报资料,或通过咨询公司的介绍,有选择地邀请某些技术先进、信誉卓著、经验丰富的厂商,经资格预审合格后进行投标。这种做法又称有限竞争性招标。

选择性招标的优点是:参加投标的人在技术信誉、经验等方面都比较可靠,履约率比较高。

采用选择性招标方式应注意的问题是:为保证价格的竞争性,邀请参加投标的厂商要广泛,其授标应在评估至少三家投标的基础上确定。有限竞争性招标主要适用于采购金额少,所需货物或服务的供应厂商数目有限,或其他特殊理由证明不能完全按公开招标方式进行采购的交易。

2.谈判招标

谈判招标又称议标,是指由招标人物色几家厂商,直接同其进行谈判,达成交易,签订合同。严格来说,谈判招标不是招标,而是一般的通过谈判达成交易,直接签订合同。谈判招标是非公开的非竞争性的招标。

谈判招标适用于专业性强、交货期紧迫的交易,如某些军事、保密工程所需的物资和设备的采购,或所需设备具有独占性,只能从少数几家厂商采购。由于招标人直接物色信誉较好的卖方,所以比较容易达成交易,避免了公开招标过程中的一些复杂程序,并可以尽快交货。谈判招标的缺点是易被投标人垄断,招标人难以获得有竞争性的报价。世界银行贷款项下的采购,如采用这种招标方式,应事先征得世界银行的同意。

3. 两段招标

两段招标又称两步招标,是指无限竞争招标和有限竞争招标的综合方式,采用这一方式时,先公开招标,再用选择性招标,分两段进行。它是在采购某些复杂的商品时,在事先不能准备完整的技术规格的情况下,所采用的招标方法。第一步,先邀请投标人进行不包括报价的技术招标;第二步,再邀请投标人进行价格投标。

在第一步招标中招标人邀请投标人根据一般招标文件的规定,进行技术投标,技术投标的封面应注明"技术投标,没有价格"字样。然后在招标文件规定的时间开启技术指标,宣布中标者名称。在开标之后,招标人可以同投标人进行会谈、修改、补充技术招标规格,并发给每个中标者。

在第二步招标中,中标者再根据标准技术规格,准备最终的投标文件,最后在规定的时间和地点进行公开开标,选择最优惠者中标,达成交易,签订合同。

三、招标与投标的基本程序

招标投标业务的基本程序包括:招标、投标、开标、评标、决标及中标签约等几个环节。

1. 招标

(1) 发布招标公告

采用"选择性招标"或"谈判招标"时,一般要向选定的投标人颁发招标通知;采用"公开招标"或"两段招标"时,则应在报刊、杂志上刊登招标广告。

招标通知与招标广告的内容基本相同,一般包括招标的项目、有关的各项交易条件和投标须知等。

(2) 资格预审

资格预审是公开招标前的一项重要工作,是由招标人对前来要求投标的公司、企业的历史情况、财力情况、生产与供应能力、经营作风及信誉等进行全面预先审查。预审合格方能取得投标资格。目前,国际上招标人进行资格预审采用的方式很多,一般采用分发"资格预审调查表"的做法,招标人根据投标人所提供的数据进行"分项评分",进行估价。

(3) 编制招标文件

招标文件是采购物资和设备或招标承建工程项目的法律文件,是投标人准备投标文件和进行投标的依据,也是评标的依据。用于评标的标准,必须是招标文件中规定的标准。招标文件还是签订合同所应遵循的文件。招标文件中的大部分内容通常都要列入合同的文本中。因此,招标文件的编制应当科学、合理、严谨、准确。

在物资和设备采购的招标中,招标文件又称"标书"、"标单",内容较为简单,主要列明招标商品的各项交易条件,与一般买卖合同的条件类似。唯有价格条件由投标人在投标时递价。招标文件中还须列明投标人须知,包括投标人资格,投标日期,投标保证金,开标日期,寄送投标单的方法等。

以上各项工作都是招标前的准备工作。准备工作做得好坏,是招标成败的关键。准备工作就绪后,招标人发出招标单,开始招标。

2.投标

(1)投标前的准备工作

投标人参加投标之前,也须做许多准备工作,包括编制投标资格审查表,分析招标文件,寻找投标担保人等。其中分析研究招标文件是一个核心问题。投标人要对招标文件中的商品的各项交易条件和合同格式等进行认真分析,做到量力而行。因为投标人的递价是一个实盘,在投标有效期内不得撤标。所以,投标人要对价格、发货期、招标人所在国的税收、法律等要进行认真研究。

(2)编制投标文件和提供投标担保。

投标文件又称"标书"、"标单"。投标人经过慎重研究招标文件后,一旦决定参加投标,就要根据招标文件的规定和要求编制投标文件。

投标文件的内容一般包括投标价格、商品的各项交易条件,用于评标的技术性能指标,投标人的资格文件、投标担保及其他文件。其中投标价格应按招标文件规定的价格条件报价;投标人要从生产能力、技术、财务等方面提供文件,以证明其资格是合格的,并在中标后能够签约。

投标人要提供投标担保,没有担保的投标,可视为对投标没有做出根本性反应而被拒绝。为防止投标人在中标后不与招标人签约,招标人通常要求投标人提供投标担保。投标担保可以缴纳现金,也可以通过银行向招标人出具银行保函或备用信用证。保证金额是以按投标金额的百分比计算的,一般为10%左右。如果开标后,投标人未能中标,招标人退还投标人的保证金。如果开标后,投标人中标而不与招标人签约,则该保证金即被没收。

(3)寄送投标文件

投标文件须在投标截止日期之前送达招标人,逾期失效。寄送投标文件,一般应密封后挂号邮寄,或派专人送达。

3.开标、评标、决标

(1)开标

开标是招标人在指定的时间和地点将收到标书进行比较,择优选定投标人的过程。开标的方式有两种,一种是公开开标,一种是不公开开标。

公开开标是指由招标人或公证人在规定的时间和地点,宣布其内容。投标人可派代表监视开标;不公开开标是指由招标人自行选定中标人。投标人不能派代表参加开标。国际招标,大多采用公开开标的方式。

(2)评标、决标

开标之后,由招标人组织人员进行评标,评标后决标,选定中标人。

评标人是指招标人组织人员从不同角度对投标进行评审;决标是指经过评标,做出决定,最后选定中标人的行为。

4.中标签约

中标人必须与招标人签约,否则保证金予以没收。但是,为了确保中标人签约后能够履约,招标人仍然要求中标人提供担保(交纳履约保证金或出具履约银行保证函,保证金额为合同金额的 10%),按照国际惯例,在评标过程中,如果招标人认为所有投标人都不合格而未能选定中标人,可以宣布招标失败,拒绝全部投标,并且可以重新发出招标公告。

一般出现下列情况之一者,可以拒绝全部投标:
①最低标价大大超出国际市场的价格水平。
②所有投标书内容均与招标文件的规定和要求不符。
③在国际竞争性招标时,投标人太少。

第四节 易货贸易和补偿贸易

一、易货贸易

1.易货贸易的形式

易货贸易在国际贸易实践中主要表现为以下两种形式,即狭义的易货和广义的易货。

狭义的易货是纯粹的以货换货方式,不用货币支付。其特征是交换商品的价值相等或相近,没有第三者参加,并且是一次性交易,履约期较短。这种传统的直接易货贸易是一种古老的贸易方式,可以追溯到很久以前,在作为一般等价物的货币出现之前,人们就是用这种方式交换各自的劳动产品。但这种易货方式具有很大的局限性,在现代国际贸易中很少采用。

现代的易货贸易都是采用比较灵活的方式,即所谓广义的易货。这种易货方式主要有以下两种不同的做法。

(1)记账易货贸易

一方用一种出口货物交换对方出口的另一种货物,双方都将货值记账,互相抵冲,货款逐笔平衡,无需使用现汇支付。或者在一定时间内平衡(如有逆差,再以现汇或商品支付)。采用这种方式时,进出口可以同时进行,也可以先后进行,但一般说来,时间间隔都不长。如孟加拉国黄麻出口公司采取易货方式出口黄麻,要求双方都在银行开立账户,账户保持平衡。又如建国初期我国与伊斯兰卡的米胶协议,我方以大米换对方的米胶。

(2)对开信用证方式

这是指进口和出口同时成交,金额大致相等,双方都采用信用证方式支付货款,也就是双方都开立以对方为收益人的信用证,并在信用证中规定一方开出的信用证,要在收到对方开出的信用证时才生效。也可以采用保留押金方式,具体做法是先开出的信用证先生效,但是结汇后,银行把款扣下,留做该受益人开回头证时的押金。这里需要说明的是,在这种做法下,虽然通过对开信用证并且有货币计价,但双方进行的仍然是以货换货的交易,而非现汇交易。先出口的一方出口后并得不到信用证中以一定货币所表现的货款,而只是取得对方承诺供应的双方约定好的货物作为补偿,然后自己使用这些货物或再进行转售。因此,先出口方往往要求对方银行出具后出口方按期履约的担保,以保证其经济利益的按期实现。

2.易货贸易的优缺点

(1)易货贸易的优点

易货的突出优点在于它能促成外汇支付能力匮乏的国家和企业间进行贸易,调剂余缺,从而有利于国际贸易的发展;此外,易货还有利于以进带出或以出带进。由于易货是进出口相结合的一种贸易方式,交易双方都以对方承诺购买自己的商品作为购买对方商品的条件,于是,当对方销售商品时,可以把对方同时购买自己的商品作为购买的交换条件,即以进口带动本国商品的出口;当对方急需我方商品时,可以要求对方提供我方所需商品作为交换条件,即以出口带动进口。

(2)易货贸易的缺点

易货贸易做起来很不方便,有一定的局限性。例如西方资本主义国家产品出口的企业大部分是私营的,他们专业化程度较高,我们提供的货物不一定是他们对口经营的货物,达成交易比较困难。现在我们同俄罗斯和东欧国家的贸易可以采取这种方式,以解决双方外汇紧缺的问题但须注意采取记账方式,在我方货物出口或出现顺差时,对方的货物一时供应不上,或所供非所需,便造成外汇积压,经济上受损失。

二、补偿贸易

补偿贸易又称产品回购。产品回购在日本被称为"产品分成",这种做法多出现于设备的交易。它是按照回购协议,先进口国以赊购方式或利用信贷购进技术或设备,同时由先出口国向先进口国家承诺购买一定数量金额的,由该技术或设备直接制造或派生出来的产品,即通常所说的直接产品或有关产品,先进口方用出售这些产品所得货款分期偿还进口设备的价款和利息,或偿还货款和利息。这种做法是回购贸易中最常见、最基本的做法。

1.补偿贸易的含义

补偿贸易是指在信贷基础上进行的、进口与出口相结合的贸易方式,即进口设备,然后以回销产品和劳务所得价款,分期偿还进口设备的价款及利息。与上述的产品回购相比,我国的补偿贸易内涵更广,做法更灵活一些。

2.补偿贸易的种类

在当前我国开展的补偿贸易中,按照用来偿付的标的不同,大体上可分为三类。

(1)直接产品补偿

双方在协议中约定,由设备供应方向设备进口方承诺的购买一定数量或金额的由该设备直接生产出来的产品。这是补偿贸易最基本的做法。但是这种做法有一定的局限性,它要求生产出来的直销产品及其质量必须是对方所需要的,或者在国际市场上有销路,否则不易为对方所接受。

(2)间接补偿贸易

当所交易的设备本身不生产物质产品,或设备所生产的产品非对方所需或在国际市场上不好销时,可由双方根据需要和可能进行协商,用回购其他产品来代替。

(3)劳务补偿

劳务补偿常见于同来料加工和来件装配相结合的中小型补偿贸易中。按照这种做法,双方根据协议,往往由对方代我方购进所需的技术设备,货款由对方垫付。我方按对方要求加工生产后,从应收的工缴费中分期扣还所欠款项。

在实践中,上述三种做法还可结合使用,即进行综合补偿。有时,根据实际情况的需要,还可以部分有直接产品或其他产品补偿,部分由现汇支付等。

3.补偿贸易的特征与作用

(1)补偿贸易的特征

①以信贷作为前提条件。在实际业务中,信贷可以表现为多种形式,但大量出现的是商品信贷,即设备的赊销。

②设备供应方必须同时承诺回购设备进口方的产品或劳务,这是构成补偿贸易的必备条件。应当明确的是,在信贷基础上进行的设备的进口并不一定构成补偿贸易。例如,在延期付款的方式下,进口所需的大部分贷款是在双方约定的期限内分期摊付本金及利息,但是在这种方式下,贷款的偿还与产品的销售本身没有直接的联系,所以,尽管交易也是在信贷的基础上进行的,但并不构成补偿贸易。可见,补偿贸易,不仅要求设备供应方提供信贷,同时还要承诺回购对方的产品或劳务,以便对方用所得贷款偿还货款。这两个条件必须同时具备,缺一不可。

(2)补偿贸易的作用

①对设备进口方的作用:

a.补偿贸易是一种较好的利用外资的形式。我国目前之所以要开展补偿贸易,其目的之一也就是想通过这种方式来利用国外资金,以弥补我国建设资金的不足。

b.通过补偿贸易,可以引进先进的技术和设备,发展和提高本国的生产能力,加快企业的技术改造,使产品不断更新及多样化,增强出口商品的竞争能力。

c.通过对方回购,还可在扩大出口的同时,得到一个较为稳定的销售市场和销售渠道。

②对设备供应方的作用:

对于设备供应方来说,进行补偿贸易,有利于突破进口方支付能力不足,扩大出口;在当前市场竞争日益激烈的条件下,通过承诺回购义务加强自己的竞争地位,争取贸易伙伴,或者在回购中取得较稳定的原材料来源,或从转售产品中获得利润等方面,起到积极的作用。

4.补偿贸易合同的主要内容

目前,我国对外签订的补偿贸易合同以及国外使用的产品回购合同,均没有统一的固定格式,其具体内容可以根据交易双方意愿协商制定。双方可以经过磋商,先立一个基本协议,确定各自在提高设备、信贷和回购方面的义务,然后根据该协议的有关规定,分别签订供应设备和回购产品的具体合同。但是,从我国补偿贸易实际业务看,更常见的则是在一个合同中把上述内容全部包括进去,一一作出具体规定。不论采取什么方式,其具体内容一般应包括以下方面:

(1)有关技术及技术协助方面的规定

这部分的内容,要根据设备的种类及性质而定。一般应包括设备的名称、型号、规格、性能和参数,同时应明确设备的安装责任,对方应负责的技术协助的内容,以及质量保证及其期限等。如果涉及专利或专有技术,还应明确规定设备供应方的有关保证。这样做,可使双方的责任义务更加明确,减少以后产生纠纷的可能性。

(2)有关信贷的条件

这部分一般包括货款金额、计价和结算货币、利率、偿还期限、偿还办法以及银行担保等内容。

(3)有关回购义务的规定

前已述及构成补偿贸易的条件之一是设备供应方承诺回购产品或劳务的义务,因此,在订立补偿贸易合同时,有关这方面的内容,需要在合同中具体、明确地一一作出规定。主要包括以下几个方面:

①回购产品的名称、品种、规格。在商订这些内容时,一定要做到明确、具体,如果双方约定用直接产品偿付,则在合同中就应将产品的品质订明,作为以后履约的依据,以避免日后双方在这个问题上的分歧而影响回购义务的履行。如果双方约定用其他产品偿付,则应将产品的名称、品种、规格以及质量标准等在订立合同时明确、具体地作出规定。

②回购的额度。在回购交易中,设备供应方对于设备进口方回购承诺比例的大小,直接关系到为设备进口方提供多大偿还能力。

在这方面,双方往往也存在着分歧。作为设备供应方来说,一般希望回购义务的比例越来越高;而作为设备进口方来说,则一般希望进行全额补偿,即愿意用产品的货款抵付全部设备的价款及利息。在实际业务中,具体的抵付额度通常取决于进口方对技术设备的需要程度、返销产品的能力、设备供应方推销设备的迫切程度,以及其他可能影响双方谈判地位的各种要素。

③回购产品的作价。对于期限较短(例如 1~2 年),金额较小而且产品价格相对稳定的补偿贸易,有时可在合同中明确规定回购产品的价格。但是,补偿贸易的特点往往是金额较大、期限较长,有时甚至要持续 10~15 年。在这种情况下,一般认为在合同中最好不固定价格,但是,必须规定作价的原则、作价时间、定价标准、方法及程序等,以利于合同的执行。

④对回购产品销售地区的限制。回购的产品,除有时自用外,多数情况下都是用于转售。在回购产品销售市场这个问题上,双方往往也存在着分歧。对于承诺回购义务的一方来说,总是希望尽量减少对回购货物转售的限制。如果要禁止回购方在最有吸引力的市场转售货物,在谈判时,回购方往往会要求对方降低回购产品的价格。

对于回购产品的供货方来说,则通常是希望能对产品销售的地区加以限制。其出发点,首先是对货物的转售不能冲击其正常贸易下已有的市场和渠道;其次是不应在其已有代理销售关系的地区进行转售。此外,供货方也不希望在售后服务不健全的市场进行销售,以保证其产品顺畅销售。

此外,如果设备涉及工业产权,也应对其产品的销售地区加以一定的限制,以免出现侵权行为。

第五节 国际租赁贸易

国际租赁是在第二次世界大战后逐步发展起来的。国际租赁在一些发达国家开展以后,很快地推广到发展中国家,成为许多国家普遍采用的一种融资方式。目前,国际租赁活动越来越活跃,租赁的范围也越来越广泛。在不少国家的经济活动中占有相当重要的地位,是国际经济合作的主要方式之一。

一、国际租赁的含义

租赁是指出租人将物品较长期地租给特定用户使用,并收取租金的活动,是有偿转让物品使用权的经济行为。在租赁业务中如果有关当事人分属不同的国家,则称之为国际租赁。

租赁的双方当事人称为出租人和承租人即使用人。但是在租赁业务中,出租物品往往不是出租人本人的,而是出租人根据承租人的要求从制造厂商那里购得的,在这种情况下,租赁业务的当事人还包括供货人,即制造厂商。有些租赁业务,如平衡租赁可能涉及更多的当事人:除出租人、供货人之外,还有贷款人、受托人等。

租赁物品可以是任何有形的耐久资产。主要分房地产和设备两大类。前者大多由专业房地产公司或保险公司经营。租赁公司一般经营设备租赁。设备租赁的租赁物通常为生产用设备、飞机、船只、车辆、石油勘采设备、办公用具等。

租赁的期限称为租期。它由两种期限构成,一是基本租期,即由双方规定一个固定的不可撤销的基本期限。基本租期期满后,承租人可以选择退租、续租或留购。第二种租期叫续租租期。租赁的期限一般比较长,期限短的叫出租。许多国家是以租期的长短来区分出租和租赁的。

国际租赁是将金融与贸易结合,由出租人、承租人、供货人及金融界共同参与的一种新型信贷活动,出租人通过出租设备等向承租人提供信贷便利,也就是采用商品形式来融通企业所短缺的中、长期资金,而承租人则以定期支付租金的形式取得设备的使用权。实际上等于取得了租赁设备购买成本的资金信贷,从而以融物代替融资,因此,租赁业务具有商品信贷和资金信贷的双重性质。

二、国际租赁的主要形式

根据不同的划分方法,国际租赁可分为多种不同的形式。从承租人角度划分有资本性租赁和营业性租赁;从出租人角度看,又有多种划分法:按一次租赁投资回收多少可分为融资性租赁、营业性租赁和服务性租赁;按有无税收优惠可分为节税租赁和非节税租赁;按租赁过程可分为直接租赁、转租赁和售后回租等;按出租人数多寡可分为单一租赁和杠杆租赁。从租赁标的物的角度看又可分为不同物品的租赁,如设备租赁、汽车租赁和轮船租赁等等。

1. 融资性租赁和经营租赁

融资性租赁是典型的设备租赁所采用的基本形式,即企业采用较长期租赁机械设备的融物方式来代替融资购买设备,从而达到融通资金改善财务状况的目的,是一种采用融物形式的不可撤销的、完全付清的中长期融资方式,具有浓厚的金融色彩,因此,常常被看做一项与设备有关的贷款业务。

(1)融资性租赁的特点

①融资租赁是一项涉及三方当事人——出租人、承租人、供货商,并至少由两个以上合同——买卖合同和租赁合同构成的自成类的三边交易。

②将要租赁的设备采用户自行选定的特定设备,租赁公司只负责按用户要求融资购买设备,因此,设备的质量、规格、数量、技术上的检定验收等事宜都由承租方负责。

③完全付清。基本租期内的设备只租给一个特定用户使用。

租金总额 = 设备货价 + 前项资金的延付利息 + 租赁手续费 - 设备期满时的残值

④不可撤销。基本租期内,一般情况下,租赁双方无权取消合同。

⑤设备所有权与使用权分离,法律上所有权属于出租人,经济上使用权属于承租人。

⑥基本租期结束时,承租人对设备一般有留购、续租和退租三种选择权。

经营性租赁泛指融资性租赁以外的其他一切租赁形式。这类租赁的主要目的在于对设备的使用。因此,当企业需要较短期使用设备时,可采用经营性租赁形式,以便按自己的要求使用这项设备。经营性租赁与融资性租赁不同,这是一种由出租人提供维修管理等售后服务的、不撤销的、不完全支付的短期融资便利。

(2)经营性租赁的特点

①可撤销。合同期间,承租人可以中止合同,退回设备,以租赁更先进的设备。

②不完全支付。基本租期内,出租人只能从租金中收回设备的部分垫付资本,需通过该项设备以后多次出租给多个承租人使用,方能补足未收回的那部分设备投资和其应获利润。因此,租期较短(短于设备有效寿命)。

③租赁物件由出租人批量采购。这些物件多为具有高度专门技术,需要专门保养管理,技术更新快,购买金额大,且通用性强并有较好的二手货市场,垄断性强的设备,需要有特别服务的厂商。

④租赁机构不仅提供融资便利,还提供维修管理等项专门服务,对出租设备的适用性、技术性能负责,并承担过时风险,负责购买保险。因此,租金较融资性租赁高得多。

2. 节税租赁和销售式租赁

节税租赁在美国被称为真实租赁,亦即在税收方面能真正享受租赁待遇的租赁。在节税租赁中,出租人有资格获得加速折旧、投资优惠等税收优惠,并以降低租金的形式向承租人转让部分税收优惠,承租人支付的租金可当作费用从应纳税利润中扣除。节税租赁的好处是能使租赁设备的租赁成本比贷款购买成本更低。一项真实租赁必须符合以下条件:

①出租人对资产拥有所有权;

②期末,承租人或以公平市价续租或留购,或将设备退回给出租人,承租人不能享受期末资产残余价值;

③租赁合同起始时预计的期末资产公平市价不能低于设备成本的15%~20%;

④期末,资产仍有两年服务能力,或资产的有效寿命相当于租赁资产原有效寿命的20%;

⑤出租人的投资至少应占设备购置成本的20%;

⑥出租人从所得租金收入中可得相当于其投资金额7%~12%的合理报酬,租期不得超过30年。

非节税租赁在英国被称为租购,而在美国则被称为有条件销售式租赁。这类租赁在考虑租赁以税收为基础的国家的税法上通常被当作分期付款交易来对待。

一项销售式租赁交易在税务方面享受税收优惠且能从期末资产残值中获益而降低租赁利率,致使租赁实际成本低于贷款成本,承租人因此而受惠;而销售式租赁因其包含的实际利率不可能低于贷款成本而使租赁成本在一般情况下不会低于贷款成本。

3. 杠杆租赁和单一投资者租赁

在一项租赁交易中,凡设备购置成本百分之百由出租人独自承担的称为单一投资者租赁。设备购置成本的小部分由出租人投资承担、大部分由银行等金融机构提供贷款补足的称为杠杆租赁。

杠杆租赁是近10年来首先在美国发展起来的一种新型租赁方式,适用于资产价值几百万美元以上的大型长期租赁业务,可满足对有效寿命达10年以上,高度集约型设备的融资需要(如飞机、集装箱、工厂、输油管道、近海石油钻井平台、卫星系统等)。近年来,杠杆租赁发展很快,主要是在美国、澳大利亚、新西兰以及日本等国。杠杆租赁的出现是现代租赁业的一个大发展,它是当今最复杂的融资方法之一,它的交易结构、法律结构和合同文本都相当复杂。

杠杆租赁是一种采用财务杠杆方式组成的融资性节税租赁,出租人一般只需投资购置设备所需款项的20%~40%,即可在经济上拥有设备的所有权,享受如同对设备百分之百的同等税收待遇。设备成本中的大部分由银行、保险公司、证券公司和金融机构的贷款提供,银行金融机构提供贷款时,需要出租人以设备第一抵押权、租赁合同和收取租金的受让权作为对该贷款的担保。购置成本的借贷部分称之为杠杆,通过这一财务杠杆作用,充分利用政府提供的税收好处,使交易各方,特别是出租方、承租方和贷款方获得一般租赁所不能获得的经济利益。

为享受税法上的优惠,杠杆租赁必须具备以下条件:

①具备真实租赁的各项条件;

②出租人必须在租期开始和租赁有效期间持有20%的称为有风险的最低投资额;

③期末租赁资产的残值必须相当于设备有效寿命的20%,或至少尚能使用1年;

④承租人行使合同规定的购买选择权时,价格不得低于这项资产的公平价格。

杠杆租赁是一项采用特殊形式的完全付清的真实租赁,有7个当事人:承租人、制造厂商、物主出租人、物主受托人、债权人(贷款人)、合同受托人、斡旋人或称包租经纪人,涉及购买、信托、租赁等多种类型的协议。

4. 直接租赁、转租、回租

从出租人(租赁机构)设备贷款的资金来源和付款对象来分,有直接租赁、转租赁和回租三种租赁形式。

直接租赁是购进租出的做法,即由出租人用在资金市场上筹措到的资金,向制造商支付贷款,购进设备后直接出租给用户(承租人)。普通的直接租赁一般由两个合同构成:出租人与承租人(用户)之间签订的租赁合同;出租人按承租订货要求,与厂商签订的买卖合同。各发达国家的绝大部分租赁公司普遍采用直接租赁的做法。直接租赁中的出租人,在筹措资金方面能主动、充分地发挥其金融工程师的作用,可视租期的长短、支付租金的次数和间隔时期,从各种不同的渠道,借入长、短期比例搭配合理的资金,以降低实际贷款成本,增强竞争力。

一家租赁公司在其自身借贷能力弱,融资技术不发达,资金来源又有限的情况下,往往采用转租赁方式,以期利用别家公司条件优惠的融资便利。现在跨境租赁中,如果出租人不能从本国政府获得任何税收好处,但却可指望以低廉租金方式,从外国租赁公司处分享部分外国政府提供的税收优惠,那么,即使是资金雄厚的大租赁公司,也乐意采用租进而不是购进设备的转租赁做法。

转租赁与直接租赁的主要区别是:前者从租赁公司获得租赁融资便利,后者则从银行、金融机构以传统信贷方式直接获得融资便利。一般情况下,只有在租赁内含利率低于贷款利率时,租赁公司才会考虑转租赁,否则,再加上自己的利润,租赁成本便会大大高于贷款购买成本,从而失去竞争性。当然在其从银行筹措不到资金时,而别家租赁公司又乐意向其提供融资时(一般发生在跨境租赁中),它们也会采用转租赁。

回租指由设备所有者将自己拥有的部分资产(如设备、房屋)卖给租赁公司,然后再从该租赁公司租回来的做法。

三、国际租赁的作用和局限性

国际租赁是中、长期融资的一种重要形式。根据租赁合同,出租人允许承租人使用其资产,承租人向出租人定期支付租金作为使用资产的报酬。这种形式的融资与购买相比具有很大的优越性。假如企业选择购买,它必须筹措资金。当自有资金不足时则不得不依靠外部资金而向银行借款,按偿还计划付款,这将产生长期负债,直接增加企业资产负债表上负债项目。而租赁方式则不直接产生债务。

因此,国际租赁是企业利用外资、融通资金、引进技术设备、提供经济效益的一种有效手段。

国际租赁对承租人有以下好处:

(1)提高资金的利用效率

利用国际租赁,企业不必一次支付巨额外汇购买设备,只需按时支付租金。这样,企业可以避免因购置设备而积压资金,并可将腾出的这部分资金用于购进原材料、开发新产品、扩大生产能力等方面,加速流动资金的周转,促进利润增加。

(2)避免资产过时的风险

由于租赁期内,租赁资产的使用权和所有权在活动上是绝对分开的,因此通过租赁、资产过时的风险是由出租人承担,与承租人无关,资产价值因过时而下降的风险不是由企业承担。

(3)免受资产限额的限制

国际租赁最大的好处在于它的灵活性。租赁合同中的条款一般不规定企业流动资本的数量。而对企业的其他许多投资项目来说,资金来源可能受资本限额的限制,通过租赁而不通过购买,可以达到避免限制的目的。因此,租赁是企业突破资本限额的一种方法。

(4)可以避免通货膨胀

租金是固定的,由于物价上涨,租金支付的纯成本实际上是不断下降的;而如果以现金自行购买,用折旧收回成本,则由于通货膨胀,有可能几年以后收回的货币就不足以更新设备了,因此租赁能避免通货膨胀。

此外,国际租赁还可为企业带来税务上的利益,若出租人获得减税优惠,租金中的利率可能较市场利率低,而且,计算成本费用简单,手续也简单。

但是,国际租赁对承租人来说,也有一些不足之处。租赁的成本有时比用其他中长期融资形式的成本高;而且,大多数租赁是不可中途撤销的,即使企业在租赁期间发现承租人的资产不能给企业带来利润,仍得按期支付租金。此外,由于承租人对设备只享有使用权,因此,未经出租人同意,承租人不得随意改进所租赁的设备。

国际租赁对出租人有如下好处:

①出租人对租赁设备拥有所有权,这比信贷投资更可靠。

②可以用租赁设备作抵押,取得贷款,减少自有资本的投资,并通过租金收入,除可收回全部设备投资和利息以外,还可获得较高的利润。

③可获得税务优惠的加速折旧的好处。

④通过租赁提供维修、保养、培训等工作,可增加附带收入。

但是,国际租赁对出租人来说,也有某些不足之处。如在经营租赁业务中,有时要承担设备闲置无人租出的风险;遇到通货膨胀时,要承担计价货币贬值的风险等等。

第六节 期货贸易与套期保值

期货交易是一种特殊的交易方式。早期的期货交易产生于 11~14 世纪的欧洲,在 17 世纪的日本得到了发展。现代期货市场起源于 19 世纪后期的美国。

由于期货市场价格和现货市场价格变化均受商品供求关系的影响,因此,从事实际商品交易的人士,包括生产商、经营商、进出口商,则可以利用期货交易,配合现货买卖进行套期保值,因此,我们有必要了解和掌握有关期货交易的基本知识、做法和交易策略。

一、期货交易的概念

1.期货交易的含义

期货交易是指在期货交易所内,按一定规章制度进行的期货合同的买卖。

现代期货交易是在期货交易所内进行的。目前期货交易所已经遍布世界各地,特别是在美国、英国、日本、香港、新加坡等地的期货交易所在国际期货市场上占有非常重要的地位。其中交易量比较大的著名交易所有:美国的芝加哥商品交易所(CBOT)、芝加哥商业交易所(CCME)、纽约商品交易所(COMEX)、纽约商业交易所(NYMEX)、英国的伦敦金属交易所(LME)、日本的东京工业品交易所、谷物交易所、香港的期货交易所,以及新加坡的国际金融交易所等。

就商品期货交易而言,交易的品种基本上都是属于供求量较大,价格波动频繁的初级产品,如谷物、棉花、食糖、咖啡、可可、油料、活牲畜、木材、有色金属、原油以及贵金属、金、银等。

2.期货交易的主要特点

①期货交易不规定买卖双方提供或接受实际货物。

②在期货交易所中卖期货的不一定是商品的真正拥有者或供应者,买期货的也不一定是商品的真正需要者。

③期货交易的结果不是转移实际货物,而是支付或取得签订合同之日与履行合同之日的价格差额。

3.期货交易与现货交易的主要区别

①从交易的标的物看,现货交易的标的物是实际货物;期货交易的标的物是期货交易所制订的标准期货合同。

②从成交的时间和地点看,现货交易可以在任何时间和地点达成交易;而期货交易必须在期货交易所内按交易所规定的开市时间进行交易。

③从成交的形式看,现货交易双方在法律允许的范围内按"契约自主"的原则签订买卖合同,合同条款的内容并不要求公开;而期货交易是在公开、多边的市场上通过喊价或竞价方式达成的。期货合同条款是标准化的,而且达成交易的信息,包括价格是对外公布的。

④从履约方式上看,在现货交易中,无论是即期现货交易,还是远期现货交易,交易双方都要履行买卖合同中规定的义务,卖方要交付实际货物,买方要支付货款;而期货交易成交的是期货合同,所有期货交易都规定,履行期货合同不一定要通过实际交割货物来进行,只要在期货合同到期之前,交易者做成一笔方向相反、交割月份和数量相等的相同合同的期货交易,就可解除其实际履行合同的义务,也就是期货市场上所称的对冲或平仓。

⑤从交易双方的法律关系来看,在现货交易中,买卖双方达成交易,就产生了直接货物买卖的法律关系,任何一方都不得擅自解除合同。而期货交易的双方并不相互见面,合同的履行也无需双方直接接触。清算所的替代功能使参加交易者通过有交易所会员资格的期货佣金商来代买或代卖期货合同。交易的清算和结算一律由清算所对交易双方负责。交易达成后,期货交易双方并不建立直接的法律关系。

⑥从交易的目的来看,现货交易是卖方交付货物,买方支付价金,转移货物的所有权。而期货交易,不同的参加者有着不同的交易目的,有的是利用期货交易转移价格变动的风险,配合现货交易;有的是为了在期货市场上套取利润;有的是专门从事投机,以获取投资利润。

二、期货市场的构成

期货市场是指按一定的规章制度买卖期货合同的有组织的市场。期货交易就是在期货市场上进行的交易行为。

期货市场主要由期货交易所、期货佣金商和清算所等构成。

进出口商通常都是通过期货佣金商下单,由佣金商的指定场内经纪人在期货交易所执行,交易达成后,所有合约都要通过清算所统一清算结算。

1. 期货交易所

期货交易所是具体买卖期货合同的场所。

期货交易所是在早期商品交易所的基础上演变而成的。早期商品交易所是进行特定商品买卖的场所,交易的内容为现货、路货或远期交货合同,涉及的主要是实际货物的买卖,因此,这种有组织的交易所被称为"商品交易所"。而当今,随着期货市场的发展,期货交易的内容已不仅限于具体的商品,交易所的规章制度与早期的商品交易所也不大一样,有些期货合同已经脱离了实物形态,所出现的从事期货交易的场所已经放弃"商品交易所"的名称。因此,我们将从事期货交易的场所一律统称为期货交易所,把包括期货交易所在内,涉及期货交易及其运行的组织机构,称为期货市场。

期货交易所本身不参加期货交易,运营资金主要靠创立之初的投资、会员费和收取的手续费。交易所的职能是:

①提供交易场地;
②制订标准交易规则;
③制订标准的期货合同;
④负责监督和执行交易规则;
⑤设立仲裁机构,解决交易争议;
⑥负责收集和向公众传播交易信息。

2. 期货佣金商

期货佣金商又称经纪行或佣金行,是代表金融、商业机构或一般公众进行期货交易的公司或个人组织,其目的就是从代理交易中收取佣金。

期货佣金商一般都是期货交易所的会员,有资格指令场内经纪人进行期货交易,或者本身就是期货交易所的会员。它是广大非会员参加期货交易的中介。它以最高的诚信向期货交易所、清算所和客户负责。期货佣金商的主要业务包括:

①向客户提供完成交易指令的服务;
②作为客户进行期货交易的代理人,负责处理客户的保证金;
③记录客户盈亏,并代理进行货物的实际交割;
④向客户提供期货交易的决策信息,以及咨询业务。

期货佣金商往往是如下机构:主要经营证券业务的大证券投资公司,专营期货交易的期货公司,以及从事实物交易的公司,如生产商、中间商和进出口商等。

3. 清算所

清算所是负责对期货交易所内买卖的期货合同进行统一交割、对冲和结算的独立机构。

清算所是随期货交易的发展以及标准化期货合同的出现而设立的清算结算机构。在期货交易的发展中,清算所的创立完善了期货交易制度。保障了期货交易能在期货交易所内顺利进行,因此成为期货市场运行机制的核心。

清算所的创立使期货交易者在交易所内达成交易,却不建立通常货物买卖中转移货物所有权的直接的法律关系。一旦期货交易达成,交易双方分别与清算所发生关系。清算所既是所有期货合同的买方,也是所有期货合同的卖方。这是因为清算所有特殊的"取代功能"清算所这一功能得以实现,又是因为清算所的财力雄厚,而且实行了一套严格的无负债的财务运行制度——保证金制度。

保证金制度,也称为押金制度,指清算所规定的达成期货交易的买方或卖方,应交纳履约保证金的制度。

清算所要求每一位会员都必须在清算所开立一个保证金账户,对每一笔交易,都要按规定交纳一定数额的保证金。为防止出现违约,非会员也要向清算所会员交纳一定的保证金。

清算所的保证金有两种:初始保证金和追加保证金。

初始保证金是指期货交易者在开始建立期货交易部位时,要交纳的保证金。对于所交纳初始保证金的金额,世界各地的不同期货交易所有不同的规定,通常按交易金额的一定百分比计收,一般在5%~10%之间。该笔保证金一旦交纳,即存入清算所的保证金账户。

追加保证金是指清算所规定的,在会员保证金账户金额短少时,为使保证金金额维持在初始保证金水平,而要求会员增加交纳的保证金。清算所为了防止出现负债情况,采取逐日盯市的原则,用每日的清算价格对会员的净交易部位核算盈亏。当发生了亏损,保证金账户金额下降时,清算所便要求会员交纳追加保证金。

清算所规定交纳追加保证金的目的是为了保证交易顺利进行,杜绝可能出现的违约现象。当会员净交易部位发生亏损时,清算所就向会员发出追加保证金的通知,一般要求在第二天开市前就要交纳。否则,清算所有权在第二天开市时,在期货交易中,对违约客户已建立的交易部位,按市价平仓或对冲,亏损部分由客户已交纳的保证金来弥补。

4. 期货交易的参加者

期货交易所一般不限制期货交易参加者,只要是愿意按交易规则进行期货交易的人,期货交易所都公开对待,实行无歧视的政策。参加期货交易的可以是任何个人或公司,但是,他们参加期货交易的目的却不尽相同。按参加期货交易的目的,可分为两类:套期保值和投机者。

(1)套期保值者

套期保值者一般为实际商品的经营者、加工者和生产者。他们的主要目的是在现货市场中进行实际货物的买卖。为了保证现货交易的正常合理利润,他们往往在期货市场上采取适当的套期保值策略来避免或减少价格波动风险带来的损失。

(2) 投机者

投机者指在期货市场上通过"买空卖空"或"卖空买空",希望以较小的资金来博取利润的投资者。与套期保值者相反,投机者愿意承担期货价格变动的风险,一旦预测期货价格将上涨,投机者就会买进期货合同(或称"买空"或"多头");一旦预测期货价格将下跌,就会卖出期货合同(或称"卖空"或"空头"),待价格与自己预料的方向变化一致时,再抓住机会进行对冲。

三、套期保值

1. 套期保值的含义

套期保值又称海琴,是期货市场交易者将期货交易与现货交易结合起来进行的一种市场行为。其定义可概括为交易者在运用期货交易临时替代正常商业活动中,转移一定数量商品所有权的现货交易的做法。其目的就是要通过期货交易转移现货交易的价格风险,并获得这两种交易相配合的最大利润。

套期保值之所以能起到转移现货价格波动风险的作用,是因为同一种商品的实际货物市场价格和期货市场价格的变化趋势基本上是一致的,涨时俱涨,跌时俱跌。

因此,套期保值经常在购入现货的同时在期货市场上出售期货,或在出售现货的同时买入期货。这样,由于在期货市场和现货市场出现相反的交易,所以通常会出现一亏一盈的情况。套期保值者就是希望以期货市场的盈利来弥补实际货物交易中可能遭到的损失。

2. 套期保值的做法

套期保值者在期货市场上的做法有两种:卖期保值和买期保值。

(1) 卖期保值

卖期保值是指套期保值者根据现货交易的情况,先在期货市场上卖出期货合同,然后再以多头进行平仓的做法。通常生产商在预售商品时,或加工商在采购原料时,为了避免价格波动的风险,经常采取卖期保值的做法。

(2) 买期保值

与卖期保值相反,买期保值是指套期保值者根据现货交易情况,先在期货市场上买入期货合同(或称建立多头交易部位),然后再以卖出期货合同进行平仓的做法。通常中间商在采购货源,为避免价格波动,固定价格成本时,经常采取买期保值的做法。

第七节　来料加工业务

来料加工在我国又称作对外加工装配业务。广义的来料加工包括来料加工和来件装配两个方面,是指由外商提供一定的原材料、零部件、元器件,由我方按对方的要求进行加工或装配,成品交由对方处置,我方按照约定收取工缴费作为报酬。

一、来料加工业务的性质

来料加工业务与一般进出口贸易不同。一般进出口贸易属于货物买卖;来料加工业务虽有原材料、零部件的进口和成品的出口,但却不属于货物买卖。因为原料和成品的所有权始终属于委托人,并未发生转移,我方只提供劳务并收取约定的工缴费。因此,可以说来料加工这种委托加工的方式属于劳务贸易的范畴,是以商品为载体的劳务出口。

二、来料加工业务的作用

来料加工业务对我方有积极的作用:
①可以发挥本国的生产潜力,补充国内原材料的不足,为国家增加外汇收入。
②引进国外的先进技术和管理经验,有利于提高生产、技术和管理水平。
③有利于发挥我国劳动力众多的优势,增加就业机会,繁荣地方经济。

对委托方来讲,来料加工业务可降低其产品成本,增强竞争力,并有利于委托方所在国产业结构的调整。

三、来料加工合同的主要内容及有关问题

来料加工合同包括三个部分:约首部分、正文部分和约尾部分。约首和约尾主要说明订约人的名称、订约宗旨、订约时间、合同的效力、有效期限、终止及变更办法等问题。正文部分是合同的核心部分,具体规定双方的权利义务。在商谈合同的主要条款时,应注意下列问题:

1. 对来料来价的规定

来料加工业务中,能否按时、按质、按量交付成品很大程度上取决于委托方能否按质、按量、按时供料。因此,在合同中要明确规定来料来价的质量要求、具体数量和到货时间。为了明确责任,一般同时规定验收办法和委托方未能按规定提供料件的处理办法以及未按时间到达造成承接方停工、生产中断的补救方法。

2. 对成品质量的规定

外商为了保证成品在国际市场上的销路,对成品的质量要求比较严格,因此,我方在签订合同时必须从自身的技术水平和生产能力出发,妥善规定,以免交付成品时发生困难。质量标准一经确定,承接方就要按时按质按量交付成品,委托方则根据合同规定的标准验收。

3. 关于耗料率和残次品率的规定

耗料率又称原材料消耗定额,是指每单位成品消耗原材料的数额。残次品率是指不合格产品在全部成品中的比率。这两个指标如定得过高,则委托方必然要增加成本,减少成品的收入;如定得过低,则承接方难以完成。因此,这一问题的规定直接关系到双方的利害关系和能否顺利执行合同。一般委托方要求耗料不得超过一定的定额,否则由我方负担;残次品不能超过一定比例,否则委托方有权拒收。

4.关于工缴费标准的规定

工缴费是直接涉及合同双方利害关系的核心问题。由于加工装配业务本质是一种劳务出口,所以工缴费的核定应以国际劳务价格为依据,要具有一定竞争性,并考虑我国当前劳动生产率及其与国外的差距。

5.对工缴费结算方式的规定

来料加工业务中关于工缴费的结算方法有两种:一是来料、来价和成品均不作价,单收加工费,由对方在我方交付成品后通过汇付、托收或信用证方式向我方支付。二是对来料、来件和成品分别作价,两者之间的差额即为工缴费。采用这种方式,我方应坚持先收后付的原则,我方开立远期信用证或以远期托收的方式对来料来件付款;对方以即期信用证或即期托收方式支付成品价款。远期付款的期限要与加工周期和成品收款所需时间相衔接并适当留有余地,以免垫付外汇。

6.对运输和保险的规定

来料加工业务涉及两段运输:原料运进和成品运出,须在合同中明确规定由谁承担有关的运输责任和费用。由于原料和成品的所有权均属于外商,所以运输的责任和费用也应由外商承担。但在具体业务中可灵活掌握,我方也可代办某些运输事项。

涉及的保险包括两段运输以及货物加工期间存仓的财产险。同运输一样,从法律上讲,承接方只承担加工装配,保险应归委托方负责。但从实际业务过程看,由承接方投保较为方便,有时委托方也要承接方代办保险,保险费可连同工缴费向委托方结算。如由我方代办保险,双方还应约定保险险别、保险金额等条件。

中国人民保险公司为适应来料加工业务发展的需要,开设了来料加工一揽子综合险,投保这一险别后,保险公司即承担了两段运输和存仓财产险。

此外,来料加工合同还应订立工业产权的保证,不可抗力和仲裁等预防性条款。

第八节 进料加工业务

一、进料加工的含义

进料加工一般是指从国外购进原料,加工生产出成品再销往国外。由于进口原料的目的是为了扶植出口,所以,进料加工又可称为"以进养出"。我国开展的以进养出业务,除了包括进口轻工、纺织、机械、电子行业的原材料、零部件、元器件、加工、制造或装配出成品再出口外,还包括从国外引进农、牧、渔业的优良品种,经过种植或繁育出成品再出口。

进料加工与前面所讲到的来料加工有相似之处,即都是"两头在外"的加工贸易方式,但两者又有明显的不同:第一,来料加工在加工过程中均未发生所有权的转移,原料运进和成品运出属于同一笔交易,原料供应者即是成品接受者;而在进料加工中,原料进口和成品出口是两笔不同的交易,均发生了所有权的转移,原料供应者和成品购买者之间也没有必然的联系。第二,在来料加工中,我方不用考虑原料的来源和成品销路,不担风险,只收取工缴费;而在进料加工中,我方是赚取从原料到成品的附加价值,要自筹资金自寻销路,自担风险,自负盈亏。

二、进料加工业务的做法

进料加工的具体做法,归纳起来,大致有以下三种:

(1) 先签订进口原料的合同,加工出成品后再寻找市场和买主

这种做法的好处是进料时间可选择适当时机,低价时购进,而且,一旦签订出口合同,就可尽快安排生产,保证及时交货,交货期一般较短。但采取这种做法时,要随时了解国外市场动向,以保证所生产的产品能适销对路,否则产品无销路,就会造成库存积压。

(2) 根据签订合同,加工生产

先签订出口合同,再根据国外买方的订货要求从国外购进原料,加工生产,然后交货。这种做法包括来样进料加工,即由买方先提供样品,我方根据其样品的要求再从国外进口原料,加工生产。这种做法的优点是产品销路有保障,但要注意所需的原料来源必须落实,否则会影响成品质量或导致无法按时交货。

(3) 对口合同方式

与对方签订进口原料合同的同时签订出口成品的合同,原料的提供者也就是成品的购买者。但两个合同的相互独立,分别结算。这样做,原料来源和成品销路均有保证,但适用面较窄,不易成交。实际做法中,有时原料提供者与成品购买者也可以是不同的人。

三、开展进料加工的意义

进料加工在我国并非一种新的贸易方式,但在改革开放的过程中,在中央政策的鼓励下有了较为迅速的发展,特别是东部沿海地区开展十分普遍。我国开展进料加工的意义,主要表现在以下几个方面:

① 有利于解决国内原材料紧缺的困难,利用国外提供的资源,发展出口商品生产,为国家创造外汇收入。有些不能出口的产品,还可以满足国内市场的需要。

② 开展进料加工可以更好地根据国际市场的需要和客户的要求,组织原料进口和加工生产,特别是来料进料加工方式,有助于做到产销对路,避免盲目生产,减少库存积压。

③ 进料加工是将国外的资源和市场与国内生产能力相结合的国际大循环方式,也是国际分工的一种形式。通过开展进料加工,可以充分发挥我国劳动力价格相对低廉的优势,并有效利用相对过剩的加工能力,扬长避短,促进我国外向型经济的发展。

第十四章 电子商务与国际贸易

随着电子计算机的普及和国际互联网的飞速发展,一种崭新的商务形式——电子商务(EDI),作为商业贸易领域中一种先进的交易方式正以其潜在的巨大优越性愈来愈受到人们的重视,并对传统的商贸观念和商贸法律产生着巨大的冲击和影响。中国的电子商务尽管目前还处于雏形阶段,但其发展前景令人神往。1998年2月中国国际电子商务网(CIETNET)正式开通,并相继在北京、上海、天津、沈阳等30多个大中城市设立了代表处或分部。该网的开通,使我国的生产企业和外贸公司在出口报关、运输、结汇以及出口商品的货源组织、出口退税、配额许可证、商检证书、原产地证书签发等,都实现了计算机联网和无纸贸易。中国国际电子商务网的建立和营运,标志着中国的对外经济贸易的现代化迈出了重要的一步。

第一节 电子商务的概念及其产生的背景

一、发展电子商务的意义

电子商务(EDI)是20世纪60年代国际上逐步发展起来的将计算机与通信技术相结合的一门新技术。EDI的使用不是简单地以电子文件代替书面文件,以电子传递代替传统的传递方法,而是贸易与商务活动的一场革命。EDI的使用具有以下优点。

1.提高交易速度

EDI的使用使一项商业文件的传递在几秒钟之间即可实现。过去需要几天才能完成的清关手续,现在只需十几分钟即可完成,而无需人工干预,全部自动处理,排除了人为因素的干扰。据统计,EDI实施后,可使商业文件的传递速度提高80%。

2.降低成本

EDI的使用可降低文件成本20%。通过因特网的传输费用仅为传统传真或电传费用的百分之几。通过电子商务出售的商品可比传统商务价格降低10%。

3.减少失误

EDI的使用可以减少因人工制单错误或遗漏造成的损失40%左右,竞争力提高38%左右。

4.提高安全性和保密程度

二、电子商务的概念

电子商务(EDI)在我国译为"电子数据交换",在港台及海外华文地区则被译成"电子资料联通"或"电子资料交换"。由于使用EDI可以减少甚至消除贸易过程中的纸面单据,因而 EDI 也被通俗地称为"无纸贸易"。电子商务起源于 20 世纪 60 年代的西欧和北美，早期 EDI 只是在两个贸易伙伴之间，依靠计算机间的直接通信来传递具有特定内容商业文件，经过 30 多年的发展和完善，EDI 已成为一种全球性的、具有战略意义和巨大商业价值的贸易手段。

对于电子商务的概念，目前学术界还没有一个完整的、确切的和统一的定义。

从技术角度讲，所谓"电子商务"是指通过电子信息技术、网络互联技术和现代通信技术，将交易所涉及的各方当事人借助电子方式联系起来，而无需依靠纸面文件、单据的传输，实现整个交易过程的电子化。在国际商务的实践中，人们对电子商务的理解有狭义和广义。

1. 互联网上在线销售或电子商务

互联网上在线销售或电子商务是狭义上的电子商务，在这个意义上讲，电子商务意味着通过互联网络上的"商店"所从事的在线产品和劳务的买卖活动。交易的内容可以是有形的产品和劳务，如二手汽车、书籍、家用电器、在线医疗咨询、远程教学等；也可以是一些无形的产品，如音像产品、数据库、软件及其他类型的知识产品。

2. 以整个市场为基础的电子商务

以整个市场为基础的电子商务是广义上的电子商务，它泛指一切与数字化处理有关的商务活动。因此，它不仅仅只是通过网络进行的商品或劳务的买卖活动，还涉及传统市场的方方面面。除了在网络上寻求消费者，企业还通过计算机网络与供应商、财会人员、结算服务机构、政府机构建立业务联系。这样，电子商务使整个商务活动，从产品生产、市场促销、交易磋商、合同订立、货款结算、海关清关、售后服务等各个环节产生划时代意义的变化。从上述分析可见，电子商务是一个以信息技术服务为支撑的全球商务的动态发展过程。电子商务实际上也可以认为是现代信息技术，特别是网络互联技术作为推动的跨越时空界限的商贸领域的一场革命。电子商务不应仅仅被看作是一种互联网的在线销售模式，更重要的是它标志着企业与企业之间、企业与消费者之间、企业与政府行政管理部门之间的信息交流实现了数字化的过程。

电子商务的具体范围包括：

①通过国际互联网（Internet）进行的交易。
②通过增值网络进行的电子交易，如 EDI。
③通过电子公告牌进行的采购交易。
④企业在线式服务。
⑤通过连接企业计算机网络发生的交易等。至于通过以下传统方式进行的交易，如纸面信函、电话、电传传真、电视购物、邮购等，则不属于电子商务的范畴。但是，如果该交易或商务活动的一部分涉及企业与外部计算机网络，如国际互联网的联结和信息传递，则该项交易活动就属于电子商务的范围。

三、电子商务的产生

随着现代信息技术的飞速发展，电子计算机及其相关软硬件的开发和利用在社会各个领域内取得了重大的进展,商务活动是现代信息技术广泛应用的领域之一。最初计算机在商业领域内的使用仅局限于提高办事效率,具有一定意义的电子商务活动仅产生于20多年以前,那时公司之间的信息传递实现了电子数据交换(EDI)方式,其代表性的电子商务活动是公司之间运用 EDI 方式传递和接受订单、交货和付款等。但应当看到,那时企业所从事的活动仅限于在封闭的系统中运作,把电子方式引入商业领域更多的是从方便快捷等方面来考虑。早期的电子商务并没有给商业活动带来根本性的变革。真正大规模、普及化的活动是在超文本传送协议的开发和国际互联网技术成熟后才开始的。

1. 超文本传输协议和超文本语言的开发和应用

1989 年 3 月 Time Berners – Lee 最早开发了国际互联网超文本语言信息服务,当时被称为网站(Web)。他当时开发这一网站目的是为了使设在日内瓦的欧洲核研究中心的这个全世界主要量子物理研究中心,能通过这个网站,使全世界与该研究中心有关的物理学家可以共享信息。该网站有一个通用的系统界面,可以联系各种不同的硬件系统平台上的不同类型的文件,因此满足了世界各地物理学家的不同需要。该网站包括两部分内容:网络服务器和网络浏览器。

网络服务器可以在任何硬件平台和操作系统上运行,并可满足来自远程网络浏览器的浏览要求。同时网络服务器还满足客户端软件的要求,可按照当地工作站自己的图形处理能力来显示网站的文件。这一网站之所以支持交叉平台应用,是因为所有的网络服务器和浏览器都使用统一的传输协议,即超文本传输协议。实际上超文本语言严格说来不是一种新的程序语言,而是一种文本网页上的描述语言。超文本语言主要是一些格式指令,决定用户端屏幕上显示的文本和图形的格式。超文本传输协议和超文本语言使用户端对信息网络传输和浏览的操作更加简便易行。超文本传输和浏览只需用户在计算机屏幕上用鼠标击点相应的位置,而无需了解复杂的计算机指令、名称和文件信息的存放地点等。这样,计算机信息的网络传输和信息浏览获取就可以被那些根本就不了解技术细节的广大用户所接受。

2. 国际互联网

国际互联网(Internet)是指在全球范围内使用统一国际互联网通信协议相互联接并传输信息的计算机网络的集合。通过连接该网络,人们可以相互传输计算机文件。另外,国际互联网最具特色的是信息的发布者可以将信息放在互联网络连接的主机上,信息的收集者可以通过连接互联网络并使用相应的浏览软件就可以选择获取其他主机上的信息。由于全世界各国的各种机构,包括商业和非商业机构甚至个人纷纷在网上发布信息,因此国际互联网实际上是一个庞大的信息源。

互联网真正得到广泛应用是 1993 年 Mosaic 应用软件的出现,Mosaic 应用软件是世界上第一个图形网络浏览器,它是由美国伊利诺斯大学的全国超计算机研究中心(NCSA)开发成功的。该软件的问世极大地唤起了人们对互联网络信息传输的兴趣,并使其应用范围扩大到更为广泛的社会群体。

1994 年 4 月该中心又成立了网景通信公司,该公司于同年 11 月开发了第一个商业服务器。网景浏览器一问世,就迅速占领了世界市场。尽管计算机互联网络最早源于 20 世纪60年代美国,但到90年代,互联网的应用范围已经具有国际性了,人们也给予计算机互联网一个新的名称,即国际互联网,又称因特网。国际互联网的发展主要用两项指标来衡量,一是互联网的主机数量,二是互联网的域名数量。

1993年7月互联网的主机数只有130万,到1997年7月就发展到1950万;同期已注册的域名数从2.1万增加到130万。

国际互联网的出现是电子商务发展的里程碑。国际互联网与其他通信媒体相比有两个明显的特点,即双向交互式通信和开放式标准。正是这两个特点使国际互联网出现后,"电子商务"、"数字时代"等立即成为全球的热点。所谓双向交互式通信是指国际互联网所提供的信息交流方式是双向的。信息的提供者在发布信息的同时,可以及时收集信息获得者的信息;信息获得者在收集信息的同时,可以对信息提供者的信息进行选择接收。因此,这种信息通信和人与人之间直接进行面对面的信息交流有些类似。传统的信息传播是单向的,如广播、电视等在信息发布出去的同时,并不知道有多少接收者,或者不知道接收者是谁。信息的接受者对信息根本不可能有任何选择。

所谓开放式标准,是指国际互联网是建立在开放式信息传输标准上。信息提供者在发布信息时可以采取多种多样的方式(如任何多媒体方式),并不局限于复杂的操作性标准。信息接收者在选择信息时,也可以通过方便快捷的方式收集信息,并不受技术性操作标准的约束。国际互联网技术的上述优势,为工商企业提供了新的商务活动的运作模式。双向交互式的特点使企业的信息发布可以有更准确的定位,而且可以即时收集信息接收者的信息反馈,更快地作调整决策。适时的交易系统也由于交互式的操作使之成为可能。开放式的特点可以使国际互联网渗透到社会各个层面,具有广泛的市场。

正是由于国际互联网具有上述两个优势,才使其在极短的时间内迅速发展,被工商企业认为是开展商务活动的又一新的媒体,电子商务才正式被提到全球经济发展的日程上来。

国际互联网的飞速发展是与工商企业对其广泛利用是分不开的。从1995年1月到1997年7月,在短短两年多的时间,商业域名的数量就从2.74万个增加到7.64万个,这充分表明商业机构在国际互联网上投资的增加,网上的商业活动越来越受到工商企业的重视。

与此同时,通过互联网所达成的商业成交额也增长得更快。据福罗斯特研究公司预测,全球通过互联网进行的商业机构与商业机构之间的成交额将从1997年的780亿美元增加到2002年的3264亿美元。

除此之外,许多公司利用国际互联网传输协议所带来的诸多技术优势,建立公司自己的内部互联网络,即内联网,或者建立公司与商业伙伴之间的互联网络,即外联网。为了防止未得到授权者的侵入,通常都设有安全程序,即所谓的"防火墙"。内联网、外联网与国际公共互联网的联结,进一步开发了国际互联网的商业利用潜力。

第二节　国际电子商务在我国对外贸易中的发展状况

电子商务在我国发展起步较晚,但电子商务来势凶猛,发展迅速。中国政府敏锐地意识到电子商务对经济增长和企业竞争力的巨大影响,由信息产业部的信息化推进司(国家信息化办公室)专门负责组织、协调管理国家信息化建设工作。

一、电子商务基础设施

在电子商务基础设施环境与建设方面,国家投入了大量人力、物力和财力,已基本建成了覆盖全国的大容量、高速率光纤传输网络、公用数据通信网、卫星与微波通信网;图像通信网和多媒体通信网正在建设中。国内因特网已经形成规模,覆盖了全国所有省份和地区。目前中国的电信网、因特网的上网主机数、网络用户数都已跃居世界第二位,国际因特网的出口带宽已经超过 12 GB/s,为发展我国电子商务提供了良好的网络平台和运行环境。

二、国际贸易有关的应用

从 20 世纪 90 年代初开始,国家相继在国民经济的重要部门和信息基础较发达的行业实施了"金桥"、"金卡"和"金关"等一系列"金"字工程。拉开了我国国际贸易领域运用电子商务技术的序幕。

在国务院的领导下,外贸领域实施了海关、外汇、统计、银行、运输、商检、税务、保险、贸促会等部门的计算机联网,从签约、备货、领证、配载、报关、报验、装船、投保、议付、结汇、退税、索赔等环节建立了完善的 EDI 电子数据交换体系,初步实现了国际贸易的电子化管理。

此外,服务于国际贸易货物运输的中国远洋运输集装箱信息系统、中国商品交易网和中国商品订货系统等电子网络也相应建立。

对外经贸部国际电子商务信息中心正式开始利用网络发布国家的外贸政策、法律法规,实施进出口配额的网上招标,在网上发放进出口许可证,节约了大量的费用和时间。国家外经贸部 1998 年 6 月发出通知,到 2000 年,所有外贸企业必须从因特网上申请配额。据中国国际电子商务中心发言人表示,中国进出口企业(包括外商投资企业)将逐步实行以电子方式申请配额许可证,2000 年后,不上网的企业将失去经营配额许可证的权利。

《科技日报》2000 年 6 月 14 日发表的中国外贸企业运用电子商务情况的调查报告,显示了外贸行业开展电子商务的情况,由此可见,中国出口企业开展电子商务的状况是较为乐观的。这一结果应该说远领先于其他领域的企业,原因是出口企业在与国际接轨方面一直走在前列,对国际贸易中电子商务趋势的感受和认同相对来说也是超前的。调查也显示出,出口企业计算机的普及率、触网率都较高,对因特网的认识较有深度,对因特网的使用较为广泛,对因特网信息的需求很强烈。调查还表明,42.6%的企业已是相关电子商务网站的成员,27.3%的企业正考虑在有关网站注册,另外有 30.1%的企业还无此打算。

三、对外经济贸易合作部开展电子商务的努力

为了适应国际商务迅速变化的形势,我国国际贸易领域已经在对外经济贸易合作部的主导下建成了中国国际电子商务网,该网是外经贸领域推广电子商务应用的基础设施,也为全国各级外经贸管理机关和进出口企业实现对外经济贸易全过程的电子化管理,提

供一个功能完善、使用规范、安全、实用和高效的国际化的电子商务环境。

对外经济贸易合作部利用中国国际电子商务网,对企业进出口权的审批,进出口许可证的申领、核查以及进出口货物原产地证的发放、统计等实施电子化管理,及时了解我国对外贸易和经济合作宏观趋势,掌握分析我国微观的进出口商品发展动态;使经贸企业能够按系统、按类别及时地查找本领域信息,是企业选择信息的可靠保证;为外经贸领域的企业提供国际经济贸易发展战略、指导性政策、经贸法规、国际贸易趋势、经济技术交流、投资合作以及全球贸易机会等信息;同时,向国际社会全面介绍中国对外贸易经济政策法规、招商引资政策、中国国际贸易发展最新动态。

第三节 电子商务对我国对外贸易的影响

电子商务是国际贸易的大势所趋,是国际贸易发展的必然,我们要在 21 世纪成为贸易大国、贸易强国,缺此不可。国际贸易跨越不同的国家、不同的时区,因此国际贸易系统特别需要能不受空间限制迅速、连续工作的系统。国际贸易中大量的跨越国界的通信是一笔巨大的费用,国际贸易的发展迫切要求廉价的通信手段。国际贸易中大量的单据处理,要求单据处理能够自动化、高质量。建立在因特网基础上的电子商务系统,能够满足国际贸易这几方面的要求。所以电子商务必将在国际贸易中发挥关键的作用,同时将促进国际贸易的进一步发展。

一、国际贸易电子商务的条件已经成熟

前面讲到目前国内发展电子商务存在的主要问题,这些主要是针对国内发展 B2C 形式的电子商务来说的,并不是针对 B2B 来说的,更不符合我国国际贸易的现实情况。那么我国国际贸易行业发展电子商务的条件又怎么样呢?从我国市场来看,做国际贸易(进出口贸易)的 B2B 是目前一条最适宜的电子商务发展道路。国际贸易具有如下特点。

1. 国际贸易是一个标准化、国际化的贸易系统

首先,进出口贸易的业务流程是遵循一定标准并长期存在的,这将有利于实施 EDI 技术。另外,国际贸易无论在法律上,还是在流程上都是符合国际标准的,这将有利于让中国企业向世界先进水平靠拢。比如说,在因特网上做生意,买卖双方是看不见对方的,这更加要求商家有良好的信誉。在国际贸易中一般采用信用证结算,把进出口商之间的商业信誉转化成进出口国的大银行之间的银行信誉,基本上解决了进出口商之间互相不信任的矛盾。从这个角度上来说,从事国际贸易的 B2B 要比从事国内的 B2B 安全。

2. 支付安全有保证

每提到电子商务,大家总是不禁发问:如何在网上解决支付问题?对于国际贸易的 B2B 来说,这个问题不是一个瓶颈。

进出口贸易的支付过程区别于一般的国内贸易,支付实际是在银行之间发生;并且是凭单据而不是凭物支付,即买单业务。其过程基本为:进口商向开证银行申请开信用证,开证行根据申请书内容向出口商开出信用证,并寄交通知行。通知行经检查无误后,将信

用证转交出口商。出口商审核信用证与合同相符后,开始备货、报关和装船等;出口商将发票、装箱单、托运单和报关单等单据汇总交议付行,议付行将单据寄给开证行(或指定的付款行),开证行(或付款行)核对单据无误后,付款给议付行;进口商向开证银行办理付款手续并把单据取回,买方凭提单提货。由此看来,国际贸易的支付不涉及向银行提供信用卡密码,或者见货付款等问题,在网络上进行支付只需解决单据的传输和确认,这正是电子商务将资金流归结到信息流的具体体现。

3. 物流配送不成问题

中国电子商务遇到的另一个难题是物流配送问题,即在中国境内缺乏完善和成熟的配送物流体系。而在国际贸易里,则不存在这样的问题,因为进出口货物的运输长期以来大多数是由国际航运公司来完成的,国际航运公司都形成了与国际完全接轨的货物配送体系,网络贸易依然可以沿用这套运输系统。B2B运营商需要提供的服务是帮助进出口商选择快捷、经济的航运线路和航运公司。

二、电子商务对国际贸易的影响

国际贸易采用电子商务的效果比任何其他企业都更加明显。做过进出口贸易的业务员都有这样的体验,进出口贸易是一项需要高度商业智慧的知识密集产业,同时又是一项繁琐而复杂的过程。除了机械式地填写各种单证单据,还要奔波于各类政府机关,稍有一点差错又要重来,这些能不让你头疼吗?就拿海关报关说吧,每次到海关,都可以看到大大小小的出口企业排队报关的拥挤场景。而电子商务无疑能帮助企业轻轻松松地摆脱这种痛苦。通过电子商务,出口商可以直接将报关单传送给海关,一个鼠标点击便可将过去的无休止的等待化为乌有,或许此时,你才真正感受到了电子商务的无比美妙。此外,和有关业务监管机构如商检局、贸促会等的单据传输都可在自己的电子商务平台上完成。其实,利用B2B交易平台,节省的不仅是时间和劳动,更重要的是节省了成本。据估计,B2B电子商务能将业务费用减低12.5%。因此,越是手续繁琐、低效的工作就越需要电子工具来完成,也越能体现电子商务的优越性。

电子商务使国际贸易扩展得更迅速。因特网所提供的更快捷和更廉价的通信工具,将进一步刺激国际贸易的发展。特别是书籍和软件程序等一系列的产品,能够直接从网上卸载,节省时间和运费。因此,可以数字化的商品和服务的国际贸易,将取得格外强劲的增长。

因特网也将通过减少繁文缛节带来的高昂费用刺激外贸。比如,1996年跨国界贸易的杂项开支为3 500亿美元左右,占世贸总值的7%。在一些情况下,要处理配运的货物,竟需100份文件和经过20个不同部门和机关。使用更有效数据程序所节省的开销,可达1 000亿美元。电子商务将改变从服务旅游、娱乐、教育、医疗到政府采购等的国际贸易。在发达国家大部分的新增国际贸易是通过电子商务方式开拓的。我们看好国际贸易电子商务的前景,这主要来自于电子商务的突出优点。

首先,电子商务可快捷地获取商业信息。企业通过因特网与国外企业直接接触,可取得国际市场的第一手信息,使企业能够根据市场行情的变化及时调整生产,以获得更大的效益,同时减少不必要的损失。

其次，电子商务能够帮助企业大大降低出口交易成本。电子商务较传统商务有着巨大的优势，可以增加贸易机会、降低贸易成本和提高贸易效率。网上交易节省了传统业务中人员往返、住宿和交易设施投入等许多费用，大大减少商务旅行和商务谈判的开支等。这也是电子商务快速发展并在国际贸易活动中迅速推广运用的基本原因。据估计，电子商务一般可降低流通成本40%左右，对某些企业甚至可达70%。

第三，运用电子商务还能够使企业向用户提供全天候的产品信息和服务，从而大大提高市场竞争力。有消息说，美国通用电器公司启用网上采购系统自动联系客户，协调业务，每年可节省5~7亿美元采购费用。惠普公司利用因特网后，每月可节省800万美元的开支，用户则可以享受到每天24小时的实时服务。企业上网，与国外买方直接接触，减少了烦琐的中间环节，有利于提高产品的竞争力。世界贸易组织估计，如果国际贸易的这些中间环节都转移到因特网上来，节省的费用就可达1 000亿美元。

最近一段时间，网上进出口贸易急剧增加。来自联合国贸发会议的一份报告书表明，2000年全球网上贸易总额高达3 770亿美元，2001年增加一倍达7 170亿美元，2002年将达12 340亿美元。估计到了2003年，利用电子商务进行的国际贸易将占世界贸易总额的10%~25%。业内人士普遍认为，因特网和电子商务的兴起，不仅会改变传统的贸易方式，还将成为企业竞争的主要手段。

三、电子商务与我国国际贸易

电子商务在我国进出口贸易方面的运用，既关系到一个新兴的网上国际市场的份额划分，更将影响到我们能否守住传统的出口市场，从而开拓新的市场。出口贸易电子商务化对中国出口企业从总体上来说是一个难得的机遇，企业对此必须有清醒的认识。据权威分析，中国加入WTO之后，两年内我国对外贸易总额将超过6 000亿美元，这其中既提供了机会，也是对外贸易电子商务应面对的挑战。所以，对于广大外贸企业来说，应抓住机遇，积极开展进出口贸易的网上交易，把电子商务作为企业开拓国际市场的重要手段和途径，作为扩大出口新的增长点。由于电子商务在我国的国际贸易行业有良好的基础和发展前景，可以预计未来的5年内电子商务将会率先在国际贸易行业全面开展并走向成熟，进而带动我国电子商务的全面发展。

第四节 国际电子商务发展面临的新问题

国际互联网的普及和网络通信技术的成熟为国际电子商务提供了迅速发展的机会。但是，电子商务发展同时也给各国政府和企业带来了许多新问题。顺利解决电子商务带来的新问题，能够促进电子商务乃至整个世界贸易的发展，不能解决这些问题，则会影响电子商务发展的步伐。

一、法律问题

电子商务，尤其是EDI作为一种贸易方式，其本身所具有的特点可以为用户带来很高的经济效益，但作为一种有别于传统技术和概念的载体，对现行民、商法律提出了挑战。

假设一个中国公司浏览了一个美国公司电子商品目录并用电子订单订购了一批以电子方式交货的产品,付款通过电子支付方式进行。这种简单的画面提出了至今尚没有定论的几个法律问题,即在哪个地方双方公司达成了有约束力的合同?该项和约的法律地位是什么?什么机构对该项和约具有法律管辖权?等等。具体讲,它主要涉及以下几个方面的法律问题:关于订立合同有效性问题;关于书面形式的要求;关于签字与认证的要求;贸易争端中的证据问题。

1. 关于订立合同的有效性问题

按照各国的合同法,一个合同的成立是由一方发价,另一方接受两个要素构成的。发价是指交易的一方向另一方提出购买或出售某种商品的各项交易条件,并表示愿意按这些条件与对方达成交易、订立合同的行为。接受是指合同的另一方接到对方的发价后,同意对方提出的条件,愿意与对方达成交易,并及时以声明或行为表示出来。发价和接受是合同订立所必须经过的两个环节。

各国法律都要求订立的合同必须反映当事人的真实意思。合同一方的发价经由另一方接受,就是当事人的一种意思表示,表示的结果便产生了合同。但是借助 EDI 及其他电子方式订立的合同是通过计算机进行的,因此订立合同的决策过程是自动完成的,不受人工的直接干预。电子合同的交易双方根据预先编制的程序通过计算机通信网络自动发出发价或接受,进而订立了合同。这种通过电子方式达成的合同便提出了这样一个法律问题:经电子发价和接受而成立的电子合同是否属于意思表示的范畴?即以此订立的电子合同是否有效成立,发价或接受是否可以撤回?若属有效订立,合同成立的时间和地点分别在何时何地?

(1)订立合同的有效性

通过电子方式订立的合同存在着这样一种危险,即一方的发出的发价和另一方发出的接受可能并不是一方或双方当事人的意思表示。由于决策过程自动化,在合同被执行以前,发价人或接受方对订约过程没有任何人的直接干预,没有任何人确认,由此人们会对电子合同订立的有效性产生疑问,因为法律上至今尚未承认计算机取得"人"的身份和行为能力。

这一问题已引起国际法学界的重视。欧共体委员会在《关于通过 EDI 订立合同的研究报告》中提出一个建议,即可以把对计算机的运作拥有最后支配权的人视为同意计算机所发出的发价或接受的人,并由他对计算机系统所发出的一切决定承担责任。1996 年 6 月,联合国国际贸易法委员会推出了《电子商务示范法》。同年 12 月,联合国以 51/162 号决议通过了该法案。其中提出了数据电文"发端人"的概念。一项数据电子的发端人是指可认定由其或代表其发送或生成该数据电文之后获得准许予以储存的人,但不包括作为中间人来处理该数据电文的人。一项数据电文的"收件人"系指发端人意欲由接收该数据电文的人,但不包括作为中间人来处理该数据电文或就该数据电文提供其他服务的人。对于合同有效性问题,《电子商务示范法》规定,一项数据电文,如果是由发端人自己发送,即为该发端人的数据电文,或可被认为是发端人的数据电文,收件人有权将所收到的数据电文视为发端人所要发送的电文,并按此推断行事。

这就是说,若计算机发出的发价或接受能被认为是"发端人的数据电文",就表明是发端人的真实的意思表示,收件人就可据此发价或接受采取行动。一方发价经由另一方接受,合同就可认为有效成立。

《电子商务示范法》中明确规定:"就合同的订立而言,除非当事双方另有协议,一项发价以及对发价的接受均可通过数据电文的手段表示。如使用了一项数据电文来订立合同,则不得以仅仅使用了数据电文为由,而否定该合同的有效性或可执行性。"这一规定的目的是通过增大电子手段订立的合同的法律可靠性来促进国际贸易。

《电子商务示范法》关于什么样的数据电文属于发端人的数据电文有如下规定:

"一项数据电文,如果是由发端人自己发送,即为该发端人的数据电文。"就发端人与收件人之间而言,数据电文在下列情况下发送时,应视为发端人之数据电文:①由有权代表发端人行事的人发送。②或由发端人设计程序或他人代为设计程序的一个自动运作的信息系统发送。就发端人与收件人之间而言,收件人有权将一项数据电文视为发端人的数据电文,并按此推断行事,如果:

a. 为了确定该数据电文是否为发端人的数据电文,收件人正确地使用了一种事先经发端人同意的核对程序;

b. 收件人收到的数据电文是由某一人的行为而产生的,该人由于与发端人或与发端人的任何代理人的关系,得以动用本应由发端人用来鉴定数据电文确属源自其本人的某一方法。

上述规则自下列时间起不适用:

①自收件人收到发端人的通知,获悉有关数据电文并非该发端人的数据电文时起,但收件人要有合理的时间相应采取行动。

②如属前面②款所述的情况,自收件人只要适当加以注意或使用任何商定程序便知道或理应知道该数据电文并非发端人的数据电文的任何时间起。

可见,《电子商务示范法》解决了电子方式订立合同的有效性问题。

(2)电子方式进行的交易磋商,发价和接受是否可以撤回

《联合国国际货物销售合同公约》(以下简称《公约》)中对发价和接受都是采取到达生效的原则,同时规定,发价和接受是可以撤回的,只要撤回通知于发价或接受送达合同另一方当事人之前或同时送达另一方当事人。但由于新的电子交易方式如EDI的信息传输速度非常迅速,受价人的计算机系统收到发价信息后,便立即进行自动处理,并发出接受的通知。由于电子交易的这种特点,撤回发价的可能性极小,同理,接受的撤回也是不可能的。鉴于此,《电子商务示范法》提出对数据电文加以确认收讫来解决这一问题。发端人可在发送一项数据电文之时或之前,或通过该数据电文,要求或与收件人商定该数据电文需确认收讫的情况。如发端人已声明数据电文须以收到该项确认为条件,则在收到确认之前,数据电文可视为从未发送。

这样,在发出信息,例如发价和接受,到接到确认这段时间内,可撤回或更改所发出的信息,即发价或接受的撤回成为可能。如发端人并未声明数据电文须以收到该项确认为条件,而且在规定或商定时间内,或在未规定或商定时间的情况下,在一段合理时间内,发端人并未收到此项确认时:

①可向收件人发出通知,说明并未收到其收讫确认,并定出必须收到该项确认的合理

时限。

②如在(1)中所规定时限内仍未收到该项确认,发端人可在通知收件人之后,将数据电文视为从未发送,或行使其所拥有的其他权利。

(3)合同成立的时间与地点

合同成立的时间和地点的重要意义在于确定合同当事人的权利和义务以及合同所要适用的法律。而确定合同成立的时间和地点关键在于如何确定接受通知生效的时间和地点。各国合同法对接受生效的时间采用不同的规定。例如,英美法采用"投邮生效原则",大陆法系则采取"到达生效原则"。《公约》采用"到达生效原则","接受发价于表示同意的通知送达发价人时生效","合同于按照本公约规定对发价的接受生效时订立"。

由于现代计算机技术、通信和网络技术的发展,商人们可在任何地方,包括在飞机等移动交通工具上,发出或接收信息,例如接受通知;电子方式订立的合同;不易确定合同成立的确切地点。由于各国对合同成立的时间和地点的规定区别较大,《电子商务示范法》无意对此进行统一,只是提出确定发出和收到数据全文的时间和地点的原则,可用于各个法律体系确定合同成立的时间和地点。《电子商务示范法》有如下规定:"除非发端人与收件人另有协议,一项数据电文的发出时间以它进入发端人或代表发端人发送数据电文的人控制范围之外的某一信息系统的时间为准。"

"除非发端人与收件人另有协议,数据电文的收到时间按下述办法确定:

①如收件人为接收数据电文而指定了某一信息系统,以数据电文进入该指定信息系统的时间为收到时间;或数据电文发给了收件人的一个信息系统但不是指定的信息系统,则以收件人检索到该数据电文的时间为收到的时间。

②如收件人并未指定某一信息系统,则以数据电文进入收件人的任一信息系统的时间为收到时间。"

"除非发端人与收件人另有协议,数据电文应以发端人设有营业地的地点视为其发出地点,而以收件人设有营业地的地点视为其收到地点。如发端人或收件人有一个以上的营业地,应以对基础交易具有最密切关系的营业地为准,又如果并无任何基础交易,则以其主要的营业地为准。如发端人或收件人没有营业地,则以其惯常居住地为准。"

2.关于书面形式的要求

许多国家的法律都要求交易必须有书面合同。该要求的目的一是用来作为合同有效的要件,如不满足这项要求,法律上即认为无效;二是用作证明合同存在及其内容的证据,不满足这个要求,法律上合同虽然有效,但不能强制执行。这方面的要求成为电子商务在外贸应用中的一个障碍。

从英美法和大陆法的有关规定看,由于各国是以不要式为原则,所以对一般的货物买卖合同并不要求采用书面形式,而只是对法律规定的少数几种合同采用书面方式。总的来说,书面形式对这些国家而言,以电子方式成立的合同不会有太大的障碍。

针对各国法律对该问题的不同规定和要求,国际贸易法委员会从如何使 EDI 电文被视为"书面形式"为出发点,提出了解决问题的办法;其一是扩大法律对"书面"一词所下的定义,从而把 EDI 记录纳入书面的范畴;其二是通过当事人在通信协议中约定将 EDI 中的电子数据视同书面文件,或由当事人共同声明放弃其适用法律,承认 EDI 电文的有效性和强制性。《电子商务示范法》对这一问题规定:"不得仅仅以某项信息采用数据电文形式为理由而否定其法律效力、有效性或可执行性","如法律要求信息须采用书面形式,则假如一项数据电文所含信息可以调取以备日后查用,即满足了该项要求。"

3. 关于签字和认证的要求

许多国家法律都把签字作为某些书面文件有效的条件之一。如合同法规定合同的成立、票据法规定票据的承兑、提单的背书转让,都必须有当事人的签名。这是指传统上的签字形式,签字都是由签署者在文件上手书签字,但在采用电子商务进行交易时却很难满足这项法律要求。因为通过电子数据传递亲笔签字是不可能的,为此,专家学者想方设法解决这一问题,使得技术上有保证的"电子签字"在法律上获得承认。

目前,比较可行的办法就是各国应当在立法上采取有效措施以消除对签字的强制性规定,或扩大对"签名"法律定义。这些办法也得到了联合国国际贸易法委员会、欧盟委员会和国际商会等国际组织的认可。因为签字的法律实质在于认证文件,在这个意义上的签字只要在形式上满足独特性这一要求即可。换言之,签字并不一定要采取传统的方式,通过"电子签字"这种方式同样可以完成认证。

例如《电子商务示范法》中规定:

"如法律要求要有一个人的签字,则对于一项数据电文而言,倘若情况如下,即满足了该项要求:

(1)使用了一种方法,鉴定了该人的身份,并且表明该人认可了数据电文内含的信息。

(2)从所有各种情况看来,包括根据任何相关协议,所用方法是可靠的,对生成或传递数据电文的目的来说也是适当的。"

这一规定侧重于签字的两种基本功能:一是确定一项数据电文的作用,二是证实该作者同意了该文件的内容。在电子环境中,只要使用一种办法来鉴别数据电文的发端人,并证实该发端人认可了该数据电文的内容,即可达到签字的基本法律功能。

4. 国际贸易争端中的证据问题

在电子交易中,由于 EDI 的使用所引起的证据法方面的主要问题,是储存在计算机里的电子文件在诉讼中能否被法院采纳为证据及其证据价值的问题。

传统的书面文件由于具有有形、直观、可以长期保留、不易改动的特点,各国法律都认为可以被采纳为证据,但电子文件则不然。与传统的书面文件相比,电子文件不具有直观性,它存在的形式是无形的;电子证据会因计算机故障或人为操作的失误以及计算机病毒而容易消失;电子证据还易受外来侵害。计算机的联网在物质上为网上黑客通过网络窃取、破坏储存的电子数据提供了可乘之机。再者电子数据易被改动,删除后既不留痕迹,也不易鉴别。

各国现行法律对证据的采纳性的要求规定并不完全相同。根据英美法,首先,由于计算机不能像人一样作证,所以计算机输出的书面材料只是传闻证据;其次由于电子证据是无形的,因此,无法证明为原件,不是原件就不能作为证据采纳,也就是不能视为最佳证据。所以电子证据的采纳在英美法系国家存在障碍。针对这一点,《电子商务示范法》中规定:

"如法律要求信息以原始形式展现或留存,倘若情况如下,则一项数据电文即满足了该项要求:

①有办法可靠地保证自信息首次以其最终形式生成,作为一项数据电文或充当其他用途之时起,该信息保持了完整性。

②如要求将信息展现,可将信息显示给观看信息的人。对于①来说,评定信息完整性的标准应当是,除加上背书及在通常传递、储存和显示中所发生的任何变动之外,有关信息是否保持完整,未经改变;应根据生成信息的目的并参照所有相关情况来评定所要求的可靠性标准。"

在大多数大陆法系国家,由于在证据法中不存在英美法那样的传闻规则,任何有关的证据都可采纳,故这些国家在采纳电子证据方面不会有太大的障碍,只不过法院有权衡量和决定每一项证据的价值和可信度罢了。

证据问题在我国亦应当没有太大的障碍。根据《中华人民共和国民事诉讼法》第63条规定,有7种法定证据可以采纳。虽然这里没有直接提到电子数据能否作为证据,但如果对其中之一"视听资料"进行扩大解释,一般是可以将电子数据资料划入这类。因为既然电子数据可显示为可读的形式,那么它也是"可视的"。此外,我国的证据法规已明确确定,在提交原件确实有困难时,可以提交复制品或副本。可见中国的法律在采纳电子证据方面应该不会有很大困难,但这并不意味着电子证据的采纳在我国就不会有丝毫的问题,这些问题只能留待以后司法实践中不断总结,加以改进和完善。《电子商务示范法》对电子证据的有效性问题,提出:

"在任何法律诉讼中,证据规则的适用在任何方面不得以下述任何理由否定数据电文作为证据的可接受性:

①仅仅以它是一项数据电文为由。

②如果它是举证人按合理预期所能得到的最佳证据以它并不是原样为由。

对于以数据电文为形式的信息,应给予应有的证据力。在评估一项数据电文的证据力时,应考虑到生成、储存或传递该数据电文的办法的可靠性,用以鉴别发端人的办法,以及任何其他相关因素。"

这一规定的目的是确定数据电文在法律诉讼中作为证据的可接受性,同时确立其证据价值。总之,电子商务涉及电子文件、合同、公证、签字等认证问题,也涉及商务的争端解决问题。电子商务市场的参与者,包括消费者、企业、金融机构和网络服务提供者都有必要建立起一套共同遵守的商业规则,各国政府也应建立起统一的法律框架,为电子商务的运作提供法律依据。对于各国而言,《电子商务示范法》仅仅是起到示范作用的有关电子商务的法规,帮助那些有关传递和存储信息的现行法规不够完备或已经过时的国家去完善健全其法律和惯例。目前,《电子商务示范法》既不是国际条约,也不是国际惯例,不具有任何的强制性。各国可根据本国的实际情况,考虑是否适用或颁布《电子商务示范法》。但是,随着国际贸易的发展,《电子商务示范法》有可能演变成为一个具有某种强制力的国际条约或国际惯例。

二、标准化问题

标准化是电子商务普及中的重点和难点。根据国际标准化组织的定义,标准化指在一定范围内获得最佳程序,对实际的或潜在的问题制定共同的和重复使用的规则的活动。标准化分为两类:一类是事实上的标准化;一类是法律上的标准化。

由于电子商务的实施离不开网络技术的发展,电子商务的标准化所采用的标准实际上是建立在网络技术标准化基础上的,主要包括网络标准化与数据传输标准化。网络标准化起到重要作用的国际标准化组织有国际标准化组织、国际电信联盟——电信标准部、美国国家标准化协会、国际电工委员会、电气与电子工程协会、互联网络活动委员会。

著名的网络协议主要有两个:国际互联网协议和开放系统互联协议。协议中又分别由许多子协议构成。国际互联网协议是目前世界上运用最广泛的网络协议。开放系统互联协议是由国际标准化组织与国际电信联盟——电信标准部共同制定的。数据传输标准化的一个典型例子是 EDI 的标准化。由于美欧等西方国家制定的这些 EDI 的国家标准互不相容,无法进行国际性的 EDI 运行,因此,由联合国欧洲经济委员会负责国际贸易程序简化的工作组委任的欧洲北美特别联合小组就 EDI 共同的国际规则达成协议,在欧洲改进后的 GTDI 标准与美国的 ANS1X12 标准之间作了妥协。协议获得工作组首肯,在此基础上产生了联合国的《行政、商业和运输 EDI 规则》。

作为 EDI 国际通用标准,EDIFACT 为各国进行跨国交流提供了一个共同的文件和统一的商业语言。在国际贸易中,联合国 EDI 标准作为国际通用标准已被全世界普遍接受。

我国正在积极作好数据传输标准化的工作。首先,国家有关部门合作编译并出版了数据传输标准系列丛书,开发了英文版《UN/EDIFACT 数据库查询系统》,编译(写)了《贸易数据元》、《复合数据元》、《数据段》、《代码表》以及《EDIFACT 语法规则》、《报文设计指南》,完成了国家"八五"科技攻关项目《EDI 系统标准化总体规则》,EDIFACT 中文版(除报文外)的国家标准也已经完成。其次,我国已将《外贸出口单证格式》包括《外贸出口商业发票格式》、《外贸出口的装箱单格式》、《外贸出口装运声明格式》包括《外贸出口商业装箱单格式》、《外贸出口装运声明格式》与《中华人民共和国进口、出口许可证单证格式》作为国家标准在全国推行。第三,我国外经贸 EDI 的两项重要标准:统一进出口企业代码和统一进出口商品代码也已分别完成和接近完成。统一进出口企业代码已于 1998 年 1 月 1 日起在全国对外经贸管理服务工作中使用;统一进出口商品代码草案也已完成,正进入实施阶段。我国还于 1997 年底完成了《发票报文》、《进出口许可证报关》的国家标准制订工作。尤其值得一提的是,《中华人民共和国进口许可证报文》和《中华人民共和国出口许可证报文》是在无国际报文可循的情况下,遵照 EDIFACT 报文设计指南和规则自行设计制订的,这标志着我国标准化入世工作进入了一个新阶段。

三、税收问题

国际互联网用户一般对信息在网上运行的路径不十分清楚。作为用户身份证实的注册要求只是最低的要求,在国际互联网上安排一个不可追踪的网点易如反掌,这就使得国际互联网址(计算机域名)与供货履行消费活动实际发生的位置之间的联系相当微妙。虽然网址可以使你知道谁在负责养护那个网点,但它决不会让你知道任何有关连接在国际互联网地址上的那台计算机的情况,甚至也不会知道那个机器所处的位置。在这种情况下,税务机构难以对交易进行追踪,无法确定交易人所在地、交易发生地,因而给税收工作增加了相当大的难度。国际互联网为企业和个人避税开辟了一条新途径。特别是目前针对数字产品,一个高税率国家的消费者通过国际互联网只要付少许的网上费用便可以从另一个低税率国家购买到相对于本国价格便宜得多的产品,进行贸易的公司或企业也可以同样的方式实现避税,其后果便对税率相对较高的国家产生了极为不利的影响,造成财政税收的损失。然而,各国政府对网上征税又面临着种种实际的困难,如果政策不当,很可能会对网络的应用、电子商务的开展产生阻碍作用,结果因小失大。因此,既要从网上获得最大的经济效益,保证有足够多的税收来源,又要不阻碍这种新技术的发展,这对各国政府来说是一个比较棘手的问题,也是各国开展电子商务面临的一项挑战。

世界贸易组织于1998年5月在日内瓦召开了为期3天的互联网商务会,经过一番酝酿协商和讨价还价,与会的各国代表达成了1年暂时免征互联网上交付的商品关税的协议。协议规定各国政府1999年对在网上传输的商品免征关税。协议不适用于那些通过网络订购但还需经一般运输方式越过国境交付的商品,也就是目前各国免税的范围是局限于在因特网上实现交付的无形产品,包括软件、有偿信息等。但无论如何,该协议的达成是国际电子商务发展史上重要的里程碑。

四、安全问题

安全问题是开展高层次电子商务所涉及的重要问题。为营造一种可信赖的电子商务环境,解决安全保密问题至关重要。它包括有效保障通信网络,信息系统的安全程度,确保信息的真实性、保密性、不可否认性和不可更改性,以防止非法侵入使用、盗用、修改和破坏等。

使用密码在某种程度上可以帮助实现保密目标,但也会因为密码的丢失而造成无法挽回的损失,同时传送加密的信息还会引起一些法律上的问题。因此建立完善的加密、解密系统对电子商务的发展十分关键。

从全球电子商务的安全性看,一般要满足三个要求:一是安全可靠的电信网络;二是保护有关网络的信息系统的有效方法;三是证实及确保电子信息的机密性,防止信息未经授权而使用的有效方法。

面对国家互联网上的Web服务器存在的危险,企业经理或者安全人员会对安全问题以及使企业网络处于潜在危险的网络配制给予充分的重视。

根据旧金山计算机协会对428家负责信息安全的经理所做的调查,42%的人称他们的系统曾经被非法使用过,37%的人认为未曾被非法使用过,21%的人承认根本就不知道他们的系统是否被非法使用过。根据美国联邦政府提供的数字,每年被盗窃信息的损失仅在美国就高达100亿美元。侵入者除了从外部进入企业内部进行间谍活动,企业内部雇员也犯了许多安全方面的错误。

因此,企业在国际互联网和内部网络的连接上必须采取足够的安全防范措施。例如,用调制解调器这样的普通装置也能成为安全保护的一种手段。企业在网上设立主页,总体上是企业向外界树立的企业形象。对许多企业来讲,网上主页就是企业。侵入者对企业主页形象的破坏,就是对企业形象的破坏。第三者在 Web 主页上散布如兼并的谣言、虚假新闻发布会等都会左右市场,从而对企业造成不利的影响。

从安全性的要求上看,就是要有保护网络信息系统的有效方法。而这些有效的方法是通过一系列的技术手段来实现的,没有任何一种技术手段可以独自完成这项艰巨的任务,例如防火墙技术,结构安装正确的防火墙虽然可以大大减少来自于外部非授权的侵入的可能性,但却不能保护企业网络防止染上计算机病毒,因此,必须依靠不同层次的安全方法。

第十五章 国际技术贸易

第一节 技术贸易的概念、特征及转让形式

一、技术贸易的基本概念

1.技术

技术是技术贸易的标的即对象。技术是指根据生产实践经验和自然科学原理而发展成的各种工艺操作方法与技能。广义地讲,技术还应包括相应的生产工具和设备,以及生产的工艺过程或作业程序和方法,概括地说,技术主要包括三方面的内容:①制造一种产品的系统知识;②一项工艺的系统知识;③一门服务的系统知识。要注意的是,我们不能把技术与一般机器设备(这些是实现技术的手段)简单地相混淆。因为,单纯的机器设备的购销或租赁业务并不属于技术贸易范畴,而是一般的商品贸易。

2.技术贸易

国际技术贸易是指一国法人或自然人,通过贸易方式,按照一定的交易条件,将其技术转让给不同国家的法人或自然人的活动。在技术贸易中,技术的供应方又称技术输出方,技术的承受方又称技术输入方。技术的输入即是我们通常所讲的技术引进。一般说来,商品贸易是指有形的物质资料的买卖;而技术贸易则是指用于工业生产的无形的技术知识的买卖,但也往往包括筹建的工厂的成套设备在内。这些有形的机器设备被称之为技术硬件,无形的技术知识则被称为技术软件。

3.工业产权与知识产权

工业产权又称"工业财产权",属于一种无形的财产权,是对发明专利、实用新型、工业品式样、商标所有权等的统称。根据1883年缔结的《保护工业产权的巴黎公约》(简称"巴黎公约"),工业产权的保护对象有发明专利、实用新型、外观设计、商标、商店名称、产地标记等。

与工业产权相联系的另一概念是知识产权。知识产权是指法律所赋予的知识产品所有人对其创造性的智力成果所享有的专有权利,除包括工业产权的内容外,还包括有关文学、艺术和科学作品、演出录音、录像、广播等权利,以及各种专有技术知识的诀窍等。

二、技术贸易的特点

1.国际技术贸易与一般贸易的区别

(1)贸易对象不同

一般商品贸易是以"物质产品"作为交易对象。这些物质产品具有明显可见的形状,

可以计量,可以检测。而技术贸易的对象是"知识产品",这些知识产品很难用直观的有形物体表现出来。尽管为了便于积累、使用和传播,人们往往用文字、图表、磁带等方式将技术记录下来,形成各种技术资料,但这些资料并非是技术本身,只是反映了技术内容,而且许多技术是根本无法用文字表达出来的。所以,技术贸易被称为"无形贸易"。

(2)贸易条件不同

一般商品贸易的交易条件相对简单,在通常情况下,"钱货两清"后,双方的主要合同义务即告终结。技术贸易涉及的问题远比普通商品贸易的范围广,其难度和风险也大,合同执行期一般也较长。合同的内容除支付合同价款和交付设备及技术资料外,还涉及技术的传播、侵权和保密责任,技术的发展与回授等一系列复杂的法律和技术问题。而且仅就合同价格和支付条款而言,也比普通商品贸易复杂得多。因此,在一般情况下,技术贸易合同一方交付了技术资料,提供了相关的技术设备,另一方支付了合同价款后,合同关系并未完全解除,双方还要履行各自承担的其他合同义务。这些义务有时会延及到合同有效期满后若干年。

(3)贸易关系不同

一般商品贸易当事双方之间的关系,是商品等价交换的关系,这种关系的后果是实现等价交换条件下的商品所有权的转移。技术贸易当事双方之间的关系并非是这种简单的等价交换关系,在一般情况下,也不发生所有权的转移。一项技术从许可方转移到引进方,仅靠简单的买卖关系是无法实现的,需要当事双方密切合作、相互配合才能完成。通过技术贸易所转让的技术,绝大多数是使用权而不是所有权,如无特别约定、技术许可方仍有权将此项技术再次转让给其他人。此外,由于技术贸易的当事双方往往是同行,许可方在转移技术获得收益的同时,又培养了一个潜在的竞争对手。因此,通过技术贸易所建立起来的当事双方之间的关系,是基于使用权许可基础上的竞争与合作的关系。

(4)受法律调整和政府管制的程序不同

技术贸易的交易对象是技术。在现代社会,技术已成为支撑一个国家经济的主要资源,并与该国的政治、军事利益密切相关。随着国际技术贸易的发展,不少国家相继制定了有关调整国际技术贸易的法律,不同程度地对技术贸易实施国家管理。即使在某些实行"贸易自由"的发达工业国家,国家对于高精技术的出口也实行严格的政府管理。从这一意义上说,国际技术贸易及其合同已不完全是司法调整的范畴。

2.技术的国际市场

技术进入国际市场,一般需在某种条件下才能实现:

①在大多数情况下,公司和企业开发新技术,首先不是交换和转让,而是为了自己使用。技术占有方只有在以下情况下才会将技术拿到市场去转让或扩散:第一,要转让的技术在国内已经或即将被淘汰,而新技术、新工艺已为转入工业化做好准备;第二,技术的转让或扩散不会影响本企业产品的竞争能力;第三,转让或扩散技术是便于与技术输入国的廉价劳动力和资源实行优化组合,从而可降低生产成本,提高该产品在本国和国际市场上的竞争能力;第四,转让或扩散技术是克服技术输入国的贸易保护主义的有效手段,从而实现开拓和扩大市场的目的;第五,把需要投入巨额环保投资的技术转移到国外,可减轻环保措施的投资压力。

②技术转让和扩散还受到政治、经济和军事等因素的影响和制约。如巴黎统筹委员会从政治和军事角度，一直对社会主义国家技术转让采取严格的出口限制政策。

③技术贸易的种类及程度还受到东道国普遍的文化素质即技术吸收能力强弱的制约。当然技术转让可以进行具体的技术培训，但技术培训的效果、成本和所需时间仍取决于俗称吸收能力的国民准备性教育的水平和普及性。

3. 跨国公司在国际技术贸易中的地位和作用

当前，500家最大跨国公司控制着世界发达国家技术贸易的90%，世界技术贸易的75%。

①跨国公司拥有的生产要素优势中，首先是技术优势，包括生产、管理和销售方面的技术。跨国公司长期致力于新产品、新技术的研制和应用，使其得以拥有和保持世界上第一流的科研机构和队伍，占有大部分技术发明，形成一个高级的、完整的技术层次。当前国际经济技术合作中，东道国最感兴趣的生产要素是先进技术，而技术优势正是跨国公司与东道国讨价还价的最重要优势。

②跨国公司的全球化经营战略，使生产要素能实现最优配置和实现规模效益，使高技术能生产出低成本、高价格的正效应，这是跨国公司的先进技术得以在其内部实现跨国自由移动的根本原因。

③跨国公司转让技术，在发达国家间具有双向性和呈水平型国际分工。工业发达国家间经济技术水平相当，但各国在某些行业中都有所侧重，即处于绝对优势，它们之间技术转让具有互补性的绝对优势。这种科技国际分工称为密水平分工；发达国家间科技分工还存在着李嘉图型水平分工，即以技术的相对优势为先决条件。一国在技术上虽具绝对优势，但不具生产要素组合优势；而其他国家在资金、劳动力、附加技术、原材料和辅助材料的生产技术和成本方面具有优势。这类科技分工不仅存在于发达国家间跨国转移，而且存在于发达国家和新兴工业化国家之间，即母公司和子公司间的技术转移。

④西方跨国公司对发展中国家的技术转让属于垂直型国际分工。根据产品生命周期理论，当西方国家某一种技术处于成熟和衰退阶段时，容易被国外的低技术国家接受；发达国家对发展中国家的技术转让还存在着行业内部的垂直分工，即某一最终生产各工序可以分离，各工序有技术密集型的，也有劳动密集型的。西方跨国公司把劳动密集型工序的技术和生产转移到国外进行生产和总装配。

三、技术贸易的转让形式

技术贸易是作价的技术转让形式，国际间的技术贸易主要是通过双方当事人签订合同或协议的方式进行的。

技术贸易中最主要的是有关专利使用权、商标使用权和专用技术的转让。就引进技术的方式而言，有以下三大类：

第一类：单纯的引进技术。技术贸易的对象是无形的技术知识，如专利、商标或专用技术的许可协议合同。这种方式主要发生在工业发达国家之间。

第二类：引进技术与引进设备相结合。技术引进方除引进必要的技术软件外，同时引进相关的专用设备、成套设备，甚至由技术供应方负责建厂。此种贸易形式主要发生在工业发达国家和发展中国家之间。

第三类:引进技术与引进外资相结合。引进外资的途径可以是独资、合资或合作经营等多种方式。如在合资或合作经营等多种方式。如在合资企业中,一方可以以技术专利、机器设备作价投资,从而使得合资的另一方在共同经营企业的过程中掌握一些技术专门知识,并学会使用先进的机器设备。

无论采用何种方式,技术的供给和引进是其核心内容,以下对专利权、商标权和专有技术的转让分别进行介绍。

1. **专利使用权的转让**

专利使用权的转让是技术贸易的主要内容之一。专利权是一种排他性的特权,是发明人或其权利受让人对其发明成果在一定期限、一定地域内依法享有的独占权或专有权,它是一种工业产权,受到专利法的保护。专利法的目的就是在于保护发明、公开发明,它既保护了专利人对专利技术的独占权,又使发明公布于众,鼓励了发明创造,推动了科学技术的发展。

在签订专利使用权转让协议时,一定要对专利进行严格细致的审查,特别是有关专利的期限、地域问题和协议中的一些特殊条款。

专利技术输出方所面临的一个关键问题是在国外寻求专利保护。如果技术输出方没有在相应的国家申请专利,则在引进国国内就得不到保护。

专利制度是在科学技术成果具有商品属性的条件下产生和发展的,世界上绝大多数国家和地区已建立了专利制度。

有关保护专利权的国际公约主要有 1883 年在法国巴黎签订的《保护工业产权巴黎公约》,它是保护工业产权方面国际上影响最大,参加会员国最多的一个公约,我国已于 1984 年正式加入。

2. **商标使用权的转让**

商标是企业为区别其制造或经营某种商品质量、规格和特点的标志。商标权是商标所有人在一定期限内把某一特定的商标用于特定商品之上的一种专用权。商标一经取得专有权,就取得了法律的保护,任何人不得仿冒。下面介绍一下目前世界上采用的几种确定商标专有权的制度。

(1)"申请在先"制度

在同一种或相类似的商品上,以相同或近似商标申请注册的,以申请在先有效。目前已被大多数国家包括我国采用。在这一原则下,商标权只有通过申请注册才能得到,而仅仅使用商标这一事实并不产生任何权利。这一点是商标首先使用人应注意的。

(2)"使用在先"制度

商标权的产生在于商业上的实际应用,即谁先使用某一商标,谁就取得了该商标的所有权。这一制度有一个明显缺陷:使商标注册成为徒有虚名,商标注册只具有"声明"的性质,注册人随时可能遭到侵害了商标首先使用人权利的指控。

(3)"注册在先"制度

商标的注册人只有在规定的期限内没有受到商标首先使用人的异议指控,方能最终取得对该商标的合法权利。各国规定提出异议的期限各不相同,一般在 3~7 年不等。

对于涉外商标许可协议,许可方若要使其商标在输入国得到保护,商标所有人必须向所在国的商标当局提出申请注册或按照共同参加的国际条约办理。

3. 专有技术的转让

专有技术是不具有专利权的,没有公开的,专门的产品设计和工艺流程等方面的专门技术知识或经验,它以图纸、配方、公式、操作指南或通过技术培训等方式传播。

专有技术并非工业产权,因而不受工业产权法的保护,而只能靠保密措施掌握于发明人及转让人手中。在专有技术转让协议中,主要是利用合同条款对专有技术予以保护。此外还可以通过防止侵权行为法、防止不正当竞争法和刑法加以保护。

第二节 当代国际技术贸易迅速发展的原因

第二次世界大战以后,国际技术贸易迅速发展,已经成为国际贸易的重要内容。各国之间的技术贸易额越来越大,经营国际技术贸易的专业公司大量涌现。

当代国际技术贸易迅速发展的主要原因,从技术进口国来说主要有以下几个方面:

第一,利用外国现成的技术,可以节省大量的研究费用和研制时间,赢得速度,加快国民经济的发展步伐。据日本长期信用银行调查,日本通过引进先进技术,在 1955~1970 年的 15 年间,就吸收了全世界用半个世纪的时间所开发的几乎全部的先进技术,而付出的外汇还不到 60 亿美元。据估计,要发明这些技术专利大约需要花费 1 800 亿至 2 000亿美元。日本自己推算,在掌握国外现成的新技术过程中,大约节省了 2/3 左右的时间和 9/10 左右的研究费用,如果说,20 世纪 50 年代初,日本在科学技术上比美国落后 20~30 年,那么到 60 年代初期,这个差距已缩短为 10~15 年,而到 70 年代初期,就基本上消除了差距,并在钢铁、汽车和家用电器等工业部门的生产技术上处于世界的领先地位。因此,日本科学技术厅在总结自己的经验时认为:"引进发达国家已经开发的技术,对于在短期内扭转技术落后,扩大生产力,发展经济,是极为有利的方法。"

第二,利用国外新技术,能加强本国技术基础,实现多种经营。随着世界科学技术革命的发展,在科学研究和技术开发领域中形成了国际分工。当代某些科学技术的发展规模越来越大,研究开发工作的复杂程度和所要花费的财力物力远远超过一个国家所能承担的程度。因此,不少国家把科技力量相对集中于某几个科技研究领域中,而对另外一些领域的新技术成果,则多采用了引进的方式从他国获得。当代某些工业发达国家的生产企业,为了加强自己的技术基础,实现多种经营,特别注意向高技术水平的国家购买新技术。

第三,利用国外新技术,能促使发展中国家摆脱贫困,发展民族工业。世界各国的科技发展水平很不平衡。第二次世界大战后,亚非拉许多发展中国家在政治上纷纷独立。但是由于长期遭受殖民统治,这些国家不仅经济十分贫困,而且科学技术很不发达,大大落后于西方发达国家。为了摆脱困境,发展本国的民族工业,许多发展中国家大量引进国外先进技术。

第四,由于当代补偿贸易盛行,国际间以产品抵偿技术设备价款的交易得以迅速发展。此外，在当代技术条件下，某些新产品的生产，常常与一项及数项专利相联系。因此，如果购买某项新产品的专利，常常需要购买与之相关联的其他专利。

当代国际技术贸易之所以能够得以迅速发展，从技术输出国来说，主要有以下一些原因：

首先，现代技术知识的更新过程加快。在科学技术迅速发展的条件下，许多生产和工艺流程很快就失去先进性，不能再给技术的拥有者带来利润。这就迫使技术的所有者及早出卖技术，也即只要有了第二代的技术，就出售其第一代。有时，当发达国家的企业了解到其他企业对其所掌握的现有技术即将研究成功时，便急于出售现有技术。

其次，随着科学技术的发展，当代许多新技术的科研开发费用明显增加，巨额的开发费用迫使各国不得不采取出售技术的方式来弥补其财力的不足。特别是当花了大量投资，取得了多种研究成果时，往往将那些不直接用于自己生产的某些附带研究成果出售，作为对其研究开发投资的补偿。

第三，生产企业或科研机构所掌握的技术知识，或者由于资金不足，或者不准备增加投资，因而愿意将技术出售，坐收部分赢利。

第四，产品出口困难，或对某些国家推销产品难度很大，为了打破贸易和非贸易壁垒，排除障碍，往往采取技术出口来替代产品的出口。

最后，某些大型生产企业，特别是跨国公司，往往向许多国家输出技术，特别是优先向其在海外的子公司出售技术，以求在世界各地建立其垄断地位。

第三节　国际技术贸易合同的基本内容

一、国际技术贸易合同的定义

国际技术贸易合同是指在国际技术贸易中卖方同意买方使用、制造或销售其专利物，或同意买方使用其商标，而由买方向卖方支付一定的报酬作为取得此项使用权的代价的一种合同。由于国际上通常把技术贸易称为许可证贸易，因此，国际技术贸易合同习惯上称为许可证协议。许可证协议的性质同租赁合同十分接近。被许可方依据协议所取得的只是在协议项下的专利或商标等的使用权，而不是所有权。通过鉴定许可证协议，许可方由于得到了被许可方所付给的报酬，所以同意被许可方合法地使用其专利或商标等，即在法律上放弃了禁止被许可方使用其专利或商标的权利，而不以被许可人侵犯其权利看待。

二、许可证协议的种类

在国际技术贸易中，许可证协议既是具体规定买卖双方权利和义务的法律文件，又是双方转让技术、支付费用等商务性文件。由于国际技术转让远比一般的货物交易要复杂得多，所以许可证协议的内容较一般货物买卖合同复杂。许可证协议一般可分为：普通许可证、独占许可证、独家许可证、交叉许可证。

1.普通许可证

普通许可证又称非独占许可证，是一种最为常见的许可证。许可方允许被许可方在指定的地区内使用许可证项下的技术,同时许可方保留自己在该地区使用该项技术,以及再向第三者出售该项技术使用权的权利。

2. 独占许可证

独占许可证规定,被许可方独占所购买的技术及其相应产品,在一定的地理区域内和一定的期限内,不受任何人(包括许可方在内)的竞争,而且有权排斥包括许可方在内的一切人使用该项技术制造和销售产品。如果发现侵权行为,被许可方有权直接向法院起诉。

在国际技术贸易中,独占许可证由于其独占性强,对被许可方利益最大,所以在许可证贸易中它是一种计价最高的许可证,一般比其他许可证费用高出 60%~100%。

独占许可证的买卖因具体情况而异。一般说来,如果技术是最新的,是用来生产新产品的,技术许可方往往不愿意按照独占许可证方式来出售,因为如果按照这种方式出售,就等于把使用新技术与制造新产品的权益全部让出,许可方只能得到较高的许可证费。对于被许可方来说,由于新技术是否过关,制造出来的新产品有无销路等问题心中无底,所以也不愿意冒然付出高额的费用,冒太大的风险,按独占许可证的方式来购买。

在产品有市场而技术又较为成熟的情况下,许可方往往也不愿意按照独占许可证的方式出售。而被许可方由于考虑到产品销路好、技术又成熟,为了减少竞争对手,所以往往愿意购买独占许可证。

3. 独家许可证

独家许可证又称排他许可证。排他许可证规定,在一定的地域和时期内,被许可方对许可证项下的技术享有独占的使用权,许可方不得把同一许可证售予任何第三者,但是,许可方仍保留自己在该地区内使用这一技术制造和销售产品的权利。

独占许可证与独家许可证的区别在于,从法律的意义上讲,独家许可证不能排斥许可方本身,除此以外,它与独占许可证的专有程度是一样的。

4. 交叉许可证

交叉许可证又称互换许可证,或互通有无许可证。这种许可证主要是为了解决专利权的交叉问题,规定双方可以在互惠的基础上允许对方使用自己的技术。这种技术交易方式规定,如果双方的技术价值相当,则不需要支付费用。西方发达国家当前采用这种方式进行的技术贸易越来越多。有些国家官方鼓励采取这种交易方式,以期换取外国的先进技术。

三、国际技术贸易合同的主要条款

国际技术贸易合同是许可方与被许可方之间订立的合同,是确定双方的权利和义务的依据。根据大多数国家的法律,许可证协议可由买卖双方的当事人自行商定,但是由于国际技术贸易合同内容相当复杂,涉及许多方面的商务问题和法律问题,因此,往往需要有律师、富有国际技术转让经验的工程师和会计师等参加协议的起草工作。国际技术贸易合同,通常包括下列条款:

1. 导言

导言是国际技术贸易合同的开头部分。它主要包括:协议文件的名称;双方当事人的名称及其作为法律主体的性质,例如当事人是股份有限公司还是其他性质企业;双方当事人的法定地址;签约的地点。签约地点对于处理法律争议问题十分重要。因为根据国际司法,如果双方在执行协议过程中发生争议,在协议没有明确规定适用哪国法律的情况下,法院仲裁庭可按照协议缔结地所在国家的法律来处理。

在导言中一般要说明双方当事人所经营的行业及双方缔约的目的和愿望等。这些文字对于解释双方当事人的订约的意图虽然有一定的帮助,但是按照解释合同的一般法律原则,如果导言中的文句与协议的具体条款的规定发生抵触,通常还是以许可证协议条款的具体规定为准。

2.关键性词语定义条款

在起草国际技术贸易合同时,往往需要对协议中所使用的一些重要的名词和术语做出明确的定义,使之能清楚准确地表达出双方在谈判中所达成的一致意见,以免日后双方对这些名词和术语的解释不同而产生分歧。

在国际技术贸易合同中,需要定义的关键性词语通常是在协议中多次反复使用的名词或术语。例如,什么是基本技术、技术诀窍、专利、商标、技术情报、技术改进、技术发展、技术服务与协助、使用或活动的领域、合同工厂、设备、部件、工艺方法、产品、质量指标、销售地区、净销售价、会计年度、投产日期、生效时期、有效期限、子公司、第三者、合伙人等,最好都在协议中规定出其明确的定义,这样不仅对双方履行协议有好处,而且由于在国际技术贸易中,交易的双方既有语言上的障碍,又存在着法律制度上的差异,各国对于上述名词术语大多都无统一的定义,所以在履约过程中一旦发生争议也会有所遵循。

3.许可证协议范围条款

许可证协议范围条款是国际技术贸易合同的中心内容,该条款主要是规定许可方把何种技术转让给被许可方使用,被许可方对该项技术的使用权、制造权和销售权所享有的权利范围等。该条款的主要内容是:

第一,规定协议项下所提供的技术的具体内容和要求。如果是专利或商标许可证协议,则须订明许可方所授予的哪几项专利或商标,并写明许可人是在何时、何国取得该项专利权或商标权的。这样,被许可方就可以确定他所取得的是哪些专利或商标的使用权,并可根据有关国家的专利法来判断许可方所转让的权利是否仍属有效,抑或已因期满而失效。因为按照大多数国家的专利法,专利权的保护期届满后,该项技术发明就将成为公共的财富,任何人都可以免费使用,专用权人无权继续收取使用报酬。

如果是技术诀窍许可证协议,则应用有关的技术资料如图纸、设计、蓝图、技术操作手册等以及各项明细单一一加以列明。

第二,规定技术的使用领域。该条款主要是规定被许可方可以把许可证项下的技术用于何种目的及其应用范围。一种技术往往有多种用途,例如有的技术既可以用于工业也可以用于农业,有的药物既可以供人类服用,又可以用作兽药。因此,在协议中应规定被许可方对协议项下的技术使用目的及其应用领域,因为取得该项下技术的价格可因其使用不同的目的而有所不同。

第三,规定产品的制造和销售的地区。许可证协议一般都明确规定,被许可方只能在指定的地区、指定的工厂,使用许可方的技术或制造有关的产品,并且规定此种产品只能在指定的地区销售,或者只能向指定的国家出口,而不准向其他国家或地区出口。在国际技术贸易合同中这种地区被称为"商妥地区"。在确定商妥地区时,应当明确它们是指制造地区还是指销售地区,还是两者都包括在内。

在国际技术贸易中,许可方往往对被许可方的产品出口自由加以限制,以防止被许可方在国际市场上成为其竞争的对手。限制的方法是多种多样的,除了限制出口的国家和地区外,还可以限制被许可方的出口数量和价格,或者是要求被许可方必须指定许可方作为其产品的独家代理,从而控制被许可方的出口销售渠道。这些做法在国际技术贸易中被称为限制性商业条款。按照许多国家的法律,这些限制出口的条款是违法的,原则上应当予以禁止。但是,如果限制出口的国家或地区是属于许可方享有专利权的国家或地区,或者是属于许可方已经授予他人以独占许可证的国家或地区,则可以作为例外的情况来处理。

4. 关于专利与商标问题条款

在国际技术贸易中,在涉及专利使用权问题时,条款规定许可方有义务保证他所提供的专利的有效性。因为按照各国的专利法的规定,已获得专利权的发明可能会由于遭到第三者的异议或者是由于专利权人没有按照交纳年费等原因而被宣告无效。西方一些国家的许可人为了维护自身的利益,往往要求在许可证协议中订有许可方对许可证项下的专利权的范围和有效性,不负担保责任的条款,有时还要求规定被许可方对专利的有效性不得提出异议。这种条款对被许可方是十分不利的,一般不宜接受。这种不平等的条款遭到许多发展中国家的反对。不少发展中国家的法律都规定,凡在协议中规定被许可方不得对所转让的专利的有效性提出异议的条款,一律无效。相反,在国际技术贸易合同中应当规定许可方有义务保证专利的有效性。当许可方所转让的专利一旦被宣告无效,被许可方有权中止合同,并可从该项专利被宣告无效之日起,停止支付使用费,如果已经预付则有权要求退还。

在商标使用许可证协议中,许可方为了维护其商标的声誉,一般都要求在合同中订立商品质量监督条款,要求被许可方所生产的产品的质量进行监督和检查。如果在检查中发现产品的质量达不到规定的标准,许可方有权要求被许可方进行改进,否则可以中止商标许可协议。这种条款一般不能认为是许可方对被许可方的一种不合理限制,因为按照许多国家的商标法和反对不公正竞争法的规定,商标许可证协议的许可方有义务对被许可方的产品质量实施严格的监督,以保证使用同一种商标的商品都具有同一的质量标准,防止劣质产品上市,欺骗消费者的不良后果。

当然,如果被许可人长期使用许可人的商标而不使用自己的商标,则在客观上给许可人的商标扩大了影响,而自己的商标信誉却没有建立起来,因此,一旦许可证协议期满,或许可人终止协议,被许可人就必须改用其他商标,而使产品在相当一段时间内销路受到影响。为了防止对外国商标的过分依赖,有些发展中国家在技术转让法律中规定,凡本国生产的产品不能仅使用外国商标,必须把外国商标与本国的注册商标联合在一起使用。有些国家还采取让外国商标"逐步退出"的做法,即在开始阶段采用联合商标,经过相当时期后,外国商标就从联合商标中退出,只剩下本国注册商标,以此来逐步建立本国的信誉。

另外,在专利或商标许可证协议中,一般还要对在出现侵犯专利权或商标权的行为时,应当由许可方还是由被许可方对侵权者起诉,由谁来负担诉讼费用以及在诉讼期间是否应支付使用费等一系列问题做出具体的规定。一般说来,如果是独占许可证,可规定由被许可方起诉,如果是普通许可证,则大多规定由许可方起诉,但被许可方应将有关侵权的情况及时通告许可方,至于诉讼费用,应规定由许可方负担。在诉讼期间,被许可方有权暂时停止支付使用费,或者只按规定的比例交付使用费。

5. 技术改进与发展条款

与一般的货物买卖合同不同,国际技术贸易合同是一项长期的协议,大多数在 10 年左右。在如此长的时间内许多技术都有继续改进的可能。这就产生了在转让技术基础上所做出的改进与发展应当如何处理的问题,其所有权归谁? 如果是许可人对其技术做出了新的改进与发展,他有无义务将其内容告知被许可人,反之,如果被许可人在利用许可人的技术进程中取得了新的改进与发展,他有无义务回授给许可人? 对于这些问题在许可证协议中都应做出明确的规定。

对于技术改进与发展成果的所有权问题,一般应当规定谁改进就归谁所有,而且如果改进后的成果符合申请专利的条件,也应由改进方申请专利。这种规定是完全合理的。但是,某些西方国家的许可方常常要求被许可方将其技术改进的成果无偿地给予许可方,或者是将其转让给许可方。其理由主要是,被许可方之所以能在技术上做出改进和革新,是由于许可方为其提供了技术改进与革新的技术基础,被许可方所取得的技术成果,实际上是在许可方的技术基础上的某种扩展。如果没有许可方提供的技术,被许可方是不能取得技术改进成果的,因此,技术改进成果的所有权应当归于许可方。这种要求是不合理的,被许可方不能接受。诚然,如果没有许可方的转让技术,被许可方也许作不出技术改进与发展。但是,取得许可方所提供的技术,也并不一定能产生改进成果,之所以做出技术改进与发展,是被许可方辛苦努力的结果。

许多国家的法律对于上述不合理的要求都是明文禁止的。

对于双方交换技术改进成果的条件,一般应当采取互惠和对换的方法。在许可证协议中规定,任何一方均应允许对方无偿地、自由地使用各自取得的技术改进与发展成果。但是某些许可人依仗自己技术上的优势,往往要求被许可方将其技术改进成果无偿地供其使用,而许可方则无提供技术改进成果给对方使用的义务,这是一种不公平不合理的单方面回授条款,应当坚决反对。许多发展中国家的有关法律都规定,如果协议中含有这种条款,政府将不予批准。

6. 搭配销售条款

所谓搭配销售是指许可方以取得专利、商标和技术诀窍等的实施许可为条件,让被许可方承担从许可方或许可方的指定人那里购买机器、设备、零部件或原材料等商品的义务。这是某些西方国家的许可方滥用其在技术上和经济上的优势,强加给被许可方的一种限制性商业条款,其目的是以技术出口为手段,带动资本货物及原材料等物资的出口,以赚取高额利润。这种搭配销售主要通过两种形式:一是被许可方必须每年向许可方购买一定数量的资本货物及原材料等,作为其从许可方取得技术转让的附加条件;二是要求被许可方必须向许可方指定的厂商购买上述指定的货物。这种条款在国际技术贸易中称为"搭卖条款",又称"限制采购条款",它限制了被许可方的贸易自由,按照许多国家的法律,这种条款本身就是非法的。许多发展中国家在其技术转让法中都规定,如果在许可证协议中订有此种条款,则其在法律上是不能生效的。

但是如果在国际技术贸易合同中规定,在被许可方提出要求的情况下,许可方有义务按照国际市场上的公平价格,向被许可人提供其所需要的资本货物或原材料等,这种条款在法律上是允许的,而且对被许可方是有利的。因为按照这种规定办法,被许可方既可以取得许可方提供的上述物资的保证,又保留了向其他供货渠道采购货物的自由。

此外,由于技术上的原因,如果确属为保证产品的质量,而规定被许可方须向许可方购买某些特定的资本货物、中间货物、零部件或原材料等,一般是允许的,不属于搭售之列。

7. 技术服务与协助条款

在国际技术贸易中包括许多技术服务的内容,许可方一般都承担向被许可方提供某些技术服务的义务,例如,技术培训、企业管理、工程服务、设计、计划、研究与发展以及产品销售和商业服务等。这些技术服务项目都应当根据需要,双方在磋商交易过程中达成一致的意见,并在协议中对具体内容及实施的方法等做出详细的规定。例如对技术培训的对象、人数、时间、学习的专业以及专家和受训人员的有关费用和待遇问题等都应做出明确的规定,以免在日后执行过程中引起不必要的纠纷。

8. 保证条款

在国际技术贸易合同中,担保条款主要包括两个方面的内容,一是技术保证,二是权利保证。技术保证主要包括:许可方应保证其所提供的技术资料是完整的、可靠的和正确的;许可方保证被许可方在正确使用许可方提供的技术资料的条件下,能够达到合同规定的产品质量和其他技术指标。

权利担保是指许可方应向被许可方保证他在合同中所转让的技术是合法的、有效的,是属于自己所有的。如果任何第三者以侵犯工业产权为理由提出指控,应由许可方承担由此而产生的一切后果。

9. 保密条款

保密的对象:在国际技术贸易合同中常常涉及保密问题。一般说来,如果许可证项下的技术仅涉及专利技术,则不存在保密问题,因为专利是早已公开的发明,勿需保密,也无法保密。但是,如果在许可证中还包括技术诀窍和尚未批准(正在申请)的专利,则保密问题是十分重要的。许可方一般都要求被许可方承担保密义务,并在许可证协议中对此作出明确的规定。因为技术诀窍和正在申请的专利一旦泄密,将给许可方带来难以弥补的损失。

保密的期限:在一般情况下,保密的期限与国际技术贸易合同的期限相同,但有时也可以长于或短于合同的期限,这主要取决于技术的性质及其所处的生命周期。有的合同规定,一旦许可方要求被许可方在合同中终了以后还要承担一段时间的保密义务,一般不应接受,因为在科学技术日新月异的今天,许多技术在许可证期满以前就已变的陈旧,所以不应当要求被许可方继续承担保密义务。

10. 支付条款

支付条款是对许可证的使用费如何支付作出规定。许可证酬金的支付是交易双方必须磋商的最重要和最复杂的问题之一。许可证贸易的支付方式与一般货物买卖的支付方式有很大的差别。在评价许可证项下技术的"成本"或"价格"时,一般也比评价有形商品的价格困难得多。

国际技术贸易合同的支付方式可分以下 3 种:

第一,一次总算。即交易双方根据各项技术项目的费用,确定一个总金额,在签订合同时把技术使用报酬一次算妥,并在合同中明确规定。付款办法,可以一次付清,也可以分期支付。在实际交易中,一般多采取一次算妥,分期付款的办法。通常是在签订合同后一定时间内(如 1 个月)先支付 10%~15%,在许可方交付技术资料或图纸时再支付 10%~20%,其余价款可在合同工厂开工后两年左右分期付清。由于采用这种支付方式付款被许可人往往要在较短的时间内把使用费付清,所以一般都需要向银行贷款并负担贷款利息。而且,被许可方往往也不要求许可方继续提供新的技术,所以,按一次总算方式所确定的酬金一般应当低于按提成方式所支付的酬金。

采用一次总算的支付方式,往往是由于计账结算有困难,或由于许可方急需使用费。这种支付方式多用于不大尖端的技术转让,而且一般不要求许可方继续提供技术改进情报和技术服务。

第二,提成支付。提成支付是当技术投入使用后,逐年按生产产品的产量、销售价格或销售产品所获得的利润来确定支付费用。提成支付的费用计算方法有以下三种:

①按产量计算提成费:即以产品的单位来确定提成费。只要生产 1 个单位的产品,就要支付一定金额的提成费。这种计费方式不受产品成本、销售价格或汇率变动等因素的影响。例如在引进开采原煤技术的许可证协议中,可规定每采掘 1 公吨原煤应付若干提成费;在引进开采石油技术的许可证协议中可规定每生产 1 桶原油应付提成费若干。这种支付金额不受价格等因素的影响,在整个协议执行期间都是不变的。

②按销售价格计算提成费:按销售价格计算提成费时,通常是采用"从价"提成,即按产品售价的百分比(例如 5%)来确定提成费。在采用这种做法时,无论产品获利与否,均须按照产品售价的规定的百分比支付提成费。

按售价计算提成费有两种标准,一种是按毛售价,即按产品的发票价格计算;另一种是按照净售价计算,即先从毛销售价格中减去不属于许可方所提供的技术而带来的经济效益的那一部分金额,如包装费、广告费、运输费、保险费、营业税、商业佣金以及各种税收等,然后以余额的一定百分比(例如 20%)作为使用技术的报酬付给许可方。按照净售价的方法来计算提成费是一种比较公平的计费支付办法,它可以比较真实地反映出引进技术所带来的经济效益。

③按利润提成:按利润计算提成费是指按照企业从引进的技术中所获得的生产利润的一定百分比(例如 20%)来计算提成费。如果企业不赢利,则可暂不支付提成费,直到赢利时再付给。许可方一般不愿意采用这种风险较大的计算提成费的方法,除非许可方能直接控制企业的经营管理,并对企业的获利前景有充分的把握。

在采用上述几种提成方式付款时,有时还可以加订最低提成费,最高提成费或递减提成费等条款。

第三,一次总算与提成支付相结合。在实际技术贸易业务中,将技术的报酬完全以分年提成的方式进行支付的很少,较为通行的办法是以分年提成为主,在签订合同时被许可方先支付少量的金额以补偿许可方已经发生的费用。这笔金额习惯上称为初付费或入门费,待企业投产后,再按规定分年提成。在采用这种支付方式时,初付费的金额一般不应订得太高。

11. 违约及其救济办法条款

这一条款是对合同的一方不按时履约或不履约时,违约的一方应负的责任,对方能够得到的补偿等情况所作的规定。在国际技术贸易合同签订以后,由于种种原因,任何一方都有可能出现不履行合同或不能按时履行合同的情况。从法律上说,当一方违反合同时,受损害的一方有权采取相应的救济措施,以维护自身的合法权益。因此,在合同中应对出现各种违约情况的处理办法做出明确规定。

在这一条款中一般规定:

当许可方拒不提供许可证项下的技术,或拒不传授技术,或拒绝提供技术服务时,被许可方有权终止合同,并可要求退还已付的款项。或者可以规定,许可方违约时须向被许可方支付一笔固定的违约金。

如果许可方未能按照许可证协议规定的时间提供技术,则可规定按迟交时间的长短向被许可方支付约定的违约金。

12. 不可抗力条款

同一般国际贸易合同一样,在国际技术贸易合同中,也订有不可抗力条款,该条款主要规定,双方在履行合同过程中,由于遇到了合同中所规定的人力所不能控制的意外事故,例如地震、水灾、火灾、飓风、大雪、暴风雪以及战争、政府禁令等致使一方履约受到阻碍,或者使履行合同成为不可能时,遭遇事故一方可以免除延迟履行合同或不履行合同的责任。

在该条款中,对于不可抗力的范围,发生不可抗力事故时,应采取的行动(例如,在一定时间内通知对方)等都要一一订明,以免日后引起纠纷。

13. 争议的解决和适用法律条款

在国际技术贸易中一般都规定,在执行合同过程中,双方当事人之间,如果发生争议,首先应当本着友好协商的精神来解决分歧。如果双方通过友好协商还不能解决争议,通常可采取下列办法来解决:

第一,由双方指定的第三者专家提出处理意见。在合同中对于这种专家的类别、指定的方式、专家费用的承担等,都应做出具体规定。与仲裁员不同,专家的作用主要是处理有关技术方面的问题。

第二,以仲裁的方式解决。在国际技术贸易合同中,一般都订有仲裁条款,对仲裁的地点、仲裁机构、仲裁程序规则以及仲裁裁决的效力和费用的承担等事项作出规定。

第三,通过司法诉讼方式来解决。如果在国际技术贸易合同中没有订立仲裁条款,则在双方发生争议时,任何一方都有权向有管辖权的法院起诉,要求法院通过司法审判来解决他们之间的争议。

关于适用法律问题,是一个十分复杂的问题,也是双方分歧比较大的问题。因为国际技术贸易往往要涉及好几个国家。在许可证协议没有规定适用哪一个国家法律的情况下,要确定其应当适用哪国法律是比较困难的。某些西方国家的法律,原则上允许双方当事人有选择法律的自由,即买卖双方可以自行决定适用于他们之间的法律。但某些发展中国家的法律则认为,工业产权许可证协议必须受技术引进国法律的支配,否则政府主管部门将不批准该项合同。这样做的原因,主要是为了维护技术进口国的利益,防止西方发达国家的许可人利用自己的技术优势,在自由选择适用法律的幌子下,迫使发展中国家的被许可人接受适用许可方国家法律的条款,从而在实际上排除适用被许可方国家法律的可能性,使技术进口国的利益受到损害。

但涉及私人利益时,则可视具体情况允许双方当事人选择适用与技术转让有实际联系国家的法律。但是,当事人选择的法律不得违反技术进口国法律中的强制性规定。

在国际技术贸易中如果双方对适用法律问题争持不下,也可以在合同中做出具体规定,而把适用法律问题留给处理有关争议的法院或仲裁机构来处理。

14. 有关国际技术贸易合同期限条款

该项条款包括以下3方面内容:

(1)生效日期

与一般的货物买卖合同不同,国际技术贸易合同的实际生效日期和签字日期不是同一日子。这主要因为,按照大多数国家的法律规定,国际技术贸易合同必须报请政府主管部门批准方能生效。因此,在多数情况下,合同是以政府批准日为生效日。

(2)协议的期限

关于国际技术贸易合同期限,可视具体情况而定。通常规定在最后一项专利期届满时终止。至于技术诀窍交易合同,可由双方根据具体情况协商而定。

在国际技术贸易合同有效期内,被许可方须向许可方支付技术使用费。因此,合同期限过长对于被许可方是不利的。那种认为合同期越长,引进的技术就越多,是一种糊涂认识。许多发展中国家的法律对于合同的期限加以限制。有些国家规定,许可证协议有效期最长不得超过10年。我国也规定一般不超过10年。

国际技术贸易合同期限届满时,如果双方当事人同意,可以适当予以延长。但有些国家的法律规定,延长协议必须经政府主管部门批准方可。

(3)协议终止

许可证协议的期满或终止是两个不同的概念。期满是指许可证协议所规定的期限已经如期届满。终止则一般有两种情况,一种情况是由于合同规定的期限届满而自然终止;另一种情况是由于在执行合同过程中因某一方违约,另一方行使终止权而使合同在规定的期限届满以前即告终止。

合同的终止会产生一系列的问题,诸如提成费的支付、技术的继续使用等。对此,在合同中都应做出明确的规定,以免引起纠纷。

关于提成费的支付问题,在国际技术贸易合同中一般都规定,当合同因期满而正常终止时,被许可方就不再向许可方支付提成费。但如果是由于被许可方违约而导致合同提前中止,则被许可方仍须继续支付提成费,直到合同期届满为止。

至于协议期限届满以后被许可方能否继续使用许可方所提供的技术问题,交易双方从各自的利益出发,往往有着不同的要求。有些发展中国家的法律规定,凡是工业产权许可证协议正常届满,如果该项工业产权的法定有效期也已届满,则不得禁止被许可人免费继续使用该项技术。对于技术诀窍,在协议期限届满之后,被许可方可以免费使用该项技术。这些规定对于技术引进国是比较有利的。

上述是国际技术贸易合同中的一些主要条款,国际技术贸易合同内容复杂,格式也不固定,其条款变化也较多,往往因技术的性质、双方谈判地位的不同而有所不同。只有一切从实际出发,加强对国内外情况的调查研究,才能搞好合同的签订工作。

第四节 国际技术贸易合同与一般贸易合同的比较

在国际贸易中,人们一般把实物的交易称为商品的买卖,而把技术的买卖称为权利的转让。在国际技术贸易中的权利转让,主要是指工业产权(专利、商标、技术诀窍等)的转让。在实际交易中,工业产权的转让不只包含一种工业产权。因此,国际技术贸易合同比一般的货物买卖合同要复杂得多,有许多自己特有的条款。

为了加深对国际技术贸易合同条款的理解,我们把这两种合同的条款作一分析比较。

一、国际技术贸易合同与一般货物买卖合同的共有条款

国际技术贸易既然也属于贸易,就必然具有一些和一般商品贸易共有的特点,其合同也必然具有一些和一般商品买卖合同所共有的条款,只是内容上稍有变化而已。

1. 标的物条款

标的物条款即商品名称条款。在一般的货物买卖合同中,都要进行交易商品的名称,如"中国黄大豆"、"切诺基牌北京吉普"等。标的物条款在国际技术贸易合同中则是指某项专利,某一商标或某项技术诀窍等。

2. 价格条款

在一般的货物买卖合同中都订有价格条款。价格条款是合同的主要条款之一。在此条款中要写明货物的单价、总价、用何种货币计价以及价格条件等。在国际技术贸易合同中,相当于"价格条款"的是"技术使用费条款"。

3. 保险条款

在国际商品贸易中,货物由卖方发出到买方收到,一般要经过许多环节和周折,遭到意外损失的可能性极大。为了保障商品在流转过程中遭到损失能够得到一定的补偿,买方或卖方要对货物进行保险。因此在一般货物买卖合同中都订有保险条款。在国际技术贸易合同中,许多专利和专有技术的转让经常与机器设备的转让结合在一起,所以一般也都订有保险条款。

4. 法律适用与仲裁条款

在国际贸易中经常发生这样或那样的争议。对此首先应当本着友好协商、相互谅解的精神来解决；如果协商尚不能解决，就要请第三者居中调解；若调解无效，便可提出仲裁，或经过法院民事诉讼裁决。在国际贸易中一般多采取仲裁的办法解决争议。因为经过法院裁决不但程序复杂、时间长费用高，而且也容易使双方的关系比较紧张。因此，在国际货物买卖中一般都订有仲裁条款，以解决双方的争议。在国际技术贸易合同中，由于技术贸易较普通的货物交易更为复杂，双方更容易产生这样或那样的分歧或争议，因此，在合同中也都订有仲裁和法律适用条款。

二、国际技术贸易合同的特有条款

国际技术贸易是工业产权的转让，它远比一般货物贸易复杂。因此，在国际技术贸易合同中有许多其他贸易合同所没有的条款。

1. 专有权转移程度条款

专有权转移程度条款主要是规定许可方将其专有技术在多大程度上转移给被许可方。这种条款在普通货物买卖合同中是没有的，但是在工业产权的交易中却要加以规定。技术许可方在技术交易中不一定把某项专有权全部转移给被许可方，而只作一定程序的转移。表现在国际技术贸易合同中，有独占许可，独家许可和普通许可。

由于上述各种技术转让合同对专有权的转移程度不同，被许可方所支付的技术使用费的高低也不相同，独占许可最高，普通许可最低。因此，在订立国际技术贸易合同时，被许可应从自己的实际需要出发，确定是花费更多的技术使用费来获得较高的专有权，还是花更少的钱取得一般的使用权。

2. 地域性条款

地域性条款一般是指规定某一许可证是在某一个国家还是在一国之内的某一地区有效的条款。虽然任何工业产权都只是在其依法产生的国家时有效，但工业产权的转移却是可以划分不同地域来进行的。因此，如果转移是某一部分地区，则应在合同中具体定明其具体所指。例如中国，是整个国家，还是某一个省；美国，是整个美国，还是其中哪一个或哪几个州。为了避免不同的被许可方之间的冲突，这种地域性的条款，有时不仅包括对被许可方在使用专有权上的地域限制，而且还包括对被许可方销售有关产品的地域限制。

3. 对专有权有效性的担保条款

在签订国际技术贸易合同时，被许可方特别关心许可方所转让的技术的专有权是否有效，因此要求许可方在合同中做出某种担保。在担保条款中，许可方起码应当保证：在国际技术贸易合同中所转让的专利确属许可方自己所有（不是他人的或采取不正当手段获得的）；所转让的技术发明专利在许可方所在国具有新颖性；许可方在申请专利之前，自己未曾公开使用过该项技术发明，也未以任何方式公布过该项发明。

但是，对于转让专利权来说，担保条款中对于有些方面是难以担保的。如关于专利的有效性问题，在多数工业发达国家大公司的技术转让合同中，都写有这样一条："供方对所提供的专利的有效性不予担保。"这主要是因为：首先，专利权的取得和保持，要求具有新颖性,有些国家还要求世界范围内的新颖性,即绝对新颖性。已经取得了专利证书的技术发明,也有可能由于日后发现了在它之前已经存在的与之相同的"原有技术"从而在冲突诉讼中被宣布撤销。由于合同的许可方无法知道日后是否会有这种情况的发生,所以不能对其专利提供担保。其次,专利权的确立还要求有工业实用性。对于实用性这一标准,不同的国家有不同的要求,即使是在同一国家里,对于不同的发明,标准也不相同,所以它也不是许可方所能担保的。

然而在国际技术贸易中,也确有少数许可方担保专利有效性的国际技术贸易合同。不过这种合同的技术使用费较一般技术贸易合同要昂贵得多。因为许可方在合同中承担了其专利日后被宣布无效的风险。而在其他技术转让合同中,这种风险是由技术引进方承担的。

对于商标问题,许可方在合同中须说明该商标是否已经注册。如果已经注了册,则应说明该商标是可争议商标,还是无争议商标,即许可方要对商标的有效性提出担保。没有申请注册的商标是不具有专有性的。但是在英国和美国等一些在先也可以确立商标专利权的国家。没有申请注册的商标也可以同经营信誉(例如商号)一道转让。在这种情况下,许可方应在合同中担保,就许可方所知,他的商标即商号未被第三者冒用。

4. 品质保证条款

当许可方把自己的专利、商标和技术诀窍提供给被许可方使用时,被许可方能否保证产品的质量生产出同许可方产品质量一样的产品,这对许可方的信誉是至关重要的。如果被许可方产品粗制滥造,甚至会导致吊销商标注册的严重后果。所以在国际技术贸易合同中,许可方都要求在合同中订明一些能确保产品品质的措施。例如,要求被许可方严格按照许可方所提供的技术说明书或技术操作规程操作;对于某些关键性的零部件或原材料规定必须从许可方进口;被许可方要定期抽样,向许可方送交产品的样品,以便许可方及时进行质量复查,等等。

在合同中,被许可方也可以从保证产品质量的角度,要求许可方承担某些义务。例如,要求许可方提供足以保证产品质量的技术资料与技术指导人员等。同时在合同中被许可方应注意把许可方的某些要求限制在合理的范围内。例如,必须从许可方进口的某些机器设备和原材料、零部件等,只能是那些从技术的角度、从保证产品质量的角度来看是非进口不可的。事实上,许多国家的技术引进法都规定,如果强求技术转让被许可方从许可方进口与专利产品无关的设备和材料,政府有关部门将不批准该项合同。

5. 技术保密条款

在国际技术贸易合同中的工业产权的转让,除了商标以外,都可能涉及技术保密的问题。特别是正在申请专利的技术和技术诀窍,保密问题尤为重要。此外,在国际技术贸易中,由于业务工作的需要,例如,许可方为了了解被许可方按销售产品的百分比而支付的使用费是否合理的问题。所以,在国际技术贸易合同中,保密条款往往包括两个方面的内容:对转让技术本身的保密,这主要是要求被许可方做到的;对企业经营状况的保密,这是合同双方共同的义务。

6. 合同分割条款

在一项国际技术贸易合同中,往往包括专利、技术诀窍、商标等多种转让内容,这就常常会出现一个保护期不同的问题。

专利的保护期限一般在 10~20 年左右;技术诀窍的保护期是不确定的,它是以该技术是否已进入公有领域为转移;商标则只要按时办理续展,其保护期可以无限延长。

根据上述情况,在国际技术贸易中,在签订合同时就需要作出规定:在一种权利过期而另一种或数种权利依然有效的情况下,如何继续履行合同。做出这种规定,实际上是把整个合同分割为几个时期。当被转让的权利都有效时,被许可方需要支付较高的技术使用费。当某项权利失效后,被许可方所支付的使用费也随之降低。

如果在国际技术贸易合同中没有这种分割条款,就可能产生两种后果:当某项权利失效后,被许可方仍要对其支付费用;由于一项权利的失效而导致整个合同的终止。这两种情况都会使合同的一方受到不合理的损失。

7. 权利收回条款

工业产权不同于一般货物,不是一旦出售就不能收回的。所以某些国家的许可方往往在合同中要求规定,合同期限届满后,许可方将收回所转让或所许可的权利。有些许可方还千方百计采取各种措施,来收回其转让的权利。例如,在有些国家转让的电子计算机程序中,一般都附有"保密程序"。其结果是,如果按照许可使用的程序运算时,一切正常。但如果被许可方违反许可证协议进行了复制,则在使用复制品时,计算机的显示器上只能显示出"0"字符号。

应当指出,权利收回条款是不合理的,它遭到许多国家,特别是广大发展中国家的反对。

事实上,许多技术已经印在技术人员的脑子里,是收不回去的。至于专利技术本身就是公开的。所以权利收回条款实际上是多此一举。

第五节 技术贸易的政策及管理

一、各国的技术贸易政策

各国根据本国具体情况,对国际技术贸易采取了不同的政策。从总体上看,这些政策主要包括鼓励政策和限制政策两方面。

1. 鼓励政策

不少国家在税收、财政、信贷等方面采取一系列优惠政策。例如美国和欧共体国家对使用新技术的企业给予减免税、加速折旧等财政优惠,并提供优惠利率的贷款或财政补贴。

许多国家还在政府部门设立,或由政府资助成立咨询服务机构,为企业提供信息咨询服务。例如日本政府在科学技术厅下设立了日本科学技术情报中心,通产省及其所属的特许厅也设置了搜集国外最新科技信息的专门机构,这些机构负责为日本企业,特别是广大中小企业提供有关国外的技术信息。

为提高技术出口和引进消化吸收的潜能,世界上大多数国家都十分重视发展本国的科学教育事业。美国政府设有国家科学基金会和科技政策办公室,协助总统制定科技政策和协调全国的科技工作。1958年,美国通过了《国防教育法》,规定了高等教育的普遍性及教育的优先领域。

越来越多的国家重视对引进技术的消化吸收。日本政府从1950～1975年间,在不同时期适时地调整有关政策,提供资金,加强科研力量,鼓励企业在消化、吸收的基础上积极开发新技术。除此之外,日本政府还亲自组织一些关键技术的消化吸收。

2. 限制政策

不少国家,特别是发展中国家,为了最大限度地发挥技术引进的积极作用,防止对本国经济产生不良影响,对技术引进往往采取一些限制性政策,以保护和扶助本国企业的发展。

技术出口是一种生产能力的出口。尽管通过技术出口能够获得技术转让费,但也培植了竞争对手,可能使输出国失去技术垄断的地位和市场竞争的优势;此外,技术出口还可能在军事上、政治上对输出国带来潜在的威胁。因此,一些国家对技术出口实行一定程度的限制政策。

二、各国对技术贸易的管理

1. 各国对技术引进的管理

各国有关技术转让的管理制度不尽相同,有的国家实行政府直接管理,有的国家政府通过经济手段间接调控。从总体来看,这些制度主要包括以下5个方面的内容。

(1) 立项审批制度

其目的在于使个别企业的技术引进活动符合整个国家的整体利益,以防止个别企业从事不利于国家经济发展全局的技术引进活动,如引起环境污染、超出国家外汇支付能力或造成重复引进等等。

(2) 外汇管理制度

一些国家通过中央银行对技术引进的用汇实施管理,以保证国家的外汇平衡和技术引进项目的经济可行性。

(3) 税务管理制度

一方面,对从事技术转让的有关当事人依法征税,防止许可方可转嫁税收负担或偷漏税,以增加本国财政收入。

另一方面,运用税收杠杆防止对技术实行优惠利率或减免征税的特殊优惠待遇,以使技术引进能满足本国经济发展的总体政策和产业政策的要求。

(4) 统计和信息管理制度

通过对技术引进情况的统计和有关信息的搜集,能对整个技术引进情况做出客观综合的判断,以便国家及时调整政策,更有效地实施管理。例如日本政府通过银行和大藏省总务厅两个部门,分别从国际收支平衡和全面的技术水平两个角度来对技术引进进行统计。

(5)合同管理制度

这是诸项管理制度中最重要的一项内容。合同管理的目的是,通过对技术引进合同的审批,加强引进方的谈判地位,防止合同中出现对引进方自身或引进方国家利益有害的不合理或限制性条款。

近年来,随着国际政治关系的缓和,国际知识产权保护的加强,许多国家实行开放政策和提倡自由竞争,各国对技术引进的管理出现了自由化趋向,实行较为宽松的管理政策。

2. 各国对技术出口的管理

技术出口管理是技术出口国对技术输出采取的一种法律控制手段,目的在于保证本国利益不因技术出口而受损害。美国是世界上最大的技术输出国,有一套严密的管理措施,具有代表性。巴黎统筹委员会是世界上最有影响的对技术出口实施管理的多边国际组织。

美国对技术出口的管制开始于二战时期。1949年正式制定了美国第一部出口管制法,1965年国会又通过《出口管理法》,这是在美国出口管理制度中最为重要的法律。美国对技术出口的管理主要遵循以下三项原则:国家安全管理原则、对外政策管理原则和稀缺物资管理原则。

依据出口技术的用途和贸易方式,美国政府对其实行分类管理。为推行其国别政策,美国又将技术引进国分为7个类别,并通过发放出口许可证具体实施技术出口管理。美国《出口管理条例》对技术资料的出口作了专门规定,因为技术资料的出口比其他商品的出口更难掌握。

"巴统"是二战后东西方关系进入冷战状态的产物,于1950年1月1日正式成立。其根本目的是防止和限制西方的战略物资、高技术及其产品流入社会主义国家。20世纪90年代以来,由于世界政治、经济形势的变化,"巴统"放宽了出口管制政策。

第六节 怎样签订国际技术贸易合同

国际技术贸易合同是许可方与被许可方通过反复谈判达成协议,最后以签订合同而告一段落的。合同一旦正式签订,就成为制约双方行动的唯一准则。因此,谈判与签订合同是国际技术贸易从意想到现实之间的极为重要的环节。

一、认真做好前期准备工作

国际技术贸易是一项十分复杂的交易,要做好国际技术贸易合同的谈判和签约工作,必须认真做好前期准备工作。

首先,前期准备工作应当做到知己知彼,心中有数。根本问题是解决技术来源的选择问题。在可供选择的多种技术当中,究竟选用什么技术最为合理有效,而且易于实现,这是技术引进工作的一个中心环节。

其次,不片面追求自动化水平。原农机部在引进联合收割机技术时,不片面追求自动化水平,不搞脱离实际的高、精、尖,而是选择了自动化水平略低,但可以充分利用国内现有装备的技术,既节省了外汇,又加快了引进技术的消化吸收进程。

第三,不贪大求全。上海星火模具厂在技术引进中只选择引进了自己尚不熟悉的内热式浇道模具设计技术,而不是泛泛地什么都引进,花钱很少就弥补了自己技术上的不足。

上述事实说明,在技术引进工作中,如果技术选择得当,可以做到少花钱、见效快,达到技术和经济效益都好的结果。相反,如果不重视技术选择,甚至出现选择失误,则不仅要花许多冤枉钱,甚至还会背上沉重的"包袱"。正确的技术选择不是靠简单地出国考察和采取所谓公开招标的办法就能解决,而是靠广泛深入的调查研究。如何做好前期准备工作,根据国际技术贸易工作的经验,大体可分为三个阶段来进行。

1. 意想阶段

这个阶段应当开始于编制《项目建议书》之前。有了引进技术的意想之后,就要着手利用各种渠道广泛地收集各种有关的技术情报。情报是进行国际技术贸易活动的基础。

收集资料的渠道很多:可以利用外国的科技和贸易刊物;可以参加外国公司举办的有关展览会,或向有关公司索取产品样本,做好有关专利资料的检索工作,要知道专利资料往往是极为重要的技术资料来源;通过我国驻外机构,包括驻外商务处、驻外企业、各公司驻外代表、国外中国银行等来收集,这也是一个较为有效的渠道。他们身临其境,掌握和报导的情况一般比较真实和实际,对我们在决策时参考价值很大。特别是某些有特长技术和新技术的外国中小企业,只有通过驻外机构就地探求,否则极难发现;外国银行,特别是一些商业银行和商人银行,他们与企业界都有着广泛的联系,常常成为提供技术来源的良好渠道;国外有关公司和客户与我国公司和企业往来的函电、电传和专题资料,也是大量的资料来源,其中有不少有用的资料;外国公司的驻华代表处、代办处,国内外的咨询公司,国际和专区的技术转让中心,联合国机构等,都是可以利用的渠道。

总之,要尽量避开中间商的包围,多渠道的广泛的收集各种情报和信息,然后进行去粗取精、去伪存真、由此及彼、由表及里地分析,深入事物的本质,做出正确的判断。

2. 调查研究阶段

深入的调查研究工作一般应当在《项目建议书》审批之后开始。

实际上,技术引进是涉及范围很广的一项复杂的系统工程。选择技术与政治、经济、法律乃至社会都有着极为密切的联系。筛选技术来源时,首先在宏观上需要考虑:所选择的技术是否符合国家经济和社会发展的总方针和总目标;所引进的技术是否会造成严重的环境污染;对劳动力的安排等将会产生何种影响;是否符合技术进步和人们福利的改善等等。在微观上引进单位自身则应考虑:自己的原有技术基础如何,对拟引进的技术有无吸收和消化能力;资金来源和管理力量如何;原材料有无保证,能源、交通等基础设施能否满足要求;是否符合国家有关标准的规定等等。

选择的技术如果不符合要求,引进后无法应用,将会造成巨大的浪费,引进的技术如果水平太高,一时无力消化和吸收,贻误时日,也将降低引进的意义。如何将引进技术及时消化吸收,转化为自己的技术,除了对主机的设计、工艺流程要合理选择外,一些产品的配套元件、所需材料如果解决不了,仍会拖住消化、转化的后腿。以上说明,技术的选择是十分重要的也是相当困难的。

从对外开放以来,我国所签订的技术引进合同来看,在技术的选择上主流是好的,基本上符合国情和厂情。但也存在某些问题:

首先,有些单位存在着忙于早日签约的急躁心理,技术选择工作仓促草率,既没有弄清对方的技术水平和特点,对自身的情况又缺乏认真的分析。不考虑所选择的技术是否适合国内的技术条件和经济条件,不认真进行可行性分析,或者是抱着"谈谈再说"的错误态度,以至于有些技术选择不当,造成了很大的经济损失。如某一工厂不问自己的水质条件,而引进了生产食用蛋白的技术和设备。投产时才发现由于该厂地处石油产区,水质不好,而被迫停产。

其次,不从国情出发,生搬硬套发达国家的模式,盲目地追求先进水平,什么都想选用世界第一流的,结果是花钱不少,成效甚微。

还有的在选择引进技术时,不是针对自己的薄弱环节或关键所在,而是求全求齐,成龙配套,统统引进。一些国内在短期内花钱不多就可以解决的技术,也要从国外引进,甚至将别人已经淘汰的技术也当作先进技术高价引进。

此外,由于规划不够、协调不了,重复引进的现象更是屡屡发生。

所以,根据引进工作存在的上述问题,我们对于深入调查研究阶段的工作必须加强,要在知己知彼的基础上进行技术来源的筛选工作,选择其中若干个来源进行进一步的调查研究。在调查研究中,不但要进一步地了解技术方面的问题,还要了解作为技术来源的某些外国企业的历史、经营状况、资本情况、政治背景、组织机构、负责人、资信条件等方面的问题。要有计划有目的地派精干的有能力的考察小组出国就地考察。在此基础上,双方再进行必要的技术交流和接触。

3. 实质性准备阶段

实质性准备阶段的工作应该围绕引进方案进行谈判前的实质性准备工作,并与编制项目的可行性研究报告结合进行。

在这一阶段主要要研究:对拟引进的技术项目的具体要求。既要考虑引进或合作的方式,又要考虑到具体技术指标、设备性能、资金、管理等经济和技术方面的问题;准备以多大的代价获得技术,以及对技术使用费和机器设备等所需资金的支付方式;对合同中承诺保密义务的范围和期限的考虑;对反向工程的考虑,对未来产品的原料来源的销路问题的考虑;对技术服务和人员培训等问题的考虑;对合同中限制性商业行为的基本态度;对有关争议和适用法律的考虑;对合同期限的考虑;对合同文本的准备工作。

对上述问题要进行综合考虑,全面准备。要拟定几套谈判方案。只有经过充分的准备,才能使谈判工作立于不败之地。

二、统筹安排,一致对外

要做好谈判工作,还要统筹安排,一致对外。

所谓统筹安排,统一考虑。我国是一个幅员广大的国家,在技术引进工作中常常会遇到在同一时间内或在不同时间内引进同类项目或相互有关联的项目的问题。

所谓同类项目，是指拟引进的项目是属于同一技术领域，而且大多有着共同的技术来源。例如，某一矿山的开采项目与另一矿山的开采项目；金属矿的开采项目与煤炭等非钨矿的开采项目；石油部门的加氢裂化项目与化工部门的加氢裂化项目。对于这些有共性的项目如果加以统筹安排，具体规划，将会节省大量的人力和财力，并且也会加强我们对外谈判的地位和作用。

所谓相关项目，基本上可以分为两种类型：某一引进项目需要进口一定数量的机器设备等硬件物资，而另一引进项目恰好需要引进这些硬件的制造技术；当某一项目引进某项技术时，引起另一项目引进另一项技术。这些相互有关的项目，习惯上称之为"相关技术"。

应当注意的是，有些引进项目表面看来是不同的部门或企业要求引进的不同项目，但进一步分析就会发现这些项目是类似的，或者项目中有些内容是相同的。例如一个部门要求引进的某种发动机项目和另一部门要求引进的燃气轮机项目就有类似之处，如其中的透平叶片加工技术在这两个项目中都有。如果再联系到其他一些引进项目，则会发现在汽轮机、压缩机等项目也都有这种技术。对于这些同类项目或相互有关的项目，最忌讳的是互不通气分散对外，授人以各个击破之机。我们国家大，企业最多，需要引进的项目也多，必须组织起来，协同作战，统一对外。

一致对外，不仅要统筹安排项目的规划，还要组成一个强有力的谈判班子。在我国由于经济体制和国内的分工，技术贸易的谈判工作在国内涉及引进单位或企业，还涉及外贸部门或工贸公司。我国的绝大多数工厂都没有直接对外贸易权，而且今后在相当长的时间内，也不可能要求每一个工厂企业都配备全套的对外贸易机构。这就需要集中工厂和外贸专业公司两个方面的力量，互补长短，发挥各自的优势，组成一个强有力的谈判班子。在这个班子中应该既有技术人员、金融人员、律师，又有外贸人员。这些人组成一个有机的整体，团结起来，一致对外，谈判工作才会取得成功。

三、重视谈判成果的文字记录——合同

在技术引进工作中，谈判与合同的签订是许可方与被许可方短兵相接的关键时刻。对方的某些动向和真正的意图，往往只有在谈判过程中才能摸清楚。谈判必须在摸清对方的意图和情况的前提下，制订正确的谈判方案，才能使自己在整个谈判过程中处于主动，否则就会陷于被动，甚至会被对方牵着鼻子走。

在谈判过程中要坚持平等互利的原则。技术贸易谈判比一般商品贸易谈判要复杂得多，因此，在谈判中决不能随便做出没有经过周密的调查就认为可以接受的承诺。有意见要在内部统一，不要把分歧暴露在对方面前，使之有可乘之机。

一般说来，一份国际技术贸易合同至少应当满足以下几个方面的要求：

第一，应当确保技术的有效转移。即在合同中对拟引进的技术和具体要达到的目标，都应当有明确的规定。那种认为在合同中笼统地写上全部技术，就可以全部囊括，实践证明是错误的。在合同中，对标的物，对于技术转移各个环节的具体时间，对有关技术服务和人员培训等，都应当详加规定。

第二，对拟引进的技术所需各种费用及其计算方法，对支付费用的方式、使用货币的

种类以及具体的支付时间等都要加以订明。

第三,对许可方和被许可方的权利、责任和义务的规定。许可方必须保证合同项下所转让的技术的合法性和有效性。被许可方则应承担有关技术的保密义务。

第四,合同对限制性商业行为的条款也应订得具体。限制商业行为是非法的。我国在《技术引进合同管理条例》第9条对此做出了明确的规定:"供方不得强使受方接受不合理的限制性要求;未经审批机关特殊批准,合同中不得含有下列限制性条款:

①要求受方接受同技术引进无关的附带条件,包括购买不需要的技术、技术服务、原材料、设备和产品;

②限制受方自由选择从不同来源购买原材料、零部件或设备;

③限制受方发展和改进所引进的技术;

④限制受方从事其他来源获得类似技术或与之竞争的同类技术;

⑤双方交换改进技术的条件不对等;

⑥限制受方利用引进的技术生产产品的数量、品种或销售价格;

⑦不合理地限制受方的销售渠道或出口市场;

⑧禁止受方在合同期满后,继续使用引进的技术;

⑨要求受方为不使用的或失败的专利支付报酬或承担义务。"

对于上述规定在签订国际技术贸易合同时要切实贯彻执行,非经有关审批部门同意,不得在合同中订有该类条款。

第五,合同对于有效期限以及有关修改和延长等事项也应有确切的规定。那种认为合同期限越长越好,期限越长,所引进的技术越多的想法是不对的。合同有效期限的长短取决于所引进技术的复杂程度和被许可方对技术的消化和掌握的能力,合同期限过短不利于掌握技术,过长也没有必要,时间越长,所支付的技术使用费越多。合同的延展,不应当采取自动延长的方式,因为自动延长不利于对其他条款的重新考虑。

第六,争议和适用法律条款。国际技术贸易合同本身是一个商业性文件,其本身并无法律效应,只有在其符合法律而受到法律保护的条件下,才产生法律效应。因此,在合同中要对双方产生争议的解决及合同的适用法律问题予以规定。

所谓争议问题,主要是仲裁,是由哪一国来实行仲裁的问题。许多发展中国家都主张应由技术引进国家实行仲裁,而某些西方国家则认为合同双方有权协商选择任何仲裁。所谓适用法律问题是指合同的签订、执行、解释及双方争端的解决应当依据哪一国法律。广大发展中国家认为只能以技术引进国法律为适用法律,而某些西方国家则主张合同双方有选择适用法律的自由。由于国际技术贸易合同的执行至少涉及许可方与被许可方两个国家,有时还可能涉及其他国家,而各国的法律又不尽相同,这样有时就会形成所谓法律冲突问题,使合同双方无所适从。只有在合同中订明适用哪一国法律才能解决这一问题。

附　录

附录一　联合国国际货物销售合同公约

本公约各缔约国

铭记联合国大会第六届特别会议通过的关于建立新的国际经济秩序的各项决议的广泛目标。

考虑到在平等互利基础上发展国际贸易是促进各国间友好关系的一个重要因素。

认为采用照顾到不同的社会、经济和法律制度的国际货物销售合同统一规则，将有助于减少国际贸易的法律障碍，促进国际贸易的发展。

兹协议如下：

第一部分　适用范围和总则

第一章　适用范围

第一条

(1)本公约适用于营业地在不同国家的当事人之间所订立的货物销售合同：(a)如果这些国家是缔约国；(b)如果国际司法规则导致适用某一缔约国的法律。

(2)当事人营业地在不同国家的事实，如果从合同或从订立合同之前任何时候或订立合同时，当事人之间的任何交易或当事人透露的情报均看不出，应不予考虑。

(3)在确定本公约的适用时，当事人的国籍和当事人或合同的民事或商业性质，应不予考虑。

第二条

本公约不适用于以下的销售：(a)购供私人、家人或家庭使用的货物的销售，除非卖方在订立合同前任何时候或订立合同时不知道而且没有理由知道这些货物是购供任何这种使用；(b)经由拍卖的销售；(c)根据法律执行令状或其他令状的销售；(d)公债、股票、投资证券、流通票据或货币的销售；(e)船舶、船只、气垫船或飞机的销售；(f)电力的销售。

第三条

(1)供应尚待制造或生产的货物的合同应视为销售合同，除非订购货物的当事人保证供应这种制造或生产所需的大部分重要材料。

(2)本公约不适用于供应货物一方的绝大部分义务在于供应劳力或其他服务合同。

第四条

本公约只适用于销售合同的订立和卖方与买方因此种合同而产生的权利和义务。特别是，本公约除非另有明文规定，与以下事项无关：(a)合同的效力，或其任何条款的效力，或任何惯例的效力；(b)合同对所售货物所有权可能产生的影响。

第五条

本公约不适用于卖方对于货物对任何人所造成的死亡或伤害的责任。

第六条

双方当事人可以不适用本公约,或在第十二条的条件下,减损本公约的任何规定或改变其效力。

第二章 总则

第七条

(1)在解释本公约时,应考虑到本公约的国际性质和促进其适用的统一以及在国际贸易上遵守诚信的需要。

(2)凡本公约未明确解决的属于本公约范围的问题,应按照本公约所依据的一般原则来解决,在没有一般原则的情况下,则应按照国际司法规定适用的法律来解决。

第八条

(1)为本公约的目的,一方当事人所作的声明和其他行为,应依照他的意旨解释,如果另一方当事人已知道或者不可能不知道此一意旨。

(2)如果上一款的规定不适用,当事人所作的声明和其他行为,应按照一个与另一方当事人同等资格、通情达理的人处于相同情况中,应有的理解来解释。

(3)在确定一方当事人的意旨或一个通情达理的人应有的理解时,应适当地考虑到与事实有关的一切情况,包括谈判情形、当事人之间确立的任何习惯做法、惯例和当事人其后的任何行为。

第九条

(1)双方当事人业已同意的任何惯例和他们之间确立的任何习惯做法,对双方当事人均有约束力。

(2)除非另有协议,双方当事人应视为已默示地同意对他们的合同或合同的订立适用双方当事人已知道或理应知道的惯例,而这种惯例,在国际贸易上,已为有关特定贸易所涉同类合同的当事人所广泛知道并为他们所经常遵守。

第十条

为本公约的目的:(a)如果当事人有一个以上的营业地,则以与合同及合同的履行关系最密切的营业地为其营业地,但要考虑到双方当事人在订立合同前任何时候或订立合同时所知道或所设想的情况;(b)如果当事人没有营业地,则以其惯常居住地为准。

第十一条

销售合同无须以书面订立或书面证明,在形式方面也不受任何其他条件的限制。销售合同可以用包括人证在内的任何方法证明。

第十二条

本公约第十一条、第二十九条或第二部分准许销售合同或其更改或根据协议终止,或者任何发价、接受或其他意旨表示得以书面以外任何形式做出的任何规定不适用,如果任何一方当事人的营业地是已按照本公约第九十六条做出了声明的一个缔约国内。各当事人不得减损本条或改变其效力。

第十三条

为本公约的目的,"书面"包括电报和电传。

第二部分 合同的订立

第十四条

(1)向一个或一个以上特定的人提出的订立合同的建议,如果十分确定并且表明发价人在得到接受时承受约束的意旨,即构成发价。一个建议如果写明货物并且明示或暗示地规定数量和价格或规定如何确定数量和价格,即为十分确定。

(2)非向一个或一个以上特定的人提出的建议,仅应视为邀请做出发价,除非提出建议的人明确地表示相反的意向。

第十五条

(1)发价于送达被发价人时生效。

(2)一项发价,即使是不可撤销的,得予撤回,如果撤回通知于发价送达被发价人之前或同时,送达被发价人。

第十六条

(1)在未订立合同之前,发价得予撤销,如果撤销通知于被发价人发出接受通知之前送达被发价人。

(2)但在下列情况下,发价不得撤销:(a)发价写明接受发价的期限或以其他方式表示发价是不可撤销的;(b)被发价人有理由信赖该项发价是不可撤销的,而且被发价人已本着对该项发价的信赖行事。

第十七条

一项发价,即使是不可撤销的,于拒绝通知送达发价人时终止。

第十八条

(1)被发价人声明或做出其他行为表示同意一项发价,即是接受。缄默或不行动本身不等于接受。

(2)接受发价于表示同意的通知送达发价人时生效。如果表示同意的通知在发价人所规定的时间内,如未规定时间,在一段合理的时间内,未曾送达发价人,接受就成为无效,但须适当地考虑到交易的情况,包括发价人所使用的通讯方法的迅速程度。对口头发价必须立即接受,但情况有别者不在此限。

(3)但是,如果根据该项发价或依照当事人之间确立的习惯做法和惯例,被发价人可以做出某种行为,例如与发运货物或支付价款有关的行为,来表示同意,而无须向发价人发出通知,则接受于该项行为做出时生效,但该项行为必须在上一款所规定的期间内做出。

第十九条

(1)对发价表示接受但载有添加、限制或其他更改的答复,即为拒绝该项发价并构成还价。

(2)但是,对发价表示接受但载有添加或不同条件的答复,如所载的添加或不同条件在实质上并不变更该项发价的条件,除发价人在不过分迟延的期间内以口头或书面通知反对其间的差异外,仍构成接受。如果发价人不做出这种反对,合同的条件就以该项发价的条件以及接受通知内所载的更改为准。

(3)有关货物价格、付款、货物质量和数量、交货地点和时间、一方当事人对另一方当事人的赔偿责任范围或解决争端等等的添加或不同条件,均视为在实质上变更发价的条件。

第二十条

(1)发价人在电报或信件内规定的接受期间,从电报交发时刻或信上载明的发信日期起算,如信上未载明发信日期,则从信封上所载日期起算。发价人以电话、电传或其他快速通讯方法规定的接受期间,从发价送达被发价人时起算。

(2)在计算接受期间时,接受期间内的正式假日或非营业日应计算在内。但是,如果接受通知在接受期间的最后一天未能送到发价人地址,因为那天在发价人营业地是正式假日或非营业日,则接受期间应顺延至下一个营业日。

第二十一条

(1)逾期接受仍有接受的效力,如果发价人毫不迟延地用口头或书面将此种意见通知被发价人。

(2)如果载有逾期接受的信件或其他书面文件表明,它是在传递正常、能及时送达发价人的情况下寄发的,则该项逾期接受具有接受的效力,除非发价人毫不迟延地用口头或书面通知被发价人:他认为他的发价已经失效。

第二十二条
接受得予撤回,如果撤回通知于接受原应生效之前或同时送达发价人。
第二十三条
合同于按照本公约规定对发价的接受生效时订立。
第二十四条
为本公约本部分的目的,发价、接受声明或任何其他意旨表示"送达"对方,系指用口头通知对方或通过任何其他方法送交对方本人,或其营业地或通讯地址,如无营业地或通讯地址,则送交对方惯常居住地。

第三部分 货物销售

第一章 总则

第二十五条
一方当事人违反合同的结果,如使另一方当事人蒙受损害,以至于实际上剥夺了他根据合同规定有权期待得到的东西,即为根本违反合同,除非违反合同一方并不预知而且一个同等资格、通情达理的人处于相同情况中也没有理由预知会发生这种结果。
第二十六条
宣告合同无效的声明,必须向另一方当事人发出通知,方始有效。
第二十七条
除非公约本部分另有明文规定,当事人按照本部分的规定,以适合情况的方法发出任何通知、要求或其他通知后,这种通知如在传递上发生耽搁或错误,或者未能到达,并不使该当事人丧失依靠该项通知的权利。
第二十八条
如果按照本公约的规定,一方当事人有权要求另一方当事人履行某一义务,法院没有义务作出判决,要求具体履行此一义务,除非法院依照其本身的法律对不属本公约范围的类似销售合同愿意这样做。
第二十九条
(1)合同只需双方当事人协议,就可更改或终止。
(2)规定任何更改或根据协议终止必须以书面做出的书面合同,不得以任何其他方式更改或根据协议终止。但是,一方当事人的行为,如经另一方当事人寄以信赖,就不得坚持此项规定。

第二章 卖方的义务

第三十条
卖方必须按照合同和本公约的规定,交付货物,移交一切与货物有关的单据并转移货物所有权。

第一节 交付货物和移交单据

第三十一条
如果卖方没有义务要在任何其他特定地点交付货物,他的交货义务如下:(a)如果销售合同涉及货物的运输,卖方应把货物移交给第一承运人,以运交给买方;(b)在不属于上一款规定的情况下,如果合同指的是特定货物或从特定存货中提取的或尚待制造或生产的未经特定化的货物,而双方当事人在订立合同时已知道这些货物是在某一特定地点,或将在某一特定地点制造或生产,卖方应在该地点把货物交给买方处置;(c)在其他情况下,卖方应在他于订立合同时的营业地把货物交给买方处置。

第三十二条

(1)如果卖方按照合同或本公约的规定将货物交付给承运人,但货物没有以货物上加标记、或以装运单据或其他方式清楚地注明有关合同,卖方必须向买方发出列明货物的发货通知。

(2)如果卖方有义务安排货物的运输,他必须订立必要的合同,以按照通常运输条件,用适合情况的运输工具,把货物运到指定地点。

(3)如果卖方没有义务对货物的运输办理保险,他必须在买方提出要求时,向买方提供一切现有的必要资料,使他能够办理这种保险。

第三十三条

卖方必须按以下规定的日期交付货物:(a)如果合同规定有日期,或从合同可以确定日期,应在该日期交货;(b)如果合同规定有一段时间,或从合同可以确定一段时间,除非情况表明应由买方选定一个日期外,应在该段时间内任何时候交货;或者(c)在其他情况下,应在订立合同后一段合理时间内交货。

第三十四条

如果卖方有义务移交与货物有关的单据,他必须按照合同所规定的时间、地点和方式移交这些单据。如果卖方在那个时间以前已移交这些单据,他可以在那个时间到达前纠正单据中任何不符合同规定的情形,但是,此一权利的行使不得使买方遭受不合理的不便或承担不合理的开支。但是,买方保留本公约所规定的要求损害赔偿的任何权利。

第二节 货物相符与第三方要求

第三十五条

(1)卖方交付的货物必须与合同所规定的数量、质量和规格相符,并须按照合同所规定的方式装箱或包箱。

(2)除双方当事人业已另有协议外,货物除非符合以下规定,否则即为与合同不符:(a)货物适用于同一规格货物通常使用的目的;(b)货物适用于订立合同时曾明示或默示地通知卖方的任何特定目的,除非情况表明买方并不依赖卖方的技能和判断力,或者这种依赖对他是不合理的;(c)货物的质量与卖方向买方提供的货物样品或样式相同;(d)货物按照同类货物通用的方式装箱或包装,如果没有此种通用方式,则按照足以保全和保护货物的方式装箱或包装。

(3)如果买方在订立合同时知道或者不可能不知道货物不符合同,卖方就无须按上一款(a)项至(d)项负有此种不符合同的责任。

第三十六条

(1)卖方应按照合同和本公约的规定,对风险移转到买方时所存在的任何不符合同情形,负有责任,即使这种不符合同情形在该时间后方始明显。

(2)卖方对在上一款所述时间后发生的任何不符合同情形,也应负有责任,如果这种不符合同情形是由于卖方违反他的某项义务所致,包括违反关于在一段时间内货物将继续适用于其通常使用的目的或某种特定目的,或将保持某种特定质量或性质的任何保证。

第三十七条

如果卖方在交货日期前交付货物,他可以在那个日期到达前,交付任何缺漏部分或补足所交付货物的不足数量,或交付用以替换所交付不符合同规定的货物,或对所交付货物中任何不符合同规定的情形做出补救,但是,此一权利的行使不得使买方遭受不合理的不便或承担不合理的开支。但是,买方保留本公约所规定的要求损害赔偿的任何权利。

第三十八条

(1)买方必须在按情况实际可行的最短时间内检验货物或由他人检验货物。

(2)如果合同涉及货物的运输,检验可推迟到货物到达目的地后进行。

(3)如果货物在运输途中改运或买方须再发运货物,没有合理机会加以检验,而卖方在订立合同时已知道或理应知道这种改运或再发运的可能性,检验可推迟到货物到达新的目的地后进行。

第三十九条

(1)买方对货物不符合同,必须在发现或理应发现不符情形后一段合理时间内通知卖方,说明不符合同情形的性质,否则就丧失声称货物不符合同的权利。

(2)无论如何,如果买方不在实际收到货物之日起两年内将货物不符合同情形通知卖方,他就丧失声称货物不符合同的权利,除非这一时限与合同规定的保证期限不符。

第四十条

如果货物不符合同规定指的是卖方已知道或不可能不知道而又没有告知买方的一些事实,则卖方无权援引第三十八条和第三十九条的规定。

第四十一条

卖方所交付的货物,必须是第三方不能提出任何权利或要求的货物,除非买方同意在这种权利或要求的条件下,收取货物。但是,如果这种权利或要求是以工业产权或其他知识产权为基础的,卖方的义务应依照第四十二条的规定。

第四十二条

(1)卖方所交付的货物,必须是第三方不能根据工业产权或其他知识产权主张任何权利或要求的货物,但以卖方在订立合同时已知道或不可能不知道的权利或要求为限,而且这种权利或要求根据以下国家的法律规定是以工业产权或其他知识产权为基础的:(a)如果双方当事人在订立合同时预期货物将在某一国境内转售或作其他使用,则根据货物将在其境内转售或作其他使用的国家的法律;或者(b)在任何其他情况下,根据买方营业地所在国家的法律。

(2)卖方在上一款中的义务不适用于以下情况:(a)买方在订立合同时已知道或不可能不知道此项权利或要求;或者(b)此项权利或要求的发生,是由于卖方要遵照买方所提供的技术图样、图案、程式或其他规格。

第四十三条

(1)买方如果不在已知道或理应知道第三方的权利或要求后一段合理时间内,将此一权利或要求的性质通知卖方,就丧失援引第四十一条或第四十二条规定的权利。

(2)卖方如何知道第三方的权利或要求以及此一权利或要求的性质,就无权援引上一款的规定。

第四十四条

尽管有第三十九条第(1)款和第四十三条第(1)款的规定,买方如果对他未发出所需的通知具备合理的理由,仍可按照第五十条规定减低价格,或要求利润损失以外的损害赔偿。

第三节 卖方违反合同的补救办法

第四十五条

(1)如果卖方不履行他在合同和本公约中的任何义务,买方可以:(a)行使第四十六条至第五十二条所规定的权利;(b)按照第七十四条至第七十七条的规定,要求损害赔偿。

(2)买方可能享有的要求损害赔偿的任何权利,不因他行使采取其他补救办法的权利而丧失。

(3)如果买方对违反合同采取某种补救办法,法律或仲裁庭不得给予卖方宽限期。

第四十六条

(1)买方可以要求卖方履行义务,除非买方已采取与此一要求相抵触的某种补救办法。

(2)如果货物不符合同,买方只有在此种不符合同情形构成根本违反合同时,才可以要求交付替代货物,而且关于替代货物的要求,必须与依照第三十九条发出的通知同时提出,或者在该项通知发出后一段合理时间内提出。

(3)如果货物不符合同,买方可以要求卖方通过修理对不符合同之处做补救,除非他考虑了所有情况之后,认为这样做是不合理的。修理的要求必须与依照第三十九条发出的通知提出,或者在该项通知发出后一段合理时间内提出。

第四十七条

(1)买方可以规定一段合理时限和额外时间,让卖方履行其义务。

(2)除非买方收到卖方的通知,声称他将不在所规定的时间内履行义务,买方在这段时间内不得对违反合同采取任何补救办法。但是,买方并不因此丧失他对迟延履行义务可能享有的要求损害赔偿的任何权利。

第四十八条

(1)在第四十九条的条件下,卖方即使在交货日期之后,仍可自付费用,对任何不履行义务做出补救,但这种补救不得造成不合理的迟延,也不得使买方遭受不合理的不便,或无法确定卖方是否将偿付买方预付的费用。但是,买方保留本公约所规定的要求损害赔偿的任何权利。

(2)如果卖方要求买方表明他是否接受卖方履行的义务,而买方不在一段合理时间内对此一要求做出答复,则卖方可以按其要求中所指明的时间履行义务。买方不得在该段时间内采取与卖方履行义务相抵触的任何补救办法。

(3)卖方表明他将在某一特定时间内履行义务的通知,应包括根据上一款规定要买方表明决定的要求在内。

(4)卖方按照本条第(2)和第(3)款做出的要求或通知,必须在买方收到后,始生效力。

第四十九条

(1)买方在以下情况下可以宣告合同无效:(a)卖方不履行其在合同或本公约中的任何义务,等于根本违反合同;或(b)如果发生不交货的情况,卖方不在买方按照第四十七条第(1)款规定的额外时间内交付货物,或卖方声明他将不在所规定的时间内交付货物。

(2)但是,如果卖方已交付货物,买方就丧失宣告合同无效的权利,除非(a)对于迟延交货,他在知道交货后一段合理时间内这样做;(b)对于迟延交货以外的任何违反合同事情;(一)他在已知道或理应知道这种违反合同后一段合理时间内这样做;或(二)他在买方按照第四十七条第(1)款规定的任何额外时间满期后,或在卖方声明他将不在这一额外时间履行义务后一段合理时间内这样做;或(三)他在卖方按照第四十八条第(2)款指明的任何额外时间满期后,或在买方声明他将不接受卖方履行义务后一段合理时间内这样做。

第五十条

如果货物不符合同,不论价款是否已付,买方都可以减低价格,减价按实际交付的货物在交货时的价值与符合合同的货物在当时的价值两者之间的比例计算。但是,如果卖方按照第三十七条或第四十八条的规定对任何不履行义务做出补救,或者买方拒绝接受卖方按照该两条规定履行义务,则买方不得减低价格。

第五十一条

(1)如果卖方只交付一部分货物,或者交付的货物中只有一部分符合合同规定,第四十六条至第五十条的规定适用于缺漏部分及不符合同规定部分的货物。

(2)买方只有在完全不交付货物或不按照合同规定交付货物等于根本违反合同时,才可以宣告整个合同无效。

第五十二条

(1)如果卖方在规定的日期前交付货物,买方可以收取货物,也可以拒绝收取货物。

(2)如果卖方交付的货物数量大于合同规定的数量,买方可以收取也可以拒绝收取多交部分的货物。如果买方收取多交部分货物的全部或一部分,他必须按合同价格付款。

第三章 买方的义务

第五十三条
买方必须按照合同和本公约规定支付货物价款和收取货物。

第一节 支付价款

第五十四条
买方支付价款的义务包括根据合同或任何有关法律和规章规定的步骤和手续,以便支付价款。

第五十五条
如果合同已有效地订立,但没有明示或暗示地规定价格或规定如何确定价格,在没有任何相反表示的情况下,双方当事人应视为已默示地引用订立合同时此种货物在有关贸易的类似情况下销售的通常价格。

第五十六条
如果价格是按货物的重量规定的,如有疑问,应按净重确定。

第五十七条
(1)如果买方没有义务在任何其他特定地点支付价款他必须在以下地点向卖方支付价款:(a)卖方的营业地;或者(b)如凭移交货物或单据支付价款则为移交货物或单据的地点。
(2)卖方必须承担因其营业地在订立合同后发生变动而增加的支付方面的有关费用。

第五十八条
(1)如果买方没有义务在任何其他特定时间内支付价款,他必须于卖方按照合同和本公约规定将货物或控制货物处置权的单据交给买方处置时支付价款。卖方可以支付价款作为移交货物或单据的条件。
(2)如果合同涉及货物的运输,卖方可以在支付价款后方可把货物或控制货物处置权的单据移交给买方作为发运货物的条件。(3)买方在未有机会检验货物前,无义务支付价款,除非这种机会与双方当事人议定的交货或支付程序相抵触。

第五十九条
买方必须按合同和本公约规定的日期或从合同和本公约可以确定的日期支付价款,而无需卖方提出任何要求或办理任何手续。

第二节 收取货物

第六十条
买方收取货物的义务如下:(a)采取一切理应采取的行动,以期卖方能交付货物;和(b)接收货物。

第三节 买方违反合同的补救办法

第六十一条
(1)如果买方不履行他在合同和本公约中的任何义务,卖方可以:(a)行使第六十二条至第六十五条所规定的权利;(b)按照第七十四条至第七十七条的规定,要求损害赔偿。
(2)卖方可能享有的要求损害赔偿的任何权利,不因他行使采取其他补救办法的权利而丧失。
(3)如果卖方对违反合同采取某种补救办法,法院或仲裁庭不得给予买方宽限期。

第六十二条
卖方可以要求买方支付价款、收取货物或履行他的其他义务,除非卖方已采取与此一要求相抵触的某种补救办法。

第六十三条

(1)卖方可以规定一段合理时限的额外时间,让买方履行义务。

(2)除非卖方收到买方的通知,声称他将不在所规定的时间内履行义务,卖方不得在这段时间内违反合同采取任何补救办法。但是,卖方并不因此丧失他对迟延履行义务可能享有的要求损害赔偿的任何权利。

第六十四条

(1)卖方在以下情况下可以宣告合同无效:(a)买方不履行其在合同或本公约中的任何义务,等于根本违反合同;或(b)买方不在卖方按照第六十三条第(1)款规定的额外时间内履行支付价款的义务或收取货物,或买方声明他将不在所规定的时间内这样做。

(2)但是,如果买方已支付价款,卖方就丧失宣告合同无效的权利,除非:(a)对于买方迟延履行义务,他在知道买方履行义务前这样做;或者(b)对于买方迟延履行义务以外的任何违反合同事情:(一)他在已知道或理应知道这种违反合同后一段合理时间内这样做;或(二)他在卖方按照第六十三条第(1)款规定的任何额外时间满期后或在买方声明他将不在这一额外时间内履行义务后一段合理时间内这样做。

第六十五条

(1)如果买方应根据合同规定订明货物的形状、大小或其他特征,而他在议定的日期或在收到卖方的要求后一段合理时间内没有订明这些规格,则卖方在不损害其可能享有的任何其他权利的情况下,可以依照他所知的买方的要求,自己订明规格。

(2)如果卖方自己订明规格,也必须把订明规格的细节通知买方,而且必须规定一段合理时间,让买方可以在该时间内订出不同的规格。如果买方在收到这种通知后没有在该段时间内这样做,卖方所订的规格就具有约束力。

第四章 风险移转

第六十六条

货物在风险移转到买方承担后遗失或损坏,买方支付价款的义务并不因此解除,除非这种遗失或损失是由于卖方的行为或不行为所造成。

第六十七条

(1)如果销售合同涉及货物的运输,但卖方没有义务在某一特定地点交付货物,自货物按照销售合同交付给第一承运人以转交给买方时起,风险就移转到买方承担。如果卖方有义务在某一特定地点把货物交付给承运人,在货物于该地点交付给承运人以前,风险不移转到买方承担。卖方受权保留控制货物处置权的单据,并不影响风险的移转。

(2)但是,在货物以货物上加标记、或以装运单据、或向买方发出通知或其他方式清楚地注明有关合同以前,风险不移转到买方承担。

第六十八条

对于在运输途中销售的货物,从订立合同时起,风险就移转到买方承担。但是,如果情况表明有此需要,从货物交付给签发载有运输合同单据的承运人时起,风险由买方承担。尽管如此,如果卖方在订立合同时已知道或理应知道货物已经遗失或损坏,而他又不将这一事实告知买方,则这种遗失或损坏应由卖方负责。

第六十九条

(1)在不属于第六十七条和第六十八条规定的情况下,从买方接收货物时起,或如果买方不在适当时间内这样做,则从货物交给他处置但他不收取货物从而违反合同时起,风险移转到买方承担。

(2)但是,如果买方有义务在卖方营业地以外的某一地点接收货物,当交货时间已到而买方知道货物已在该地点交给他处置时,风险方始移转。

(3)如果合同指的是当时未加识别的货物,则这些货物在未清楚注明有关合同以前,不得视为已交给买方处置。

第七十条

如果卖方已根本违反合同,第六十七条、第六十八条和第六十九条的规定,不损害买方因此种违反合同而可以采取的各种补救办法。

第五章 卖方和买方义务的一般规定

第一节 预期违反合同和分批交货合同

第七十一条

(1)如果订立合同后,另一方当事人由于下列原因显然将不履行其大部分重要义务,一方当事人可以中止履行义务:(a)他履行义务的能力或他的信用有严重缺陷;或(b)他在准备履行合同或履行合同中的行为。

(2)如果卖方在上一款所述的理由明显化以前已将货物发运,他可以阻止将货物交付给买方,即使买方持有其有权获得货物的单据。本款规定只与买方和卖方间对货物的权利有关。

(3)中止履行义务的一方当事人不论是在货物发运前还是发运后,都必须立即通知另一方当事人,如经另一方当事人对履行义务提供充分保证,则他必须继续履行义务。

第七十二条

(1)如果在履行合同日期之前,明显看出一方当事人将根本违反合同,另一方当事人可以宣告合同无效。

(2)如果时间许可,打算宣告合同无效的一方当事人必须向另一方当事人发出合理的通知,使他可以对履行义务提供充分保证。

(3)如果另一方当事人已声明他将不履行其义务,则上一款的规定不适用。

第七十三条

(1)对于分批交付货物的合同,如果一方当事人不履行对任何一批货物的义务,便对该批货物构成根本违反合同,则另一方当事人可以宣告合同对该批货物无效。

(2)如果一方当事人不履行对任何一批货物的义务,使另一方当事人有充分理由断定对今后各批货物将会发生根本违反合同,该另一方当事人可以在一段合理时间内宣告合同今后无效。

(3)买方宣告合同对任何一批货物的交付为无效时,可以同时宣告合同对已交付的或今后交付的各批货物均为无效,如果各批货物是互相依存的,不能单独用于双方当事人在订立合同时所设想的目的。

第二节 损害赔偿

第七十四条

一方当事人违反合同应负的损害赔偿额,应与另一方当事人因他违反合同而遭受的包括利润在内的损失额相等。这种损害赔偿不得超过违反合同一方在订立合同时,依照他当时已知道或理应知道的事实和情况,对违反合同预料到或理应预料到的可能损失。

第七十五条

如果合同被宣告无效,而在宣告无效后一段合理时间内,买方已以合理方式购买替代货物,或者卖方已以合理方式把货物转卖,则要求损害赔偿的一方可以取得合同价格和替代货物交易价格之间的差额以及按照第七十四条规定可以取得的任何其他损害赔偿。

第七十六条

(1)如果合同被宣告无效,而货物又有时价,要求损害赔偿的一方,如果没有根据第七十五条规定进行购买或转卖,则可以取得合同规定的价格和宣告合同无效时的时价之间的差额以及按照第七十四条规定可以取得的任何其他损害赔偿。但是,如果要求损害赔偿的一方在接收货物之后宣告合同无效,则应适用接收货物时的时价,而不适用宣告无效时的时价。

(2)为上一款的目的,时价指原应交付货物地点的现行价格,如果该地点没有时价,则指另一合理替代地点的价格,但应适当地考虑货物运费的差额。

第七十七条

声称另一方违反合同的一方,必须按情况采取合理措施,减轻由于该另一方违反合同而引起的损失,包括利润方面的损失。如果他不采取这种措施,违反合同一方可以要求从损害赔偿中扣除原可以减轻的损失数额。

第三节 利息

第七十八条

如果一方当事人没有支付价款或任何其他拖欠金额,另一方当事人有权对这些款额收取利息,但不妨碍要求按照第七十四条规定可以取得的损害赔偿。

第四节 免责

第七十九条

(1)当事人对不履行义务,不负责任,如果他能证明此种不履行义务,是由于某种非他所能控制的障碍,而且对于这种障碍,没有理由预期他在订立合同时能考虑到或能避免或克服它或它的后果。

(2)如果当事人不履行义务是由于他所雇佣履行合同的全部或一部分规定的第三方不履行义务所致,该当事人只有在以下情况下才能免除责任:(a)他按照上一款的规定应免除责任和(b)假如该款的规定也适用于所雇佣的人,这个人也同样会免除责任。

(3)本条所规定的免责对障碍存在的期间有效。

(4)不履行义务的一方必须将障碍及其对他履行义务能力的影响通知另一方。如果该项通知在不履行义务的一方已知道或理应知道此一障碍后一段合理时间内仍未为另一方收到通知而造成的损害应负赔偿责任。

(5)本条规定不妨碍任何一方行使本公约规定的要求损害赔偿以外的任何权利。

第八十条

一方当事人因其行为或不行为而使得另一方当事人不履行义务时,不得声称该另一方当事人不履行义务。

第五节 宣告合同无效的效果

第八十一条

(1)宣告合同无效解除了双方在合同中的义务,但应负责的任何损害赔偿仍应负责。宣告合同无效不影响合同中关于解决争端的任何规定,也不影响合同中关于双方在宣告合同无效后权利和义务的任何其他规定。

(2)已全部或局部履行合同的一方,可以要求另一方归还他按照合同供应的货物或支付的价款。如果双方都须归还,他们必须同时这样做。

第八十二条

(1)买方如果不可能按实际收到货物的原状归还货物,他就丧失宣告合同无效或要求卖方支付替代货物的权利。

(2)上一款的规定不适用于以下情况:(a)如果不可能归还货物或不可能按实际收到货物原状归还货物,并非由于买方的行为或不行为所造成;或者(b)如果货物或其中一部分的毁灭或变坏,是由于按照第三十八条规定进行检验所致;或者(c)如果货物或其中一部分,在买方发现或理应发现与合同不符以前,已为买方在正常营业过程中售出,或在正常使用过程中消费或改变。

第八十三条

买方虽然依第八十二条规定丧失宣告合同无效或要求卖方交付替代货物的权利,但是根据合同和本公约规定,他仍保有采取一切其他补救办法的权利。

第八十四条

(1)如果卖方有义务归还价款,他必须同时从支付价款之日起支付价款利息。

(2)在以下情况下,买方必须向卖方说明他从货物或其中一部分得到的一切利益:(a)如果他必须归还货物或其中一部分;或者(b)如果他不可能归还全部或一部分货物,或不可能按实际收到货物的原状归还全部或一部分货物,但他已宣告合同无效或已要求卖方交付替代货物。

第六节 保全货物

第八十五条

如果买方推迟收取货物,或在支付价款和交付货物应同时履行时,买方没有支付价款,而卖方仍拥有这些货物或仍能控制这些货物的处置权,卖方必须按情况采取合理措施,以保全货物。他有权保全这些货物,直至买方把他所付的合理费用偿还给他为止。

第八十六条

(1)如果买方已收到货物,但打算行使合同或本公约规定的任何权利,把货物退回,他必须按情况采取合理措施,以保全货物。他有权保全这些货物,直至卖方把他所付的合理费用偿还给他为止。

(2)如果发送给买方的货物已到达目的地,并交给买方处置,而买方行使退货权利,则买方必须代表卖方收取货物,除非他这样做需要支付价款而且会使他遭受不合理的不便或需承担不合理的费用。如果卖方或受权代表他掌管货物的人也在目的地,则此一规定不适用。如果买方根据本款规定收取货物,他的权利和义务与上一款所规定的相同。

第八十七条

有义务采取措施以保全货物的一方当事人,可以把货物寄放在第三方的仓库,由另一方当事人担负费用,但该项费用必须合理。

第八十八条

(1)如果另一方当事人在收取货物或收回货物或支付价款或保全货物费用方面有不合理的迟延,按照第八十五条或第八十六条规定有义务保全货物的一方当事人,可以采取任何适当办法,把货物出售,但必须事前向另一方当事人发出合理的意向通知。

(2)如果货物易于迅速变坏,或者货物的保全牵涉到不合理的费用,则按照第八十五条或第八十六条规定有义务保全货物的一方当事人,必须采取合理措施,把货物出售。在可能的范围内,他必须把出售货物的打算通知另一方当事人。

(3)出售货物的一方当事人,有权从销售所得收入中扣回为保全货物和销售货物而付的合理费用。他必须向另一方当事人说明所余款项。

第四部分 最后条款

第八十九条

兹指定联合国秘书长为本公约保管人。

第九十条

本公约不优于业已缔结或可能缔结并载有与属于本公约范围内事项有关的条款的任何国际协定，但以双方当事人的营业地均在这种协定的缔约国内为限。

第九十一条

(1)本公约在联合国国际货物销售合同会议闭幕会议上开放签字，并在纽约联合国总部继续开放签字，直至一九八一年九月三十日为止。

(2)本公约须经签字国批准，接受或核准。

(3)本公约从开放签字之日起开放给所有非签字国加入。

(4)批准书、接受书、核准书和加入书应送交联合国秘书长存放。

第九十二条

(1)缔约国可在签字、批准、接受、核准或加入时声明它不受本公约第二部分的约束或不受本公约第三部分的约束。

(2)按照上一款规定就本公约第二部分或第三部分做出声明的缔约国，在该声明适用的部分所规定事项上，不得视为本公约第一条第(1)款范围内的缔约国。

第九十三条

(1)如果缔约国具有两个或两个以上的领土单位，而依照该国宪法规定，各领土单位对本公约所规定的事项适用不同的法律制度，则该国得在签字、批准、接受、核准或加入时声明本公约适用于该国全部领土单位或仅适用于其中的一个或数个领土单位，并且可以随时提出另一声明来修改其所做的声明。

(2)此种声明应通知保管人，并且明确地说明适用本公约的领土单位。

(3)如果根据按本条做出的声明，本公约适用于缔约国的一个或数个但不是全部领土单位，而且一方当事人的营业地位于该缔约国内，则为本公约的目的，该营业地除非位于本公约适用的领土单位内，否则视为不在缔约国内。

(4)如果缔约国没有按本条第(1)款做出声明，则本公约适用于该国所有领土单位。

第九十四条

(1)对属于本公约范围的事项具有相同或非常近似的法律规则的两个或两个以上的缔约国，可随时声明本公约不适用于营业地在这些缔约国内的当事人之间的销售合同，也不适用于这些合同的订立。此种声明可联合做出，也可以相互单方面声明的方式做出。

(2)对属于本公约范围的事项具有与一个或一个以上非缔约国相同或非常近似的法律规则的缔约国，可随时声明本公约不适用于营业地在这些非缔约国内的当事人之间的销售合同，也不适用于这些合同的订立。

(3)作为根据上一款所做声明对象的国家如果后来成为缔约国，这项声明从本公约对该新缔约国生效之日起，具有根据第(1)款所做声明的效力，但以该新缔约国加入这项声明，或做出相互单方面声明为限。

第九十五条

任何国家在交存其批准书、接受书、核准书或加入书时，可声明它不受本公约第一条第(1)款(b)项的约束。

第九十六条

本国法律规定销售合同必须以书面订立或书面证明的缔约国，可以随时按照第十二条的规定，声明本公约第十一条、第二十九条或第二部分准许销售合同或其更改或根据协议终止，或者任何发价、接受或其他意旨表示得以书面以外任何形式做出的任何规定不适用，如果任何一方当事人的营业地是在该缔约国内。

第九十七条

(1)根据本公约规定在签字时做出的声明,须在批准、接受或核准时加以确认。

(2)声明和声明的确认,应以书面提出并应正式通知保管人。

(3)声明在本公约对有关国家开始生效时同时生效。但是,保管人于此种生效后收到正式通知的声明,应于保管人收到声明之日起六个月后的第一个月第一天生效。根据第九十四条规定做出的相互单方面声明,应于保管人收到最后一份声明之日起六个月后的第一个月第一天生效。

(4)根据本公约规定做出声明的任何国家可以随时用书面正式通知保管人撤回该项声明。此种撤回于保管人收到通知之日起六个月后的第一个月第一天生效。

(5)撤回根据第九十四条做出的声明,自撤回生效之日起,就会使另一个国家根据该条所作的任何相互声明失效。

第九十八条

除本公约明文许可的保留外,不得作任何保留。

第九十九条

(1)在本条第(6)款规定的条件下,本公约在第十件批准书、接受书、核准书或加入书,包括载有根据第九十二条规定做出的声明的议书交存之日起十二个月后的第一个月第一天生效。

(2)在本条第(6)款规定的条件下,对于在第十件批准书、接受书、核准书或加入书交存后才批准、接受、核准或加入本公约的国家,本公约在该国交存其批准书、接受书、核准书或加入书之日起十二个月后的第一个月第一天对该国生效,但不适用的部分除外。

(3)批准、接受、核准或加入本公约的国家,如果是一九六四年七月一日在海牙签订的《关于国际货物销售合同的订立统一法公约》(《一九六四年海牙订立合同公约》)和一九六四年七月一日在海牙签订的《关于国际货物销售统一法的公约》(《一九六四年海牙货物销售公约》)中一项或两项公约的缔约国,应按情况同时通知荷兰政府声明退出《一九六四年海牙货物销售公约》或《一九六四年海牙订立合同公约》或退出该两公约。

(4)凡为《一九六四年海牙货物销售公约》缔约国并批准、接受、核准或加入本公约和根据第九十二条规定声明或业已声明不受本公约第二部分约束的国家,应于批准、接受、核准或加入时通知荷兰政府声明退出《一九六四年海牙货物销售公约》。

(s)凡为《一九六四年海牙订立合同公约》缔约国并批准、接受、核准或加入本公约和根据第九十二条规定声明或业已声明不受本公约第三部分约束的国家,应于批准、接受、核准或加入时通知荷兰政府声明退出《一九六四年海牙订立合同公约》。

(6)为本条的目的,《一九六四年海牙订立合同公约》或《一九六四年海牙货物销售公约》的缔约国的批准、接受、核准或加入本公约,应在这些国家按照规定退出该两公约生效后方始生效。本公约保管人应与一九六四年两公约的保管人荷兰政府进行协商,以确保在这方面进行必要的协调。

第一○○条

(1)本公约适用于合同的订立,只要订立合同的建议是在本公约对第一条第(1)款第(a)项所指缔约国或第一条第(1)款(b)项所指缔约国生效之日或其后做出的。

(2)本公约只适用于在它对第一条第(1)款(a)项所指缔约国或第一条第(1)款(b)项所指缔约国生效之日或其后订立的合同。

第一○一条

(1)缔约国可以用书面正式通知保管人声明退出本公约,或本公约第二部分或第三部分。

(2)退出于保管人收到通知十二个月后的第一个月第一天起生效。凡通知内订明一段退出生效的更长时间,则退出于保管人收到通知后该段更长时间满时起生效。

1984年4月11日订于维也纳,正本一份,其阿拉伯文本、中文本、英文本、法文本、俄文本和西班牙文本都具有同等效力。

附录二　中华人民共和国合同法(摘要)

(1999年3月15日第九届全国人民代表大会第二次会议通过)

总　则

第一章　一般规定

第一条 为了保护合同当事人的合法权益,维护社会经济秩序,促进社会主义现代化建设,制定本法。

第二条 本法所称合同是平等主体的自然人、法人、其他组织之间设立、变更、终止民事权利义务关系的协议。

婚姻、收养、监护等有关身份关系的协议,适用其他法律的规定。

第三条 合同当事人的法律地位平等,一方不得将自己的意志强加给另一方。

第四条 当事人依法享有自愿订立合同的权利,任何单位和个人不得非法干预。

第五条 当事人应当遵循公平原则确定各方的权利和义务。

第六条 当事人行使权利、履行义务应当遵循诚实信用原则。

第七条 当事人订立、履行合同,应当遵守法律、行政法规,尊重社会公德,不得扰乱社会经济秩序,损害社会公共利益。

第八条 依法成立的合同,对当事人具有法律约束力。当事人应当按照约定履行自己的义务,不得擅自变更或者解除合同。

依法成立的合同,受法律保护。

第二章　合同的订立

第九条 当事人订立合同,应当具有相应的民事权利能力和民事行为能力。

当事人依法可以委托代理人订立合同。

第十条 当事人订立合同,有书面形式、口头形式和其他形式。

法律、行政法规规定采用书面形式的,应当采用书面形式。当事人约定采用书面形式的,应当采用书面形式。

第十一条 书面形式是指合同书、信件和数据电文(包括电报、电传、传真、电子数据交换和电子邮件)等可以有形地表现所载内容的形式。

第十二条 合同的内容由当事人约定,一般包括以下条款:

(一)当事人的名称或者姓名和住所;

(二)标的;

(三)数量;

(四)质量;

(五)价款或者报酬;

(六)履行期限、地点和方式;

(七)违约责任;

(八)解决争议的方法。

当事人可以参照各类合同的示范文本订立合同。

第十三条 当事人订立合同,采取要约、承诺方式。

第十四条 要约是希望和他人订立合同的意思表示,该意思表示应当符合下列规定:

(一)内容具体确定;

(二)表明经受要约人承诺,要约人即受该意思表示约束。

第十五条 要约邀请是希望他人向自己发出要约的意思表示。

寄送的价目表、拍卖公告、招标公告、招股说明书、商业广告等为要约邀请。

商业广告的内容符合要约规定的,视为要约。

第十六条 要约到达受要约人时生效。

采用数据电文形式订立合同,收件人指定特定系统接收数据电文的,该数据电文进入该特定系统的时间,视为到达时间;未指定特定系统的,该数据电文进入收件人的任何系统的首次时间,视为到达时间。

第十七条 要约可以撤回。撤回要约的通知应当在要约到达受要约人之前或者与要约同时到达受要约人。

第十八条 要约可以撤销。撤销要约的通知应当在受要约人发出承诺通知之前到达受要约人。

第十九条 有下列情形之一的,要约不得撤销:

(一)要约人确定了承诺期限或者以其他形式明示要约不可撤销;

(二)受要约人有理由认为要约是不可撤销的,并已经为履行合同作了准备工作。

第二十条 有下列情形之一的,要约失效:

(一)拒绝要约的通知到达要约人;

(二)要约人依法撤销要约;

(三)承诺期限届满,受要约人未做出承诺;

(四)受要约人对要约的内容做出实质性变更。

第二十一条 承诺是受要约人同意要约的意思表示。

第二十二条 承诺应当以通知的方式做出,但根据交易习惯或者要约表明可以通过行为做出承诺的除外。

第二十三条 承诺应当在要约确定的期限内到达要约人。

要约没有确定承诺期限的,承诺应当依照下列规定到达:

(一)要约以对话方式做出的,应当及时做出承诺,但当事人另有约定的除外;

(二)要约以非对话方式做出的,承诺应当在合理期限内到达。

第二十四条 要约以信件或者电报做出的,承诺期限自信件载明的日期或者电报交发之日开始计算。信件未载明日期的,自投寄该信件的邮戳日期开始计算。要约以电话、传真等快速通讯方式做出的,承诺期限自要约到达受要约人时开始计算。

第二十五条 承诺生效时合同成立。

第二十六条 承诺通知到达要约人时生效。承诺不需要通知的,根据交易习惯或者要约的要求做出承诺的行为时生效。

采用数据电文形式订立合同的,承诺到达的时间适用本法第十六条第二款的规定。

第二十七条 承诺可以撤回。撤回承诺的通知应当在承诺通知到达要约人之前或者与承诺通知同时到达要约人。

第二十八条 受要约人超过承诺期限发出承诺的,除要约人及时通知受要约人该承诺有效的以外,为新要约。

第二十九条 受要约人在承诺期限内发出承诺，按照通常情形能够及时到达要约人，但因其他原因承诺到达要约人时超过承诺期限的，除要约人及时通知受要约人因承诺超过期限不接受该承诺的以外，该承诺有效。

第三十条 承诺的内容应当与要约的内容一致。受要约人对要约的内容做出实质性变更的，为新要约。有关合同标的、数量、质量价款或者报酬、履行期限、履行地点和方式、违约责任和解决争议方法等的变更，是对要约内容的实质性变更。

第三十一条 承诺对要约的内容做出非实质性变更的，除要约人及时表示反对或者要约表明承诺不得对要约的内容做出任何变更的以外，该承诺有效，合同的内容以承诺的内容为准。

第三十二条 当事人采用合同书形式订立合同的，自双方当事人签字或者盖章时合同成立。

第三十三条 当事人采用信件、数据电文等形式订立合同的，可以在合同成立之前要求签订确认书。签订确认书时合同成立。

第三十四条 承诺生效的地点为合同成立的地点。

采用数据电文形式订立合同的，收件人的主营业地为合同成立的地点；没有主营业地的，其经常居住地为合同成立的地点。当事人另有约定的，按照其约定。

第三十五条 当事人采用合同书形式订立合同的，双方当事人签字或者盖章的地点为合同成立的地点。

第三十六条 法律、行政法规规定或者当事人约定采用书面形式订立合同，当事人未采用书面形式但一方已经履行主要义务，对方接受的，该合同成立。

第三十七条 采用合同书形式订立合同，在签字或者盖章之前，当事人一方已经履行主要义务，对方接受的，该合同成立。

第三十八条 国家根据需要下达指令性任务或者国家订货任务的，有关法人、其他组织之间应当依照有关法律、行政法规规定的权利和义务订立合同。

第三十九条 采用格式条款订立合同的，提供格式条款的一方应当遵循公平原则确定当事人之间的权利和义务，并采取合理的方式提请对方注意免除或者限制其责任的条款，按照对方的要求，对该条款予以说明。

格式条款是当事人为了重复使用而预先拟定，并在订立合同时未与对方协商的条款。

第四十条 格式条款具有本法第五十二条和第五十三条规定情形的，或者提供格式条款一方免除其责任、加重对方责任、排除对方主要权利的，该条款无效。

第四十一条 对格式条款的理解发生争议的，应当按照通常理解予以解释。对格式条款有两种以上解释的，应当做出不利于提供格式条款一方的解释。格式条款和非格式条款不一致的，应当采用非格式条款。

第四十二条 当事人在订立合同过程中有下列情形之一，给对方造成损失的，应当承担损害赔偿责任：

(一)假借订立合同，恶意进行磋商；

(二)故意隐瞒与订立合同有关的重要事实或者提供虚假情况；

(三)有其他违背诚实信用原则的行为。

第四十三条 当事人在订立合同过程中知悉的商业秘密，无论合同是否成立，不得泄露或者不正当地使用。泄露或者不正当地使用该商业秘密给对方造成损失的，应当承担损害赔偿责任。

第三章 合同的效力

第四十四条 依法成立的合同，自成立时生效。

法律、行政法规规定应当办理批准、登记等手续生效的,依照其规定。

第四十五条 当事人对合同的效力可以约定附条件。附生效条件的合同,自条件成就时生效。附解除条件的合同,自条件成就时失效。

当事人为自己的利益不正当地阻止条件成就的,视为条件已成就;不正当地促成条件成就的,视为条件不成熟。

第四十六条 当事人对合同的效力可以约定附期限。附生效期限的合同,自期限届至时生效。附终止期限的合同,自期限届满时失效。

第四十七条 限制民事行为能力人订立的合同,经法定代理人追认后,该合同有效,但纯获利益的合同或者与其年龄、智力、精神健康状况相适应而订立的合同,不必经法定代理人追认。

相对人可以催告法定代理人在一个月内予以追认。法定代理人未作表示的,视为拒绝追认。合同被追认之前,善意相对人有撤销的权利。撤销应当以通知的方式做出。

第四十八条 行为人没有代理权、超越代理权或者代理权终止后以被代理人名义订立的合同,未经被代理人追认,对被代理人不发生效力,由行为人承担责任。

相对人可以催告被代理人在一个月内予以追认。被代理人未作表示的,视为拒绝追认。合同被追认之前,善意相对人有撤销的权利,撤销应当以通知的方式做出。

第四十九条 行为人没有代理权、超越代理权或者代理权终止后以被代理人名义订立的合同,相对人有理由相信行为人有代理权的,该代理行为有效。

第五十条 法人或者其他组织的法定代表人、负责人超越权限订立的合同,除相对人知道或者应当知道其超越权限的以外,该代表行为有效。

第五十一条 无处分权的人处分他人财产,经权利人追认或者无处分权的人订立合同后取得处分权的,该合同有效。

第五十二条 有下列情形之一的,合同无效:
(一)一方以欺诈、胁迫的手段订立合同,损害国家利益;
(二)恶意串通,损害国家、集体或者第三人利益;
(三)以合法形式掩盖非法目的;
(四)损害社会公共利益;
(五)违反法律、行政法规的强制性规定。

第五十三条 合同中的下列免责条款无效:
(一)造成对方人身伤害的;
(二)因故意或者重大过失造成对方财产损失的。

第五十四条 下列合同,当事人一方有权请示人民法院或者仲裁机构变更或者撤销:
(一)因重大误解订立的;
(二)在订立合同时显失公平的。

一方以欺诈、胁迫的手段或者乘人之危,使对方在违背真实意思的情况下订立的合同,受损害方有权请求人民法院或者仲裁机构变更或者撤销。

当事人请求变更的,人民法院或者仲裁机构不得撤销。

第五十五条 有下列情形之一的,撤销权消灭:
(一)具有撤销权的当事人自知道或者应当知道撤销事由之日起一年内没有行使撤销权;
(二)具有撤销权的当事人知道撤销事由后明确表示或者以自己的行为放弃撤销权。

第五十六条 无效的合同或者被撤销的合同自始没有法律约束力。合同部分无效,不影响其他部分效力的,其他部分仍然有效。

第五十七条 合同无效、被撤销或者终止的,不影响合同中独立存在的有关解决争议方法的条款的效力。

第五十八条 合同无效或者被撤销后,因该合同取得的财产,应当予以返还;不能返还或者没有必要返还的,应当折价补偿。有过错的一方应当赔偿对方因此所受到的损失,双方都有过错的,应当各自承担相应的责任。

第五十九条 当事人恶意串通,损害国家、集体或者第三人利益的,因此取得的财产收归国家所有或者返还集体、第三人。

第四章 合同的履行

第六十条 当事人应当按照约定全面履行自己的义务。

当事人应当遵循诚实信用原则,根据合同的性质、目的和交易习惯履行通知、协助、保密等义务。

第六十一条 合同生效后,当事人就质量、价款或者报酬、履行地点等内容没有约定或者约定不明确的,可以协议补充;不能达成补充协议的,按照合同有关条款或者交易习惯确定。

第六十二条 当事人就有关合同内容约定不明确,依照本法第六十一条的规定仍不能确定的,适用下列规定:

(一)质量要求不明确的,按照国家标准、行业标准履行;没有国家标准、行业标准的,按照通常标准或者符合合同目的的特定标准履行。

(二)价款或者报酬不明确的,按照订立合同时履行地的市场价格履行;依法应当执行政府定价或者政府指导价的,按照规定履行。

(三)履行地点不明确,给付货币的,在接受货币一方所在地履行;交付不动产的,在不动产所在地履行;其他标的,在履行义务一方所在地履行。

(四)履行期限不明确的,债务人可以随时履行,债权人也可以随时要求履行,但应当给对方必要的准备时间。

(五)履行方式不明确的,按照有利于实现合同目的的方式履行。

(六)履行费用的负担不明确的,由履行义务一方负担。

第六十三条 执行政府定价或者政府指导价的,在合同约定的交付期限内政府价格调整时,按照交付时的价格计价。逾期交付标的物的,遇价格上涨时,按照原价格执行;价格下降时,按照新价格执行。逾期提取标的物或者逾期付款的,遇价格上涨时,按照新价格执行;价格下降时,按照原价格执行。

第六十四条 当事人约定由债务人向第三人履行债务的,债务人未向第三人履行债务或者履行债务不符合约定,应当向债权人承担违约责任。

第六十五条 当事人约定由第三人向债权人履行债务的,第三人不履行债务或者履行债务不符合约定,债务人应当向债权人承担违约责任。

第六十六条 当事人互负债务,没有先后履行顺序的,应当同时履行。一方在对方履行之前有权拒绝其履行要求。一方在对方履行债务不符合约定时,有权拒绝其相应的履行要求。

第六十七条 当事人互负债务,有先后履行顺序,先履行一方未履行的,后履行一方有权拒绝其履行要求。先履行一方履行债务不符合约定的,后履行一方有权拒绝其相应的履行要求。

第六十八条 应当先履行债务的当事人,有确切证据证明对方有下列情形之一的,可以中止履行:

(一)经营状况严重恶化;

(二)转移财产、抽逃资金,以逃避债务的;

(三)丧失商业信誉;

(四)有丧失或者可能丧失履行债务能力的其他情形。

当事人没有确切证据中止履行的,应当承担违约责任。

第六十九条 当事人依照本法第六十八条规定中止履行的,应当及时通知对方。对方提供适当担保时,应当恢复履行。中止履行后,对方在合理期限内未恢复履行能力并且未提供适当担保的,中止履行的一方可以解除合同。

第七十条 债权人分立、合并或者变更住所没有通知债务人,致使履行债务发生困难的,债务人可以中止履行或者将标的物提存。

第七十一条 债权人可以拒绝债务人提前履行债务,但提前履行不损害债权人利益的除外。

债务人提前履行债务给债权人增加的费用,由债务人负担。

第七十二条 债权人可以拒绝债务人部分履行债务,但部分履行不损害债权人利益的除外。

债务人部分履行债务给债权人增加的费用,由债务人负担。

第七十三条 因债务人怠于行使其到期债权,对债权人造成损害的,债权人可以向人民法院请求以自己的名义代位行使债务人的债权,但该债权专属于债务人自身的除外。

代位权的行使范围以债权人的债权为限。债权人行使代位权的必要费用,由债务人负担。

第七十四条 因债务人放弃其到期债权或者无偿转让财产,对债权人造成损害的,债权人可以请求人民法院撤销债务人的行为。债务人以明显不合理的低价转让财产,对债权人造成损害,并且受让人知道该情形的,债权人也可以请求人民法院撤销债务人的行为。

撤销权的行使范围以债权人的债权为限。债权人行使撤销权的必要费用,由债务人负担。

第七十五条 撤销权自债权人知道或者应当知道撤销事由之日起一年内行使。自债务人的行为发生之日起五年内没有行使撤销权的,该撤销权消灭。

第七十六条 合同生效后,当事人不得因姓名、名称的变更或者法定代表人、负责人、承办人的变动而不履行合同义务。

第五章 合同的变更和转让

第七十七条 当事人协商一致,可以变更合同。

法律、行政法规规定变更合同应当办理批准、登记等手续的,依照其规定。

第七十八条 当事人对合同变更的内容约定不明确的,推定为未变更。

第七十九条 债权人可以将合同的权利全部或者部分转让给第三人,但有下列情形之一的除外:

(一)根据合同性质不得转让;

(二)按照当事人约定不得转让;

(三)依照法律规定不得转让。

第八十条 债权人转让权利的,应当通知债务人。未经通知,该转让对债务人不发生效力。

债权人转让权利的通知不得撤销,但经受让人同意的除外。

第八十一条 债权人转让权利的,受让人取得与债权有关的从权利,但该从权利专属于债权人自身的除外。

第八十二条 债务人接到债权转让通知后,债务人对让与人的抗辩,可以向受让人主张。

第八十三条 债务人接到债权转让通知时,债务人对让与人享有债权,并且债务人的债权先于转让的债权到期或者同时到期的,债务人可以向受让人主张抵消。

第八十四条 债务人将合同的义务全部或者部分转移给第三人的,应当经债权人同意。

第八十五条 债务人转移义务的,新债务人可以主张原债务人对债权人的抗辩。

第八十六条 债务人转移义务的,新债务人应当承担与主债务有关的从债务,但该从债务专属于原债务人自身的除外。

第八十七条 法律、行政法规规定转让权利或者转移义务应当办理批准、登记等手续的,依照其规定。

第八十八条 当事人一方经对方同意,可以将自己在合同中的权利和义务一并转让给第三人。

第八十九条 权利和义务一并转让的,适用本法第七十九条、第八十一条至第八十三条、第八十五条至第八十七条的规定。

第九十条 当事人订立合同后合并的,由合并后的法人或者其他组织行使合同权利,履行合同义务。当事人订立合同后分立的,除债权人和债务人另有约定的以外,由分立的法人或者其他组织对合同的权利和义务享有连带债权,承担连带债务。

第六章 合同的权利义务终止

第九十一条 有下列情形之一的,合同的权利义务终止:
(一)债务已经按照约定履行;
(二)合同解除;
(三)债务相互抵消;
(四)债务人依法将标的物提存;
(五)债权人免除债务;
(六)债权债务同归于一人;
(七)法律规定或者当事人约定终止的其他情形。

第九十二条 合同的权利义务终止后,当事人应当遵循诚实信用原则,根据交易习惯履行通知、协助、保密等义务。

第九十三条 当事人协商一致,可以解除合同。

当事人可以约定一方解除合同的条件。解除合同的条件成就时,解除权人可以解除合同。

第九十四条 有下列情形之一的,当事人可以解除合同:
(一)因不可抗力致使不能实现合同目的;
(二)在履行期限届满之前,当事人一方明确表示或者以自己的行为表明不履行主要债务;
(三)当事人一方迟延履行主要债务,经催告后在合理期限内仍未履行;
(四)当事人一方迟延履行债务或者有其他违约行为致使不能实现合同目的;
(五)法律规定的其他情形。

第九十五条 法律规定或者当事人约定解除权行使期限,期限届满当事人不行使的,该权利消灭。

法律没有规定或者当事人没有约定解除权行使期限,经对方催告后在合理期限内不行使的,该权利消灭。

第九十六条 当事人一方依照本法第九十三条第二款、第九十四条的规定主张解除合同的,应当通知对方。合同自通知到达对方时解除。对方有异议的,可以请求人民法院或者仲裁机构确认解除合同的效力。

法律、行政法规规定解除合同应当办理批准、登记等手续的,依照其规定。

第九十七条 合同解除后,尚未履行的,终止履行;已经履行的,根据履行情况和合同性质,当事人可以要求恢复原状、采取其他补救措施,并有权要求赔偿损失。

第九十八条 合同的权利义务终止,不影响合同中结算和清理条款的效力。

第九十九条 当事人互负到期债务,该债务的标的物种类、品质相同的,任何一方可以将自己的债务与对方的债务抵消,但依照法律规定或者按照合同性质不得抵消的除外。

当事人主张抵消的,应当通知对方。通知自到达对方时生效。抵消不得附条件或者附期限。

第一百条 当事人互负债务,标的物种类、品质不相同的,经双方协商一致,也可以抵消。

第一百零一条 有下列情形之一,难以履行债务的,债务人可以将标的物提存:

(一)债权人无正当理由拒绝受领;

(二)债权人下落不明;

(三)债权人死亡未确定继承人或者丧失民事行为能力未确定监护人;

(四)法律规定的其他情形。

标的物不适于提存或者提存费用过高的,债务人依法可以拍卖或者变卖标的物,提存所得的价款。

第一百零二条 标的物提存后,除债权人下落不明的以外,债务人应当及时通知债权人或者债权人的继承人、监护人。

第一百零三条 标的物提存后,毁损、灭失的风险由债权人承担。提存期间,标的物的孳息归债权人所有。提存费用由债权人负担。

第一百零四条 债权人可以随时领取提存物,但债权人对债务人负有到期债务的,在债权人未履行债务或者提供担保之前,提存部门根据债务人的要求应当拒绝其领取提存物。

债权人领取提存物的权利,自提存之日起五年内不行使而消灭,提存物扣除提存费用后归国家所有。

第一百零五条 债权人免除债务人部分或者全部债务的,合同的权利义务部分或者全部终止。

第一百零六条 债权和债务同归于一人的,合同的权利义务终止,但涉及第三人利益的除外。

第七章 违约责任

第一百零七条 当事人一方不履行合同义务或者履行合同义务不符合约定的,应当承担继续履行、采取补救措施或者赔偿损失等违约责任。

第一百零八条 当事人一方明确表示或者以自己的行为表明不履行合同义务的,对方可以在履行期限届满之前要求其承担违约责任。

第一百零九条 当事人一方未支付价款或者报酬的,对方可以要求其支付价款或者报酬。

第一百一十条 当事人一方不履行非金钱债务或者履行非金钱债务不符合约定的,对方可以要求履行,但有下列情形之一的除外:

(一)法律上或者事实上不能履行;

(二)债务的标的不适于强制履行或者履行费用过高;

(三)债权人在合理期限内未要求履行。

第一百一十一条 质量不符合约定的,应当按照当事人的约定承担违约责任。对违约责任没有约定或者约定不明确,依照本法第六十一条的规定仍不能确定的,受损害方根据标的性质及损失的大小,可以合理选择要求对方承担修理、更换、重作、退货、减少价款或者报酬等违约责任。

第一百一十二条 当事人一方不履行合同义务或者履行合同义务不符合约定的,在履行义务或者采取补救措施后,对方还有其他损失的,应当赔偿损失。

第一百一十三条 当事人一方不履行合同义务或者履行合同义务不符合约定,给对方造成损失的,损失赔偿额应当相当于因违约所造成的损失,包括合同履行后可以获得的利益,但不得超过违反合同一方订立合同时预见到或者应当预见到的因违反合同可能造成的损失。

经营者对消费者提供商品或者服务有欺诈行为的,依照《中华人民共和国消费者权益保护法》的规定承担损害赔偿责任。

第一百一十四条 当事人可以约定一方违约时应当根据违约情况向对方支付一定数额的违约金,也可以约定因违约产生的损失赔偿额的计算方法。

约定的违约金低于造成的损失的,当事人可以请求人民法院或者仲裁机构予以增加;约定的违约金过分高于造成的损失的,当事人可以请求人民法院或者仲裁机构予以适当减少。

当事人就迟延履行约定违约金的,违约方支付违约金后,还应当履行债务。

第一百一十五条 当事人可以依照《中华人民共和国担保法》约定一方向对方给付定金作为债权的担保。债务人履行债务后,定金应当抵作价款或者收回。给付定金的一方不履行约定的债务的,无权要求返还定金;收受定金的一方不履行约定的债务的,应当双倍返还定金。

第一百一十六条 当事人既约定违约金,又约定定金的,一方违约时,对方可以选择适用违约金或者定金条款。

第一百一十七条 因不可抗力不能履行合同的,根据不可抗力的影响,部分或者全部免除责任,但法律另有规定的除外。当事人迟延履行后发生不可抗力的,不能免除责任。

本法所称不可抗力,是指不能预见、不能避免并不能克服的客观情况。

第一百一十八条 当事人一方因不可抗力不能履行合同的,应当及时通知对方,以减轻可能给对方造成的损失,并应当在合理期限内提供证明。

第一百一十九条 当事人一方违约后,对方应当采取适当措施防止损失的扩大;没有采取适当措施致使损失扩大的,不得就扩大的损失要求赔偿。

当事人因防止损失扩大而支出的合理费用,由违约方承担。

第一百二十条 当事人双方都违反合同的,应当各自承担相应的责任。

第一百二十一条 当事人一方因第三人的原因造成违约的,应当向对方承担违约责任。当事人一方和第三人之间的纠纷,依照法律规定或者按照约定解决。

第一百二十二条 因当事人一方的违约行为,侵害对方人身、财产权益的,受损害方有权选择依照本法要求其承担违约责任或者依照其他法律要求其承担侵权责任。

第八章 其他规定

第一百二十三条 其他法律对合同另有规定的,依照其规定。

第一百二十四条 本法分则或者其他法律没有明文规定的合同,适用本法总则的规定,并可以参照本法分则或者其他法律最相类似的规定。

第一百二十五条 当事人对合同条款的理解有争议的,应当按照合同所使用的词句、合同的有关条款、合同的目的、交易习惯以及诚实信用原则,确定该条款的真实意思。

合同文本采用两种以上文字订立并约定具有同等效力的,对各文本使用的词句推定具有相同含义。各文本使用的词句不一致的,应当根据合同的目的予以解释。

第一百二十六条 涉外合同的当事人可以选择处理合同争议所适用的法律,但法律另有规定的除外。涉外合同的当事人没有选择的,适用与合同有最密切联系的国家的法律。

在中华人民共和国境内履行的中外合资经营企业合同、中外合作经营企业合同、中外合作勘探开发自然资源合同,适用中华人民共和国法律。

第一百二十七条 工商行政管理部门和其他有关行政主管部门在各自的职权范围内,依照法律、行政法规的规定,对利用合同危害国家利益、社会公共利益的违法行为,负责监督处理,构成犯罪的,依法追究刑事责任。

第一百二十八条 当事人可以通过和解或者调解解决合同争议。

当事人不愿和解、调解或者和解、调解不成的,可以根据仲裁协议向仲裁机构申请仲裁,涉外合同的当事人可以根据仲裁协议向中国仲裁机构或者其他仲裁机构申请仲裁。当事人没有订立仲裁协议或者仲裁协议无效的,可以向人民法院起诉。当事人应当履行发生法律效力的判决、仲裁裁决、调解书;拒不履行的,对方可以请求人民法院执行。

第一百二十九条 因国际货物买卖合同和技术进出口合同争议提起诉讼或者申请仲裁的期限为四年,自当事人知道或者应当知道其权利受到侵害之日起计算。因其他合同争议提起诉讼或者申请仲裁的期限,依照有关法律的规定。

分 则

第九章 买卖合同

第一百三十条 买卖合同是出卖人转移标的物的所有权于买受人,买受人支付价款的合同。

第一百三十一条 买卖合同的内容除依照本法第十二条的规定以外,还可以包括包装方式、检验标准和方法、结算方式、合同使用的文字及其效力等条款。

第一百三十二条 出卖的标的物,应当属于出卖人所有或者出卖人有权处分。

法律、行政法规禁止或者限制转让的标的物,依照其规定。

第一百三十三条 标的物的所有权自标的物交付时起转移,但法律另有规定或者当事人另有约定的除外。

第一百三十四条 当事人可以在买卖合同中约定买受人未履行支付价款或者其他义务的,标的物的所有权属于出卖人。

第一百三十五条 出卖人应当履行向买受人交付标的物或者交付提取标的物的单证,并转移标的物所有权的义务。

第一百三十六条 出卖人应当按照约定或者交易习惯向买受人交付提取标的物单证以外的有关单证和资料。

第一百三十七条 出卖具有知识产权的计算机软件等标的物的,除法律另有规定或者当事人另有约定的以外,该标的物的知识产权不属于买受人。

第一百三十八条 出卖人应当按照约定的期限交付标的物。约定交付期间的,出卖人可以在该交付期间内的任何时间交付。

第一百三十九条 当事人没有约定标的物的交付期限或者约定不明确的,适用本法第六十一条、第六十二条第四项的规定。

第一百四十条 标的物在订立合同之前已为买受人占有的,合同生效的时间为交付时间。

第一百四十一条 出卖人应当按照约定的地点交付标的物。

当事人没有约定交付地点或者约定不明确,依照本法第六十一条的规定仍不能确定的,适用下列规定:

(一)标的物需要运输的,出卖人应当将标的物交付给第一承运人以运交给买受人;

(二)标的物不需要运输,出卖人和买受人订立合同时知道标的物在某一地点的,出卖人应当在该地点交付标的物;不知道标的物在某一地点的,应当在出卖人订立合同时的营业地交付标的物。

第一百四十二条 标的物毁损、灭失的风险,在标的物交付之前由出卖人承担,交付之后由买受人承担,但法律另有规定或者当事人另有约定的除外。

第一百四十三条 因买受人的原因致使标的物不能按照约定的期限交付的,买受人应当自违反约定之日起承担标的物毁损、灭失的风险。

第一百四十四条 出卖人出卖交由承运人运输的在途标的物,除当事人另有约定的以外,毁损、灭失的风险自合同成立时起由买受人承担。

第一百四十五条 当事人没有约定交付地点或者约定不明确,依照本法第一百四十一条第二款第一项的规定标的物需要运输的,出卖人将标的物交付给第一承运人后,标的物毁损、灭失的风险由买受人承担。

第一百四十六条 出卖人按照约定或者依照本法第一百四十一条第二款第二项的规定将标的物置于交付地点,买受人违反约定没有收取的,标的物毁损、灭失的风险自违反约定之日起由买受人承担。

第一百四十七条 出卖人按照约定未交付有关标的物的单证和资料的,不影响标的物毁损、灭失风险的转移。

第一百四十八条 因标的物质量不符合质量要求,致使不能实现合同目的的,买受人可以拒绝接受标的物或者解除合同。买受人拒绝接受标的物或者解除合同的,标的物毁损、灭失的风险由出卖人承担。

第一百四十九条 标的物毁损、灭失的风险由买受人承担的,不影响因出卖人履行债务不符合约定,买受人要求其承担违约责任的权利。

第一百五十条 出卖人就交付的标的物,负有保证第三人不得向买受人主张任何权利的义务,但法律另有规定的除外。

第一百五十一条 买受人订立合同时知道或者应当知道第三人对买卖的标的物享有权利的,出卖人不承担本法第一百五十条规定的义务。

第一百五十二条 买受人有确切证据证明第三人可能就标的物主张权利的,可以中止支付相应的价款,但出卖人提供适当担保的除外。

第一百五十三条 出卖人应当按照约定的质量要求交付标的物。出卖人提供有关标的物质量说明的,交付的标的物应当符合该说明的质量要求。

第一百五十四条 当事人对标的物的质量要求没有约定或者约定不明确,依照本法第六十一条的规定仍不能确定的,适用本法第六十二条第一项的规定。

第一百五十五条 出卖人交付的标的物不符合质量要求的,买受人可以依照本法第一百一十一条的规定要求承担违约责任。

第一百五十六条 出卖人应当按照约定的包装方式交付标的物。对包装方式没有约定或者约定不明确,依照本法第六十一条的规定仍不能确定的,应当按照通用的方式包装,没有通用方式的,应当采取足以保护标的物的包装方式。

第一百五十七条 买受人收到标的物时应当在约定的检验期间内检验。没有约定检验期间的,应当及时检验。

第一百五十八条 当事人约定检验期间的,买受人应当在检验期间内将标的物的数量或者质量不符合约定的情形通知出卖人。买受人怠于通知的,视为标的物的数量或者质量符合约定。

当事人没有约定检验期间的,买受人应当在发现或者应当发现标的物的数量或者质量不符合约定的合理期间内通知出卖人。买受人在合理期间内未通知或者自标的物收到之日起两年内未通知出卖人的,视为标的物的数量或者质量符合约定,但对标的物有质量保证期的,适用质量保证期,不适用该两年的规定。

出卖人知道或者应当知道提供的标的物不符合约定的,买受人不受前两款规定的通知时间的限制。

第一百五十九条 买受人应当按照约定的数额支付价款。对价款没有约定或者约定不明确的,适用本法第六十一条、第六十二条第二项的规定。

第一百六十条 买受人应当按照约定的地点支付价款。对支付地点没有约定或者约定不明确,依照本法第六十一条的规定仍不能确定的,买受人应当在出卖人的营业地支付,但约定支付价款以交付标的物或者交付提取标的物单证为条件的,在交付标的物或者交付提取标的物单证的所在地支付。

第一百六十一条 买受人应当按照约定的时间支付价款。对支付时间没有约定或者约定不明确,依照本法第六十一条的规定仍不能确定的,买受人应当在收到标的物或者提取标的物单据的同时支付。

第一百六十二条 出卖人多交标的物的,买受人可以接收或者拒绝接收多交的部分。买受人接收多交部分的,按照合同的价格支付价款;买受人拒绝接收多交部分的,应当及时通知出卖人。

第一百六十三条 标的物在交付之前产生的孳息,归出卖人所有,交付之后产生的孳息,归买受人所有。

第一百六十四条 因标的物的主物不符合约定而解除合同的,解除合同的效力及于从物。因标的物的从物不符合约定被解除的,解除的效力不及于主物。

第一百六十五条 标的物为数物,其中一物不符合约定的,买受人可以就该物解除,但该物与他物分离使标的物的价值显受损害的,当事人可以就数物解除合同。

第一百六十六条 出卖人分批交付标的物的,出卖人对其中一批标的物不交付或者交付不符合约定,致使该批标的物不实现合同目的的,买受人可以就该批标的物解除。

出卖人不交付其中一批标的物或者交付不符合约定,致使今后其他各批标的物的交付不能实现合同目的的,买受人可以就该批以及今后其他各批标的物解除。

买受人如果就其中一批标的物解除,该批标的物与其他各批标的物相互依存的,可以就已经交付和未交付的各批标的物解除。

第一百六十七条 分期付款的买受人未支付到期价款的金额达到全部价款的五分之一的,出卖人可以要求买受人支付全部价款或者解除合同。

出卖人解除合同的,可以向买受人要求支付该标的物的使用费。

第一百六十八条 凭样品买卖的当事人应当封存样品,并可以对样品质量予以说明。出卖人交付的标的物应当与样品及其说明的质量相同。

第一百六十九条 凭样品买卖的买受人不知道样品有隐蔽瑕疵的,即使交付的标的物与样品相同,出卖人交付的标的物的质量仍然应当符合同种物的通常标准。

第一百七十条 试用买卖的当事人可以约定标的物的试用期间。对试用期间没有约定或者约定不明确,依照本法第六十一条的规定仍不能确定的,由出卖人确定。

经一百七十一条 试用买卖的买受人在试用期内可以购买标的物,也可以拒绝购买。试用期间届满,买受人对是否购买标的物未作表示的,视为购买。

第一百七十二条 招标投标买卖的当事人的权利和义务以及招标投标程序等,依照有关法律、行政法规的规定。

第一百七十三条 拍卖的当事人的权利和义务以及拍卖程序等,依照有关法律、行政法规的规定。

第一百七十四条 法律对其他有偿合同有规定的,依照其规定;没有规定的,参照买卖合同的有关规定。

第一百七十五条 当事人约定易货交易,转移标的物的所有权的,参照买卖合同的有关规定。

参考文献

[1] 冷柏军.国际贸易实务[M].北京:高等教育出版社,2008.
[2] 黎孝先.国际贸易实务[M].北京:对外经济贸易大学出版社,2007.
[3] 姚新超.国际贸易实务[M].北京:对外经济贸易大学出版社,2007.
[4] 张炳达.国际贸易实务[M].上海:立信会计出版社,2005.
[5] 俞毅.国际贸易实务教程[M].北京:机械工业出版社,2006.
[6] 王沅沅.国际贸易实务[M].北京:高等教育出版社,2002.
[7] 童宏祥.新编国际贸易实务[M].上海:华东理工大学出版社,2006.
[8] 夏合群.国际贸易实务模拟操作教程[M].北京:对外经济贸易大学出版社,2008.
[9] 孟祥年.国际贸易实务操作教程[M].北京:对外经济贸易大学出版社,2007.
[10] 邵作仁.国际贸易实务[M].沈阳:东北财经大学出版社,2006.
[11] 李秀华.国际贸易实务实训与练习[M].北京:对外经济贸易大学出版社,2006.
[12] 袁建新.国际贸易实务[M].上海:复旦大学出版社,2008.
[13] 程铭.国际贸易实务习题与解答[M].上海:上海大学出版社,2008.
[14] 李红.国际贸易实务[M].南京:南京大学出版社,2007.
[15] 国际商会中国国家委员会.2000年国际贸易术语解释通则[M].北京:中信出版社,2000.